KB064765

일본의 근대화와 민중사상

일본의 근대화와 민중사상

야스마루 요시오 지음/ 이희복 옮김

논형

추천의 글

야스마루 요시오 선생은 2016년 4월 4일 불의의 교통사고 후 폐렴이 악화되어 81세의 일기로 세상을 떠났다. 선생의 사망 소식은 한국 언론에서도 보도되었다. 그런데 보도 내용을 보면 "일왕 신격화의 '허상' 파고든 일본 사학자 야스마루 별세"(연합뉴스), "'천황제 해부' 야스마루 별세"(문화일보), "'천황은 허상' 일본 사학자 야스마루 요시오 별세"(서울경제신문)라고 하여 하나같이 선생을 일본 천황제 연구의 권위자로 소개하고 있었다.

그러나 야스마루 선생은 사실 일본을 대표하는 민중사상사 연구자로 더욱 유명하다. 한국에서도 일본사상사나 종교사를 전공하는 연구자들 사이에 선생은 '일본사상사학계에서 민중사상사라는 독자적인 연구영역을 개척하고 이를 이끌어온 대표적인 연구자'로 잘 알려져 있다.

선생의 저작이 한국에 번역 소개되기 시작한 것은 2000년대 들어와서의 일이다. 1979년에 간행된 『신들의 메이지유신神々の明治維新』은 2002년에 『천황제국가의 성립과 종교변혁』이라는 제목으로 번역되었고, 2004년 간행된 『현대일본사상론現代日本思想論』과 1991년 간행된 『근대천황상의 형성近代天皇像の形成』은 각각 2006년과 2008년에 같은 제목으로 번역 출판되었다. 이렇게 보면 1974년에 간행된 이 책이 가장 늦게 번역된 셈인데, 한국의 일본사 연구자들 사이에서는 이미 1980년대부터 일본의 민중사상사 연구가 소개되고 있었고 그 배경에는 민주화 운동의 열기가 있었다. 당시까지 한국에서는 주로 마루야마 마사오의 정치사상사나, 도야마 시게키, 이노우에 기요시 등과 같은 강좌파 마르크스주의의 메이지유신에 관한 해적판이 널리 읽히고 있었다. 그러나 1980년대 전두환 독재정권 하에서 민주화운동이 격화되는 가운데 역사학도를 지향하는 젊은 연구자들 사이에서는 민중운동과 농민봉기, 동학운동 등이 관심을 끌었고, 그 연장선상에서 일본의 민중사상사 연구도 주목을 받게 된 것이다. 여기서는 이러한 선생의 민중사상사 연구의 궤적을 간단히 소개하여 추천의 말에 대신하고자 한다.

이 책의 제1장에 실린 '일본의 근대화와 민중사상'은 1965년에 발표한 논문으로 1960년대 전반에 등장한 미국 발신의 '일본근대화론'에 대한 비판임과 동시에 마루야마 마사오의 일본정치사상사 연구와 전후 계몽과 마르크스주의역사학에 대한 비판을 포함하고 있었다. 후일 '통속도덕'론으로 지칭되는 이 논문은 미국 발신의 '근대화론'에 대한 비판이자 동시에 '통속도덕'을 전근대적이거나 봉건적인 것으로 보고 그 극복을 자명한 전제로 하는 전후 일본의 계몽적 진보주의에 대한 비판이기도 한 것이었다. 특히 마르크스주의역사학과 전후계몽의 진보주의에 대해서 야스마루 선생은 일본의 현실을 지나치게 초월적인 시점에서 파악하고 있어 구체적인 실태에 입각한 설득력이 불충분하다고 본 것이다.

당시 선생의 문제관심에서 본다면 '통속도덕'은 마루야마 학파의 '부락공동체'와 현저하게 다르며 따라서 거기서 전망할 수 있는 천황제론도 마루야마 학파의 그것과는 다른 것이었다. 선생이 천황제에 관하여 직접 논하기 시작한 것은 1980년대 후반부터의 일이지만 이 논문을 계기로 선생은 마루야마의 정치사상사를 상대화하고 민중사상사 연구자로서의 독자적인 영역을 확보할 수 있었던 것이다.

야스마루 사상사의 두 번째 지주는 민중운동사에 관한 연구이다. 1974년 간행된 이 책의 2부 '민중투쟁의 사상'에서는 '농민봉기의 세계상'과 '농민봉기의 의식과정'과 같이 농민봉기 등의 민중운동을 주제로 한 논문이었다. 이러한 연구 방향의 전환에는 1960년대부터 1970년대에 걸쳐서 사회상황의 격동, 특히 급진적인 학생운동과 신좌익운동의 폭력과 정당성, 규범의식에 나름대로 대응하려는 문제의식이 있었다.

1970년대에 들어와 선생의 연구는 새로운 지배이데올로기와 민중의식의 관계로 관심을 모으게 된다. 그것은 60년대 초반에 등장했던 근대화론이 새로운 질서를 추구하면서 국가주의적인 경향을 강화하고 있다는 위기의식에 의한 것이었다. 1970년대 후반의 『일본내셔널리즘의 전야日本ナショナリズム前夜』(朝日選書, 1977), 『데구치 나오出口なお』(朝日新聞社, 1977), 『신들의 메이지유신』(岩波書店, 1979)은 모두 이러한 위기의식을 배경으로 지배이데올로기와 민중의식과의 관계를 역사연구의 장에서 주제화하려한 것이었다. 즉 민중의 존재양식과 그 의식을 매개로 지배에 관하여 생각하거나 또는 반대로 국가권력의 지배를 바탕으로 민중에 관하여 생각하는 것은 마르크스주의역사학에서도 당연한 방법적 전제라 할 수 있으나 종교와 '코스몰로지'의 문제를 역사적으로 분석함으로써 이러한 과제를 구체화할

수 있다고 생각한 것이다. 이러한 분석에 즈음해서 민중의 생활세계와 생활사상을 그 독자성에서 파악하고자 하는 문제의식은 '일본의 근대화와 민중사상' 이래 40여 년간 일관되어 왔다.

1980년대 이후 선생의 민중사연구에 새로운 자극을 준 것은 미국에서의 경험이었다. 1980년 미국의 캘리포니아대학 버클리캠퍼스에서 안식년을 보낸 선생은 어윈 샤이나 교수의 도움으로 에드워드 톰슨의 *The making of the English Class*와 클리포드 기어츠의 *The Interpretation of Cultures*를 소개받고 신선한 충격을 받았다. 이 밖에도 영미의 사회운동사 관련 서적과 아날학파의 영역서, 푸코, 브로델 등의 작품도 이 시기에 접할 수 있었다. 1996년 두 번째 미국 체류에서는 콜롬비아대학의 캐롤 글럭 교수의 도움으로 미국의 일본사연구자들과 교류하고 새로운 연구동향을 접할 수 있는 기회를 가졌다. 특히 이 시기에는 역사학에 관한 인식론적 반성과 페미니즘 비평이 성황을 이루고 있었지만 그것이 선생의 연구에 영향을 미쳤다기 보다는 지금까지의 자신의 연구에 더욱 확신을 갖도록 격려하는 것이었다.

미국에서의 경험과 서구의 사회사 연구조류를 배경으로 선생은 80년대 이후 새로운 전체사를 구상하기 시작했다. 그것은 이와나미서점 〈일본근대사상대계〉의 『종교와 국가宗教と国家』(1988)와 『민중운동民衆運動』(1989) 편집자로 가담하면서 구체적으로 나타나기 시작했다. 전자에 관해서는 종래의 국제사國制史나 신도사상사에서는 잘 보이지 않는 사상사적인 전체상 속에서 국가신도의 형성이라는 문제를 자리매김하고자 노력했다. 예를 들면, 신도국교화 정책에 대항한 기독교농민과 정토진종眞宗 지역의 동향, 또는 소박한 민간신앙적인 차원에서의 반응도 국가의 정책사나 신도사상가의 언설 못지않게 중요한 문제라고 생각한 것이다. 후자는 메이지 초기의 '신정반대잇키'나 자유민권운동 등과 같이 전혀 새로운 영역에 대한 도전이었다. 여기서 선생이 주의한 것은 메이지 초기 특유의 민중운동의 조직형태 및 그 속에 포섭되어 갈 때의 의식 동태와 지배 권력과의 관련성을 다이내믹하게 파악하는 일이었다.

같은 시기에 선생은 천황제의 문제에 대해서도 본격적으로 연구하기 시작했다. 천황제에 관해서는 이미 1976년 간행된 이와나미 강좌에 실린 '천황제 하의 민중과 종교'에서 다루었으나 1980년대 후반에 와서 천황제에 대한 연구를 본격적으로 시작한 배경에는 1987년경부터 쇼와천황의 병상 악화에 대한 보도 속에서 일본사회 속에 잠재하고 있던 권위적 질서가 크게 전경화前景化되는 현상이 있었다. 이러한 상황에서 긴장감이 고조되는 가운데 1988년 역사과학자협의회 대회에서 '근대천황상의 형성'을 보고했다. 여기서는 메이지유신을 전후한 근대사회로의 전환기에 나타나는 복잡한 대항관계 속에서 근대천황제 형성의 논리를 탐구한 것으로 지배이데올로기와 민중의식의 문제에 대한 나름대로의 총괄을 시도한 것이었다. 이 논문을 바탕으로 보다 넓은 시야에서 지금까지의 천황제와 민중사상에 관한 연구를 최종적으로 정리한 것이 1991년에 출간된 『근대천황상의 형성』이었다. 여기서는 마르크스주의역사학이나 마루야마학파들이 취했던 방법론과는 달리 천황제에 대한 이미지나 관념, 그리고 그러한 사회의식적인 규제력 등을 사상사적인 수법으로 논하고 있으며 이를 통해서 궁극적으로 천황제를 둘러싼 근현대 일본인의 정신적인 동태를 해명하는 데 중점을 두고 있다.

1990년을 경계로 일본의 역사학계는 근대역사학에 대한 인식론적 비판, 국민국가론, 페미니즘과 여성사연구, 문화연구, 탈식민주의 비평 등이 유행하면서 하나의 전기를 맞이했다. 2004년 간행된 『현대일본사상론』은 이러한 변화에 영향을 받고 대응한 것이었다. 여기서 선생은 역사학이라는 자신의 연구 영역을 끝까지 지킴으로써 인접과학과 협력할 수도 있고 현대 일본의 문제 상황에 대해서도 나름대로의 문제제기가 가능하다는 생각을 관철하기로 했다. 즉 지극히 추상적인 철학담론이나 즉물적인 사료중심주의와도 구별되는, "사료에 입각한 탐구 속에서 방법과 이론에 관해서도 탐구를 게을리 하지 않는 것이 역사연구자에게 어울리는 스타일"이라고 스스로 다짐한 것이다.

오늘날과 같이 역사연구가 탈전문화, 탈영역화되고 포스트 담론이 유행하는 가운데, 새로운 이론과 방법에 주의를 기울이면서도 사료에 충실한 역사연구자로서의 자세를 관철하려는 선생의 연구 자세는 자칫하면 담론분석에 치우치기 쉬운 젊은 연구자들에게 소중한 교훈을 주는 것이라 하겠다.

이 책은 이미 반세기 전에 출간된 것이지만 역사를 추진하는 근원적 활동력은 민중 자신이라는 이해를 바탕으로 한 '아래로부터의 시좌'와, 국가주의적인 역사관에 대한 역사의 최심부로부터의 비판은 여전히 우리에게 중요한 시사점을 제공해 주고 있다. 더구나 현대 일본의 뒷걸음치는 정치와 사상의 상황을 볼 때 이 책은 여전히 귀중한 역사적 증언으로서의 생명력을 가지고 있다고 보아야 할 것이다. 2000년대 이후 일본의 젊은 연구자들이 야스마루사상사가 가지는 의미를 오늘날의 시점에서 되묻고 있는 것도 이를 상징적으로 대변해 주고 있다.

2021년 1월 13일
숙명여자대학교 교수 박진우

한국어판 서문

일본의 근대화는 어떤 특징을 띤 과정이었으며, 그것은 어떻게 자신들의 삶을 규정하고 있는 것인가. 이런 막연한 의문을 갖고 대학원에 진학했지만, 나에게 어울리는 탐구 방향을 좀처럼 정할 수가 없었다. 이것저것 시행착오를 하면서 간신히 나름대로 방향을 설정해 본 것이 이 책의 제1장이다. 이 논문을 전제로 해서 다른 주제도 거론할 수 있게 되었다. 〈통속도덕론〉을 제기한 제1장은 이 책의 전체 안에서 그 일부에 지나지 않으며, 그 후에 이 주제에 되돌아가지 않았다.

이 책에 수록한 논문을 집필한 때는 1960년대부터 1970년대로 이 시대는 세계 각지에서 격렬한 민중운동이나 민족운동이 전개된 시기이다. 나의 관심도 〈통속도덕론〉보다도 그러한 민중운동에 이끌리면서 이 책 2부에서는 오로지 민중운동만을 거론하고 있다. 그 후에 자유민권운동과 민중종교, 그리고 국가신도 등과 같은 다방면의 영역으로 연구대상을 넓혀갔다. 그러나 그것들은 이 책 제1장과 같은 시각을 전제로 하면서 역사를 그 전체성의 측면에서 재구성하려는 연구방침을 관철해왔다.

현재 세계 각지에 곤란한 문제가 많이 있는데, 역사연구가 그러한 문제에 접점을 갖지 못하면 연구로서 설득력을 갖지 못할 것이다. 대개의 문제는 역사를 거슬러 올라가 생각하지 않으면 안 되는 문제들이다. 젊은 시절의 나도 한국사와 중국사 등 적어도 동아시아적인 상황 속에서의 비교와 상호관계가 중요하다고 생각하였지만 나의 연구영역으로서는 거기까지 나아가는 것이 불가능했다. 젊은 세대의 연구자가 이 책이 짊어지고 있는 시대적 한계를 넘어 크게 발전할 것을 기대한다.

야스마루 요시오

차례

추천의 글/ 박진우 · 4
한국어판 서문/ 야스마루 요시오 · 10

1부 민중사상의 전개

1장 일본의 근대화와 민중사상

시작하며 · 18
1. 사상형성을 촉구하는 것 · 29
2. 황폐한 마을의 정신상황 · 37
3. '마음心' 철학의 의미 · 52
4. '마음' 철학의 인간적 기초 · 62
5. 정신주의의 세계 · 70
6. 변혁으로의 관점 · 77

2장 민중도덕과 이데올로기 편성

1. 민중도덕과 이데올로기 지배 · 93
2. 민중의 도덕과 민중의 질서 · 110

3장 '요나오시' 논리의 계보

시작하며 · 132
1. '미륵세상' 관념의 전통 · 139
2. 후지신앙의 발전 · 145
3. 마루야마교丸山敎의 성립 · 160
4. 마루야마교의 요나오시世直し사상 · 177
맺음말 · 204

2부 민중투쟁의 사상

4장 민중봉기의 세계상

시작하며 · 214

1. 막번제적 억압상황 · 217

2. 봉기의 의식구조(1) · 229

3. 봉기의 의식구조(2) · 239

4. 고양高揚과 울굴鬱屈 · 257

5장 민중봉기의 의식과정

시작하며 · 274

1. 악역惡을 조정措定하는 것 · 280

2. 결집양식 · 305

3. 우치코와시와 오지ORGY · 331

4. 새로운 가능의식에 대해서 · 360

후기 · 401
헤이본샤판 후기 · 411
오리엔탈리즘 비판으로서의 민중사와 야스마루 요시오 · 다카시 후지타니 · 415
역자후기를 대신하여 · 433
색인 · 476

1부
민중사상의 전개

1장
일본의 근대화와 민중사상

시작하며

근대일본사회에서 근면, 검약, 겸양, 효행 등은 폭넓은 사람들에게 무엇보다도 일상적인 생활규범이었다. 이러한 통속도덕이 항상 엄격히 실천되고 있었던 것은 아니다. 그러나 대부분의 일본인은, 한편에서는 다양한 사회적 규제력이나 관습에 의해, 그리고 다른 한편에서는 어떤 자발성에 기초하여 이러한 통속도덕을 당연하다고 여기며 살아왔다.

근면, 검약 등과 같은 것은 상호간에 서로 보충하면서 하나로 이어지는 덕목이다. 게다가 인종忍從(묵묵히 참고 따름), 정직, 헌신, 경건敬虔(공경하는 자세로 삼가고 조심함) 등을 첨가해도 좋을 것이며, 아침에 일찍 일어나거나 아침식사를 소박하게 하는 것 같은 구체적인 규범들을 길게 열거해도 좋다. 이러한 일련의 생활규범은 근대일본사회 속에서도 매우 강력한 규제력을 갖고 있기 때문에 일본인 대부분은 이 규제력의 그물망을 벗어날 수는 없었다. 근면, 검약이 아주 흔한 통념이었다는 것은 사람들의 사색이 이러한 통념의 프리즘(거울)을 통해서 이루어졌다는 것을 의미한다. 사람들은 다양한 현실문제에 직면하여 그 문제해결을 위해 사색하는 바이지만 문제를 발생시킨 현실적·역사적 근거는 아직 알려져 있지 않기 때문에 우선 아쉬운 대로 이러한 통념의 프리즘을 통해서 현실적 문제들을 검토하고자 한다. 사실문제로서 전술한 바와 같이 일련의 통속도덕은 근대일본사회의 다양한 곤란과 모순(예를 들면, 빈곤과 같은)을 처리하는 메커니즘으로서 무엇보다 중요했다. 통속도덕의 거대한 규제력을 대충 보는 것만으로 대중을 이해하려할 때, 사상 또한 하나의 거대한 '물질적인 힘'이라는 것을 믿을 수 밖에 없다. 애당초 오늘날의 우리들에게 이러한 통속도덕은 봉건적인 여러 관계에 의해 보완되면서 급속히 전개된 일본자본주의 이데올로기적 상부구조에 지나지 않는다. 그렇지만 그것을 이해했다고 해서 이 통속도덕이 갖고 있던 강대한 규제력을 그 독자적인 메커니즘과 더불어 이해했다고는 볼 수 없다. 앞의 통속도덕은 내가 가난하다고 하면, 내가 근면하지 않기 때문이라고 가르친다. 내 가정이 화목하지 못하면, 내가 불효했기 때문이라고 가르친다. 그 결과 다양한 어려움이나 모순은 나의 생활태도=실천윤리에 근거를 갖고 있는 것 같은 환상이 생겨나고, 그 환상 속에서 처리되어 간다. 이와 같은 환상의 허위성을 꿰뚫는 것이 동시대에서는 매우 곤란했다. 왜냐하면 사람들은 동시대인으로서 이러한 통념에 이미 사로잡혀 있기 때문이다. 또 하나, 나의 가난은 틀림없이 어느 정도까지 나의 근면을 통해서 해결이 가능하고, 그러한 해결사례를 눈으로 수없이 확인할 수 있기 때문이다. 물론 현실적이며 사회적인 문제들이 그 자체로서 객관적으로 구체화되어 나타나는 것은 오랜 역사적 발전의 소산이다. 역사적이며 객관적인 관계들을 그 자체로서 객관적으로 전망하고 인류역사의 오랜 경험에서 종교, 철학 등과 같은 것을 통해 사람들은 세계를 해석한다. 다소 차이는 있을지언정 환상적인 그 해석을 통해 사색하고 그 행동원리를 찾아내야만 한다. 앞의 통속도덕에서도 광범위한 사람들에게 현실적이며 사회적인 여러 문제가 도덕적인 문제로서 구체화되어 나타나 이 관념적 무대에서 다양한 현실문제가 처리되어 간다. 이런 반복되는 과정을 통해서 사회적 관념과 그 현실적 기초와의 관계가 점점 보이지 않게 되어, 사회적 통념은 사람들을 통념의 그물 속에 처박아 버린다. 이런 환상에 관한 직업적인 선전가宣傳家나 예배자도 나타나 현실적인 여러 관계들로부터 사람들의 눈을 딴 곳으로 돌리고 환상 속에서 현실적인 모든 사물의 근거를 보도록 사람들을 설득해 하나의 이데올로기적 지배체제를 만들어 간다.

근면, 검약, 효행 등의 통속도덕이 광범위한 사람들을 규제해 가는 메커니즘을 가장 흔한 사례를 들어 검토해보자.

> (1) 하나, 평소에 효성이 지극하고, 주종主從의 예의를 따르고, 집안은 화목하
>   고 친인척과는 사이좋게 지내고, 가업의 대의를 서로 소중히 여기며, 힘써
>   노력하여 영구히 상속해야만 할 것.[1]
> (2) 부모와 주인의 말씀대로 지키기만 하면 편안해진다.[2]

누구에게나 앞의 인용문은 평범한 통속적인 것이며 비슷한 문장은 무수히 제시할 수 있다. 이 인용문에서 주장하고 있는 바와 같은 효행, 화합, 근면, 복종 등의 덕목을 몸소 체험하여 체화된 사람이 근대일본사회의 통속적인 이상적 모습이었다. 그런데 위의 인용은 이러한 덕목을 주장함과 아울러 그 덕목의 실천을 통해서 '영구상속'이나 '마음이 편안'해지는 것 — 즉 부귀와 행복을 가져다준다고 주장하고 있다. 그렇다면 다양한 덕목이 부귀와 행복이라는 공리적 목적을 위한 수단일까? 그렇다면 앞의 주장은 지극히 공리적인 것이다. 또 효행, 화합, 근면 등의 시늉을 하는 것만으로 공리적인 목적을 달성할 수 있을지도 모르며, 게다가 그 덕목들이 부귀와 행복을 가져다주지 않는다고 판단한 사람은 자유롭게 그 덕목들을 내팽개쳐

---

1   報徳社, 「義定一札の事」一節. 鷲山恭平, 『安居院義道』, 69쪽에 의함.
2   中村直三, 「気やしなひらくなつくし」의 하나. 奥村正一, 『老農中村直三翁』, 114쪽.

도 괜찮다는 것이 되는 것인가? 그렇지만 인간생활의 도덕적 측면과 공리적 측면을 이질적인 분열이나 모순을 내포한 인간적인 여러 측면에서 파악하는 것은 통속도덕의 사유양식에서도 생각이 미치지 못하는 바였다. 통속도덕에서 도덕은 부귀와 행복이라는 지극히 본질적인 관련이 있지만 그것은 전자가 후자의 수단이라는 것을 의미하는 것은 아니었다. 도덕은 결코 수단이 아니다. 그것 자체가 최고의 목적이며 가치다. 그 결과로서 반드시 부귀와 행복을 얻을 수 있다. 이와 같은 사고방식은 도덕적 목적과 공리적 목적의 예정조화를 너무나도 쉽게 믿고 있고, 양자의 분열가능성(오히려 필연성)에 눈을 감아버린 위선적인 것이라고 비평하는 일도 가능하다. 그렇지만 그 위선성(이데올로기성)을 간파하기 위해서는 많은 사람들이 오랫동안 괴로운 역사적 체험을 해야 했다. 통속도덕과 서민의 공리적 목적이 앞서 서술한 바와 같은 접합 내지 유착 속에서 근대일본 사상구조의 교묘한 조작의 원기原基형태를 드러내고 있다. 이러한 의식형태에서는 부귀나 행복을 얻은 사람이 도덕적으로 변호되고 있고, 가난하고 불행한 사람은 부귀와 행복에서 소외됨과 동시에 그 사실 때문에 도덕으로부터도 소외되고 있는 것이라고 판정되었다. 이렇게 성공한 사람들은 도덕과 경제의, 그리고 또 갖가지 인간적 영역에서 우월자가 되고, 반대로 패배한 사람들은 부귀와 행복에서 패배함과 동시에 도덕에서도 패배해버린다. 그리고 성공하려고 하면 통속도덕의 덫에 걸려 버린다. 근대일본사회에서 다양한 모순이나 곤란을 해결하기 위해 많은 사람들의 진지함과 목숨을 건 인간적 노력은 대단히 많았을 것이다. 그러나 이 인간적 노력은 끊임없이 근면, 검약, 효행 등의 통속도덕적 형태를 통해서 발휘되고, 그에 의해 지배체제를 안정시키는 방향으로 작용했다. 인간의 능력이나 에너지는 인간이 만들어낸 것이면서도 이런 특유한 형태를 취함으로써 진정한 인간다움에 대해서는 처음 대하듯

외재적이며 억압적인 힘이 되어 있었다. 이데올로기적 환상은 인간이 고심해서 만들어낸 완성품이기 때문에 비로소 인간을 규제하여 그 속에 감금시키는 거대한 억압적 힘이 될 수도 있었다.

근대일본사회에서 통속도덕의 이러한 메커니즘에서 벗어나는 것이 얼마나 곤란했는지는 무수한 사실들이 증명하고 있다. 고노 히로나카河野広中(1849~1923, 자유민권운동가)가, 나카무라 게이우中村敬宇(1832~1891, 계몽사상가)가 번역한 『자유론自由之理(John Stuart Mill, 서양시민사회의 원리를 메이지 일본에 전해 〈자유〉 시대의 개막을 알렸다─ 역자)』를 읽고 '충효의 도리道'를 제외한 다른 사상이 달라졌다는 유명한 일화부터 시작해서 쇼와昭和의 전향자들이 천황제 하의 가족주의적인 공동체의식으로 전향하여 "공산주의자가 꿈꾸었던 것과 같은 사회는 우리들의 발밑에 있었던 것"[3]이라고 부르짖을 때에도 통속도덕의 대강령은 여차하면 일탈하려는 사람들을 사로잡고 있었다. 다채로운 변혁적 노력과 에너지를 통속도덕의 대강령 내부에서 개량주의로 유도하고, 그것을 통해서 변혁의 동기를 체제 안정화의 동기로 전환시킨다는 요사스런 술법이 행해졌다. 천황제 이데올로기는 이러한 통속도덕 위에 구축된 것이다. 물론 이러한 통념의 허위성을 날카롭게 간파한 사람들도 있었다. 후타바테이 시메이二葉亭四迷(1864~1909, 소설가, 번역가)나 기타무라 도코쿠北村透谷(1868~1894, 시인, 평론가) 이래의 근대문학은 요컨대 이러한 통속도덕의 위선성을 간파한 사람들이 새롭고 보다 인간적인 도덕을 확립하기 위해 괴로운 투쟁의 역사였다. 그렇지만 그들의 노력이 얼마나 참담했던가는 여기서 말할 필요는 없다. 통속도덕의 위선성을 성실한 태도로 간파하는 것은 고통스런 도회韜晦(재능이나 학식 따위를 감춤─ 역자)와 허무감과 유미주의를 댓가로

---

3 丸山真男, 『日本の思想』, 47쪽.

삼아야 하며, 새롭고 적극적인 윤리를 어느 정도 사회적으로 설득력이 있는 것으로 만들어내는 것은 지극히 곤란했다. 이러한 통속도덕의 허위성과 위선성을 국민적 규모로 간파하는 것이 가능하기 위해서는 파시즘과 태평양전쟁과 패전이라는, 모든 것이 없어져 무無가 되는 것과 같은 처절한 체험을 경험해야만 했다.

이러한 환상과 위선적인 매커니즘을 쉽게 간파할 수 없었던 근거의 하나는 이러한 통속도덕을 되풀이하여 교육하고 선전해 국민 대다수가 이러한 이데올로기적 환상 속에서 억지로 살게 되었기 때문일 것이다. 게다가 그 배후에서 다양한 사회적 제재수단이 이러한 통념에 따르도록 암묵 속에 강제했던 것도 간과할 수 없다. 그렇지만 이러한 통속도덕의 광범위한 사람들에 대한 강한 규제력은 단순히 위로부터의 교육과 선전 그리고 강제에 의해서만 만들어 낼 수 있는 것이 아니다. 그런 의미에서 이러한 덕목들이 강한 규제력을 갖게 된 지금, 그것이 어느 역사적 발전과정에서 광범위한 민중의 자기형성과 자기해방의 노력이 담겨진 역사적이고 구체적인 형태가 되었는지 찾아야만 한다고 생각한다. 근세중기 이후의 민중적 여러 사상들의 전개과정을 조사해 가면 새로운 사상형성의 노력은 예외없이 이러한 통속도덕의 주장에 기인하고 있다. 이 민중적 여러 사상들은 근대일본 사회 형성기에 사회적 격동기의 소용돌이 속에서 광범위한 민중의 자기형성과 자기 확립의 노력을 의미하고 있었다. 그러나 이 민중의 노력은 통속도덕적 이상상의 확립을 지향하는 형태를 통해서 이루어진다. 이러한 '형태'는 자유롭게 선택할 수 없는 역사적인 것으로, 이러한 '형태'에서 근본적으로 벗어난 민중적 여러 사상들을 찾아내는 것은 불가능하다.

말할 것도 없이, 한 민족이 근대화를 달성하는 가장 심층적 원동력은 민중의 내면에 양성된 방대하고 건설적인 에너지임에 틀림없다. 근대사회의

형성과정에서 '자유'롭게 된 민중은 자기형성과 자기단련의 과제에 직면하고, 이 과제를 푸는 과정을 통해 방대한 인간적·사회적 에너지를 발휘해 간다. 이 민중의 성장과정을 경제사연구에서는 생산력의 발전, 사회적 분업의 전개, 농민층 분해 등 그 나름대로의 명쾌한 논리서열로 파악되어 있다고 말할 수 있고, 정치사연구에서는 비약이나 불명확함이 많아진다 해도 농민잇키農民一揆(영주 및 관리 등의 횡포에 맞선 농민들의 무장 봉기— 역자)이나 우치코와시打壞し(파괴 약탈소동— 역자)의 발전이 막부, 번정개혁(막번 체제에서 각 번이 재무, 행정의 재건을 위해 실시한 정치적, 경제적 개혁— 역자)의 전개 등으로서 파악되고 있다고 할 수 있다. 그렇지만 그러한 과정을 인간의 내면=정신적 구조에서 파악하면 어떻게 될까? 종래의 사상사 연구방법에서 근대사상의 성립과정은 자연이나 사회에 대해서 객관적인 인식과 그 인식을 가능하게 하는 새로운 사유양식의 성립과정으로서 분석되기도 하고, 사람들이 인간의 욕망, 이기심, 자아 등을 자각해 그것들이 긍정되어가는 과정으로서 분석되기도 했다. 그렇지만 이러한 분석시각은 전술한 민중의 자기형성·사상형성에는 타당하지 않다. 민중의 현실과제가 객관적 인식과 근대적 자아의식의 형성 등의 방향에 없었다거나, 그러한 방향으로의 사상형성이 전혀 보이지 않았다고 주장할 생각은 없다. 그렇지만 사상형성의 주요방향은 결코 그와 같은 것이 아니었다. 민중적 여러 사상들을 연구할 때 자연과 인간의 분열, 경험적·합리적 인식의 발전, 자아 확립 등을 분석기준으로 삼는 것은 이념화된 근대사상상像에 얽매여서 거기로부터 역사적 대상을 재단하는 모더니즘의 도그마dogma(독단적인 신념이나 학설— 역자)다. 근세에서 근대에 걸쳐 이러한 모더니즘의 방법을 취하면 새로운 사상형성의 방향을 볼 수 있는데 이것은 거의 예외 없이 지배계급의 입장이나 그 주변부에 생성되는 여러 사상들이다. 이러한 사상들의 새로움은 각각의 역사적 단계에서 '근대화'를

향한 지도권을 갖고 있거나 또는 가장 예리하게 그 방향을 전망하고 있었던 것(지배계급의 개량적 분자)의 새로움이다. 오규 소라이荻生徂徠, 모토오리 노리나가本居宣長, 가이호 세이료海保青陵, 사쿠마 쇼잔佐久間象山 등 모두가 그렇다. 최근 성행하는 '근대화'론은 다양한 사상에서 '근대성'(사실은 자본주의 발전에 적합한 '근대'성)을 추출해서 계통을 세우고, 그 일에 의해 지극히 무미건조하게 일본의 근대화와 그 담당주체가 된 지배계급의 개량적 분자를 옹호하는 것이다. 이러한 입장에서 보면, 민중적 사상들은 비합리적이며 낙후된 봉건적인 것에 지나지 않는다.[4] 이러한 견해는 통속적 덕목들의 실현이라는 형태에서 광범위한 민중의 힘든 자기형성과 자기단련의 노력이 이루어지고, 그 과정에서 배출한 방대한 사회적이며 인간적 에너지가 일본근대화의 원동력(생산력의 인간적 기초)이 된 것을 이해할 수 없다. 실현된 덕목에서 보면, 통속적이고 전근대적인 도덕이라고 보이는 것이 어느 역사적 단계에서는 새로운 '생산력'이다. 그 의미에서 민중적 여러 사상은 지금까지 이른바 '잠자고 있었던' 민중의 마음속 깊은 영혼을 동요시켜서 인간의 무한한 가능성을 일깨우는 것이었다. 이 각성은 우선은 도덕 — 정신의 각성이라는 관념적 형태를 취했다. 그 때문에 앞에서 서술한 속임수도 생겼다. 그러나 인간 정신의 무한한 가능성에 대한 놀랄만한 신념이 광범위한 민중 속에서 눈뜬 것에 우선 주목해야만 한다. 그것은 근세의 유교와 불교의 숙명론에 대한 능동성 철학과 주체성 철학의 수립이었다. 그 능동성과 주체성이 근면, 검약, 정직, 효행 등이라는 형태를 취하고, 종종 유교의 통속화와 결부되었기 때문에 모더니스트들은 거기에 담겨진 방대한 인간적 에너지를 인식할 수 없었다. 마루야마 마사오丸山真男(1914~1996, 정치학자)가 『일본의 사상

---

4 坂田善雄 編, 『明治維新史の問題点』은 이러한 견해의 대표 사례. 이 책에 대한 나의 서평(『歷史学研究』 272號)을 참조.

日本の思想』에서 일본인의 사유구조를 예리하게 분석해 그 병리를 폭로하고, 근대일본의 사유구조의 기저를 이루는 것을 전통적·공동체적 의식으로서 파악했을 때도 그와 같은 착오가 있었다고 생각한다. 마루야마는 근대일본 사회의 가장 통속적인 의식이 광범위한 사람들의 주체적 에너지를 담아 역사적으로 형성된 것임을 이해하지 않았다. 그 때문에 한편에서는 일본 근대화의 근원적 에너지를 파악하지 못하고 또 통속적인 의식의 강인한 규제력의 근원이 충분히 해명되지 않는다. 다른 한편으로는 공동체의식 굴레의 함정 속에서 미래를 향해 해방을 쟁취해 가는 길을 찾을 수 없다. 벨라Robert Neelly Bellah(1927~2013, 종교사회학자)는 전술한 것과 같은 통속도덕을 문화인류학적 관점에서 초역사적인 것으로 치켜세워 거의 원시고대부터의 일본문화의 특질이라 하고, 이 전통적 '사회적 가치'와 '근대화'를 바로 결부시켰다. 벨라의 견해는 '근대화'와 전통사상에 관련된 탐색을 시도하는 것으로서 시사하는 바가 크지만, 근세중기 이후의 일본사회에서 효나 충이라는 통속적인 도덕형태의 내면에 담겨 있는 광범위한 민중의 자기형성과 자기단련의 구체적 과정을 파악하고 있지 않다고 생각한다. 또 광범위한 민중의 의식형성이 어째서 효나 충이라는 독특한 형태를 취하는가 하는 문제는 사회적 가치의 전통성이라는 전제에 의해서 회피되어 버린다. 그리고 이러한 통속도덕의 실현 속에 담겨 있는 광범위한 민중의 괴로움이나 자기실현의 기쁨, 환상성과 위선성의 조작 등은 모두 어찌되든 상관없어지고, 그저 전통적인 '사회적 가치'가 근대화=자본주의화에 얼마만큼 유익했었는지를 보여주면 된다.[5]

---

5   R·N·베러, 堀一郎·池田昭 訳, 『日本近代化と宗教倫理』. 벨라의 입장은 앞의 저서에 대한 마루야마의 서평을 하나의 매개로서 그후 커다란 변모를 이뤘다. R·N·베러著, 河合秀和訳, 『社会変革と宗教倫理』 특히 제3장을 참조.

그렇지만 모더니스트들의 눈에 어떻게 비치든 민중적 사상들의 전개과
정은 무엇보다도 인간의 정신력과 가능성에 대한 놀랄만한 신념이 광범위
한 사람들 속에 처음으로 눈을 뜬 것이었다.

> 하늘나라에서 태어나 어버이까지 포용할 수 있는, 자찬이지만 넓은 마음이다.[6]
> 삶과 죽음도 부귀도 빈곤도 무엇이든 모두 마음 먹기에 달렸다.[7]

라는 말과 같이 지극히 관념적인 형태를 취하고, 각성한 마음의 무한한 가
능성이 서술되어 있다. 게다가,

> 가난하고 부자됨은 우연이 아니다… 사람과 모든 재화는 부자에게 모인
> 다고 생각한다. 그러나 그렇지 않다. 절약하며 검소한 곳과 공부하는 곳
> 에 모인다.[8]

라는 말에서는 더욱 구체적으로 인간의 주체적인 노력에 무한한 가능성이
부여되고, 빈부는 천명이라는 유교와 불교의 숙명론이 타파되어 있다. 이
러한 주장은 지극히 관념적인 것이기 때문에 현실에서는 유효성을 갖지 못
했다고 주장하는 사람이 있을지도 모른다. 이러한 견해를 취하는 사람은
경험적이며 합리적인 사상 − 과학적인 사상이 근대사상이며, 그것이 변혁
적인 사상이라고 굳게 믿고 있다. 그렇지만 위와 같은 '관념론'은 원래부터
어떤 역사적 한계의 내부에 있기 때문이기도 하지만, 현실에 매우 유효한
것이었다. 왜냐하면 이러한 관념론은 후술하듯이 오랜 기간의 인생경험에
의해 엄격하게 단련된 인격이 뒷받침되는 확실한 증거를 가지고서 그러한

---

6 「石田先生語録」,『石田梅岩全集』上, 438쪽.

7 黒住宗忠,『御歌文集』, 176쪽.

8 福田正克,『二宮翁夜話』(岩波文庫版), 110쪽.

사람들에 의해 주장되었기 때문이며, '관념론'이 사람들을 단련시켜 강인한 주체로 다시 만들어내기 때문이다. 통속도덕의 여러 덕목이 많은 사람들에게 내면적 긴장을 불러 일으켜 자기형성과 자기단련을 히게 하는 독특한 형태가 되었다.

이 작은 논문은 일본근대사회 형성과정에서 광범위한 민중의 자기형성과 자기단련 과정의 의미를 그 기만성의 조작까지 포함하여 민중적 사상들의 전개 속에서 파악하려는 것이다. 근세 중기에서 메이지시대에 이르는 민중적 사상들은 지극히 다양하고 혼돈스럽고, 또 미성숙이라서 일관된 분석이 불가능하다는 의견도 있을 것이다. 그렇지만 나는 다양한 사상들도 기본선상에서 공통점이 있고, 그 다양성은 일관된 기본성격과의 관련에서 역사적인 의미를 가진 것으로서 거론할 수 있다고 생각한다. 그러한 사상들은 연구사의 현재 단계에서는 18세기 전기元禄·享保時代에 삼도三都(교토·오사카 에도)와 그 주변에서 시작되어 근세 후기에는 거의 전국적인 규모로 전개되었고, 1880년대 말기 이후에 최저변인 민중까지 끌어 들였다고 할 수 있다. 이시다 바이간石田梅岩의 심학心学, 니노미야 손토쿠二宮尊徳와 보덕사報徳寺, 오하라 유가쿠大原幽学, 나카무라 나오조中村直三와 같은 많은 노농老農, 후기국학後期国学, 구로즈미교黒住教, 곤코교金光教, 덴리교天理教, 후지코富士講, 마루야먀교丸山教 등의 민중적 여러 종교들, 진토진종 역사 속의 묘코닌妙好人(이승에서의 영달을 무시하고 신조信條에 사는 사람— 역자) 등이 그것이고, 유명무명의 지방지도자, 농민운동이나 민권운동에 가담했던 호농이나 민중, 민속학자가 말하는 고로故老(옛 일을 아는 노인— 역자)나 세켄시世間師(처세술에 능하고 약삭빠른 사람— 역자) 등의 사상도 시야에 넣어야 한다.

1. 사상형성을 촉구하는 것

근면, 검약과 효행 등은 어떤 의미에서는 역사와 더불어 오랫동안 민중의 생활태도였을 것이다. 그러나 그것들이 전통적 생활습관으로서 사실상 존재하고 있는 것과 사람들이 자각적으로 행해야만 할 규범, 윤리와는 구별되어야 한다. 전자의 의미에서 그것들은 단순한 생활 사실로서 사상사의 대상으로 삼는 것은 어렵다. 후자의 의미에서 비로소 그것들은 사상표현이 되고 독자적인 세계관의 구성요소로서 많든 적든 통일적으로 파악된다. 그리고 이와 같은 의미에서 근면, 검약 등이 폭넓은 민중에 의해 문제로서 취급되어진 것은 분명히 하나의 역사적 발전의 소산이다. 이러한 생활규범을 핵심으로 한 민중적 사상들이 전개되기 시작한 것은 전술했듯이 거의 18세기 전반기元禄·享保時代인데 그렇다면 어떠한 현실적인 과제가 사상형성을 촉구한 것일까?

예를 들어, 가와치노쿠니河内国 이시카와군石川郡에서 주조업을 겸업한 지주 가와치노 고헤 가세이河内五兵衛可正가 장문의 수기手記를 써서 자손에게 전한 교훈은 결국 그저 하나의 동기 —어떻게 하면 '가업'의 몰락을 막을 수 있을까— 때문이었다. 가세이가 『가와치야 가세이 구기河内屋可成旧記(옛기록)』를 쓴 것은 1700년 전후 무렵인데, 이미 이 시대에는 가세이가 사는 가와치노쿠니 이시카와군의 몬젠마치쿄門前町(신사·절 앞에 이루어진 동네— 역자) 오가쓰카大ヶ塚에서는 꽤 번영했던 집안도 급속히 몰락했다는 사례가 매우 많았다. 가세이는 그러한 사례를 차례로 들면서 적어두었다. 예를 들면, 히라노 도베平野藤兵衛 집안은 쇼야庄屋(마을관청 또는 촌장)를 역임한 가문이었지만 부정이 많아 마을소동村方騷動(농민의 마을정치개혁운동— 역자)으로 몰락했다. 도베의 자식들은 프롤레타리아로 전락해서 마침내 도둑이 되어 끝내

는 객사했다. 오사카와 가까워 상품경제가 발전한 오가쓰카에서는 이 시대에 이미 몰락 — 프롤레타리아화는 조금도 진귀한 현상이 아니었다. 프롤레타리아화한 사람들의 대부분은 오사카大阪나 사카이境로 빠져나가 가장 빠른 시기의 도시빈민층을 형성했다. 가업이 '파산', '분산'하게 된 것은 '다수'이고, '구체적으로 기록하기에 시간이' 없을 정도였다.[9] 상품경제에 의거하여 생활하고 있는 오가쓰카에서는 잠시의 방심이 가업의 몰락으로 이어지고 있었다. 이러한 현실 속에서 가세이는 "부자富者에 3대 없다"라는 말을 정말 명언이라 여기는 한편,[10] "사람의 운명만큼 알 수 없는 것은 없다人ノ行末程定ナキ物ハアラジ"[11]고 두려워했다.

『가와치야 가세이 구기』는 석문심학石門心學(상인을 위한 생활철학 — 역자) 성립 배경을 무엇보다도 잘 이해시켜주는 사료라고 생각한다. 마음을 다해 성性을 알라[盡心知性]고 가르친 이시다 바이간石田梅岩(1685~1744)의 문하에 길道을 묻는 교토와 그 주변의 풍족한 정인町人(도시에 거주하는 상인 — 역자)들을 사로잡고 있었던 것은 가세이가 서술하고 있는 것과 같은 '가업'의 몰락에 대한 공포감이었다. 마음을 다한다는 것은 행동하는 것이다라는 집안의 화합·검약·효행 등을 실현하기 위해서 수미일관首尾一貫한 원리와 근거를 획득하는 것인데, 그들의 일상도덕이 확립되지 않는다면 그들은 곧바로 몰락할 위기에 직면하게 될 상황이었다. 바이간에 의하면, "장사꾼 만큼 가업이 쇠퇴하기 쉬운 직업은 없"다. 교토와 오사카에서 3~40년 이전에 큰 부자라고 일컬어졌던 정인 중에 몰락한 자는 '10집 중 7~8집'라고 할 정도였

---

9 野村豊·由井喜太郎 編著, 『河内屋可成旧記』, 109쪽.

10 앞과 동일, 27쪽.

11 앞과 동일, 41쪽.

다.[12] 이러한 '가업' 몰락에 관한 위기의식을 일깨우는 사상형성의 방향은 놀랄 만큼 유사한 것들이었다. 『가와치야 가세이 구기』의 입장은 보다 철저하게 일관성과 원리성을 획득한다면 바이간의 입장이 된다고 생각한다. 원래 검약과 근면을 중시하는 생각은 이하라 사이가쿠井原西鶴(1642~1693, 소설가)의 정인을 소재로 한 작품에도 보이고, '가업' 몰락에 관한 위기감은 『정인고견록町人考見錄』(1728년에 완성된 정인의 가훈서– 역자) 등에 잘 나타나 있다. 그렇지만 특히 전자의 경우에 검약과 근면 등은 인색이나 탐욕의 표현이다. 그러므로 또한 낭비나 사치를 위한 수단이라는 의미를 가지고 있었다. 이 의미에서의 검약과 근면하는 습관이라면 상업자본의 존재와 더불어 오래되었을 것이다. 석문심학은 이와 같은 정인 사회의 습관을 배경으로 하는 것이었지만, 그것을 뛰어넘는 것이었다. 그렇게 말할 수 있는 것은 석문심학의 성립배경은 상인사회에 현재 습관화되어 있는 검약과 근면을 그대로 강화하려고 해도 어쩔 수 없는 것이 현실이며, 위기에 직면해서 새로운 생활규범의 형성이 그 과제였기 때문이다.[13]

이 시기의 민중적 사상운동으로서는 1729년에 시작된 석문심학이 가장 저명하다. 그러나 이 무렵 에도에서는 후지코富士講(후지산을 신앙의 대상으로 하는 사람들이 모여 조직한 계– 역자)에 지키교 미로쿠食行身祿(1671~1733)가 나와서

---

12 「斉家論」, 『石田梅岩全集』上, 196쪽.

13 『정인고견록』에는 '인의'(도덕)와 '이익'(경제)이라는 일종의 이원론과의 절충안이 보인다. "상인은 현자가 되어서는 가업이 쇠퇴한다.…하루라도 인의를 떠나는 사람이 아니다. 그렇다고 해도 계산도 없이 자비를 베푸는 바보스러움은 인의를 지키고 군사의 사졸을 부리는 것과 같다. 장사에 이익이 있도록 마음가짐을 다해야 한다"(竹中靖一, 『石田心学の経済思想』, 291쪽에 의함). 이 인용에는 '가업 입장의 이기주의'(和辻哲郎)가 노골적으로 나타나 있지만, 그것을 위해 사람들에게 내면적인 각성과 긴장을 촉발시켜 새로운 생활규범을 형성시키는 적극적인 힘이 결여된 평범한 절충안이 되어 있다. 바이간의 과제는 이러한 절충론을 뛰어넘어 새로운 생활규범으로 사람들에게 적극적으로 동기부여를 하게 했다.

비밀스러운 주술에서 실천적인 일상윤리로 후지신앙을 전환시켰다.[14] 같은 무렵 마스호 잔코增保残口(1655~1742)도 "사찰이나 신사 등의 저잣거리에 나가 임시건물을 짓고 농담을 섞어 풍속을 알기 쉬운 사례로 들면서 신도를 강의"했다고 한다.[15] 원래 호시나 마사유키保科正之(1611~1673, 다이묘大名)나 이케다 미쓰마사池田光政(1609~1682, 다이묘)와 같은 근세 초기의 '명군'이 유교에 의한 서민교화를 도모했던 것은 이것보다 한 시대 이전의 일이었다. 그렇지만 민중 자신의 주체성에서 또 하나의 민중운동으로서 민중적인 사상들이 형성·전개·전파되었던 것은 18세기 전기元禄·享保時代 이후의 일이고, 그것도 우선은 삼도三都와 그 주변에서 시작되었다. 정인 집안의 '가훈'이 제정되는 것도 18세기 전기 이후의 현상이고,[16] 정인을 대상으로 하는 교화적 저작이 출판된 것도 18세기 전기 이후의 일이었다.[17] 그리고 그 위에 민중적 여러 사상이 농촌부에도 전개되어 일본민중이 이른바 전민족적인 규모로 사상형성 과제에 직면한 것은 근세 봉건사회의 위기도 점점 깊어진 18세기 말天明·寛政時代 이후, 특히 19세기 전반기文化·文政時代 이래의 일이었다. 석문심학이 급속히 지방에 전파된 것은 덴메이天明(1789년) 이후(최성기는 19세기 전반기文化·文政時代)이고,[18] 민중적인 여러 종교운동이 전개하기 시작한 것은 19세기 전반기 이후다. 또 니노미야 손토쿠二宮尊徳(1787~1856, 농정가), 오쿠라 나가쓰네大蔵永常(1768~1861, 농학자), 오하라 유가쿠大原幽学(1797~1858, 농정학자) 등이 각지를 유람하면서 궁핍한 농촌의 부흥을 꾀한 것도 거의 같은 시대다. 따라서 나는 19세기 전반기 이후를 민중사상사의 제2기로 삼고 싶은

---

14 村上重良·安丸良夫 編, 『民衆宗教の思想』, 634쪽.

15 柴田実, 「石田梅岩と神道」(『神道学』 14号)

16 宮本又次, 『近世商人意識の研究』, 145쪽.

17 石川謙, 『石門心学史の研究』, 211쪽.

18 앞과 동일, 820쪽.

데, 이 시대에 민중의 사상형성을 촉구한 것은 어떠한 사정에서였을까? 어쩌면 여기에서도 상품경제의 급속한 전개 속에 현실화 된 몰락위기가 사상형성의 결정적인 계기였다고 말할 수 있을 것이다. 그러나 몰락위기라고 말해도 이시다 바이간의 문하에 모인 부유한 정인들에게는 아직은 그것은 방심하면 그렇게 될지도 모른다는 개연성에 지나지 않는 것에 비해 니노미야 손토쿠나 오하라 유가쿠가 직면했던 것은 참담하게 황폐한 마을들의 현실이었다.

예를 들면, 니노미야 손토쿠가 시행한 수많은 방책의 대상이 되었던 것은 모두 그러한 마을들이었다. 니노미야 손토쿠가 처음 방책을 시행해서 부흥하게 된 시모즈케노쿠니下野国 하가군芳賀郡의 모노이物井, 요코다横田, 히가시누마東沼의 세 마을은 1700년경에는 4천 석 토지, 440호 가구 3,100가마의 세금을 내고 있었는데, 니노미야 손토쿠가 방책을 시작한 1822년에는 "쇠퇴하여 사라짐이 극에 달해" 가호수 140여, 세금 800가마로 감소해 버렸다.[19] 게다가 거기에는 극도로 빈곤했던 것만 있었던 것은 아니다. 빈곤과 황폐는 나태·음주·도박 등이 악습이 되어 정신 내부까지 침투하였다. 손토쿠에 의하면, 거기에 빈곤과 황폐의 근원이 있었다. 빈곤의 문제가

---

19 冨田高慶, 『報徳社』(岩波文庫版), 33쪽. 奧谷松治, 『二宮尊徳と報徳社運動』, 83쪽 이하 참조. 가호수가 이와 같이 급속히 감소한 것은 도주자와 가산탕진이 있었기 때문이다. 예를 들면 1815년에서 19년 사이에 니시모노이 마을에만 적어도 3가호 9명의 도주자가 있었다(『二宮尊徳全集』 3卷, 15쪽에 의함). 1825년은 흉작이었던 연유로 다음해 1826년 3월에서 5월까지 적어도 12명 이상이 도주하거나 행방불명이 되었다. 애당초 도주는 금지되어 있고 도주자는 추적하여 발견되면 투옥했지만 그래도 도주는 끊이지 않았다. 도주자의 한 예를 들어보자. 히가시누마(東沼) 마을의 기우에몽(幾右衛門)은 농사일만으로는 생활을 할 수가 없어 "면화 따는 하루벌이 일을 하기 위해" 다른 지역(마오카 목면의 산지 마오카에 갔었을 것이다)에 가 있었지만, 생활난 때문에 "어쩔수 없이 아내와 아이까지 돈벌이 장소에 오게 할 수밖에" 없었다. 그는 "원래부터 일행이 이산하는 것은 마음에 털끝만큼도 없었다. 완전히 곤궁에 떠밀려 우리 가족은 벌이를 위해 어쩔 수 없이 다른 마을"에 넘어갔던 것이다. 그렇지만 이와 같은 경우에 있어서도 끌려와 투옥되어 버리고, 자신의 나태로 농업에 등한시했기 때문이라고 반성할 것을 요구받았다(동일한 전집, 116쪽).

단순히 경제문제로서만이 아니라, 오히려 생활태도 - 정신형태의 문제로서 거론되고 있는 것이 이 장의 취지에서 매우 중요한 것이다. 그러나 여기에서는 가라스야마烏山 방책과 닛코日光 방책의 대상이 되었던 지역도 완전히 같은 양상이었던 것을 지적해 둔다.

오하라 유가쿠는 1838년 도화교사道話敎師(사람이 지켜야 할 도리를 가르침— 역자)로 활동했던 오랜 세월의 유랑생활에 종지부를 찍고, 시모사노쿠니下総国 가토리군香取郡 쵸부長部 마을에 살았다. 나누시名主[20] 이헤에伊兵衛 등의 청원을 받아들여 집안의 화합과 근로를 중심으로 한 일상도덕을 친구들에게 가르쳤는데 그것은 쵸부 마을을 부흥하기 위해서였다. 쵸부 마을은 1760년대에는 가호수가 40채 정도였는데, "그 무렵부터 불량배들이 생기고 금은을 탕진하여 어쩔 수 없이 '파산'하는 자, "무단 도주하여 잠적"하는 자, "집안이 파산한" 자가 연이어 발생해 유가쿠의 지도로 선조주식조합先祖株式組合(최초의 농협협동조합— 역자)을 만든 1840년에는 가호수가 겨우 24, 5채에 불과했다.[21] 간토関東 지방의 농촌은 막부 말기에는 빈궁분해(세금압력→빚→농민부채 누적→토지상실— 역자)하는 양상이 뚜렷했는데 쵸부 마을이 그 전형이었다.

메이지시대 중기 이후에 모범 마을로 알려지게 된 마을들은 모두 이렇게 극도로 황폐해진 마을들이었다. 막부 말기에서 메이지 중기에 걸쳐 시즈오카현静岡県을 중심으로 발전한 보덕사운동(농민의 생산력에 따른 소비기준을 제정하고 생활의 근검과 최신 농경기술을 도입함— 역자)은 모두 이러한 마을에서 전개되었다. 이 지방에서 보덕사에 들어가는 것은 빈곤한 마을이라고 생각할

---

20 마을 단위의 연공과 부역의 납부를 책임지는 마을 우두머리를 총칭하는 용어로 별칭으로 쇼야(庄屋) 또는 기모이리(肝煎)라고도 불렸다.(역자주)

21 「長部村道友先祖株組合願書」, 千葉県教育会 編, 『大原幽学』269.

수 있었다.[22] 효고현兵庫県에서 '이마니노미야今二宮'라 불린 히라오 쟈이슈 平尾在修가 활약한 이즈시군出石郡 미야케三宅 마을은 1786년의 홍수를 계기로 해서 마을이 황폐해지기 시작했고, '긴코金吾'라는 카루타(카드도박의 일종)가 유행해, 1830년에는 이즈시령出石領에서 가장 황폐한 마을이 되었다. 그리고 1833년에는 마을을 황폐시킨 책임자로서 쇼야庄屋와 그 아들의 추방, 마을을 관리하는 5인조五人組 우두머리 두 명을 100일 동안 감옥에 가두는 등의 처벌을 시행했으며, 엄중한 검약과 근로 규정이 만들어졌다.[23] 쟈이슈는 미야케 마을 외에도 몇 개인가 가난한 마을을 부흥시켰지만, 그중 하나인 이치바市場 마을은 "마을 전체 45가호 중에서 살아갈 길이 막막해 도망치는 사람이 10여호"[24]나 됐던 마을이었다. 메이지시대 걸출한 노농老農(농촌 마을의 유력자村老로 농촌부흥운동의 추진자이기도 함— 역자) 3인 중의 한 사람인 나카무라 나오조中村直三(1819~1882)의 활약도 "근방에 비할 길 없는 난촌"인 자신이 사는 마을인 나가하라永原의 부흥을 목적으로 시작된 것이었으며,[25] 같은 3인 중의 한 사람인 이시카와 기노스케石川紀之助도 자신이 사는 마을 야마다山田의 부흥을 일궈낸 일을 시작으로 노농으로서의 생애를 시작했다.[26]

근세 후기에서 전술한 바와 같은 황폐한 마을들은 결코 예외적인 존재

---

22 후쿠즈미 마사에(福住正兄)는 이 점에 대해서 다음과 같이 말하고 있다. "이 길을 개척함에 우선 난촌을 새롭게 하는 것부터 시작하고, 오로지 쇠락 마을을 만회하는 법을 명확히 강석하는 것을 통해서 해야 한다. 그 설명을 들은 자가 쇠락한 마을이 아니면 보덕에 들어가야만 하는 것은 아니라고 사유하기에 이르렀다. 더 심한 것은 우리는 아직 보덕에 들어갈 정도로 가난하지 않다고 하는 자가 나타나기에 이르렀다"(「富国捷径」, 『二宮尊徳全集』 36巻, 562쪽).

23 『但馬偉人平尾在修』, 3, 5쪽.

24 앞과 동일, 234쪽.

25 『老農中村直三』, 78쪽.

26 児玉庄太郎, 『偉人石川翁の事業と言行』, 23쪽 이하.

가 아니었다. 이러한 황폐를 초래한 경제사적 원인은 봉건권력과 상업 고리대자본에 의한 가혹한 수탈이었다. 이러한 마을들에 대한 기술을 보면 온 마을 안의 토지가 거의 소작지로 된 점, 부채가 지극히 방대한 점을 강조하고 있다. 그리고 앞의 나가하라 마을의 경우와 같이 특히 무거운 세금이 강조되고 있는 경우도 있다. 어느 정도의 생산력 상승을 동반하지 않은 채로 수탈이 격화되자 필연적으로 농민층 분해가 빈농분해적인 양상을 나타내며 진행되고, 거기에 황폐한 마을들이 무수히 생겼다. 그것은 처절한 빈곤, 무단으로 도주하여 잠적 — 반 프롤레타리아트의 형성과정이었다. 그리고 이러한 과정이야말로 사람들이 서둘러 할 일로서 새로운 생활태도의 수립 —사상형성— 이라는 과제에 직면하게 되었다. 매우 다양한 이 시대의 민중사상도 실천도덕으로 보면 근면, 검약, 화합으로 요약되겠지만, 사람들에게 어쩔 수 없이 사상형성을 재촉했던 것은 이러한 덕성을 습득하지 않으면 곧바로 자신의 집이나 마을이 몰락해 버린다는 객관적인 사정이었다. 구로즈미교, 곤코교, 텐리교, 마루야마교와 같은 신흥의 민중적 종교들은 니노미야 손토쿠나 오하라 유가쿠가 운동을 전개한 구역보다도 어느 정도 선진적인 구역에서 진행되었다. 이러한 종교들은 그러한 지역에서 이미 공동체적 질서에서 분리되고 있었던 민중의 다양한 불안에 호소했다. 사람들을 사로잡은 직접적 계기는 압도적으로 질병의 문제였으며, 이어서 가난과 불화의 문제였다. 이러한 종교들에 있어서 질병, 빈곤, 불화 등은 정신에 유래하는 것이며 정신의 변혁을 요구하는 것으로 파악되었다. 그러므로 정신을 바꾸지 않는다면 질병과 빈곤을 되풀이하면서 몰락할 수밖에 없는 것이고, 여기서도 이러한 위기감에 흔들리면서 사상형성이 추진되었다. 그리고 곤코교와 텐리교가 오사카를 중심으로 해서 급속히 발전한 것도 마루야마교가 가나가와神奈川, 시즈오카, 나가노長野 3

현을 중심으로 폭발적으로 발전하는 것도, 시즈오카현을 중심으로 보덕사 운동이 급속하게 전개된 것도 모두 1880년대 전반기 이후였다는 것은 앞서 말한 바와 같은 여러 사정의 단적인 표현이었다. 마쓰카타 디플레이션 정책[27] 하에 근대화=자본의 본원적 축적과정(자본주의적 생산양식의 발생기에 자본과 임금노동이 만들어지는 역사적 과정– 역자)이 가장 격렬하게 전개된 이 시기야말로 무엇보다 일본의 민중에게는 가장 고난의 가을이었다. 따라서 사람들은 고난을 뛰어넘는 원리를 추구하고, 고난을 뛰어넘기에 충분한 주체의 확립을 추구하지 않고는 있을 수가 없었다.

2. 황폐한 마을의 정신상황

심학心學의 과제는 비교적 유복한 정인계급을 주요대상으로 상품경제의 발전과 동반하여 발생하는 다양한 곤란이나 유혹에 동요하지 않는 강인한 주체성 수립을 꾀하는 것이었다. 사치, 유예遊芸, 불효, 불화, 게다가 인색 등이 '가업'이 몰락하는 원인이라고 생각하였다. 그렇기 때문에 '가업' 몰락을 막는 방법은 이 악덕들을 극복해서 검약·정직·효행 등의 실천도덕을 습득하는 것이었다. '가업' 몰락이라는 경제적·사회적인 현실 문제를 이러한 도덕문제로서 처리하는 것에는 다양한 착오가 포함되어 있을 것이다. 그렇지만 심학이 급속하게 보급된 것은 이러한 해결방법이 심학을 수용한 정인계급의 위기의식에 가장 어울렸기 때문이다. 1720년대(교호시대) 이후 점차로 많아지는 상가商家의 가훈 유형은 어느 것이든 심학사상과 그 근본정신을

---

27 세이난 (西南)전쟁에 의한 전비 조달로 생긴 인플레이션을 해소하기 위해 대장경 마츠카타 마사요시(松方正義)가 1881년부터 시행한 디플레이션 유도 재정정책이다.(역자주)

같이 하는 것으로 심학자가 글의 초안을 의뢰받는 일도 많았다.[28] 이것에 대비해 니노미야 손토쿠나 오하라 유가쿠의 활동무대가 된 근세 후기 농촌의 정신상황은 더욱 긴박한 것이었다.

앞서 말한 바와 같이 니노미야 손토쿠나 오하라 유가쿠가 활약한 곳은 극도로 황폐한 마을들이었다. 그렇지만 거기서의 문제는 단순히 경제적으로 가난하다는 것에서 끝나지 않았다. 손토쿠나 유가쿠에 의하면, 오히려 근본문제는 빈곤과 황폐가 정신의 내부에 깊이 침투해 있다는 것이었다. 예를 들어, 손토쿠는 사쿠라마치 방책桜町仕法의 대상이었던 피폐한 세 개의 마을을 앞에서 서술한 것과 같이 말한 다음에, 이어서 아래와 같이 말했다.

> 집집마다 극빈하여 의복과 먹을 것이 부족하다. 헤진 옷을 몸에 두르고 변변찮은 음식을 먹기 때문에 논밭을 갈고 김을 맬 힘도 없다. 쓸데없이 작은 이익을 좇아 벌어지는 다툼으로 인한 공사소송이 그칠 날이 없다. 남녀가 술을 탐내고 도박에 빠져 사욕 밖에 다른 생각이 없다. 다른 사람의 좋은 일을 싫어하고 다른 사람의 나쁜 일이나 재난을 기뻐하고, 타인을 괴롭혀 자기 이익을 꾀하고, 마을관리(지배층)는 관리 권위를 빌려 영세민을 학대하고, 영세민은 이에 대해 분개하며 서로 원수로 생각한다. 작은 손익 다툼에 이르러서는 순식간에 싸우는 형국에 이른다.[29]

이것은 황폐한 마을들에 대한 전형적인 서술이라고 할 수 있다. 거기에는 다양한 것이 서술되어 있지만, 빈곤 문제가 사람들의 사욕·음주·도박·불화·다툼 등의 생활태도와 결부되어 있다. 게다가 후자에 중점을 두고 서술되어 있는 것이 분명하다. 빈곤문제를 이와 같이 주로 생활태도와 결부시키는 것에는 명확한 이데올로기적 허식이 있다. 이러한 인식에 따라 황폐하게

---

28 宮本又次, 『近世商人意識の研究』 참조.
29 전게, 『報德社』, 33쪽.

된 근원이 봉건권력과 상업 고리대자본의 혹독한 수탈이 있었다는 점이 가려져 있었다. 앞 절에서 서술한 바와 같이 무단으로 도망쳐 잠적하는 것과 행방불명이 많았던 것은 결코 농민의 나태나 부주의 때문이 아니다. 기우에몽의 사례를 들어 서술한 바와 같이 "목화 씨를 빼고 솜을 트는 하루벌이" 일을 하러 나가는 것도 손토쿠의 눈에 어떻게 비쳤든지간에 몰락을 면하는 불가결한 방법이었을 것이다. 그렇지만 기우에몽은 무리하게 끌려나와 엄중히 처벌되었고, 그가 "풍속을 어지럽히는 나약한 자", "농업을 소홀히 하는 자", "마음가짐이 좋지 못했"기 때문에 가난하게 된 것이라며 반성을 강요받고, 빈곤은 일방적으로 민중의 마음먹기와 노력이 결여한 탓이라고 간주되었다. 이와 같은 의미에서 손토쿠 방책은 봉건사회 말기에서 가혹한 수탈을 가려주고, 더욱더 혹독한 노동과 검약을 민중에게 강요하는 것이며, 민중지배를 위한 약간의 새로운 느낌을 갖춘 이데올로기였다.[30] 손토쿠 자신은 간토関東지방의 비교적 후진적 농촌에서 봉건권력의 대리인으로서 활약했기 때문에 노동과 검약의 강제적 측면이 강한 것은 당연하다 해도, 시즈오카 지방에서 전개된 민간의 이른바 '결사식結社式' 운동에서는 대지주에 의한 경제외적 강제가 커다란 역할을 했다. 스기야마杉山 보덕사나 우시오카牛岡 보덕사와 같이 현재에도 활발히 활약하고 있는 대표적 사례를 포함하여 유력한 보덕사는 모두 지주의 지도에 의한 것이라고 해도 좋다. 그러나 그들은 농촌의 지도자임과 동시에 지배자이고 그런 연유로 보덕방책의 일정 부분은 이들 계층에 의한 경제외적 강제였던 것이다.

그렇다면 좀 전의 손토쿠의 견해는 완전한 허위의식(지배를 위한 이데올로기적

---

30 검약과 노동이 그다지 엄격하지 않았기 때문에 사람들의 불만이 심해지고, '불온'하게 된 경우도 있었다(『安居院義道』, 57쪽 참조). 보덕사법이 지주나 마을관리 세력에 의한 경제외적 강제로서 받아들여졌던 것이다.

장치)이었을까? 아니다. 그와 같이 해석한 것은 『니노미야옹 야화二宮翁夜話』 등에 나타나 있는 그 사상의 독자성도, 메이지 이후에 광범위한 민중운동 으로서 보덕사운동을 전개한 것도 완전히 이해할 수 없다. 현재의 빈곤에서 벗어나기 위해서는 무엇보다도 현재의 생활습관을 변혁해 새로운 금욕적 생활규율을 수립해야 한다는 것이 손토쿠의 일관된 입장이었다. 좀 전의 인 용도 그러한 입장이다. 이러한 견해는 한편에서는 끊임없이 강제라고 하는 계기를 동반한 것이기는 하나 그 시대의 광범위한 민중의 자기형성 — 자기 단련의 요구에 따른 것이었다. 손토쿠 자신은 봉건권력을 배경으로 강제에 의존한 측면이 크지만, 주요 목표는 교화에 의해 민중 자신이 새로운 금욕 적 생활규율을 자각적으로 수립하게끔 하는 것에 있었다고 생각한다. 시즈 오카 지방에서 하나의 민중운동으로서 전개할 때 강제는 전혀 주요수단이 될 수 없었다. 이 지방에서 보덕사 사람들에게는 언뜻보아 구별할 수 있는 독자적 생활양식이 있었다는 아래의 기술도 사람들이 일관성을 띤 생활규 율을 자각적으로 수립하고 있었던 것을 보여주는 것으로 매우 흥미롭다.

> 보덕사는 주로 소박함을 귀중히 여긴 까닭에 정례회에 매월 출석하는 자
> 를 보면, 먼 곳에서 짚신을 신고 도시락을 지참하고 반드시 정각에 도착한
> 다. 그 질박質朴(꾸민 데가 없이 수수함— 역자)한 모습의 사람을 보면 보덕사
> 일원임을 알게 된다. 축하할 일이나 불행한 일이 있을 때 서로 검약을 숭
> 상하며 서로 돕는 것은 풍속이라 한다. 보덕사는 근검추양을 취지로 삼고
> 사치와 나태한 자 및 부도덕한 자라 할지라도 일단 여기에 가맹할 때에는
> 점차 그 행동을 고친다. 따라서 보덕사의 소재지에 있어서는 연극 교겐狂
> 言 등의 흥행영업 하는 것을 듣지 못한다. 공사公事(소송)는 대부분 화해를
> 통해 사원 상호간에 소송제기가 드물다.[31]

---

31 丸山熊男, 『静岡県報徳社事跡』, 26쪽.

질박, 검약만이 아니라 시간엄수, 연극 교겐 공연의 완전 근절, 재판소송의 정지 등이 새로운 생활규율의 구체적인 내용으로서 주목할 만하다. 시간엄수, 가부키 연극의 대가 끊기는 것 등은 민중의 종래 생활습관 속에는 전혀 존재하지 않았다.

오하라 유가쿠가 활동했던 주요무대도 좀 전에 서술한 바와 같은 황폐한 농촌이었다. 그리고 그 황폐의 원인은 역시 탐욕, 불화, 나태, 음주, 도박 등에 있다고 보고, 따라서 마을의 부흥방책은 이러한 생활태도를 변혁하여 근면, 정직, 화합 등의 실천도덕을 습득하는 것이라 보았다. 유가쿠의 민중관을 기록한 사료를 인용해 보자.

(1) 서민으로서 자기 마음대로 하지 않는 자는 드물다.[32]
(2) 서민은 이것(무사의 습관)에 반해서 이른바 제멋대로 성장하여 조석으로 그 습관이 옮아간다. 자기 습관의 나쁜 점은 부모, 자식, 형제라도 말하기 괴로운 것이 있다.[33]
(3) 백성의 부부는 침실을 같이하고, 주야로 음식을 같이 하고, 또 부인을 사랑할 때의 표정은 망측하게 달콤하다. 그리고 무슨 일인가하고 물으면 엉뚱한 노여움을 사는 경우도 있다.[34]

인용문이 얘기해 주듯이 유가쿠가 지극히 추상적으로 무사계급을 이상화하고, 여기에 대비시켜 서민을 사욕에 뒤덮인 비도덕적 존재라고 생각한 것은 분명하다. 이와 같은 일종의 우민관愚民觀(백성을 계몽과 지도의 대상으로 봄—역자)은 지금까지 유가쿠 사상의 전근대성과 봉건성을 나타내는 것이다. 그렇지만 이러한 비판적 견해는 당시 민중의 현실적 과제와 유가쿠의 기본적

---

32 「微味幽玄考」, 『大原幽学全集』, 61쪽.
33 위와 동일, 92쪽.
34 위와 동일, 91쪽.

문제의식에 비춰보았을 때, 지극히 단편적인 것이다. 주목해야만 할 첫 번째 점은, 무사계급은 매우 추상적으로 파악되고 있음에 지나지 않는데 반해, 유교적·가부장적 도덕이 아직 침투해 있지 않은 단계의 민중의식의 현실이 나름대로 생생하게 파악되어 있다. (3)의 사료는 유교도덕을 거둬내면 그러한 것이며, 다른 곳에서는 민중의 이른바 민속적 여러 습관도 상세히 주목되고 있다. 그렇지만 보다 중요한 것은 민중의 생활습관을 나름대로 생생하게 파악하고, 더 나아가 그 생활습관을 '제멋대로 함'='욕망'='즐거움'으로서 부정하고 있다. 여기에 유가쿠의 기본적 문제의식이 있었다. 무사계급의 이상화理想化는 위와 같은 생활습관을 극복해서 도달해야만 할 이상을 이념적으로 나타내기 위한 필요였다. 원래 유가쿠가 아무리 추상적으로 하든 무사계급을 이상화한 이상은 봉건제를 옹호하는 것으로 연결되어 유가쿠의 한계가 되었다. 그러나 그 경우에 우선 검토되어야 할 것은 그러한 유가쿠의 한계가 아니라 민중이 새롭게 획득해야만 할 생활규율이 무사계급의 윤리를 이상화 ─ 유교도덕의 순수화라는 형태로 밖에 표상될 수 없었다는 역사적 의미이다. 이 문제에 대해서는 이 책 전체가 대답하고 있을 것이지만, 여기에서는 민중이 극복해야만 할 생활습관에 관한 유가쿠의 견해를 한층 구체적으로 생각해 두고 싶다. 이 점을 유가쿠는 다양하게 말하고 있는데, 첫째, 눈 앞의 이익을 구하고, 둘째, 색을 좋아하고, 셋째, 음식을 즐기고 있다는 것이 일반적인 요약이다. 이러한 '즐거움'은 유가쿠에 의하면, 매우 좁은 것으로 이러한 '즐거움'에 빠지는 한 액운과 재앙을 벗어나기 힘들다. "이런 유형의 사람들은 여러 각도에서 보아도 좋은 일이 계속되어야만 할 이유가 전혀 없다."[35] 좀 더 구체적으로는 다음과 같은 사례가 있다.

---

35 위와 동일, 100쪽.

도박, 밀통, 도박 관련의 여러 승부, 직업행위의 이중성, 창녀와 함께 유흥 즐기기, 탐욕, 모의계략, 폭음, 소송제기, 가벼운 춤, 인형극, 나가우타長唄(속요), 샤미센三味線 종류, 사람의 마음을 들뜨게 하는 행위.

위에 기록한 것은 물론 그 외 괴력 난신(이성으로 설명할 수 없는 초자연적인 것— 역자주), 또는 분에 어울리지 않는 풍속, 이어 자만심에 찬 행위, 혹은 위험한 장사 또 위험한 신체행위는 자손멸망에 이르는 원인임을 새기고, 깊이 명심하고, 위와 같은 무도無道의 행동은 일체 하지 말아야 한다.[36]

위와 같은 생활태도는 현실에 어느 정도 존재하고 있다. 그리고 '소송제기'마저 포함시킨다. 그러한 생활태도는 틀림없이 당시 민중에게 파멸적인 것이었다고 생각한다. '가업'이나 개인의 파멸은 크게 보면 객관적인 역사법칙에 의한 것이다. 그러나 하나하나의 경우를 살펴보면 당사자의 작은 방심이나 실패가 계기가 될 수 밖에 없다. 자본주의의 형성과정 — 농민층 분해 과정을 그 과정에 처한 사람들의 주체성 문제로서 파악했을 때 위에서 말한 바와 같은 생활태도의 문제로 보이게 된다. 그 경우에 유가쿠가 그러한 생활태도를 '제멋대로 함', '즐거움', '욕망'이라 파악한 것이 중요한 것이다. 유가쿠에 의하면, 다양한 '이 세상의 즐거움'(막스 베버)을 부정하고 금욕적인 생활규율을 자각적으로 습득하는 것에 의해서만 사람들은 몰락의 위기(농민층 분해)에서 빠져 나올 수 있다.

손토쿠의 과제와 유가쿠의 과제는 매우 닮아있다. 그리고 그들의 주장은 근세 후기 촌법村法(마을법규)의 가장 중심적 테마인 검약과 근로에 관한 규정에도 조응한다.[37] 공통 문제는 매우 구체적인 촌락의 습관이다. 촌락 습관의

---

36 「連中誓約之事」앞의 동일 전집, 34~35쪽. 그리고 73쪽도 거의 같은 문장이지만 거기에는 「訴訟の發頭」의 항목은 없다.

37 前田正治, 『日本近世村法の研究』.

다양성과 문제를 거론한 인물의 개성이 다름에도 불구하고 중시되고 있는 것은 거의 공통적이다. 특히 중요한 예를 들어보자. 음주와 도박 금지, 춤·연극·샤미센·나가우타 등의 제한, 혼례·장례식·절구 등의 간략화, 밤놀이와 야화夜話(밤에 열리는 다과회— 역자)의 제한과 금지, 머리장식·우산·나막신·하오리羽織(짧은 겉옷) 등의 제한, 근로의 강조와 규정, 효행과 마을사람들의 화합 등 이러한 생활습관들의 대부분은 정도의 차이는 있어도 중세 이래의 전통적인 촌락공동체의 생활습관이었을 것이다. 그렇지만 그것들이 생활 사실로서 존재하고 있었던 것과 특히 문제시되어 자각적으로 추구되었던 것은 전혀 별개의 사항이다. 마에다 마사하루前田正治의 『일본근세촌법연구日本近世村法の研究』에 실려 있는 촌법집村法集을 살펴보면 위에서 말하는 여러 사항 중에서 도박 금지만이 근세 초기부터 마을법규의 중요한 관심사로 되어 있었다. 그러나 그 밖의 항목에 주요한 관심이 쏟아지는 것은 거의 1790년 이후의 일이다. 물론 지방에 따라 매우 다양하겠지만 이러한 생활습관은 근세 후기에서 메이지시대에 걸친 한 시대에 대해서만 특히 문제로 거론되었다. 촌법의 규정이나 손토쿠나 유가쿠의 활동이 그 증거이다. 그러면 무슨 연유로 이 특정한 한 시대에 관해서만 이러한 습관들이 특히 '문제적인 것'이 되었을까? 그것을 고찰하기 위해 전근대사회에서 민중의 일반적인 생활습관이 근대사회 성립기에 어떠한 의미를 가졌는지를 생각해 보면 좋을 것이다.

전근대사회의 일본농촌에는 나름대로 '이 세상의 즐거움'이 있었다. 그것은 축제와 그에 수반되는 다양한 행사, 춤과 연극, 와카모노구미若者組(촌락별로 조직된 청년의 집단— 역자)와 혼숙, 다양한 모임, 요바이夜這い(남자가 밤에 연인의 침소에 몰래 잠입하던 일— 역자), 야화夜話, 머리나 신발 등을 조금이나마 장식할 수 있는 것, 떡과 과자를 만드는 일, 약간의 음주와 도박 등이었다. 전근대 농촌에서는 전통적인 생활질서가 일종의 리듬을 갖고 반복되기 때문에 이와 같은 다양한 '이 세상의 즐거움'이 일상생활 사이에 긴밀하게 편성되어 있었다. 그것은 민속학자가 어느 정도 미화하여 상세하게 묘사하고 있는 것 같은 전통적인 것이지만, 그 나름대로 생생한 생활질서였다. 이러한 생활질서는 거기에 사는 사람들의 정신 내부에 습관화되어 있었다. 그러나 상품경제가 발전하고 그것에 동반한 사회적인 교류가 급속하게 전개되면서 이러한 전통적 생활질서는 유지할 수 없게 되고, 사람들은 새로운 경험과 욕망의 충족을 추구하는 기회를 많이 갖게 되었다. 이때 문제되는 것은 앞서 말한 바와 같은 이른바 민속적인 '이 세상의 즐거움'이 급속히 절도를 잃고 팽창하기 시작하게 된 것이다. 이와 같은 변화는 하레(ハレ, 의례나 제례, 연중행사 등의 '비일상'— 역자)와 케(ケ, '일상')의 구분에 있어서는 하레의 영역에서, 공동체의 공공성과 사적인 개별성의 측면에서는 공공의 영역에서 현저하게 보였던 것으로, 예를 들면, 근세 후기에 마을 신사의 축제(제례나 춤)가 급속하게 사치화하는 경향이 일반적으로 보였다.

　이와 같은 민속적 생활습관 변혁의 의미를 젊은이 조직인 와카모노구미와 혼인제도의 변혁을 사례로 들어 검토해보고자 한다. 와카모노구미와 혼인제도의 근본적인 변화도 위와 같은 동향을 배경으로 한 것이었다. 전근대 촌락에는 와카모노구미·와카슈若衆(12세부터 20세미만의 젊은이)·와카렌쥬若連中(마을의 연중(민속)행사를 치르기 위해 젊은이들이 결성한 단체모임)라 불리는 연령집단이 있어서 촌락생활에서 중요한 역할을 하고 있던 것은 말할 것도 없다. 청년들은 와카모노 숙소(마을 청년들이 저녁에 모여 일도 하고 잠도 자는 집회소— 역자)나 무스메娘(젊은 미혼 여성)숙소에 모여들고, 와카모노구미의 참여를 통해서 제례, 봉오도리盆踊り(태양력 사용 이후 8월 15일로 정착하였고 조상의 영혼을 위로함— 역자), 공동작업, 요바이 등에 참여하고 있었다. 그런데 상품경제의 침투를 최심부의 기동력으로 해서 전통적인 촌락생활이 무너지게 되자, 젊은이들의 자의

성츠意性(제멋대로 함— 역자)이 강해지고, 이제까지 나름대로 질서를 유지하고 있었던 젊은이들의 '이 세상의 즐거움'이 급속히 팽창해서 전통적 생활질서를 위협하게 되었다. 이러한 과정에서 종래의 와카모노구미의 제한이나 금지, 청년단이나 야학교로 조직개편이 추진되었다. 청년단이 전국적 규모로 설립된 것은 1900년경 이후의 일이지만 와카모노 나카마若者仲間(향촌의 취락별로 편성되어 치안·혼인·제례 등 여러 가지 역할을 분담— 역자)의 개폐改廢(고치거나 없앰— 역자)는 그것보다 훨씬 이전부터 촌락의 중요 문제가 되어 있었다. 예를 들어, 1827년 단고노쿠니丹後国 구미하마久美浜 마을에서는 "와카모노라고 하는 것은 짓뭉개야만 할 것"이라고 마을법규로 정하고 있는데, 그 이유는 "일 처리가 점점 나빠진다. 결국은 예의범절을 어지럽히고 자신을 잃어버리는 모토"이기 때문이라고 규정하고 있다.[38] 이 규정은 자세한 검약규정 속에 있는 것으로 와카모노 나카마가 검약과 마을 질서를 어지럽히는 근원이 되고 있었다. 또 예를 들면, 1842년 하리마노쿠니播磨国의 어느 마을에서는 "하나, 마을남녀가 함께 주야로 온종일 숙소를 빌려서는 안 된다. 무리하게 오래 머무르고 있으면 그 이유를 부모에게 물어 답하도록 해야 한다. 하인들에게도 똑같이 적용"[39]한다고 규정되어 있는데, 이것은 젊은이 집단과 처녀 조직의 활동기초였던 와카모노구미 숙소와 무스메 숙소의 혼숙을 금지하는 규정으로 주목해도 좋다. 와카모노 제도의 동요와 쇠퇴가 근세 후기의 현상인 것은 민속학자가 명확히 밝히고 있지만, 거기에는 또한 혼인제도의 근본적 변화와 결부되어 있었다.[40] 지금까지 와카모노구미와 무스메구미를 통해 매개되었던 청춘남녀의 자유로운 결혼이 상대적으로 쇠

---

38 위와 동일, 村法集, 154쪽.

39 위와 동일, 211쪽.

40 이하 혼인제의 기술은 柳田国男, 『明治文化論』, 風俗 編, 231쪽 이하에 의하는 바가 많다. 또 柳田国男, 『婚姻の話』 참조.

퇴하고, 중매인이 중요한 역할을 하는 '집안'과 '집안'의 가부장권에 지배되는 결혼으로 전환되어 갔다. 막부 말기 존왕양이파의 무장집단 덴츄구미天誅組의 지도자 요시무라 도라타로吉村寅太郎가 남자가 여자 집으로 다니는 혼인형태인 초서혼招婿婚(데릴사위를 맞아들이는 혼인— 역자)을 폐지시킨 것은 이러한 전환의 의미를 시사하고 있을 것이다. 즉 요시무라는 도사노쿠니土佐国 쓰노야마津野山 마을 쇼야였지만 이 지방은 매우 후진적인 지역으로 남자가 밤마다 여자의 집에 다니고, 아이도 여자 집에서 양육한다는 오래된 초서혼이 행해지고 있었다. 거기서 요시무라는 "다이코미太古味(부락명…주) 인민의 예의에 어긋남을 걱정해서……조사해보니 다이코미 부락의 가호수 30여, 그 중 부부의 교합을 이루는 자는 24호였다. 즉 남녀 48명을 일시에 마을사무소로 소환해서 요시무라 도라타로가 친히 중매하여 한 자리에서 24쌍의 결혼을 거행하였다"[41]는 것이다. 이것은 1853년의 일이지만, 요시무라는 이러한 혼인형태를 '예의에 어긋남'으로 야만적인 것이라 생각하고, 중매인을 매개로 해서 신부가 시집가는 결혼형태인 가부장제적인 가입혼嫁入婚(며느리를 맞이하는 혼인— 역자)으로 바꾸려고 했던 것이다. 위와 같은 초서혼은 예외적인 것으로 시집가는 결혼인 가입혼이 무로마치室町시대 이래 지배적인 결혼형태였다고 한다. 그렇지만 가입혼의 경우에도 다음에 서술하는 일부 촌락지배층을 별도로 하면, 와카모노구미와 무스메구미에 매개된 마을 내 결혼이 오랫동안 지배적인 결혼형태였다. 그리고 이러한 마을 내 결혼의 상황에서는 상호 전인격적으로 서로 잘 아는 남녀에 의해 상대적으로 자유로운 선택이 가능했었다. 요바이夜這い는 이러한 남녀의 자유롭고 건전한 인간적인 남녀교제의 형태였다. 그런데 근세 후기부터 메이지시

---

41 『日本民俗学大系』 3, 182쪽에 의함.

대에 걸쳐서 이러한 혼인형태는 점차로 붕괴되고, 중매인에게 매개된 원거리 결혼이 지배적인 것이 되었다. 그렇게 되자 가부장권의 역할이 지배적이었고, 청춘남녀의 자유로운 의지가 작용하지 못하게 되었다. 특히 신부의 지위가 결정적으로 낮아지고 가부장제적 ― 유교적 규범이 가족생활의 원리로 간주되어졌다. 아내는 '달콤한 얼굴'을 하지 말라는 유가쿠의 주장도 이러한 배경에서 이해할 수 있을 것이다. 결혼식에 오가사와라 유파小笠原流의 예법이 받아들여져 결혼식은 성대화, 즉 허례화됐다. 이렇게 해서 전근대적 형태에서 남녀의 자유로운 교제는 소멸하고 요바이는 부도덕한 행위로 간주되어졌다. 그 이후 자유로운 '사랑'은 태평양전쟁 이후의 민주주의 시대까지 소생하지 않았다. 무엇보다 결혼은 이 부르주아적 형태에서는 그저 '따분함과 화폐가 구속력'이 되었던 것이었다.

상품경제의 발전은 전통사회 속에서 검소하고 소박했던 사람들의 욕구를 자극해서 팽창시켰고 사치나 음주, 나태로 유혹했다. 원래는 전근대의 촌락생활에서 사람들에게 건전하게 인간적 요소들을 실현시키는 형태였던 와카모노 나카마나 요바이가 자의와 방종의 수단이 되었다. 말할 나위도 없이 상품경제는 사람들에게 전통적 관계들을 타파해서 상승하는 기회를 부여함과 더불어, 몰락의 '자유'까지 부여하였다. 그러므로 사람들은 자신이 금욕해서 근로에 매진해야만 하지만, 민속적 세계의 사람들은 그러한 훈련을 받지 않았다. 그들은 새로운 자극에 선동되어 몰락의 늪으로 빠져들어가게 되었다. 몰락하지 않으려면 전통적 생활습관의 변혁 ― 새로운 금욕적인 생활규범의 수립으로 향하지 않을 수 없었다.

그러한 과정을 생각할 때 호농, 지주, 마을관리 계층의 역할은 매우 중요하다. 일반적으로 이 계층은 혼인제도에서나 청년제도에서도 이제까지 서술해온 민속적 세계의 습관에 참여하고 있지 않았다고 일컬어지고 있다.[42] 혼인제도에서 지주나 호농만은 문벌家格을 기준으로 해서 중매인이 매개한 원거리 혼인이다. 와카모노 나카마나 무스메구미, 특히 후자에 관해서는 이 계층의 자녀는 참여하지 않는 것이 보통이었다. 이러한 사실들에 조응해서 이 계층에는 가부장제적인 가족윤리(통속유교의 형태를 취한)가 이미 일찍부터 형성되어 있었을 것이다. 그렇기 때문에 이 계층의 입장에서는 자의화恣意化하고 팽창한 민속적 습관들은 야만이며 비도덕적인 것으로 보였다. 그리고 물론 많은 이데올로그들도 똑같이 생각했고 이데올로그들의 견해가 이 계층에 수용된 부분도 있을 것이다. 예를 들어, 『일본도덕론』이 '도시와 시골 습관'을 논술하면서 "착한 습관은 그 사람의 일가, 또는 사업을 한정해서 행하는 자를 많게 하고, 한 마을 전체에서 행해지는 습관은 대체로 나쁜 것"[43]이라고 설명한 것은 민중의 생활규범이 위에서 말한 바와 같은 2중 구조를 취한 것이기 때문이다. 그 경우에 니시무라 모키西村茂樹 (1828~1902, 계몽사상가)가 나쁜 습관의 전형으로 들고 있는 것은 와카모노 제도와 요바이다. 앞서 거론한 히라오 쟈이슈平尾在修가 말한 바에 의하면, 막말 시기의 다지마노쿠니但馬国 이즈시군出口郡 미야케三宅町 마을에서도 와카모노 나카마의 자의恣意가 강해져서 질서를 어지럽히고 마을관리의 통제에도 복종하지 않았다. 쟈이슈가 1857년 개명改名 피로연을 열었을 때에는 아무도 오지 않았을 정도로 마을의 젊은이들은 쟈이슈 부자에 강한 적의를 보이고 있었고, 쟈이슈도 와카모노 나카마에 참여하고 있지 않았다. 그렇지만 메이지시대 초기 이웃 마을의 와카모노 나카마와의 다툼을 계기로 히라오 쟈이슈는 지도권을 획득하고 1871년에는 와카모노 나카마를 폐지하고 오나무치코大己貴講(大己貴=大國主, 천황가의 조상이 천하를 차지하기 전에 번창한 세력

---

42 『明治文化論』, 風俗 編, 235, 236쪽.
43 『日本道德論』(岩波文庫版), 69쪽.

으로, 시마네현島根県 이즈모시出雲市의 이즈모 다이샤出雲大社에 은거한 신을 기리는 종교적 모임―역자)를 만들었다. 그리고 봉오도리와 교겐의 제한과 통제, 도박과 요바이 금지를 중심으로 마을 청년의 '예의범절[風儀]'을 고쳤다.[44] 여기에는 촌락지배자의 지도를 통해서 민속적 세계의 생활습관이 새로운 생활규범으로 변혁되어 가는 과정이 나타나 있는데, 이 과정이 통속화된 유교윤리의 하강과정이었을 것이라는 것은 쉽게 추정할 수 있다. 히라오 쟈이슈의 활동에는 다양한 문제가 포함되어 있는데 여기에서 흥미 깊은 사례를 들어 보자. 그것은 쟈이슈 부자가 일반 마을사람보다도 훨씬 근면한 촌락지배자였다고 여겨진다. 쟈이슈가 말한 바에 의하면, 그의 유년시절 진눈깨비가 내리는 추운 날, 마을에서는 휴일이었는데 미야케 마을의 제일가는 호농인 쟈이슈의 부친은 하인을 쉬게 하고 쟈이슈만을 데리고 벼 베기에 나섰다. 그리고 불만스런 표정을 짓고 있는 쟈이슈에게 "다섯 명의 하인처럼 다른 집에 일하는 심부름꾼의 몸이 될 생각이라면 그들이 하는 대로 흉내 내면 좋을 것이다. 또 아버지처럼 하인을 부리는 몸이 되려고 생각한다면 하인과 같이 해서는 안 될 것"[45]이라고 타일렀다고 한다. 여기에는 다양한 이데올로기적 분석이 있겠지만, 일반 마을사람이나 하인보다도 훨씬 근면하려고 한 촌락지배자의 자기규율이 결국 일반촌민의 민속적 습관을 변혁해가는 기준이 되었다. '이마니노미야今二宮'라고 불린 쟈이슈 정도는 아닐지라도 촌락의 상층 농민이 새로운 생활규범의 수립에 있어서 지도권을 갖고 있었던 것은 틀림없다고 생각된다.

민속적 생활습관의 극복 ― 새로운 생활규범의 수립이 언제 진전하는가는 계층이나 지역에 의해 달랐다. 특수한 후진지역이 되겠지만 나가사키현

---

44 『但馬偉人平尾在修』, 31쪽 이하, 180쪽 이하.
45 위와 동일, 23쪽.

長崎県 고토五島의 어느 마을에서는 1910년대 후반에 소학교의 교장이 무스메 숙소를 없애고 여자청년단을 만들려고 했지만, 처녀들은 교장을 비난하며 "선생님은 나쁩니다. 결혼조차 할 수 없습니다. 상대를 찾을 수가 없습니다"[46]라고 말했다고 한다. 1910년대 후반에도 아직 집안과 집안의 결정에 의한 가부장권에 지배된 혼인형태는 이 마을에서는 지배적이지 않았다. 처녀들은 무스메 숙소를 통해서 자신이 자유롭게 상대를 선택하고 있었던 것이다. 이것도 특수한 후진성을 나타내는 것일지도 모른다. 그러나 야마나시현山梨県 미나미쓰루군南都留郡 시보쿠사忍草 마을에서는 집안과 집안 사이에서 혼인이 행해지게 된 것은 "요 2, 3년래 특히 많아진 현상처럼 생각된다"고 패전 후에도 회자되고 있다.[47] 이와테현岩手県 북부의 산촌에서도 요바이가 없어진 것은 1930년경의 일이며, 그 이유에 대해 마을사람은 "전등이 켜졌기 때문"이라 설명했다고 한다.[48] 그러므로 지금까지 서술한 생활규범의 변혁과정은 도시는 별도로 하더라도 18세기말에서 1930년경에 이르는 오랜 과정이었다. 거기에는 여전히 검토해야만 할 많은 문제가 있지만, 우선 당장은 다음과 같은 것을 확인할 수 있다. 통속도덕적 생활규율은 봉건사상이나 전근대사상 일반으로 해소할 것이 아니라 근대사회 성립과정에 나타난 특유의 의식형태인 것이다. 그 의식형태는 지배계급의 이데올로기인 유교도덕을 통속화하면서 촌락지배 계층을 통해서 일반민중에게까지 하강시킨 것이라는 규정성을 가지면서, 게다가 사실은 민속적 습관을 변혁시켜서 광범위한 민중을 새로운 생활규범 — 자기단련으로 이끄는 구체적인 형태였던 것이다.

---

46 『日本民俗学大系』 4, 126쪽에 의함.

47 古島敏雄,『山村の構造』, 193~194쪽.

48 中野清見,『かくし念仏の村』, 7쪽.

3. '마음心' 철학의 의미

근면, 검약, 화합 등은 어떤 의미에서는 일본민중의 전통적인 생활습관이며 그 자체는 조금도 진귀한 것이 아니었다. 전근대사회에서 민중이 근면, 검약, 화합 등을 생활습관으로 할 수 밖에 없었던 것은 자명한 일이다. 이 책은 근세 중·후기 이후라는 특유의 한 시대에서 근면, 검약, 화합 등에 대해서 새삼 '문제적인 것'으로서 광범위한 민중에게 다루어졌던 의미를 묻고 있다. 그리고 이상의 서술에서는 일본근대사회 성립기의 사회적 격동의 와중에서 광범위한 사람들이 자기형성과 자기단련이라는 과제에 직면해 있고, 또 통속적 덕목들의 수립은 이 과제가 이룰 수 있는 구체적인 형태였음을 명확히 해왔다. 이것이 명확해지면 그것들의 여러 덕목이 통속적이라든가 봉건적이라고 지적해도 그것은 단지 문제의 표면을 접하고 있음에 불과하다. 언뜻 보아 그것들의 덕목이 아무리 통속적이고 전근대적일지라도, 거기에 어느 정도 자기형성 및 자기단련의 노력이 담겨져 있고, 따라서 어떠한 새로운 인간상이 수립되어가고 있었는가가 문제인 것이다. 이하의 서술에서도 이 점을 통속도덕의 실천주체의 내적 구조=실천 윤리에 입각해 고찰하고 싶다. 그리고 내면적·사상적 세계의 서술에서 시작해 점차로 사상이나 정신의 객관적 역할의 고찰에 접근해 갈 것이다.

민중적 사상가들은 누구나 인간의 '마음心'이나 '인성人性'에 대해서 관념적 사색을 진지하게 거듭했다. 예를 들어, 이시다 바이간의 심학은 실천도덕으로서는 정직, 검약, 효행 등으로 요약할 수 있지만, 그러한 실천도덕도 '심성心性(변하지 않는 참된 마음— 역자)'의 철학에 기초함으로써 비로소 그 독자적인 의의를 명확히 하려는 것과 같은 성질의 것이었다. '심성' 철학이 실천도덕에 대해서 갖는 의의를 명확히 하기 위해 우선 바이간의 깨달음의 체험을 분석해보자.

바이간은 젊은 시절부터 오륜오상五倫五常(유교의 다섯 가지 윤리(즉 군신유의, 부자유친, 부부유별, 장유유서, 붕우유신)와 사람이 갖추어야 하는 다섯 가지 도리(인, 의, 예, 지, 신)— 역자)의 도의를 사람들에게 가르치고 싶다는 바람을 갖고 있었다. 그러나 자신의 사상에 대해서 충분히 확신을 얻지 못한 채, 1년 혹은 반 년씩 몇 번이나 스승의 집을 방문했지만 아무리해도 마음이 안정되지 않고 불안했다. 그렇지만 그러한 편력 끝에 은둔해 있는 노승 오쿠리 료운小栗了雲에게 사사받은 내용이 참으로 핵심을 찔렀다. 료운에 의하면, 바이간은 아직 오륜오상을 인간주체에 있어서 외적 규범으로서 받아들이고 있는 것이다. 자신의 '마음'이야말로 모든 근원이고, 모든 도덕도 그 '마음'의 실현이 되어야 하는데 바이간은 외적 규범을 추구할 뿐으로 자신의 '마음'을 기르는 것을 잊고, 그 결과 자신의 본심과 외적 규범 사이에 괴리가 생겨, 거기에 불안이 생기는 것이다. 그렇기 때문에 무엇보다도 인간의 본질인 '마음'을 아는 것에 정진하고, 모든 사상이나 실천이 그 '마음' 위에 기초하도록 노력해야 한다. 바이간에게 이것은 전적으로 핵심을 찌르는 가르침이었다. 때문에 바이간은 종래 생각에 "망연하게 의문이 생겨" 그 때부터 다른 일은 마음에 들어오지 않았고, 주야로 마음을 다해 마침내 1년 반 만에 어느 날 아침 돌연히 깨달았다. 그때 바이간은 "자신은 나충裸蟲(발가벗은 벌레), 자성自性은 천지만물의 어버이"라고 깨달았다. 이 일을 그는 "하늘나라에서 태어나 어버이까지 포용할 수 있는, 자화자찬이지만 넓은 마음天ノ原生シ親マデ呑尽シ 自讃ナガラモ広キ心ゾ"이라고 읊었다. 바이간은 그 위에 '자성自性'이라는 것이 남아 있다는 료운의 가르침을 받아 다시 한 번 깨닫고, 그것을 "완전히 소화해내는 마음도 이제는 백옥의 / 갓난아기가 으앙 하고 터트리는 첫 울음 소리"이라 읊었다. 두 개의 깨달음은 조금 달랐지만 요컨대 바이간은 자신의 마음

과 세계가 일체가 되는 이상한 체험을 했던 것이다.[49] 그렇지만 중요한 것은 이 이상한 체험에 의해 "사람은 효제충신孝悌忠信(어버이에 대한 효도, 형제끼리의 우애, 임금에 대한 충誠과 벗 사이의 믿음을 통틀어 이르는 말— 역사), 이 외에 사소한 것을 터득"[50]했다고 한다. 원래 종래에도 효제충신이 인간의 도의인 것을 바이간은 믿고 있었겠지만, 괴로운 사색과정에 비하면 이것은 너무나 평범한 결론으로 보인다. 그렇지만 자기 마음의 실현으로서 세계가 존재하는 것, 혹은 자기와 세계가 일체적인 것이라는 것이 체득되면, 효제충신은 외적 규범이 아니게 된다. 자기 마음에 정말 납득할 수 있는 것이 되고, 오히려 자기실현, 자신의 마음이 그만두려 해도 안 되는 부득이한 필연적 표현이다. 이러한 실천도덕은 자기 정신의 권위와 자발성 위에 기초한 것이다. 바이간 사상의 다양한 독자성도 이러한 견지에서 이해할 수 있다. 예를 들어, 바이간이 독자적인 삼교일치三教一致(유교·불교·신교의 삼교가 근본적으로 동일하다고 보는 삼교 일치 사상— 역자)의 입장을 취한 것, 경전의 문자에 구애받지 않고 '마음의 마종磨種(마음을 연마하는 종자— 역자)'으로서 자유롭게 취사한 점, 스승인 료운의 가르침을 거절한 점, 세간의 평가를 괘념치 않고 대담한 교화방법을 택한 점은 이미 이러한 자기 정신의 권위에 대한 확신에서 생겨난 것이었다고 생각한다.[51] 초기의 심학에서는 이러한 깨달음의 체험을 '발명'이라고 하여 중시했지만 이 '발명'의 체험을 통해서 심학이 주장하는 언뜻 보면 흔히 보이는 일상도덕이 사람들의 정신적 권위와 자발성에 기초한 것이 되었다.

이렇게 해서 수립된 '심성' 철학은 극도로 유심론적 형태이다. 그러나 인간의 무한한 가능성을 주장하는 것이었다. 바이간은 '심성'에 대한 사색

---

49 바이간의 깨달음(開悟)에 이르는 체험은 대강 이상과 같이 해석할 수 있을 것이다. 『石田梅岩全集』上, 7~8쪽, 438~439쪽 참조.

50 「都鄙問答」, 앞과 동일, 全集 8쪽.

51 竹中靖一, 『石門心学の経済思想』, 66쪽 이하는 구체적으로 서술되어 있다.

을 철저히 추구한 끝에 "만사는 모두 마음으로부터 이룬다."[52] "어진 자는 천지만물을 갖고 일체의 마음을 이룬다. 자기자신이 아니라고 하는 것은 없다. 천지만물을 자기자신이라고 여긴다면 다다르지 않을 곳이 없다."[53] 는 심성철학을 피력했다. 이러한 유심론적 세계관은 민중적 사상에 공통하고 있었다. 예를 들어, 가와치야 가세이도 인간의 행불행에서부터 시작해 모든 사물형상은 모두 "자기 마음에서 나오는"[54] 것이라고 말했다. 구로즈미교의 교조 구로즈미 무네타다黑住宗忠의 "생사, 부, 빈곤, 무엇이든 모두 다 마음 하나에 달렸다", "천지는 넓은가 생각했지만 내 마음一心에 있었다"[55]와 같이 말하는 것도 똑같은 의미일 것이다.

위와 같은 주장은 모두 극단적인 '관념론'이다. 그렇기 때문에 잘못되고 무력하다고 생각하는 것은 올바르지 않다. 오히려 이러한 수미일관한 유심론의 형성은 현실적으로 민중의 주체적인 활동력을 불러일으키고 생활실천에 다양한 가능성을 여는 것이었다. 예를 들어, 주술의 부정은 바이간, 손토쿠, 유가쿠 등의 중요한 주장의 하나였다. 1700년경의 일개 지주였던 가와치야 가세이도 '마음'의 철학을 주장하여 모든 주술을 부정하고 도깨비, 요괴, 생령生靈, 사령死靈, 지옥, 극락은 "자기 마음의 허망심란에 의해 없는 사물이 눈을 가리고 이형異形의 물건으로 나타난 것"에 불과하다. "그저 자신의 마음이 무사하지 못해 전적으로 기氣의 망집妄執(헛된 생각을 버리지 못하는 집념— 역자)에서 나타나는 모습, 이것이 바로 여우이며 요괴"[56]라고 명료하게 서술하는 것이 가능했다. 이러한 주장은 당시 민중이 방위, 일진(그날의 운세),

---

52 「都鄙問答」, 前揭全集, 5쪽.
53 앞과 동일, 39쪽.
54 前揭, 『河内屋可成日記』.
55 前揭, 『御歌文集』, 176, 19쪽.
56 『河内屋可成日記』, 86쪽.

호리狐狸(늙은 여우와 너구리— 역자) 등의 다양한 주술이나 미신에 사로잡혀 있었던 것을 상기하면 지극히 중요한 의미를 갖고 있었음을 이해할 수 있다. '마음'의 무한한 가능성을 믿는 사람들에게 인간의 밖에 있으면서 인간을 지배하는 불가사의하고 거대한 힘은 이제는 믿기 어렵다. 손토쿠에 의하면, "길흉화복吉凶禍福은 방위일월方位日月 등과 관련하는 곳이 아니다." '각자 마음의 행위'와 '과거의 인연'에 의한 것이다.[57] 바이간은 호리가 인간으로 둔갑하는 것에 대해 질문 받고 '껄껄 대소'했다.[58] 이러한 주술부정은 극도로 유심적인 '마음' 철학에 의해 세계를 수미일관하여 정연하게 해석한 것이었다. 거기에는 칼비니즘적 예정설 — 피안彼岸(깨달음의 세계— 역자)사상의 요소를 완전히 결여하고 있으며 철저하게 현세적이지만 철저한 주술부정의 논리인 것에 변함이 없다. 바이간이나 손토쿠는 '극락'이라는 말을 비유적으로 해석해서 인간의 마음을 바꾸면 이 세상에 극락이 가능하다고 설명했다. "극락은 마음속에 있는 것을, 너무 가까이 있어 발견하지 못한다", "신불도 내 몸도 같은 현생 여래, 모두 추존하는 이름은 나중에 붙인다"[59]고 말한 것도 똑같이 '마음의 무한성'을 근거로 한 밝은 현세주의이다. 새로운 민중적 종교의 경우에는 주술이 커다란 역할을 하고 있으며, 포교의 결정적 수단이 되기조차 한다. 그렇지만 일신교적 성격을 강화하는 과정에서 곤코교金光敎와 같이 주술적인 것이 부정되는 경우도 있었다. 곤코교의 성립과정은 일진이나 방위의 미신극복과 긴밀하게 결부되어 있었다. 곤코교의 개조 가와테 분지로川手文治郎에 의하면 일진이나 방위의 문제는 사실은 '신의 부재'를 살피는 인간의 심적 욕구나 자아중심의 문제다. 그렇기 때문에 마음을 고치기

---

30 前揭,『二宮翁夜話』, 204쪽.

58 「石田先生語録」, 전게 전집, 268~269쪽.

59 前揭,『安居院義道』, 129, 130쪽.

만 하면 일진이나 방위는 조금도 걱정하지 않아도 좋다. 마음만 고치면 신은 인간을 지켜준다. 사실 "어떠한 곳, 어떠한 때, 어떠한 방위도 인간의 좋음은 좋은 곳, 좋은 날, 좋은 방위"[60]다.

보다 중요한 것은 이러한 유심론이 민중의 통념이나 통속도덕을 재편성하여 그것에 세계관적 기초 다지기와 통일성을 부여하고, 그것을 통해 실천주체인 사람들의 내면에 신념과 적극성을 불러일으킨 것이다. 말할 것도 없이 근세 유교는 봉건적 계층성을 덕의 계층성으로서 옹호하는 것이었다. 유교이론이 얼마만큼 내재적으로 이해되고 있었는가 하는 문제는 별도로 하고, 봉건적 계층을 도덕이나 인간성의 계층으로서 실감한다는 것은 봉건사회에서는 피할 수 없는 사회적 통념이었다. 이 통념 아래에서 민중은 도덕적인 열등자가 되고, 그 때문에 신념에 기초한 자주적이고 적극적인 활동주체가 되는 것을 저지당했다. '마음' 철학은 봉건적 신분제의 구체적 인식과 비판에서는 거의 무력했다. 그렇지만 광범위한 민중에게 정신적인 열등의식과 그것에 수반된 수동성이나 소극성을 극복하게 한다는 점에서 지극히 강력했다. '마음'의 무한성, 절대성의 주장이 민중의 일상적 생활의 활동무대에 신념이나 적극성을 한없이 끌어냈다. 이 점에서 특히 중요한 것은 농업이나 상업이라는 산업활동의 도덕적 정당성이 강하게 주장되었다는 것이다. 농업이 무엇보다 올바르게, 또 중요하다는 사고방식은 이 시대의 민중사상의 중요한 특질이다. 예를 들면, 손토쿠가 "그 사람은 쌀 먹는 벌레다. 이 쌀 먹는 벌레의 동료로서 그를 세울 수 있는 길은 의식주가 되어야 할 것을 증식하는 것을 선善이라 하고, 이 세 개의 물건(의식주— 역자)을 훼

---

60 金光教本部教庁, 『金光大神』, 646쪽. 귀문(鬼門)의 금신 신앙을 비롯한 속신(俗信)이나 미신을 극복해 "그 덕택은 내 마음에 있다"라는 신앙의 내면성 확립을 달성하는 것이 곤코교의 성립과정이기도 했다.

손하는 것을 악惡이라고 정한다"[61]고 하는 것도 그러한 의미이고, 안도 쇼에키安藤昌益(1703~1762, 의사, 사상가, 철학자)의 사상도 농경생활의 도덕적 정당성을 그 논리구성의 기본원리로 하고 있다. 또 마루야마丸山에서 외우는 주문은 '나무아미타불南無阿彌陀仏'을 개작한 '나무아미타우스南無あ身田宇す'라고 하는 농경을 의미하는 말이며, 신神을 '덴노天農(천황을 바꿔 읽은 것인가)'라고 했다. 농경생활을 경제적으로 중요하다고 할 뿐만 아니라 도덕적으로 정당하다는 생각은 민중적 여러 사상에 뿌리깊은 것이고 종종 사회비판의 근거가 되었다. 또 종래 지극히 비도덕적인 것이라 여겼던 상업활동이 '윤리적으로 합리화'된 것은 획기적인 의미를 갖는다. 이 점에서 바이간의 사상이 중요한 것은 잘 알려져 있지만, 바이간이 주장하는 의미를 당시 정인들의 현실의식과 관련지어 생각하고 싶다. 첫째로 바이간의 경우에 상행위의 윤리성 주장은 당시 상인들의 현실적 생활습관을 배경으로 하고 있었다. 바이간이 역설한 정직이나 검약이 그러한 것이다. 정말로 "정인과 병풍은 곧바로 서지 않는다"[62]는 것이 사람들의 통념이었지만, 한편에서는 눈속임하는 만착瞞着(속여 넘김– 역자)이나 탐욕의 권화勸化(중생을 구제하기 위해 모습을 여러 가지로 바꾸어 이 세상에 나타나는 것– 역자)와 같은 정인은 반드시 망한다는 것도 잘 알려져 있었다. 그렇지만 이 두 가지 측면은 서로 모순하면서 공존하고 있었다. 상인들은 한편에서는 정직이나 검약에 매진하고 또 도덕적이여야만 한다고 생각하면서도, 다른 한편에서는 탐욕이나 만착이 이익을 만들어낸다는 관념에 사로잡혀 있었다. 거기서 둘째로 바이간 사상의 고유한 의미는 탐욕, 만착, 사치와 뒤섞여서 종종 그 수단이 되고 있었던 정인도덕의 통속성을 관통하여 일원화하고 순수화했다. 바이간의 '심성' 철학에 기초했을 때

---

61 『二宮翁夜話』, 107쪽.

62 「都鄙問答」, 前揭全集, 80쪽.

탐욕과 같은 것을 근원적으로 배제한 불변의 생활원리가 확립되고, 상인들은 자신이 행한 행위의 정당성에 확신을 가진 새로운 인간이 되는 것이 가능하다. 그리고 역설적이지만 이러한 윤리적 정당성을 확신한 결과로서 정당한 상행위가 얼마만큼 많은 이익을 가져온다 해도 조금도 마음 아파하지 않고 그 영리활동에 신념을 갖고 전념할 수 있게 되었다. 통속적이며 상식적 도덕을 기반으로 하고 게다가 그것을 관통해서 인간으로서의 근원적인 자각에 이르는 것이 현실의 생활자에게 있어 얼마나 의미 깊은 것인가를 바이간은 가르쳤다. 눈 앞의 이익에 사로잡혀서는 이것을 알 수 없다. "학문의 힘 없이는 이 맛을 알 수 없다."[63] 하지만 그 깊은 의미를 일단 스스로 깨달으면 확신과 적극성에 찬 새로운 인간이 태어난다. 이렇게 해서 바이간은 "길이 있어 모여드는 금은은 천명"[64]이라고 말하고, "세심하게 장사하면 사도佐渡의 금 광산이 여기에 있다"[65]고 말했다. 정인의 실천도덕이 '심성' 철학에 기초한 통일적 세계관의 실현형태라면 '사도의 금 광산'과 같은 부귀도 '윤리적으로 합리화'되는 것이다. 데지마 도안手嶋堵庵(1718~1786, 심학자)은 이러한 입장에서 에누리(실제보다 더 보태거나 깎아서 말하는 일─ 역자)조차 긍정했다.[66] 보덕사운동은 시즈오카현 정인 사이에 꽤 많이 보급되었는데(특히 하마마쓰浜松), 그 운동에서 주창된 '원가 장사元値商'는 바이간의 주장과 매우 닮아 있다. '정인 집안의 마음가짐'이라는 제목의 한 문장을 들어보자.

> 하나, 상업의 비결은 사려는 사람을 찾아내는 것이 아니라 오히려 파는 사람을 찾아내는 데 있다. 무엇을 하든 만일 염가에 화물을 반입해서 박리薄

---

63   앞과 동일, 80쪽.
64   앞과 동일, 163쪽.
65   「石田先生語錄」, 앞과 동일한 전집, 414쪽.
66   『石門心学の経済思想』, 68쪽.

利를 얻기 위해서라면 살 사람은 초청하지 않아도 올 것이다.

하나, 파는 상대나 사려는 상대는 부모와 같은 마음가짐으로 대해야 한다.

하나, 노고가 없으면 이익도 없다.

하나, 정직하게 얻은 이익만이 참된 이익이다.

하나, 신용은 황금보다 나은 보물이다.[67](이하 생략)

이와 같은 주장에서는 경제와 도덕이 완전하게 일치하고 있고, 사람들은 경제적 구제와 도덕적 구제가 한꺼번에 실현되는 장치가 되어 있다. 이러한 신념에 도달한 사람들은 도덕적 정당성의 확신에 동기부여까지 첨가되는 형태가 되어 그들의 경제활동은 한층 활발했다고 생각할 수 있다.

이상의 서술에 이미 포함되어 있지만, 무엇보다 중요한 것은 민중의 현실적 노력의 의미가 중시된다. 이 점에서는 손토쿠의 흥미로운 사상을 보자. 손토쿠에 의하면 빈부는 '약간의 차이'이며 그 갈림길의 '근원은 단지 하나의 마음가짐'에 있었다.[68] 이와 같이 생각한 손토쿠는 "세 번 지은 밥조차 되거나 질어지게 마련이다. 생각하는 대로 안 되는 것이 세상살이"라고 하는 유행가에서 모든 것을 내팽개치는 체념적인 생활태도를 찾아내고, "이것은 애쓸 줄도 모르고 노동도 하지 않고, 타인의 밥을 받아 먹는 자가 읊조리는 것"이라 비판하면서, 인간은 노력만 하면 "무슨 일이든 생각하는 대로"라고까지 말했다.[69] "하늘에 떠 있는 태양의 혜택으로 쌓아놓은 무진장無盡藏(다함이 없이 굉장히 많음— 역자) / 괭이로 경작하고 낫으로 수확"[70]하라는 그의 민중가요[道歌](체험에서 얻은 도덕적이며 교훈적인 단가— 역자)는 농본주의적

---

67 『安居院義道』, 64쪽. 여기에 거론한 것만큼 순화되어 있지 않지만, 유가쿠에게도 유사의 견해가 있다. 전계의 유가쿠 전집, 247쪽.

68 『二宮翁夜話』, 114쪽.

69 앞과 동일, 98쪽.

70 앞과 동일, 109쪽.

인 한계의 내부에 있다고 할지라도 생산자인 농민의 적극성이 넘치는 활동 속에서 무한한 가능성을 찾아내고 있다.[71] "세상에 꽃도 단풍도 금전도 / 양보해 놓을 것이니 열심히 노력하여 가져가", "다른 사람한테 운이 나쁘다는 말을 들으면 / 참으로 한심한 자신을 부끄러워하고 노력"[72]하라는 아구이 요시미치安居院義道(1789~1863, 노농, 보덕운동가)의 민중가요도 똑같은 의미이며, 오하라 유가쿠에게도 이와 매우 닮은 견해가 있다.

　이러한 생산자 입장에서의 능동적인 주장은 메이지 초기의 보덕사운동에서 거의 극에 달했다. 오카다 료이치로岡田良一郎(1839~1915, 정치가)에 의하면, 니노미야 손토쿠는 사람을 가르침에 '독립'의 활용을 우선시 했다. 그렇기 때문에 "일본은 일본의 힘을 가지고서 독립을 도모해야만 한다. 인민은 인민으로서 독립하는 것을 도모하지 않으면 안 된다."[73] 오카다 료이치로는 이러한 견지에서 호농상豪農商 층을 담당주체로 하는 아래로부터의 자본주의의 발전을 주장하는 이데올로그가 되어 보덕학은 벤담이나 밀의 '실리학實利學'과 같다고까지 주장했다.[74] "부귀빈천은 원래 하늘에 있는 것이 아니다. 또 국가에 있는 것도 아니다. 각자의 마음에 있다.……부귀빈천은 일신일념一身一念이 변화시키는 현상일 뿐"[75]이라고 하는 것은 손토쿠의 주장을 부연해서 서양근대사상에까지 전환시키려고 했다.

71　拙稿, 「近代社会への志向とその特質」, 『日本文化史講座』, 206쪽 이하 참조.

72　『安居院義道』, 75, 126쪽.

73　岡田良一郎, 「活法経済論」, 『二宮尊徳全集』 三六卷, 925쪽.

74　岡田良一郎, 「報徳学斉家談」, 앞과 동일 전집, 952쪽. 伝田功, 『近代日本経済思想の研究』 제2부 제1장은 오카다의 이러한 측면만을 발췌해서 한 측면에서 강조한 것임.

75　앞과 동일, 977쪽, 그리고 인용부분은 「二宮先生語録」에 기초한 것임. 『日本倫理彙編』 十卷, 531쪽 참조.

4. '마음' 철학의 인간적 기초

이미 서술한 바와 같이 민중적 여러 사상들은 근면, 검약, 효행 등의 통속도덕을 주장하는 것이었다. 그렇기 때문에 위에서 말한 '마음心'의 가능성을 주장하는 것도 무엇보다도 이러한 통속도덕의 실현을 위한 사람들의 가능성 ─ 통속도덕의 실현이라고 하는 형태를 취한 자기변혁의 가능성을 의미하고 있었다. '마음' 철학은 극도로 유심론적인 것이었기 때문에 대상적 세계의 객관적 인식이나 변혁에서는 미력했지만, 이러한 자기변혁의 논리로서는 대단히 강력했다. '마음' 철학을 세계관적으로 근거함으로써 광범위한 민중이 민속적 세계의 생활습관을 극복하고 금욕적인 생활규율의 수립을 지향할 수 있었다. 거기에는 매우 방대한 인간적이며 사회적인 에너지가 담겨 있었다.

민중적 사상들은 일반적으로 겸양, 화합, 자기억제 등을 설명하고 있고, 그것을 위해 복종을 내면적으로 납득시키는 역할을 다한 것은 주지한 대로다. 그렇지만 이러한 덕목들에서 상상하기 쉬운 퇴영성退嬰性(보수성)과는 오히려 정반대의 일종의 강인한 자기주장도 엿보인다. 이것은 통속도덕의 형성이라는 형태를 취하면서도 얼마만큼 방대한 자기형성과 자기단련의 노력이 이루어졌는가를 나타내고 있다. 거기서 그들이 피력하는 '자기주장'의 의미를 생각해 두자. 예를 들어 바이간은 원래 고집이 센 '이론주의자'로 "친구들에게도 미움을 샀고 그저 고집부리는 나쁜 점"이 많은 성격이었다.[76] 바이간은 이러한 성격을 슬프게 생각하고 고치려고 수행을 시작했던 것인데, 세간의 통념이나 평가가 어찌되더라도 자기신념을 관철

---

76 「石田先生語録」, 전게 전집, 245쪽.

시키는 사상태도는 그러한 성격이 환생한 것이었다. 그리고 이러한 사상태도는 그의 사상을 생생하고 강인한 것으로 만드는 기둥이며 반석이었다. 바이간의 사상은 무엇보다 강한 자기억제나 인종忍從을 설명하는 것이었지만, 무엇보다 강한 '자아'의 기초를 확고히 다져야 한다는 것이 바이간의 입장이었다. 약한 '자아'로서는 바이간이 설명하는 실천윤리에 견뎌낼수 없다고 생각되었다. 그렇기 때문에 언뜻 보기에는 극도의 자기억제를 역설한 바이간이 "자아를 세우"라는 흥미로운 주장을 했다. 바이간에 의하면 용기가 없는 인간은 못 쓴다. "자아를 세워 관통하면 아낌없이 신앙생활을 견고히 하여 자아를 세워", "자아를 세우는 데 마음을 다"해야 한다.[77] 이 경우 '자아'는 효행, 정직, 검약 등의 통속도덕의 실천을 향해서 '세워'지고 있는 것이기 때문에 통속도덕의 범위를 넘어서 '자기주장'은 문제가 될수가 없었다. 그러나 통속도덕의 범위 내에서는 이해득실이나 훼예포폄毁譽褒貶(칭찬하고 비방하는 말과 행동— 역자)을 돌아보지 않고 한결같은 자기주장을 하고 있다. 이리하여 바이간은 "선악을 가리지 않고 가운데[中]를 취한다"[78]는 것과 같은 속물적인 태도를 배척하고 "군자는 싸우는 곳이 없다"는 것은 어떤 경우에도 싸우지 않는다고 하는 것이 아니다. 나에게 대의가 있으면 끝까지 싸우는 것이 군자의 길이라 말하고, 그 근거로 탕무방벌湯武放伐(중국 은나라의 탕왕이 하나라의 걸왕을 내치고, 주나라의 무왕이 은나라 주왕을 친 일— 역자)의 사례를 들기까지 했다. 오하라 유가쿠가 "그저 나약하게 서로 사이좋게 하는 것[睦]을 반드시 조화롭게 해야만 하는 것[和]과 혼동하는 잘못을 해서는 안 된다"[79]고 말한 것도 같은 의미일 것이다.

---

77 앞과 동일, 337쪽.

78 「都鄙問答」, 앞과 동일 全集, 172쪽.

79 「微味幽玄考」, 앞과 동일 全集, 85쪽.

'화和'는 오하라 유가쿠에게는 무엇보다 중요한 실천도덕의 하나였는데, 그는 전통적 공동체 세계에 습관화되어 있는 소박한 '화'를 배척하고 엄격한 자기규율에 기초한 새로운 '화'를 수립하려고 했다. 두 개의 '화'는 전혀 다르다. "미련·타약의 근성을 개혁하여…스스로 무사 이상의 강한 영혼의 맛을 알아"[80]야만 한다고 할 때, 유가쿠의 사상에 일관하고 있는 것은 무사계급의 이상화가 뚜렷이 나타나고 있지만 광범위한 민중에게 강한 '자아'를 확립시키는 것이 그가 주장하는 핵심이다. 물론 이러한 '자아'는 이른바 '근대적 자아'와는 전혀 이질적인 것이며, 화합이나 자기억제의 덕목을 내걸면서 가족이나 촌락의 공동체에의 헌신을 지향하는 것이다. 그렇지만 이 헌신을 단련된 인간의 자발성·적극성을 토대로 한 것으로 하고자 하는 곳에 유가쿠의 과제가 있었다.

위에서 말한 바와 같은 사정은 창시자들의 인품에 주목하면 더욱 분명해진다. 지극히 겸양한 사람으로 보이는 바이간이 원래는 자기 의견을 고집하는 '이론주의자'였다는 것은 이미 전술했으며, 6척이 넘는 자로 고위 무사들 앞에서도 결코 양보하지 않았던 니노미야 손토쿠가 놀랍게도 고집불통인 인간이었던 것은 말할 것도 없다. 이른바 노농老農은 한편에서는 극도로 자기억제적인 사람들이었지만 다른 면에서 매우 의지가 강한, 사양할 줄 모르는 사람들이었다. 나카무라 나오조中村直三는 종종 농사지도를 위해 전국을 순회했지만 "세상에서 위대한 사람은 적다"고 항상 말했다고 한다.[81] 새로운 종교운동의 창시자들의 경우에는 더욱 내공적인 자기의식이 보인다. 구로즈미 무네타다, 가와테 분지로, 나카야마 미키中山ミキ 등은 모두 신중하고 내공적이며 성실한 성격의 소유자들로 스스로 끝까지 파고들

---

80 앞과 동일, 104쪽.

81 『老農中村直三』, 192쪽.

어 밝혀내는 자기관찰 습성을 갖고 있었다. 마루야마교의 개조 이토 로쿠로베伊藤六郎兵衛(1829-1894)에도 똑같이 신중히 자기관찰을 하는 인물로 '수양버들의 로쿠조六藏'라고 불릴 정도였지만 그는 "나는 옛날에는 꽤 완강했습니다. 다른 사람과 말다툼은 하지 않았지만 마음속은 매우 강했습니다"[82]라고 설교했다. 즉 이러한 '마음속'의 강함이 그들에게서 공통적인 것이었다.

이러한 일종의 강한 '자아'는 그들에게 공통적인 것이었지만 보다 중요한 것은 그들의 인생에서 심각한 체험 —대부분은 빈곤이나 질병— 은 이러한 성격을 두드러지게 하고 내성을 추구하게 한 것이다. 표면적으로 보면 (인격의 바깥에서 보면) 그들은 신중하고 성실·정직한 사람들로 대부분은 근면한 서민에 지나지 않는다. 그것은 언뜻 보면 평범한 생활태도로 보일지도 모른다. 그러나 그러한 생활태도를 수미일관으로 관철하기 위해서는 강인한 자기통제가 필요했다. 빈곤이나 질병은 근면, 검약, 정직, 인종 등이 단순히 생활습관에 지나지 않았던 것인가, 아니면 강인한 자기통제에 기초한 수미일관한 생활방법이었던 것인가를 재차 묻는 기회가 된다. 빈곤이나 질병은 그렇기 때문에 자신을 돌아보고 자신을 믿는 일정한 관점에서 자기 자신을 단련시키는 역할을 다한다. 바이간, 손토쿠, 나카야마 미키, 데구치 나오出口ナオ도 모두 지극히 강인하게 단련을 한 사람들이었다. 그들의 자질도 중요하다. 그러나 그들이 여러 고난 속에서 자신의 신념을 끊임없이 반성하고 그 신념에 비춰 필사적으로 자기변혁을 이루어낸 것이 훨씬 중요하다. 그들은 근대적 시민사회의 이상에는 아주 멀지만 나름대로 훌륭하고 매력적인 사람이었다. 그들의 사상은 이러한 자기단련 속에서 굳어진 신념

---

82 柚利淳一, 『丸山教祖伝』, 19쪽.

의 보편화·원리화로서 전개되었다. 그리고 '마음' 철학은 오늘의 시각에서 보아 어느 정도 관념적인 무의미한 것일지라도 그러한 단련된 인격에 뒷받침되어 있는 한 지극히 현실적인 힘이었다.

위와 같은 자기의식과 자기단련은 결코 바이간이나 손토쿠와 같은 특수한 개성으로서만 존재하고 있었던 것이 아니다. 호농상층을 주요한 기반으로 해서 노농老農, 고로古老, 세켄시世間師 등 근세 중·후기 이후의 도시나 시골의 지도층에 적잖이 보였던 특질이었다. 바이간, 손토쿠, 유가쿠는 그러한 사람들의 문제의식을 예리하게 사상화한 지도자일 뿐이다. 예를 들어 도화교사로서 각지를 유람한 유가쿠의 일기에 종종 보인다.

> 12일부터 나날이 입문하는 사람이 많아졌고 학습에 더욱 힘쓰려고 마음을 고치려는 사람이 많다.[83]

고 하는 유형의 기사가, 혹은 심학교사 곤도 헤이가쿠近藤平格의 일기에 보이는,

> 3월 12일 오늘 새벽부터……하루 종일 절차탁마한다(학문을 닦고 덕행을 수행한다— 역자).……도무지 어제 오후 3시경부터 오늘 저녁까지 곤도近藤와 야구치矢口内方는 한숨도 자지 않고 문답하였다.[84]

라고 하는 유형의 기사는 '마음'의 변혁을 추구하는 사람들이 광범위하게 존재하고 있었던 것, 거기에서는 처절하기까지 진지한 자기변혁의 노력이 이루어지고 있었음을 이야기해주고 있다. 또 한 지주의 가훈에서 딴 다음의 민중가요에서도 지극히 통속적인 똑같은 관심을 읽어낼 수 있다.

---

83 「口まめ草」, 전게 幽學全集, 351쪽.
84 石川, 『石門心学史の研究』, 955~956쪽.

마음이야말로 마음을 헤매게 하는 마음이 된다.

　마음에 마음을 방심하지마라.

끌리지 않으면 나쁜 길에도 빠지지 않을 것이다.

　마음의 말고삐를 풀어주지 마라.

세상 사람의 마음이야말로 요술망치인가.

　복을 내릴 것인지 가난을 내릴 것인지.[85]

　심학도화心學道話가 종종 열광적으로 각지에서 받아들여진 것도 똑같은 사정을 나타낸다. 1794년 단바노쿠니 야가미신八上新 마을에서 있었던 나카자와 도니中沢道二(1725~1803)의 강석에는 7일간 도합 6,672명이 모여들고, 이것에 이어서 거행된 시노야마篠山 성하 마을城下町의 도화道話(친밀하게 예를 들어 알기 쉽게 도덕을 설파한 이야기— 역자)에서는 3일간 5,173명이 모여들었다고 한다.[86] 1782년 기후岐阜에서 열린 호소이 헤이슈細井平州(1728-0801, 유학자)의 강석에는 3일간 4만 2,966명이나 모였다고 한다.[87] 양쪽 모두 주로 근면, 검약, 효행 등의 통속도덕을 설명했을 것이다. 이러한 통속도덕인 연유로 이것들의 사상과 사상운동을 봉건적이라 규정해야만 할 것인지의 문제는 여기서 다루지 않겠다. 단지 폭넓은 사람들의 위와 같은 사상형성 — 자기형성에의 진지한 노력이 다음과 같은 역사적 사정을 나타내고 있는 것은 틀림없다고 생각한다. 즉 민중이 당면한 다양한 어려움은 개별적인 인색이나 교활함, 잔재주로는 해결할 수 없는 성질의 것이라는 사실이다. 그 해결을 위해서는 인간을 그 내면에서부터 전구조적으로 변혁해서 통일적인

85　다지마(但馬)의 지주 히라오 사쿠타로(平尾作太郎)의 가훈에서 취했다. 『但馬偉人平尾在修』, 22, 82쪽.

86　『石門心学史の研究』, 169쪽.

87　衣笠安喜, 「折衷学派の政治および学問思想」(『日本史研究』四二号, 49쪽에 의함).

하나의 인격으로까지 다시 만들어, 그 인격의 자발성에 기초한 방대한 인간적 노력이 필요하다는 것이다. 민중이 직면하고 있는 현실의 어려움을 해결하기 위해서는 이러한 자기형성·자기단련이 필요하다는 생각은 광범한 사람들에게 절실하고 알기 쉬운 것이었다. 무엇보다도 자신의 눈앞에 그와 같이 완벽히 단련된 인격의 실제사례가 존재하여 새로운 자기형성의 의미를 계속해서 호소하고 있었기 때문이다.

광범위한 사람들의 내면에서 자기단련에 대한 자발성과 정열을 끌어내는 것은 지극히 곤란한 과제이지만, 민중적 사상들의 담당 주체들만큼 이 점에서 교묘했던 것은 없다. 그들은 풍부한 인생경험이 뒷받침되어 광범위한 민중의 생활감정에 대한 대단히 예리한 통찰력을 갖고 있었다. 그들은 모두 '토착'적인 사상가였기 때문에 그들과 접촉하는 사람들의 원망이나 고민을 예리하게 간파하는 것이 가능했고, 교묘한 설득 기술을 가지고 있었다. 심학도화의 교사들인 유가쿠, 아구이 요시미치와 같은 사람들은 웃기는 것과 울리는 것을 활살자재活殺自在(살리든지 죽이든지 마음대로 함— 역자)의 화술을 갖고 사람들을 교화했다. 그들은 통찰력에 풍부한 정신적 교화의 능력만을 의지한 거의 무일푼인 방랑자였다. 유가쿠의 경우 일기류에 의해 유랑생활을 꽤 구체적으로 알 수 있는데, 그는 가는 곳마다 다양한 '마음'의 병 —불효, 유희와 탕진, 일종의 노이로제 등— 을 치유하면서 여행을 계속했다. 유가쿠의 사례를 들어 민중사상의 담당주체들의 교화방법과 통찰력을 제시해 보자.

오하라 대인(유가쿠)이 사람을 인도함에 처음 1, 2년 사이에는 반드시 먼저 정을 베풀고 그 정이 잘 통할 때가 오면 도리[理]를 배우게 했다. 그러나 도리만 배우는 것을 2, 3년 하면 그 중간에 몇 번이고 정을 베풀어서 선생을 만날 때는 하나하나 마음이 풍요롭고 유쾌하고 그저 온화하게 되어 만날 때마다 도

리를 알게 되는 것, 참으로 어두운 밤에 발 밑, 손 밑에 등불을 비춰주는 것과 같다.[88]

얼핏 보면, 유교도덕을 특별히 엄숙하게 주장하고 인간의 자연스런 성정性情(타고난 본성─역자)을 억압하는 것처럼 보이는 유가쿠의 사상이 "정을 베풀고 그 정이 잘 통하도록" 하면서 교화해 가는 방법을 취하고 있었던 것은 주목할 만하다. 풍부한 인생경험을 통해서 유가쿠는 사람들의 눈을 통찰하고 그 소원이나 고민을 본인이 의식하고 있는 이상으로 이해하고, 사람들의 마음에 따르면서 그 내부로부터 자연스럽게 자발성을 끌어내고 점차로 그가 가르치는 자기규율로 인도해 갔다.[89] 이러한 통찰력과 설득력이야말로 민중적 여러 사상의 사회적 생명력의 원천이었다. 근대일본에서 모든 진보적 사상은 유럽으로부터 수용하여 지식인의 말로 얘기했지만, 그러한 말로서 파악하는 것이 불가능한 서민들의 '마음'의 세계가 넓디 넓게 존재했고, 거기에서 민중적 여러 사상을 전개했다. 이러한 세계의 중요한 의미는 예를 들어, 민중종교의 활발한 활동에도 천황제 신화의 규제력이나 쇼와의 파시즘에도 나타나고 있을 것이다. 여기에서는 1920년 전후의 다이쇼기大正期에도 아직 각지를 유랑하면서 서민의 '마음'의 병을 치유하면서 다닌 '세켄시'의 말을 기록해 두자. 그는 교토의 점쟁이였지만 가는 곳마다

---

88 「義論集」 앞서 인용한 『幽學全集』 784~785쪽. . 똑같은 견해는 다른 곳에서도 얘기되고 있었는데(30, 237쪽), 그곳에서는 예를 들어, "자타가 함께 밀어붙이듯이 도리를 얘기하는 것은 절대로 없을 지어다"(30쪽)라고 말하고 있다.

89 오하라 유가쿠 철학사상의 근거는 『中庸』의 "天命之謂性, 率性之謂道, 修道之謂敎"의 3개의 지(之), 즉 이것(之)이라 읽지 않고 가다(之)라고 읽는 것인데, 이 독특한 읽기 방법은 본문에 말한 것과 같이 사람의 성정에 따르면서 점차로 그것을 변혁해간다고 하는 입장과 불가분이다. 가다(之)의 의미를 설명해서 "사람이 모두 사물의 박자를 타고 사물에 대한 탐구 의욕으로 옮겨감은 자신에게 구비함이 있기 때문"(71쪽)이라 서술되어 있는 것에 주의.

그 토지의 인정풍속人情風俗(사람의 감정과 사회의 관습— 역자)을 조사해 기록하고 그것을 다른 행선지에서 얘기해 주는 생활을 하면서 그 생애 대부분을 방랑 속에 보냈다고 한다. 그의 과제는 다음과 같은 것이었다.

> 나리님左近さん. 이 세상에는 곤란해 하거나 괴로워하는 사람들이 많이 있습니다. 그것이 우리들이 말하는 한 마디나 두 마디로 구제되는 일이 있겠습니까? 세상에는 또한 사람들에게 밝힐 수 없는 노고를 등에 짊어지고 있는 사람들이 많이 있습니다. 그러니 그러한 사람들에게 친절하게 대해 주는 사람이 없으면, 세상은 구원받을 수 없습니다. 우리들은 전면에 나서서 활동하려고 생각하지 않습니다. 뒤에서 그런 사람을 도와주면 되지 않을까요?[90]

1920년 무렵에도 아직 데모크라시와도 사회주의와도 관계없는, 그렇지만 구원을 끊임없이 갈망하는 서민들의 '마음'의 세계가 넓디넓게 존재하고 있었고, 깊은 인생경험에 뒷받침된 '세켄시'의 한 마디, 두 마디가 중요한 역할을 했다. 이러한 세계 속에서 살고 거기에 밀착하면서 사상형성을 하려고 했던 곳에 민중적 여러 사상의 강인한 생명력이 있었다.

5. 정신주의의 세계

이상의 서술에서 민중적 사상들은 광범한 사람들의 자기형성과 자기단련의 노력을 내면적으로 지향하는 것을 파악했다. 그리고 그 사이 광범위한 민중의 자기형성은 봉건사회 말기에서 근대사회 전기라는 역사적 단계

---

90 宮本常一, 『忘れられた日本人』.

에서는 극도로 정신주의적인 형태를 취하지 않을 수 없었던 것에도 주목했다. 이 단계의 민중의 입장에서는 자연이나 사회를 객관적으로 인식하는 것이 지극히 곤란하고, 극도의 정신주의, 도덕주의, 종교 등이 새로운 자기의식과 자기형성의 필연적 형태가 되었다. 그렇기 때문에 정신주의, 도덕주의, 종교 역시도 하나의 거대한 역사적인 힘이 되었다. 그러나 광범위한 민중의 자기형성이 이러한 독특한 형태를 취하는 것에 의해 경제나 정치와의 관련방식도 현저하게 제한되었다. 그렇게 말할 수 있는 것은 극도의 정신주의, 유심론 때문에 이러한 사상들은 대상적 객관적 세계를 생생하게 인식하는 능력이 부족하고, 다양한 곤란이나 모순 해결을 민중의 정신주의적인 자기규율에서 찾으려고 열중하고, 거기에 다양한 환상성이나 만착이 생겨났기 때문이다. 거기서 민중적 여러 사상들의 이러한 정신주의적인 특질이 어떻게 역사적 현실과 관계했는가를 좀 더 구체적으로 검토해보자.

이 책이 대상으로 하고 있는 민중적 사상은 농업생산력의 발전에 중요한 역할을 했다. 품종개량, 정조식正條植(못줄을 대어 가로와 세로로 줄이 반듯하도록 심는 모─ 역자) 모심기, 볍씨의 염수선鹽水選(소금물 고르기, 종자 씨를 소금물에 담가서 뜨는 것은 버리고 가라앉는 것은 종자용으로 가려내는 일─ 역자)과 볍씨를 논에 뿌리는 모심기 도입, 시비施肥의 증대 등은 근세 후기 이후의 농업생산력 발전의 기본적 기술형태였지만 이것들의 기술개선과 보급은 보덕사나 많은 노농들에 의한 것이 컸다.[91] 예를 들면, 우량품종인 '이세 면화伊勢綿'를 선발한 노농 오카야마 유세이岡山友清는 후지도후二道(후지산을 신앙하는 후지코에서 나뉘어진 종파, 心講─ 역자)의 열렬한 신자였다. 그는 신앙에 의지해온 서민적인 사회봉사와 개발정신에 기초해서 마쓰자카松阪, 쓰津, 우지야마다宇治山田에서 이세 신궁

91　農業発達史調査会 編, 『日本農業発達史』 参照.

에 참배하는 사람들을 상대로 무상종자 배포소를 개설하여 신품종 보급을 꾀했다. 나카무라 나오조는 이 '이세 면화'의 보급에 노력했는데, 그 때 심학의 동료와 도모해서 자금을 모으고, 그 품종의 특질이나 재배방법 등을 기록한 선전 책자를 첨부해서 각지에 보냈다.[92] 후지도나 심학에 기초한 신념이 그들의 활동을 지탱함과 더불어 그 조직이 중요한 역할을 다하고 있는 것이다. 오하라 유가쿠大原幽学와 보덕사운동도 이러한 기술개선과 정신운동이 결합한 것이다. 예를 들어, 정조식 모심기 보급에는 보덕사의 공적이 컸고, 오하라 유가쿠도 정조식 모심기를 가르친 선각자 중의 한 사람이었다. 정신운동에 의해 기술개선에 노력하는 주체를 만들고, 기술개선에 의해 정신운동의 성과를 구체적으로 확보하면서, 상호보완적으로 전개했다. 그렇지만 이러한 기술개선 ― 농업생산력발전의 기본적인 방향은 노동과정의 질적 변혁을 동반하지 않는 노동집약적인 것이었다. 그렇기 때문에 원시자본축적기인 근대화 과정의 가혹한 조건 속에 이러한 기술개선이 충분히 유효성을 발휘하기 위해서는 사람들이 종래보다도 훨씬 근면해야만 했다. 오가와 마코토小川誠는 보덕사운동의 지도자였던 아구이 요시미치의 농업기계를 검토하여 일반수준의 2배 이상 많은 노동이 필요로 했다고 지적했다.[93] 아구이 요시미치는 그의 기술체계를 채용하면 당시 수준의 2배에 상당하는 단보段歩(땅 넓이의 단위, 991.736m²)당 10가마도 수확할 수 있다고 했다. 그러나 그것은 일반농민에게는 특별한 근면, 즉 많은 노동을 매개로 하지 않으면 실현될 수 없는 것이었다.

니노미야 손토쿠와 나카무라 나오조는 위와 같은 성질의 농업생산력의 발전에 희망을 품고서 농민운동과 마을소동에 반대했다. 그들도 민중이 빈

92　井上晴丸, 『日本資本主義の発展と農業および農政』, 43.

93　小川誠, 「中遠における水稲生産力の形成過程」, 『日本農業発達史』 別巻下, 233~235쪽.

곤한 주요원인이 가혹한 봉건착취에 있다는 것을 알고 있었지만 봉건권력의 제한이나 철폐에 의한 해결에는 거의 노력하지 않았다. 그들에게 봉건제 비판은 전무했다고 말할 수 있을지도 모른다. 손토쿠는 상인이 가업을 물려줄 정도로 유능한 사람에게 정치를 맡겨야 한다고 주장했고,[94] 영주 권력의 수탈에 '분도分度(경제적으로 자신의 실력을 알고 그에 따라 삶의 한도를 정할 것— 역자)'를 설정할 것을 강력하게 요구했다. 또 아구이 요시미치에게는 "여기저기 백성의 세금을 끌어 모아 돈놀이를 하는 사람도 있었다"[95]는 견해가 있다는 것도 확인할 수 있다. 또 나카무라 나오조는 나중에 조세를 낮추는 일에 분주했고, 보덕사의 지도자 오카다 료이치로와 같은 자유민권기에 활약했던 사람도 있었다. 그렇지만 그들이 문제해결의 주요한 방향을 사회변혁에 두는 일은 결코 없었다. 그들은 사람들이 성실하고 정직하고 근면하고 인내력 강한 인간으로 자기변혁을 해야 한다는 논리에 깊이 사로잡혀 있었다. 그러한 자기변혁을 둘러싼 객관적 조건에 대해서의 통찰력과 비판력이 부족했다. 민중적 사상들의 경험주의적 인식력은 좁은 인간관계 속에서는 어떤 의미에서 지극히 예리했지만, 사회체제 전체의 객관적인 분석력이 결여되고 있었다.

이와 같이 생각해보면 이 책이 고찰대상으로 삼고 있는 민중사상은 자연이나 사회를 객관적으로 인식하고 변혁하는 힘을 완전히 결여하고 있다고 말할 수 없을지라도 지극히 빈궁했던 것은 이해할 수 있다. 거기에 이러한 사상이 정신주의적 또는 도덕주의적이었던 것의 빈약함이 드러난다. 이러한 빈약함은 종교운동의 경우에는 더 뚜렷하게 드러났다. 민중적 사상들은 인간을 둘러싼 객관적 세계의 변혁은 거의 무시하면서 자기변혁에 열

---

94 「二宮先生語録」, 『日本倫理彙編』 十卷, 516쪽.

95 『安居院義道』, 134쪽.

중하고, 또 자기와 전인격적으로 접촉하고 있는 소수의 사람들의 변혁에 노력했다. 자연이나 사회는 경건한 마음을 갖고 그대로 수용하려는 측면이 강했다. 예를 들어, 좀 전에 거론한 "만사는 모두 마음에서 이룬다"라든가, "생사도 부귀도 빈곤도 무엇이든 모두 마음 하나 쓰기 나름"이라고 하는 것과 같은 말은 틀림없이 사람의 무한한 가능성을 주장하고 있다. 그러나 사실상은 정신변혁만을 지향하고 있어, 한없는 정신변혁에 의해 현실은 오히려 그대로 인종忍從하고 수용하기 쉬웠다. "만사는 모두 마음에서 이룬다"는 것은 어느 의미에서는 위대한 진실이지만 그렇게 선언하는 것만으로는 객관적 세계에 조금도 변화가 없다. '만사'가 인간의 밖에 어정쩡하게 존재하는 객관적 존재인 것을 인정하고, 그 객관적 세계를 변혁해서 인간의 지배하에 귀속시켜 가는 구체적 방법에 매개되는 것에 의해서 비로소 인간의 무한성이 실제로 명확해져간다. 그렇지만 '마음' 철학에서 자기와 만물이 매개 없이 융화되어 객관적 세계를 구체적으로 한 걸음 한 걸음 정복해 갈 수 있다. 자주 지적되는 바와 같이 손토쿠의 사상은 자연에 대한 '작위作爲(적극적인 행위 - 역자)'의 논리를 갖고 있었던 점에서 이들 사상 중에서 흥미롭다. 그렇지만 그의 '작위'론도 자연의 법칙성의 활용에 주목한 합리주의적인 것이 아니고, 정신주의적인 자기변혁을 핵심으로 삼고 있었다. 그것은 그의 노동론을 검토해보면 분명해진다. 나는 이전에 다음과 같이 요약해 두었다. "그는 정말로 '가난해지고 부자가 되는 것은 우연이 아니다"라고 해서 빈부의 원인을 검약이나 노동에서 구하고, 그 범위에서 노동=노력이라고 그 성과를 인과관계로서 파악했지만, 노동이 어느 만큼의 성과를 낳을까라는 것과 같은 정량화된 합리적 인과관계로서 파악하는 것은 불가능했다. 그가 상세히 방법서仕法書를 만들어 정량화할 수 있었던 것은 무엇을 얼마만큼 검약하면 얼마만큼의 성과=부를 얻을까와 같은 경우에 한정되는 것으로서 부의 확대재생산에 대해서는 그저 열심히 검약에 힘쓰면 언젠가 자연스럽게 얼마간의 부를 얻을 것이라고 주장하는 데 머물렀다."[96] 민중적 사상들이 유교나 불교적 숙명관을 타파하고 현실적인 노력을 중시했던 것은 위대한 사실이지만, 이 노력은 극도로 정신주의적이며 비합리적인 것이었다. 강렬한 자기단련이 요청되지만 그 성과 쪽이 훨씬 불확실한 것이었다.[97]

이러한 정신주의적 특질로 인해 민중적 사상은 그것을 생성시키고 전파시킨 인격과 단단하게 결부되어 있었다. 이 점에서 농업기술과 같이 그것을

---

96 前揭 拙稿, 「近代社会への志向とその特質」, 208쪽. 그렇지만 이 논고에서는 검약이나 자기규율의 형성 측면을 통설에 따라서 전근대적인 것으로 일축하고, 거기에 어느 정도 엄격한 자기형성의 노력이 담겨져 있는가를 인식할 수가 없었다. 나도 근대주의적 가치관에 사로잡혀 많은 사람들의 괴로움이나 슬픔을 무의미한 것으로서 내팽개치고 있었다. 본고는 서투른 자기비판의 시도이다.

97 흥미로운 것은 근세중기의 농업 저서 종류에는 이미 노동검약에 대한 강한 관심과, 거기에 동반하는 합리주의적인 태도가 보인다. 이러한 농서류는 손수 경작하는 지주의 입장에서 쓰여 있는데 지금 『会津歌農書』(1703년경)와 『農事遺書』(1709년)에서 인용해보자.
(1) 경작의 방법도 모르고 헛되이 수고하는 사람을 바보스럽다고 한다. 하늘에 기원하고 땅의 복신에 맹세해도 바보스런 사람의 작물은 결실되지 않는다. 조습한 토질을 분별하여 천지의 화육을 돕는 사람이 되라. (이상 『会津歌農書』, 小野武夫 編著, 『会津歌農書』, 266, 277쪽)
(2) 대체로 농사란 많은 어려움을 무릅쓰며 조리를 궁구하고, 모르는 일은 사람에게 묻고, 의심스런 것은 시험해보며 근본을 잘 찾아야 한다. 조리를 제대로 궁구하지 않을 때 노력해도 공적은 없고 손실은 많다. (『農事遺書』, 淸水隆久, 『近世北陸農業技術史』, 260쪽)
(3) 움직여 일하는 것만이 최선의 방법으로 중요함의 끝은 없다. 일의 준비나 조율 등의 안배가 없으면 일하지 않느니만 못하다.(앞과 동일, 266쪽)
이러한 농서류에 보이는 농업기술은 보덕사나 많은 노농들에 의해 계승 발전된 것일 것이다. 그런데도 후자가 위의 인용에 나타내고 있듯이 노동절약적, 합리주의적 태도를 버리고 극도로 정신주의적으로 되어 있는 것처럼 보이는 것은 왜일까? 언뜻 보면 사상발전의 방향을 역전시키는 것과 같은 이 상위는 양자가 안고 있는 과제의 상위를 나타내는 것이라고 생각된다. 보덕사나 노농들에게 있어서 18세기 전반기의 경작지주들의 안정된 질서는 이미 존재하고 있지 않았다. 급속히 진전하는 농민층 분해의 와중에서는 광범한 사람들에게 엄격한 자기규율을 새롭게 수립시키는 것이 초미의 과제이며, 이러한 생활규율의 수립을 전제해야만이 그들의 농업기술도 일정한 의미를 가질 수 있는 것이다. 비합리주의나 정신주의의 분출은 농민층 분해—원축과정에 근거한 광범한 민중의 절박한 자기단련의 과제에 조응하는 것이었다.

생성시킨 인간 외부에서 객관적으로 존재하고 일정한 지식이나 경험의 수준을 전제로 한다면, 누구라도 납득하고 체득할 수 있는 것과는 전혀 다르다. 정말로 이러한 정신주의는 되풀이해서 말한 바와 같은 강인한 인간변혁의 에너지를 숨기고 있었지만, 그 에너지의 사정거리는 해당 사상에 단련된 인격과 밀접한 인격적 관계에서 감화되는 사람들의 범위에 머무를 수밖에 없었다. 그렇기 때문에 이러한 사상의 현실변혁의 유효성은 사실상 집과 마을, 혹은 좁은 동일 집단 속에 사는 인간을 변혁시키는 곳에만 존재했다. 예를 들어, 바이간의 경우 문하생들의 바이간에 대한 질문은 불효와 사치, 유희탕진하는 습관과 가정 불화의 정인町人 사회에 흔한 것들이었다. 그렇지만 그만큼 매우 절실한 문제였다. 그리고 바이간의 대답은 언제나 수미일관했다. 바이간에 의하면, 그러한 문제가 생기는 것은 사람들이 세상으로부터 비판받지 않을 정도의 안이하고 상식적인 생활태도에 머물고 있었기 때문이다. 그러한 생활태도에는 이기심의 요소가 강하게 혼입해 있기 때문에 상대를 감화시킬 수 없다. 이기심을 철저하게 배제한 자기변혁에 의해서만 타인과 자기와의 이해대립이 없어져서 정신의 공동성이 성립하고, 그러한 악습에 물든 타인까지 변혁할 수가 있다. 그리고 그러한 의미에서 자기 자신은 매우 강력한 것이다. 이러한 바이간의 처방전은 단련된 인격에 매개될 때 좁은 공동사회 속에서 타인을 감화하고 변혁해 새로운 생활규율을 수립할 수 있을 것이다. 그렇지만 어느 정도 단련된 인격에 매개된다 할지라도 이와 같은 자기 자신의 힘은 가족이나 마을과 같은 작은 공동체 밖에는 미치기 어렵다. 그리고 바이간이 문제삼고 있는 것은 사실상, 주로 가족에 관한 것이었기 때문에 정신주의적 인간변혁의 논리는 그 나름대로 유효했지만, 이러한 본래의 영역을 뛰어넘자마자 그의 주장은 한꺼번에 매우 공허한 것이 되었다. 예를 들면, 일개 번국藩國의 경제문제를 논할 때에도 그는 자신의 방법을 곧바로 보편화해서 엄격한 검약이나 도덕을 설명하는 데 머물렀는데 그것은 너무나 공허한 견해였다.[98] 원래 메이지시대의 보덕사 등에서는 바이간보다도 훨씬 넓은 사회적 시야를 갖고 있었지만 소공동체 밖에 있는 사람들을 정신적으로 감화하는 힘이 부족했던 점은 동일한 모양이다(나중에 말하는 오카다 료이치로나 니시다 덴코와 같이 '추양推讓(절반 나누어 줌― 역자)'이라는 보덕사의 가장 중요한 주장을 넓은 사회 속에서 통용시키는 것이 불가능하다고 생각할 수 밖에 없게 된 것은 그 하나의 사례이다). 이렇게 해서 민중적 사상에 공통하는 강렬한 정신주의는 강렬한 자기단련을 향해서 사람들을 동기부여 했지만, 그것 때문에 오히려 모든 곤란이 자기변혁 ― 자기단련에 의해 해결할 수 있을 것 같은 환상을 낳았다. 이 환상에 의해 객관적 세계(자연과 사회)가 주요한 탐구대상이 되지 않게 되었고, 국가나 지배계급의 술책을 간파하는 것이 지극히 곤란하게 되었다.

6. 변혁으로의 관점

지금까지 서술한 바와 같이 민중적 사상들은 자연이나 넓은 사회에 대해서는 지극히 빈약한 인식력 밖에 갖고 있지 못했지만, 광범위한 민중의 정신적 각성 ― 자기형성의 요구에 어울리는 것이었다. 민중적 사상들은 자기형성과 자기단련의 원리로서 다양한 고난의 와중에서 실직實直(성실하고 정직함― 역자)하고 근면하고 강한 인내력과 겸양한 인간상이 형성되고, 그와 같

---

98 「石田先生語録」, 前揭載 梅岩全集 下, 22~26쪽 참조. 바이간의 역사적 단계에서는 검약이나 도덕에 의해 경제문제를 처리하려 주장했다고 해서 비난받아 마땅한 것은 아니다. 그렇지만 똑같이 검약이나 도덕을 설명한다 해도 거의 동시대의 오규 소라이에게 보이는 것과 같은 객관적·과학적 분석으로의 방향이 완전히 결여되어 있고, 오히려 그러한 분석을 거부하고 있는 것이 문제인 것이다.

은 인간이 각각의 지역사회에서 새로운 기반을 쌓아갔다. 이러한 인간은 만약, 주위의 조건이 비교적 온화하면 자신의 가업을 일으켜 마을에서 소지주가 되고 마을의 유력자가 되어 사람들을 감화시키고 지도하여 몰락의 늪에 빠진 가족과 마을을 서서히 재건할 수 있었다. 그들은 하나의 사회변혁의 시대에서 방대한 사회적·인간적 에너지를 발휘해 사회질서를 하부로부터 재건하는 역할을 했다. 그 결과 많은 경우 이러한 사상들은 점진적 개량주의, 혹은 보수주의라고 하는 성질을 가졌다.

위와 같은 과정이 반복해서 진행하여 근면, 검약, 효행, 인종 등이 사회통념으로 정착해 갔다. 이러한 통속도덕에는 많은 사람들의 진지한 자기단련의 노력이 담겨져 있었던 점, 그리고 이러한 자기단련에 의해 어느 정도의 경제적·사회적 지위를 확보할 수 있다는 점이 이 통속도덕을 쉽게 반박할 수 없는 정당성을 부여하고 있었다. 도덕적 우위자가 경제적·사회적 우위자이기도 하다는 표상(본보기)이 만들어졌다. 이 표상이 하나의 허위의식인 것은 말할 것도 없지만, 일단 이러한 표상이 정착하면 그것을 유효하게 논박하는 것이 어려워진다. 비판자는 도덕적으로도 사회적·경제적으로도 함께 소외된 인간으로서, 예를 들면, 퇴폐나 현세부정의 자세를 취할 수 밖에 없게 된다. 도의적으로 패배시킨다고 하는 것이 이념투쟁에서는 무엇보다 유효하다. 근대 일본의 지배자들은 자기 자신은 종종 도덕 따위는 안중에 없는 마키아벨리스트(권모술수주의자)였지만 위와 같은 통속도덕을 교묘하게 활용했다. 이러한 통속도덕의 사회적인 규제력은 대단히 방대하고 강인하다. 그렇기 때문에 사회적으로 여러 어려운 관문을 그 논리의 틀 안에서 인식하고 처리하는 것이 많은 사람들의 자명한 생활방식이 되어 갔다. 이렇게 해서 '자기책임'의 논리가 광범위한 사람들의 비판의 눈을 감게 해 버렸다.

그러나 이러한 통속도덕의 실천 속에 담겨져 있는 민중의 노력이 아무리 강렬한 것일지라도 결국은 원시적 축적과정인 근대화라는 노도의 대양 속에 표류하는 작은 구명보트에 지나지 않는다. 자본주의의 철의 법칙성에서 보면, 한 사람 한 사람 민중의 아무리 힘든 근면과 검약과 인내일지라도 그것은 너무나 미력한 힘에 지나지 않는다. 그렇기 때문에 극도의 근면, 검약, 인내, 실직實直은 어떤 경우에는 중견의 자작농이나 소지주 정도로 사람들을 상승시키는 경우도 있으나, 어떤 경우에는 근면, 검약에도 불구하고 몰락하지 않을 수 없다. 근면, 검약은 자기에 대해서는 강인한 규제력을 갖지만 넓은 사회에 대해서는 규제력도 통찰력도 갖지 않는다. 원시적 축적과정이라고 하는 대양의 노도 속에서는 근면, 검약이라고 하는 구명보트를 필사적으로 규정하는 것으로 겨우 익사를 면할 수 있다. 그렇다고 힘차게 뛰어넘는 것은 물론 방향을 확정하는 것도 쉽지 않다. 하찮은 조건 변화에 의해 근면, 검약에도 불구하고 많은 사람들이 몰락할 수 밖에 없었다. 그렇다면 이렇게 몰락한 사람들의 자기형성, 자기규율의 에너지는 어떻게 되는 것일까?

통속도덕이 근대(자본주의)사회 속에서 기만적인 것이 되어가는 사정을 나타내는 것으로서 니시다 덴코西田天香의 경우를 생각해 보자. 덴코는 시가현滋賀県 나가하마長浜 마을의 종이 도매상의 후계자 아들인데 "일본은행 총재가 되고 싶다"는 생각을 하면서 재물 증식에도 힘을 쏟은 성실한 청년이었다. 그는 21세에 100명의 소작농을 데리고 홋카이도 이시카리 평야石狩平野로 건너가 개간사업에 종사했다. 이때 그의 사상적 근거가 된 것은『보덕기報德記(니노미야 손토쿠의 전기)』이며, 3년 정도의 홋카이도 생활은『보덕기』의 실천이었다. 그렇지만 그는 출자자들의 요구와 소작인들의 비참한 생활 사이에 끼어 딜레마에 빠지게 되어 왼쪽 발가락을 하나 절단하여 혈서하고, 출자자에게 소작인들의 곤경을 호소, 스스로 '필성사必成社'라고 이름붙인 사업을 없애 버렸다. 그때에 덴코는 『보덕기』에 대해서 다음과 같이 술회했다.

> (『보덕기』에 의하면) 하나는 근면, 둘에는 절약, 셋에는 분도(분수), 넷에는 추양(나눔)이 있습니다. 처음의 세 개는 고슈江州에서 태어난 나는 흉내낼 수 있지만, 네 번째의 추양만은 똑같이 실행하는 것이 불가능했습니다. 한편 소작인과 침식을 같이하고 다른 한편으로는 자본가와 자본을 같이하는, 내 감독하에서는 하나로 되어 있기 때문에, 이해충돌에 대해서 양쪽으로 추양의 덕을 지키려고 하면 나는 벌거숭이가 되어야 합니다. '양쪽이 좋은 것은 눈 가리고 아웅하는 식'이라 웃고 있을 수는 없습니다.[99]

덴코의 체험은 손토쿠의 사상적 한계를 예리하게 지적했다. 근면, 절약, 분도는 자신이 지키면 그것으로 좋은 것이지만 추양이라는 사회적 행위는 근대사회의 일반적인 이해대립 속에서는 본래의 도덕적 의미를 발휘할 수 없다. 추양은 도덕적 설득력을 가질 때만 의미가 있는 것이다. 그렇다면 좁은 공동체 사회에서의 인격적인 관계 아래서만 유효한 것이다. 덴코의 개척사업과 같이 출자자=지주와 소작인이 원격지에 분리되어 있고, 양자 사이에 공동체를 매개로 한 인격적 관계가 존재하고 있지 않은 경우에는 공통의 도덕적 설득력의 세계가 성립하지 않는다. 그렇지만 이와 같은 공통의 도덕적 설득력 세계의 붕괴는 덴코와 같은 경우에 한정된 문제가 아니었다. 예를 들면, 이것보다 좀 이전에 오카다 료이치로는 곤민당困民黨이나 빈민당貧民黨의 결기에 위협을 느껴 너무 추양하지마라, 빈민은 20명 중 19명은 자신의 사치나 게으름 때문에 가난하게 되었기 때문에 구제할 필요가

---

99 福井昌雄, 『一燈院と西田天香の生涯』, 16쪽.

없다고 말하고 있었다.[100] 근대사회의 전개와 더불어 이해대립과 생존경쟁이 점점 일반화되자 인간의 도덕이나 양심은 그 과정에 휘말려서 무력하게 되고 이해대립이나 생존경쟁의 담당자로서의 이기적 주체와 보편적·인간적 도덕의 담당자로서 가치적 주체와의 분열이 결정적인 것이 되어 갔다. 이러한 역사적 상황에 규정된 것으로서 오카다는 급격하게 진전하는 원시적 축적과정으로 몰락해가는 민중을 비정한 자본 논리로 보았으며, 정신주의의 한계를 그다지 의식하지 않고 용인했던 것이다. 근대사회의 일반적인 이해대립 하에서 생존경쟁과 이해대립에서 벗어나 모든 이기심을 배제하려고 하면 경제의 외부로 나가야 한다. 바이간이나 손토쿠도 사심이 없는 도덕을 주장했지만 그 의미는 덴코와 완전히 달랐다. 바이간이나 손토쿠에게 사심이 없는 도덕은 몰락을 막고 부유하게 되는 방법이었지만 덴코에게는 가족도 재산도 버리고 방랑하는 기묘한 사회적 탈락의 철학이 되었다. 근대사회에서 일반적인 이해대립을 알면 통속도덕의 위선성은 일목요연하게 되고, 덴코와 같이 자신을 사회에서 적극적으로 탈락시키는 쪽이 양심에 부합하는 것이 된다. 이렇게 해서 덴코가 설립한 잇토엔—燈園(참회봉사단체— 역자)은 극도의 정신주의자들이 이 세계를 벗어날 수 있는 안식처가 되었다. 덴코는 무슨 일이든 철저히 하는 성품을 지닌 사람이었으므로 통속도덕의 허위성을 한발 빠르게 간파하고 통속도덕의 세계에서 스스로 빠져나왔다. 그렇지만 많은 서민들은 통속도덕을 자명한 전제로서 받아들이고 필사적으로 노력하지만, 그럼에도 불구하고 몰락해 갔다. 그리고 이 몰락에 의해 필시 많은 경우는 사상적·도덕적으로 패배하고, 자기형성과 자기규율의 노력도 체관(체념하여 관망함— 역자)이나 니힐리즘(허무주의)이나 은밀

---

100 「報徳学斉家談」, 前掲全集, 995~997쪽.

한 원한으로 이행해 갔다고 생각한다. 이렇게 해서 역사의 조설藻屑(물귀신)이 되어 상실된 광범위한 민중의 인간적 에너지는 너무나 방대한 것이었다고 생각한다. 그렇다고 경제적 파멸에 의해 광범위한 민중이 사상형성을 위해 노력한 모든 것이 무無가 되어 버린 것은 아니다. 자신들의 사상형성도 또한 가능했다고 생각한다.

근세 후기에서 메이지시대에 걸쳐 민중적 입장에서 제시된 사회적 비판은 유교도덕이나 통속도덕의 순수화라고 하는 관점에서 이루어진 것이 많았다. 극히 일반적으로 말해서 원래는 지배계급의 이데올로기적 무기인 유교, 그리스도교 등은 그 교의의 이상주의적 측면을 순수화해서 지배계급의 현실에 적응해 보면 광범위한 민중에 비판무기를 주는 것이었다. 근대사회 형성기의 민중투쟁의 세계관적 배경은 모두 그러한 전근대사상의 순수화라는 형태를 취하였다. 광범위한 민중에게, 예를 들어, 유럽의 시민적 근대사상을 기대하는 것은 의미가 없다. 민중은 자신들이 고심해서 만들어낸 자기규율의 논리를 보편화해서 사회를 보는 척도로 삼고 비판 논리로 바뀌어 간다. 잇키一揆(농민봉기를 뜻하며, 하나가 되어 무엇인가 도모한다는 의미인 이 단어는 상위자에게 이의제기하는 하위자들의 저항운동을 총칭하는 역사용어─ 역자), 자유민권운동, 곤민당이나 빈민당 등에는 그러한 사상적 특질이 있었다고 생각한다. 예를 들어, 무쓰노쿠니 신타쓰陸奥国 信達 지방의 1866년 요나오시잇키世直し一揆(사회 개혁을 위한 농민 봉기─ 역자)의 지도자 간노 하치로菅野八郎(1810~1888)는 유교를 중심으로 한 전통사회를 순수화해서 '믿음信'이나 '정성誠'을 강조하고, 그 입장에서 번정藩政이나 유신정권을 비판했다.[101] 다루이 도키치樽井藤吉(1850~1922, 정치운동가)의 동

---

101 庄司吉之助, 「変革期における農民運動の問題」(『歴史学研究』 160号). 庄司·林·安丸 編 『民衆運動の思想』 所収の拙稿, 「民衆運動の思想」도 참조.

양사회당도 유교도덕을 순수화해서 '사회주의'에 도달시키려고 한 것에 다름 아니다. 또 메이지 10년대 후반에 요나오시적 운동으로서 중요한 의미를 가진 마루야마교는 후지신앙의 형태를 취하면서 '천하태평', '천리 인도를 명확히 한다'는 슬로건을 내걸은 것으로 이 말만을 보면, 마루야마교의 요나오시 사상도 분명히 전통적 지배사상이 종교화한 것처럼 보인다.[102] 그러나 여기에서는 이러한 열거보다도 통속도덕을 추구해서 사회비판에 이르는 내면적 과정을 고찰해 두고 싶다.

오모토교大本教의 개조인 데구치 나오出口ナォ는 어린 시절부터 평판이 좋은 일꾼으로 효행하는 딸이었다. "자신은 어린 시절부터 나오 씨와 놀아라, 나오님과 놀아라라는 말을 들을 정도였으며, 또 어느 곳에서 고용살이를 해도 너는 운수가 좋을 사람이다. 나오는 참을성 있는 사람이다. 세대를 거느리면 반드시 견실하게 세대를 이룰 것이 틀림없다고 쭉 칭찬받았을 정도였다"[103]고 술회하는 나오는 지금까지 서술해온 통속도덕의 가장 진지한 실천자의 한 사람이었다. 나오와 같은 사람은 만일 조건이 좋으면 아니 그다지 나쁘지만 않다면 '견실하게 세대를 이루고' 약간의 재산을 형성하고, 정직하고 근면한 일꾼으로서 근대일본의 사회질서 하에서 역할을 다했음에 틀림없다. 그렇지만 나오의 거의 초인적인 노력에도 불구하고 나오의 일가는 점차로 몰락해 결국 1885년(말할 것도 없이 가장 가혹하고 치열하게 전개되었던 해)에는 '문을 닫아'버렸다. 이 무렵부터 나오는 넝마주의를 직업으로 삼게 되었는데, 넝마주의는 나오가 사는 아야베綾部에서도 극빈층 직업군의 대표적이 것이었다. 나오가 살고 있었던 곳은 지방 소도시의 저잣거리 끝에 있는 극빈층 거주지대다. 나중에 나오가 '악도귀촌惡道鬼村', '도깨비

---

102 마루야마교에 대해서는 본서 제3장 참조.
103 『大本七十年史』, 40쪽.

마을'이라 불렸던 것처럼 범죄, 싸움, 도박, 자살자, 신체장해자 등 모든 인간적 왜곡과 불행이 응축된 지역이었다. 이러한 환경 속에서 '지옥 가마솥의 누룽지 긁기'라고 나오 자신이 형용한 극빈 생활이 계속되었던 것인데, 그럼에도 나오는 민중도덕의 자기규율을 계속 고수했다. 그뿐 아니라 자신과 아이들에게 과한 "볏짚 새끼줄 하나도 취하지 말라"고 하는 규율을 가난하면 가난할수록 타인에게 바보가 되지 않아야 한다고 하면서 엄격히 고수했다. 처참한 빈곤 속에서 나오는 도덕적 긍지가 매우 높은 사람으로 살았다. 이러한 과정에서 자신의 대단한 인간적 노력이 어째서 이와 같이 무력한 것인가라는 의문은 감추어진 분노와 더불어 나오의 정신 속에 축적되어 갔다. 이미 접신神憑 이전에 말했다는 "아아, 나는 업이 깊은 인간이다. 지옥 가마솥의 누룽지 긁기란 나의 표현인가"[104]라는 말은 나오의 절망과 회유와 방황의 방향을 암시하고 있다. 노력과 몰락을 왔다갔다하는 무시무시한 순환이, 은밀하게 회유와 분노를 축적시키고 그것이 마침내 접신이라고 하는 토속적 형태를 통해서 이 세상의 악과 인연의 사상이 되어 폭발했던 것이다. 이렇게 해서 나오는 이 세상은 악의 세상이며 강한 자가 승리하는 '짐승의 세계'라고 단죄하게 되었다. "왕의 천하는 오래 계속되지 않는다고 말하고 있지만 무슨 일이든 시절이 찾아오면 열린 입이 다물어지지 않는 일이 세계에 나오기 때문에."[105] 나오가 접신에 이르기까지의 고난은 교단에서는 단적으로 '힘든 노역苦勞', '어고로御苦勞'라고 불리고 있지만 이 '힘든 노역' 속에 담겨져 있는 자기규율의 노력이야말로 이러한 격렬하고 혹심한 규탄을 지탱하는 인간적 기초라고 생각한다. 나오 자신이 필사적으로 지켜온 도덕률을 현실사회에 적용해 보기만 하면 이 세상은 악의 세계, 짐승의

---

104 앞과 동일, 70쪽.

105 大本祭敎院, 『大本神諭』 제3집, 282쪽.

세계인 것이 분명해지고, 나오 일가의 몰락이 그것을 증명하고 있는 것이다. 민중적인 통속도덕의 견지에서 행하는 사회비판은 근대사회의 성립과정의 사회적 격동 속에 다양한 형태로 소용돌이치고 있었던 것이며, 오모토교도 또 잇키, 자유민권운동, 한 시기의 덴리교와 마루야마교도 그러한 분출의 형태 중의 개별적 하나였다. 민중적인 통속도덕을 높은 긴장감을 갖고 실천해왔다고 하는 힘이 이러한 사회비판의 격렬함과 예리함을 지탱하고 있었다. 이러한 과정에 매개되지 않으면 잇키나 우치코와시도 억압된 욕구의 일시적인 폭발에 지나지 않게 되어, 폭발이 아무리 거대한 파괴력을 가질지언정 나중에는 아무것도 남지않는다. 광범위한 민중의 강인한 자기단련(주체적인 자각 과정)에 지탱되었을 때에 비로소 사회비판은 격렬함, 예리함, 지속성, 조직성을 획득할 수 있는 것이다.

2장
민중도덕과 이데올로기 편성

일본근대사회 성립기의 민중사상을 연구하는 것은 무엇을 밝히기 위한 것인가? 혹은 또 이와 같은 연구대상은 어떠한 문제의식에 의해 설정되었을까? 나의 문제의식은 이미 앞장에서 말했지만, 이 장에서는 학설사學說史를 염두에 두고 이로카와 다이키치色川大吉의 문제제기도 참고하여[1] 우선 아래와 같이 정리해 두겠다.

첫째로 일본의 근대화를 저변에서 지탱한 민중의 에너지를 인격적인 형태에 있어 광범위한 민중의 내면성을 통해 파악하기 위한 것이다. 이것은 오쓰카 히사오大塚久雄의 이른바 새로운 인간유형의 창출이라는 문제와 조응한다. 근대사회의 형성과정은 경제사적으로는 농업생산력의 발전 ―농민층 분해의 전개― 국내시장의 형성이라는 논리서열에서 이론적·실증적으로도 파악할 수 있지만, 그러한 과정은 동시에 광범위한 민중의 생활태도에 있는 근본적 변혁을 불러일으키고, 그 변혁을 통해서 방대한 인간적 에너지가 분출되는 과정이기도 하다. 따라서 광범위한 민중의 새로운 인격적 형태의 깊이에서 파악해야 한다. 그 연구방법에서 '해방설'과 '금욕설'로 크게 구분한다면, 나는 기본적으로는 베버=오쓰카적인 '금욕설'의 입장을 택하겠다. 그러나 문제는 일본근대화 과정에 특유한 금욕의 형태를 찾아내어 그것을 내재적으로 분석하고, 거기에 포함되어 있는 다양한 속임

---

1 色川大吉, 『新編明治精神史』, 509~510쪽.

수와 계략까지 명확히 하는 일이다. 이 점에서는 나이토 간지內藤莞爾(1916~ 2010, 사회학자)와 도야 도시유키戸谷敏之(1912~1945, 경제학자·역사학자)의 선구적인 연구도,[2] 베버의 견해를 일부 기계적으로 적용했을 뿐이다. 또 R·N·벨라의 독창적인 이론구축[3]도 초시대적, 또한 초계급적인 성격의 것으로서 일본근 대사회 성립기라는 특유한 역사적 시대에서 폭넓은 민중의 사상형성의 내 면적 묘사로서 그다지 설득적이지 않다고 생각한다. 그리고 오쓰카 자신이 패전 후 민주개혁의 와중에서 '근대적 인간유형'이나 '근대화의 인간적 기 초'에 대해서 집요하게 논했을 때, 현실에서의 일본 민중의 인간유형은 "봉 건적이라 단언할 수 없는 한층 복잡한 아시아적인 것"[4]이라고 규정할 수 있 었다. 그러나 패전 후 20여 년이 경과한 오늘날, 민중사상을 우리들은 그 무엇보다도 노후화한 차원과 시점에서만 파악하는 것도 아니며, 그렇다고 해서 현대 일본의 경제성장에 무비판적으로 직결하는 것도 아니며, 또 원 래 전쟁 이전의 유형인 '국민도덕론'의 재판再版이 되는 것도 아닌, 모든 과 정을 통관通觀해서 그 역사적 역할을 전체로서 전망하고 거리를 두고 인식 할 수 있는 지점에 도달했다고 생각한다.

둘째로 근대일본의 이데올로기 전체를 파악하기 위한 기초작업에서의 문제이다. 특정한 역사적 시대는 특유의 경제구조와 정치구조를 가짐과 동 시에 특유의 이데올로기 구조를 갖는다. 이 이데올로기 구조는 그것의 고 유 구조, 운동법칙, 모순을 가지고서 하나의 시대가 직면한 다양한 문제에

---

2 内藤莞爾, 「宗教と経済倫理 —浄土真宗と近江商人」(『日本社会学年報 社会学』第8編. 戸谷敏之, 「中斎の『太虚』について —近畿農民の儒教思想」(『日本農業経済史研究』上).

3 R·H·벨라著, 堀一郎·池田昭 訳, 『日本近代化と宗教倫理』.

4 大塚久雄, 『近代化の人間基礎』, 13~14쪽. 그리고 최근의 오쓰카는 얼마간 다른 시각에 서 일본근대화의 정신사적 상황을 생각하고 있는 것처럼 생각된다. 예를 들어 長幸男· 住谷一彦, 『近代日本経済思想史』 I 第6節 「『国民経済』の精神的基盤」 참조.

일정한 해결책을 제시하면서 변용을 거치고 유지된다. 나아가 그 기만성이 전면적으로 폭로되어 하나의 시대가 종료하는 것과 동시에 근본적으로 변혁된다. 개별적 사상가의 사상적 영위는 이 기본적 이데올로기 구조와 제각기 독자적인 상관관계로서만 규정되고 분석된다. 이 기본적인 이데올로기의 구조는 그 시대의 지배적인 사상이며, 근대일본에서는 우선 천황제 이데올로기이다. 우리들의 역사학은 천황제 이데올로기 연구에서 철저히 미약했다. 분명히 천황제의 과학적 분석은 마르크스주의 역사학에서 무엇보다 위대한 성과 중의 하나이지만, 그것은 천황제의 계급적 기반과 권력기구의 분석에 한정되어 있고, 천황제 이데올로기적 측면의 분석이 빠져 있었다. 우리들의 역사학에 이러한 낙정落丁(책의 빠진 책장— 역자) 부분이 생겨난 근거는 독자적으로 분석되어야만 할 것이다. 그저 우리들은 여기에서 하나의 지배체제의 지배구조 속에서 이데올로기적 지배가 얼마나 중요하고 강력한가를 방법적으로 자각하고 있지 않았던 것과[5] 전후의 일본사상사 연구가 압도적으로 근대주의적 문제의식과 방법에 의존하고 있었기 때문에 지배적 사상의 내재적 분석 같은 발상이 생겨나기 어려웠던 것만을 지적해두고 싶다. 말할 것도 없이 천황제 이데올로기적 측면을 분석했던 사람은 마루야마 마사오丸山眞男(1914~1996, 정치학자, 정치사상사의 권위자)와 그 학파 사람들이었다. 우리들은 마루야마의 연구성과를 배우면서 한층 더 그것을 뛰어넘고 싶다는 기대를 걸어본다. 이와 같은 문제의식을 지니고 있을 때 민중의식의 이해가 전체를 파악하는 열쇠가 된다. 왜냐하면 천황제 이데올로기는 민중의식의 모든 영역에 깊이 뿌리를 내리고 민중의 '의사자발성擬似自發性'을 교묘하게 조달하는 것에 의해서만 존립할 수 있고 기능할 수

5　下山三郎도 이와 같은 것을 강조한다. 『明治維新史硏究』, 380쪽 참조.

있었기 때문이다. 나는 마루야마 마사오, 이시다 다케시石田雄(1923~ ,정치학자), 가미시마 지로神島二郎(1918~1998, 정치학자, 정치사상사가), 후지다 쇼조藤田省三(1927~2003, 정치학자) 등의 연구에서 깊이 배우고 싶다. 그렇지만 민중의식의 내재적 파악에서 현저하게 다른 견해를 갖고 있기 때문에 또 일본사상사의 전체상에 대해서도 다른 구상을 가질 수 밖에 없다.

셋째로 민중의 전통적·일상적 세계에 밀착하면서, 그것을 뛰어 넘어 '토착적'인 사상형성의 가능성에 대해서 생각하고 싶다는 이른바 현대적인 관심을 가지고 있다. 사상형성이라는 것은 우리들의 현실인식 속에 모순과 균열과 고뇌로서 존재하고 있는 무언가를 도약판으로서 삼아 새로운 논리를 획득하는 것이라고 생각한다. 민중사상의 연구는 이미 과거의 것이 된 사상의 연구에 머무는 것이 아니라, 그 사상 속에 잉태해 있었던 모순과 균열과 고뇌를 매개로 해서, 새로운 사상형성의 가능성에 대해서 생각하는 것이기도 하다.[6] 그런데 근대일본에서 변혁적인 신사상은 구미 선진국에서 수입되었기 때문에 그것은 민중의식과는 단절된 일부 지식인의 사상이 되었고, 지식인의 내부에서도 전통과의 본격적인 대결을 거치지 않은 채로 섞이게 되었다. 예를 들어 중국이나 인도와 비교할 경우, 근대일본의 사상가들은 새로운 사상을 수용할 때 전통사상에 대한 집착이 매우 약했던 것이 아니었을까. 전통으로의 회귀가 안이하게 일어난 것도 수용할 때의 이러한 태도에 연유한다. 그렇지만 민중의 전통적·일상적인 세계에서의 내재적인 발굴과 대결이 결여된 사상은 어딘가 반드시 공허하고 무력하게 될 것이다. 그래서 민중의 전통적·일상적 세계에 다시 한 번 되돌아가 그 세계에 고집하면서 새로운 사상형성은 어떻게 가능한지를 고민해야 한다. 이러한 설문은 현대

---

6 이와 같은 문제의식을 사상사의 방법론으로서 정착하려고 하는 시도로서 鹿野政直, 『明治の思想』의 「序説」 및 동 『資本主義形成期の秩序意識』의 「問題と構想」 참조.

일본의 이데올로기 상황분석에도 불가결의 기준과 방법을 준비하는 것이며, 그 의미에서 이데올로기 투쟁을 위한 기초작업의 하나가 될 수 있다.

이상의 3개의 문제 중에 제1의 문제에 대해서는 제1장 '일본의 근대화와 민중사상'에서 일단 내 나름대로의 생각을 제시하였다. 그것은 근세 중·후기에서 메이지시대에 걸쳐서 광범위한 민중 사이에 수미일관한 자기규율을 수립하려는 동향이 생기고, 구체적으로는 근면, 검약, 정직, 효행 등의 실천을 지향하는 운동으로서 전개했다. 이와 같은 동향은 민중이 세계 전체에서 자기를 새롭게 발견하여 새롭게 의미를 부여하고 그것에 의해 자기변혁=자기혁신을 달성하는 과정임에 틀림없다. 세계와 자기와의 새로운 의미부여는 유교사상의 계보에 서서 현세적·주지적으로 행해지는 경우도 있는가 하면, 이시다 바이간이나 구로즈미 무네타다와 같이 우주와 자기가 일체가 되는 것 같은 약간 신비적인 체험을 매개로 하는 경우도 있다. 또 민중적 여러 종교와 같이 접신에 의해 이제까지 알려져 있지 않았던 더 없이 훌륭한 신의 소리를 듣는 것에 의한 경우도 있었다. 그러나 어느 경우에도 세계와 자기에 대한 새로운 의미부여와 거기에서 생긴 신성한 감동이 있고 그런 연유로 자기변혁=자기혁신이 촉발되어 거기에서 방대한 인간적 에너지가 분출했다.

이 책에서는 이 방대한 인간적 에너지의 분출이라는 점은 일단 입론立論의 전제로서 승인해 두고, 주로 그 행방을 추적해 보고 싶다. 그래서 우선 첫째로 근세 후기의 황폐한 마을들이 부흥해 가는 과정에 대해 이야기하고, 이러한 마을의 부흥과정에서 도태된 여러 규범이 근대일본의 사회질서의 기준원리가 되어 그 결과 근대일본의 일반민중이 통속도덕적 자기규율이라고 하는 사회통념 밖으로 나가는 것 자체가 거의 불가능했던 사정에 대해서 논하려고 한다. 둘째로 민중이 스스로의 자기규율을 토대로 이른바

인민적인 사회질서를 구상할 가능성에 대해서 생각하려고 한다. 이 점에 대해서는 막말 유신기의 요나오시世直し(세상을 바로잡음)적인 동향의 사상사적 의미를 중심으로 전개해 나가고자 한다.

1. 민중도덕과 이데올로기 지배

근세 후기에는 상상 이상으로 황폐해진 마을들이 각지에 존재해 있었다. 거기에는 극심한 빈곤과 계층분해, 급격한 가호수 감소, 마을 안팎으로 벌어지는 끊임없는 쟁의, 도박과 음주에 의한 풍속 파괴와 쇠퇴 등이 있었다. 이러한 마을에서는 사사키 준노스케佐々木潤之介(1929~2004, 일본근세사학자) 등이 말하는 요나오시 상황에 있었다고 생각되지만, 문제는 거기에서 어떠한 새로운 질서가 형성되고 있었던 것인가 하는 점이다.

이러한 마을들이 부흥하는 방책을 형식적으로 분류하면 다음의 3개로 대별할 수 있다. 첫째로 봉건적 착취의 제한→철폐. 여기에서는 봉건권력에 의한 직접 수탈 외에 다양한 형태로 봉건적 특권과 결합한 상업 고리대자본의 수탈도 포함해서 생각하고 있는데, 황폐한 마을이 생기는 직접적 계기로서 후자는 특히 중요했다. 둘째로 농업생산력 증대. 특히 그 중에서도 농업기술 개선과 새로운 상품작물 도입. 셋째로 근면, 검약, 인내 등의 새로운 생활태도 수립. 이 3개는 각기 생산관계, 생산력, 주체형성이라 할 수 있는데, 3자 중에 어느 것이 보다 더 중요하고, 보다 더 유효했다고 단정하는 것은 불가능하다. 이 3자는 보이는 것처럼 별개의 것이 아니라, 오히려 상호 연결되어 있었다. 예를 들어, 새로운 생활태도의 수립에 매개되어 새로운 농업기술의 적극적인 도입이 이루어지게 되지만, 다른 한편에서는 새로운 농업기술 도입에 의한 성과가 새로운 생활태도를 수립한 의의를 확신하는 데 작용하기 때문이다. 혹은 또 검약이나 분도(分度)라는 새로운 생활태도의 수립이 한편에서는 지배계급에 대해서도 같은 원리를 실천하도록 요구할 가능성이 있다. 동시에 다른 한편에서는 오히려 지배체제 아래에서 인종忍從을 설교하는 식이 되었다. 요컨대 3개의 방책은 복잡하게 서로 얽혀 있는데, 그 얽혀 있는 상황 속에서 근세 후기에서 메이지시대에 걸쳐서 이러한 황폐한 마을은 일단 재건되어, 그 중 몇 군데가 모범 마을이 되었다. 이들 모범 마을은 메이지 중기 이후에 전국에 선전되어 모범 마을의 의식형태는 근대일본사회 속에서 이데올로기적 정통성을 획득해 갔다. 비참하게 황폐한 마을에서 모범 마을이 된 사례는 무엇인가 자명한 정당성을 가진 전형으로 삼고, 그것을 모델로 하는 생활태도 수립을 사람들에게 요구한다. 그래서 거기에 특유한 이데올로기 체제가 구축되어 갔다.

그러면 일찍이 살풍경하게 황폐한 마을들이 어떻게 해서 부흥하여 모범 마을이 되었을까? 이 문제에 대해서는 메이지 후기에 모범 마을로서 유명해진 마을들, 예를 들어 스기야마杉山 마을이나 이나토리稻取 마을, 후루하시데루노리古橋暉兒 부자의 이나하시稻橋 마을, 히라오 자이슈平尾在修의 미야케三宅마을에 대해서는 상세한 실증연구가 필요하다. 그렇지만 지금의 나에게는 그에 대한 준비나 능력도 없으므로 스기야마 마을 중심으로 개관하겠다.

근세 후기의 스기야마 마을은 수전水田 혜택을 받지 못한 빈촌으로 "스기야마의 보리방아를 찧으면 '봉기리 봉기리'라는 소리가 난다"고 이야기될 정도였다.[7] 이 빈촌의 경제를 간신히 지탱하고 있던 산업은 나무에서 기름을 짜는 마타피아(남양유동南洋油桐)와 종이 만들기였지만, 콩기름이 외국에

7　이하 스기야마 마을에 대한 사실은 大日本報德社, 『杉山報德社紀要』에 의한다.

서 수입되자 마타피아의 수요가 격감해 스기야마 마을의 곤궁은 더욱 심해졌다. 그래서 나누시名主인 가타히라 노부아키片平信明는 마타피아를 대신해서 차茶를 도입하려고 했지만, 차를 심으면 사람이 죽는다는 미신이 있어 쉽게 보급되지 않았다. 그런데 다른 한편에서는 이러한 빈촌 중에서 마을사람들의 생활태도가 천박하고 경솔하여 점차 문란해졌다. 그 직접적 계기는 메이지유신 직후에 마을 내의 사원寺院에 두 채의 사족士族[8]이 붙어 살고 있었다. 그들이 거문고와 샤미센三味線[9] 등의 유희예술에 빠져 생활하고 있었는데 마을 사람들이 그것에 감화되었기 때문이었다고 한다. 게다가 1875~76년에는 차茶가격이 떨어져 차나무를 심으라고 말했던 노부아키의 입장이 곤란하게 되었다. 진퇴양난에 빠진 그는 피로와 고달픔을 달래기 위해 아타미熱海[10]로 휴양하러 갔는데, 거기서 후쿠즈미 마사에福住正兄(1824~1892)의 『부국첩경富国捷径(보덕 방법)』을 접하고 감격한 노부아키는 곧바로 마을로 돌아와 보덕사를 조직한다. 이 때가 1866년의 일이었다. 그 후 차가격이 폭등하여 스기야마 마을은 급속히 부흥해 간다. 1874~75년의 불황기에 시즈오카현에서는 곤민당, 빈민당, 마루야마교 등의 세력이 무엇보다 강한 지방이었지만 스기야마 마을에서는 동요없이 오히려 우지가미氏神(그 고장의 수호신─ 역자) 신사의 경내에 가쓰 가이슈勝海舟(1823~1899, 정치가)가 쓴 휘호에 의한 니노미야 손토쿠 비석을 50엔이나 투자해 만들고, 도로를 놓거나 불이 난 이웃 마을을 위해 기부금을 내기도 했다. 그리고 1890년경부터는 부유한 모범 마을로서 알려지게 되었고 마침내 모범 마을 가운데 모범 마을로서 전국에 선전되어 갔다.

---

8 메이지유신 이후 무사계급 출신자에게 주었던 명칭.(역자주)

9 일본 고유의 음악에 사용하는, 세 개의 줄이 있는 현악기.(역자주)

10 시즈오카현 이즈 반도 동안에 있는 유명한 관광 · 온천도시.(역자주)

겨우 10여 년 사이에 스기야마 마을이 극도의 빈촌에서 부유한 모범 마을이 되었던 것은 어째서일까？ 그것은 상품작물의 발전을 면밀하게 파악한 경제적 능력과 마을사람들의 생활태도를 근본부터 변혁시킨 보덕사운동의 교묘한 결합이었다고 말할 수 있을 것이다. 우선 경제적 측면에서 고찰해보면 차, 밀감, 죽순 등의 상품작물을 적절한 시기에 도입한 것이 결정적으로 중요했다.

　훗날 스기야마 마을은 밀감재배로 인해 부유한 마을로 유명해졌는데, 메이지 10년대의 스기야마 마을의 발전은 차의 재배와 결부되어 있었다. 밀감은 1830년대 무렵에 재배가 시작되었는데, 대규모로 재배하게 된 것은 1889년 에도와 오사카를 잇는 철도인 도카이도센東海道線의 개통에 의해 단번에 확대되고, 특히 1890년대 중반 이후였다. 그렇게 밀감재배는 그 후 급속히 발전했다. 삼림과 논은 밀감 밭으로 전환되어 1926년 이후의 쇼와기에는 그 독자적 판매조직이 1도道 33현県과 중국 각지는 물론 미국, 캐나다, 아르헨티나, 영국에까지 미칠 정도였다. 이와 같은 상품작물 재배의 발전은 적어도 그 초기에는 가타히라 노부아키의 지도에 의한 곳이 압도적이었다고 생각한다. 노부아키는 "토지에 적합한 작물재배를 찾아내야만 한다"고 말했는데, 차와 밀감도 가타히라가 선두에 서서 재배한 것이다. 차나 밀감은 심고 나서 곧바로 이익을 낼 수 없는 상품이므로 대규모 재배에는 전망과 계획성과 결단이 필요하고, 또 자금이나 그 동안 먹고 살 경제적 여력이 필요했다. 이러한 특성을 가진 사람은 지주와 호농인 노부아키만이 가능한 것이었다. 스기야마 마을이 급속히 부유하게 된 것은 차와 밀감이라는 토지에 적합한 상품작물을 적확하게 찾아내고 그 재배에 전력을 기울여서 재배기술과 판로개척에서도 무엇보다 선진적이었기 때문이다.

　스기야마 마을과 같은 모범 사례는 예외로 하더라도, 근세 후기에서 메이지시대에 걸친 민중적 사상운동은 농업생산력 발전의 선두에 서 있었다. 보덕사, 오하라 유가쿠, 후기국학은 품종개량이나 정조식 심기와 같은 농업기술의 전파에 커다란 공적이 있었다. 농촌부흥가로서 저명한 나카무라 나오조中村直三나 오카야마 도모키오岡山友淸(1789~1878)는 각각 심학이나 후지도不二道[11]의 열렬한 포교자였다. 또 후루하시 데루노리古橋暉兒(1813~1892, 호농, 노농)·요시자네義真(1850~1909, 민정가, 농업공로자) 부자는 양잠, 차 제조, 산림 경영에 의한 '부국개산富國開産'을 도모했는데 1888년에는 일찌기 농담회農談会를 만들었고 요시자네는 아이치현愛知県의 농회운동農会運動의 중심이 되어 간다.[12] 히라오 쟈이슈가 농담회를 만든 것도 1879, 80년경이며 1883년에는 '산전수절법散田受切法'을 만들어 소작미의 정액화와 지주의 토지몰수 금지를 결정하고, 다른 한편에서는 소작미의 품질이나 조정 및 가마니포장의 검사를 실시했다, 또 시험경작지를 만들어서 품종개량을 꾀하기도 했다. 그리고 그도 마침내 효고현의 농회農会 운동의 중심인물이 되어 갔다.[13] 일반적으로 노농형의 농촌부흥가들은 일반 농민보다도 넓은 시야와 경험을 지니고 새로운 작물이나 기술을 도입할 수 있을 만큼의 경제력과 계획성을 가지고, 그 위에 단련하여 형성된 진취적인 활동력을 갖고 있었기 때문에 농업생산력의 발전시기에 그들의 역할은 결정적으로 컸다.

마을사람들의 생활태도의 변혁에 대해서는 스기야마 마을의 사료史料에서 확인되지 않으므로 그저 일반적으로 말해둔다. 우선 와카모노구미의

---

11 일본의 종교인 고타니 산시(小谷三志, 1766~1841)가 막부 말기에 후지코(富士講)의 한 파인 '후지타카(不二孝=不二道)'를 서민에게 널리 알렸다. 에도시대, 남자에 대한 여자의 우위와 존중을 설파하고, 기록상 처음으로 후지산(富士山) 여인 등정을 실시한 종교 조직이다.(역자주)

12 芳賀登, 『明治維新の精神構造』, 国府種徳, 『古橋源六郎翁』 참조.

13 『但馬偉人平尾在修』에 의한다.

재편성에서 근세 후기에 와카모노구미는 모든 마을에서도 발언권을 강화하고 마을관리村役人(마을의 공무를 맡아보던 사람— 역자)의 통제로부터 이탈해 가는 경향이었다. 그들은 제례나 연극상연을 할 수 있는 실권을 가지고 있었고 마을 규정의 휴일을 요구하기도 했다. 마을관리 계층의 자제는 와카모노구미나 무스메구미에 참여하지 않는 경향이 강했던 것도 마을관리 계층의 통제를 곤란하게 했다. 예를 들어, 비젠노쿠니備前国 와케군和気郡에서는 제례, 기도, 기우제, 토공제土公祭[14] 등의 명목으로 와카모노구미가 제멋대로 휴일을 정하고, 그것을 마을단위로 거행하고 그것에 반대하는 사람은 '탐욕 불인정자'로 간주되어 앙갚음을 했다.[15] 히라오 자이슈는 와카모노구미의 배후에서 "성질이 나쁜, 오늘날 말로 표현하면 협객이나 불량배"와 같은 사람이 후견을 하고 있어 그들이 젊은이를 꾀어내서 촌락지배층에게 반항했던 것이라 여기고, 요구가 받아들여지지 않으면 야채나 종묘를 뽑아버리거나 문 앞에 하비下肥(인분뇨의 거름— 역자)를 뿌리거나, 통을 부쉬버리거나, 더 심한 일로는 마을관청이기도 한 쇼야의 집 처마 밑에 불쏘시개를 매달았다고 한다.[16] 그리고 히라오 자이슈가 미야케三宅 마을에 대한 통제력을 획득하는 것은 1869년에 와카모노구미의 쟁의에 교묘히 개입하여 그것을 재편성해 오나무지코大己貴講[17]를 만들고 나서였다. 또는 와카모노구미의 재편성에 이어서 이세코伊勢講(이세신군을 참배할 목적으로 모인 집회— 역자)를 비롯해 그 밖의 집회[講]를 없애고 국은회国恩會를 만들었다. 코講는 마을관리인(마을관리인)의 통제를 벗어난 마을사람들의 횡적 결합을 의미

---

14 음양도(陰陽道)에서 지내는 제사 중 하나. 토공신(土公神)이 있는 곳의 흙을 범할 때 음양사(陰陽師)를 초대하여 화를 가라앉히기 위해 지내는 제.(역자주)

15 柴田一,『近世豪農の思想と学問』, 186~187쪽.

16 『但馬偉人平尾在修』, 31, 37, 38쪽.

17 이즈모신화의 영웅으로 이즈모신사의 주신. 그 주신을 기리는 종교적 결사.(역자주)

한다. 예를 들어, 도키코齋講는 여자들이 자유롭게 며느리나 시어머니의 험담을 서로 하고 있었던 것인데, 국은회는 실어교實語教(서민을 위한 교훈을 중심으로 한 초등교과서─ 역자)나 동자교童子教(초등 교훈서)를 가르치고, 데지마 도안手島堵庵(1718~1786, 심학자)의 말을 외웠고, 교육칙어가 나오자 곧바로 그것을 도코노마床間[18]에 장식하는 것과 같은 자이슈에 의한 강력한 교화기관이었다. 스기야마 마을의 경우, 와카모노구미가 마을의 풍속에 어떠한 의미를 갖고 있었는지는 명확하지 않지만, 메이지 초기에 마을에 살기 시작한 사족들과 더불어 유희예술에 빠졌던 것은 그들이었다. 가타히라 노부아키는 이것에 대항해서 1869년에 청년을 위한 '야학교夜学校'를 만들고, 보덕사의 발족과 동시에 '스기야마 청년보덕학사'로 바꾸고, 1894년에는 '스기야마 농업보습학교'라고 했다. 1869년 설립의 '야학교'는 아직 약체였지만 나중에 2개는 스기야마 마을의 모든 청년들에게 의무가 되었다. 이 청년교육은 1893년에 문부대신이 된 이노우에 고와시井上毅(1844~1895)에게 주목받아 일본의 실업보습교육의 선구가 되었다. 야마자키 노부요시山崎延吉(1873~1954, 농정가·교육자, 중의원 의원)는 스가야마 마을에서는 "마을 풍속으로서 놀고먹는 청년은 안 된다"[19]고 말하고 있는데, 여기서는 근세적인 와카모노구미가 늦어도 1880년대에는 완전히 붕괴하고, 보덕사의 도덕주의적 교육과 농업기술교육이 철저하게 시행되었다. 일반적으로 와카모노구미의 통제는 18세기말부터 각지에서 중요 문제가 되었지만, 그것이 청년단에 편성되는 것은 1898년 이후의 일이다. 그렇기 때문에 스기야마 마을과 미야케 마을의 사례는 매우 빠르고, 또 철저한 것이었다. 그리고 이러한 와카모노구미의 재편성은 모범 마을 성립의 불가결의 조건이었다.

---

18 방의 상좌에 바닥을 한층 높게 만들어 족자를 걸거나 화병을 두는 공간.(역자주)
19 山崎延吉,『農村自治の研究』, 403쪽.

앞에서 말한 와카모노구미의 문제 외에도 모범 마을에서는 옛 촌락공동체의 습관이 크게 변혁되어 갔다. 봉오도리, 연극 교겐, 샤미센 등의 유희예술의 제한과 금지, 의복과 축의에 대한 엄격한 검약, 휴일 제한과 일찍 일어나기와 야간작업 등의 근로규정, 방위나 일진 등의 미신 부정이 많은 마을에서 시행되었다. 모범 마을에서는 샤미센 노랫소리가 사라져 "흡사 상중인 것 같았다"[20]고 일컬어지기도 했지만, 민요의 보고宝庫라 불리고 있던 아이치현愛知県 기타시다라군北設楽郡에서도 후루하시 데루노리古橋暉兒 부자의 이나하시 마을稻橋村만은 지금도 민요의 전승이 주변 마을과 비교해서 각별히 적다고 한다.[21] 미신 부정에 대해서는 오하라 유가쿠의 문하생들이 불멸佛滅(석가모니가 죽은 날─역자)이나 삼린망三隣亡[22]과 같은 안 좋은 날에도 공적 행사나 혼례를 했기 때문에 장인職人들로부터 '성학일性学日'이라 불리면서 즐거워했다[23]는 사례를 들어두겠다. 후루하시 요시자네古橋義真가 강도 높은 '근무휴식 시간표'를 만들어 마을사람들에게 근로를 권했지만,[24] 이시카와 리키노스케石川理紀之助((1845~1915, 노농)가 아침마다 나무판을 두들겨 마을사람들을 깨우는 일[25]도 눈길을 끈다. 스기야마 마을에서도 보덕사 결사에 의해 마을사람의 생활습관이 변혁되고 새로운 노동습관이 형성되었던 것 같다. 다음과 같은 흥미로운 에피소드가 전해지고 있다. 즉 가타히라 노부아키는 보덕사의 선종금善種金(선행을 위한 기금─역자)을 갹출할 수 있도록 하기 위

---

20 鹿野正直, 「戦後経営と農村教育」(『思想』 1967년 11호), 58쪽.

21 藤井知昭의 교시에 의한다.

22 이 날에 건축을 하면 불이 나서 세 이웃을 망친다하여 꺼리는 날.(역자주)

23 越川春樹, 『大原幽学研究』, 213~214쪽.

24 『古橋源六郎翁』, 83~84쪽.

25 児玉庄太郎, 『偉人石川翁の事業と言行』, 91쪽. 돗토리현(鳥取県) 미노베군(美濃部郡) 토요다 마을(豊田村)에서도 지주 사이토(斎藤) 집에서 오전 4시에 판을 두들기고, 그것에 의해 마을 전체가 기상했다. (山崎, 『農村自治の研究』, 556쪽).

해 가타히라 집안에서 일하는 마을사람의 임금을 50퍼센트 할증했다. 그러자 마을사람은 "50퍼센트 할증된 일당으로 평상시의 일을 한 것이라면 주인님에게 미안하다"고 생각해 이전보다 높은 노동능률을 올렸으므로 가타히라 집안에서는 오히려 이익이 되었다. 그리고 이 능률본위의 노동습관이 자연스럽게 한 마을의 풍속이 되고, 오늘날에도 스기야마 마을사람의 노동능률은 매우 높다고 한다. 이 이야기의 진위를 확인할 수 있는 방법은 없지만, 보덕사원이 "언뜻 보고 보덕사원다움을 변별하게 하는"[26] 것이라 설명하고 있듯이 새로운 생활규율이 성립하고 있었던 것은 사실인 것 같다.

그런데 스기야마 마을은 1887년 이후 모범 마을로 전국으로 선전되었는데 그 직접적 계기를 만든 것은 이노우에 고와시井上毅였다. 1890년에 오키쓰興津에서 휴양하고 있던 이노우에는 산책 도중에 이하라庵原 마을을 지나가다 그곳의 농가가 모두 기와지붕이며 도로도 잘 닦여 있어 부유하게 보였다. 그러면서 마을사람들도 특별히 근면할 것처럼 여겨졌다. 호기심이 강한 이노우에는 그것이 보덕사운동의 영향인 것을 알고 감명을 받았고, 보덕사운동의 의의에 대해 새로운 인식을 갖게 되었다. 스기야마 마을은 그후 급속히 유명해져 전국에서 시찰자가 찾아오게 되었다. 1895년에 이즈이나토리伊豆稲取 마을의 다무라 마타키치田村又吉(1842~1912)가 찾아왔는데, 다무라는 가타히라 노부아키로부터 깊은 감명을 받고 돌아갔다. 말할 것도 없이 이나토리 마을은 메이지시대의 모범 마을의 전형이지만 하나의 모범 마을이 새로운 모범 마을의 모델이 되어가는 것을 볼 수 있다. 메이지 말기에 스기야마 마을은 전국에 알려지게 되었고, 1912년에는 『도카이의 이상향 스기야마 마을의 참관기東海の理想郷杉山村の参観記』가 출판되고, 1924년에는

---

[26]　丸山熊男, 『静岡県報徳社事蹟』, 26쪽.

당시의 수상 가토 다카아키加藤高明(1860~1926)가 내방할 정도가 되었다.

이와 같은 모범 마을은 근대일본의 사회체제를 밑바닥부터 안정화시키고 보수적인 지배체제의 기반을 이루는 것이었다. 그렇기 때문에 지도자인 오카다 료이치로, 가타히라 노부아키, 후루하시 요시자네 등은 한 시기의 오카다를 빼고 이들은 보수적인 국가주의자였다. 예를 들면, 가타히라 노부아키는 야마오카 뎃슈山岡鉄船(1836~1888), 시나가와 야지로品川彌二郎(1843~1900)와 친교가 있으며, 후루하시 요시자네는 민권기에는 제정당帝政黨에, 1888년 이후에는 국민협회에 관계하고 있었고, 그도 또한 시나가와 야지로品川彌二郎(1843~1900)와 친교가 있고, 구가 미노루陸實(1857~1907), 시가 시게타카志賀重昻(1863~1927, 지리학자, 평론가)와 같은 일본주의자와도 교류하였다. 또 그는 빈민당과 곤민당의 봉기에 깊이 마음을 아파하고 있었던 1885년에 부국강병을 이유로 지조경감에 반대했으며, 러일전쟁 후의 증세안에는 적극적으로 찬성했다.[27] 가타히라 노부아키도 1890년 무렵에 지조경감에 반대했다. 모범 마을에 대한 기술에는 조세 체납이 없거나 지주와 소작인 관계의 원활함이 자주 거론되고 있는데, 거기에는 모범 마을의 사회적 역할이 잘 표현되고 있다고 할 수 있다.

1905년경에는 권력 측에서 다양한 '관제국민운동'을 전개하여 국민의 조직화가 추진되었다.[28] 그것은 마을 자체의 운영방침町村是 설정, 청년단, 재향군인회 그 밖의 여러 단체 결성, 농회나 산업조합의 설립, 보덕사운동 등이 주요내용이었다. 이러한 운동 중에서 스기야마 마을이나 이나하시 마을은 모범 마을로서 전국에 선전되어 갔다. 그리고 소수의 사례라고 할지

---

27 『古橋源六郎翁』, 221쪽, 부록 23쪽.

28 鹿野正直, 「明治後期における国民組織化の過程」(『史観』 제69책, 나중에 『資本主義形成期の秩序意識』 第3章 1 참조).

라도 이러한 모범 마을이 처절한 빈곤 속에서 성립한 것은 폭넓은 민중에게 반박하기 어려운 사례를 제시하는 것이었다. 이러한 실제 사례가 반복하여 선전되자 거기에 빈부와 행불행은 통속도덕적 자기규율의 유무에 달려있다는 허울이 생겨나고 그것이 점차로 보편화해 갔다. 근세 후기의 황폐한 마을은 객관적으로 보면 사사키 등이 말하는 요나오시 상황이었겠지만 요나오시를 갈구하는 민중 쪽은 무엇인가 일관성 있는 질서원리를 제시하는 것이 매우 곤란했다. 이것에 대해 촌락지배자 쪽은 통속도덕이라는 나름대로 일관된 논리와 세계관을 지니고 일반 민중을 대하고 있었고, 그런 연유로 객관적으로는 요나오시 상황에 있는 민중에게 통속도덕에 대해 순서를 세워 조리 있게 반박하기 어려운 정당성을 지닌 것으로 보였을 것이다. 통속도덕의 유효성은 그것을 엄격히 실천하면 자신만은 어떻게든 상승가능하다는 것이다. 그 상승 가능성은 기껏 마을 내의 소지주나 상층 자작농에 지나지 않는다 해도, 그 상승에 의해 빈부의 서열은 끊임없이 도덕적 서열이 되어가고, 몰락하지 않고 상승하려는 사람들의 인간적인 모든 것을 내건 노력이, 끊임없이 통속도덕적 질서원리의 그물망에 걸려 그 속에 갇혀 갔다. 그 결과 빈부를 만들어낸 객관적인 구조는 없어지고, 가난으로 불행한 인간은 부와 행복의 차원에서 패배해 동시에 도덕 차원에서도 패배하게 되고, 무력감과 체념, 시니시즘(견유주의적 냉소)이 사회 저변부에서 쌓이게 된다. 이러한 경향은 이미 근세 후기에도 존재하고 있었지만 1890년 이후에는 통속도덕적 질서원리가 수신교육修身教育[29]이나 '관제국민운

---

29 제2차 세계대전 전, 근대일본의 초·중학교에서 수신과(修身科)를 중심으로 행해진 도덕교육. 충효인의(忠孝仁義) 등 유교적 도덕에 입각한 수신과가 1880년 초등학교에 설치되었고, 1890년 교육칙어(教育勅語) 발포로 충군애국(忠君愛国)을 축으로 하는 가족국가관이 그 이념이 되었다. 1903년 교과서 국정화 이후 그 내용은 한층 획일화되었다. 1901년 중학교에도 수신과를 설치. 수신교육은 국민교육의 핵심으로 천황제 국가주의의 정신적 지주를 형성했다. 1945년 12월 점령군의 지령에 따라 폐지되었다.(역자주)

동'에 의해 반복적으로 되풀이하며 선전되어 가자, 점차로 그것은 이전의 의기왕성한 민중의 사상형성의 무대에서 격리되어 일련의 기만적인 덕목이 되어 간다. 그렇게 되자 통속도덕은 민중의 생활을 제약하고 있는 다양한 조건을 무시하고 은폐하는 비인간적인 강제가 되고, 강력하고 보편성을 가진 허위의식(이데올로기)의 체계가 성립한다. 따라서 민중사상의 의기왕성한 가능성과 휴머니티는 상실할 수 밖에 없었다. 초기의 덴리교나 마루야마교 등에 포함되어 있었던 요나오시적 측면도 필연적으로 상실하게 되고, 이러한 종교도 근대일본의 질서원리에 입각하여 순종의 길을 따르게 되었다. 또 민중적 사상운동은 새로운 농업기술 도입의 선두에 서 있었지만, 이러한 성격도 잃어 갔다. 예를 들어, 보덕사는 예전에는 농업기술의 가장 선진적인 부분을 담당하고, 또 민중의 자주적 저축운동이기도 했지만, 이러한 측면을 점차로 농회나 산업조합에 빼앗기고, 정신운동으로서의 성격을 강화한다. 『니노미야옹 야화二宮翁夜話』에 보이는 것과 같은 니노미야 손토쿠 사상의 독자적 진보성도 잃어버렸다.

특히 중요한 것은 이전의 민중사상이 갖고 있었던 민중의 내면적 자발성에 대한 호소력을 이러한 변화 속에서 상실한 것이 아닐까. 예를 들어, 일찍이 오하라 유가쿠, 아구이 요시미치, 심학교사나 후지코의 선배 등은 그저 자신의 교묘한 설득력과 감화능력에만 의존한 사람들로 마음의 문제에 관해서는 특별한 사람들이었다. 고로나 세켄시의 전통을 이어받은 그들은 웃기는 일이나 울리는 일도 자유자재로 구사하는 화술과 불가사의한 인격적 매력을 가진 사람들이며, 민중의 괴로움과 슬픔의 진정한 의미는 무엇인지를 적확하게 통찰할 수 있었다. 이러한 전통은 이미 잃어버린 것이 아니라, 예를 들어, 민간의 종교운동에서는 쭉 지속되어 갔는데 '관제 국민운동'에서는 계승될 리가 없었다. 예를 들어, 메이지 말기(1900년 이후)의 권력

측에서 주장한 교화운동을 대표하는 저서인 이노우에 데쓰지로井上哲次郎 (1856~1944, 철학자)의『국민도덕개론国民道德概論』에는 '국민도덕'이란 무엇보 다도 국체, 국가신도, 무사도와 결부된 '충효일본忠孝一本(충과 효의 근본은 하나라 는 도덕설. 근세 후기, 미토학파가 설파한 것— 역자)'이라는 것이며, 민중의식의 현실이 나 그 역사적 변천에 대해서는 어떠한 통찰력도 갖고 있지 않았다. 청년단 운동을 전개하여 산업개량이나 그것을 위한 조사연구를 주안으로 한 자주 적인 것부터 도덕적 교화를 중심으로 한 수동적인 것으로 급속히 변해 갔 다.[30] 그리고 이러한 허위의식의 체계(이데올로기 체계)가 한번 성립하면, 다양 한 문제가 그 허위의식에 의해 처리되어 갔다. 이 시점에서 중요한 것은, 예 를 들어, 사회체제 전체에 관련된 문제는 원래부터 이러한 통속도덕으로는 처리할 수 없는 성질의 것인데, 그러한 문제까지 그 허위의식에 의해 억지 로 처리해 간다는 것이다. 통속도덕은 개인과 그것을 둘러싼 소공동체 속에 서는 사람들의 생활태도를 근본에서부터 변혁하는 것에 의해 매우 거대한 에너지를 발휘할 수 있는 것이며, 그 점에서 민중적인 여러 사상이 종종 말 한 바와 같이, 인간의 마음에는 무한한 가능성이 감추어져 있는데, 소공동 체 밖에서는 개인의 인격적 힘은 신통력을 잃는다. 그렇지만 이러한 통속 도덕이 자명한 사회통념으로서 보편화되어 가면, 어떠한 문제라도 그 통념 을 통해서 처리할 수 있을 것 같은 환상이 성립한다. 그렇게 되면 이전의 민 중생활의 실태에 적응해 있었던 인간다운 성격은 상실되고 기만적, 위선적, 독선적인 것으로 바뀐다. 거기서는 또 도덕적 실천을 자기목적으로 하는 태 도가 강화되고, 상황이나 프로세스의 리얼한 분석은 모두 폐기된다. 이 허 위의식은 메이지 중기에서 후기에 걸쳐서 농촌을 기반으로 더욱 일반화되

---

30 鹿野, 앞과 동일, 책 470쪽 이하.

어 갔지만 상인, 기술자, 노동자 등의 의식도 그 큰 틀에서 벗어난 것이 아니었다. 예를 들어, 일본 최초의 노동조합의 하나가 수양단체修養団体[31]로 착각하기 쉬운 '교정회矯正會'라 명명되고, 그 목적도 "직무면려職務勉励(직무에 열심히 힘쓰다)는 물론 온후독실温厚篤実(성격이 온화하고 착실함), 품행방정品行方正(품성과 행실이 바르고 단정함– 역자)으로 하여 조금도 거친 거동이 있어서는 안 될 것"이라 규정한 일[32] 혹은 1914년에 우애회友愛會가 그 회원에게 근면, 충실, 성의, 신용, 보은, 동정, 절약검소, 위생, 반성, 쾌활 등으로 구성된 '매일의 마음가짐 10개조'를 제시한 것은[33] 이제까지 말한 바와 같은 사정을 배경으로 한 것이리라. 우애회의 10개조 중에 위생이나 쾌활은 약간 근대시민사회적인 의식이지만, 그것 이외는 통속도덕형의 것이라 말해도 좋다. 메이지시대의 노동자는 슬럼가의 빈민이라고 인식하여 장인(기술자)층보다도 한층 더 하층민이라 여겼기 때문에 그들 자신이 근대사회가 공인하는 자기규율을 이미 실현하고 있다는 것이 그들의 사회적인 자기주장의 전제라고 의식되어졌던 것이다.[34]

노동자 계급조차 이 허위의식의 기만성을 간파하는 것이 곤란했다면, 그 기만성을 간파하기 위해서는 어떠한 안목이 필요했을까? 하나의 가능성은 후쿠자와 유키치福沢諭吉[35], 다케코시 산사竹越三叉(1865-1950, 역사학자, 정치

---

31 1906년 도쿄사범학교 학생인 하스누마 몬조(1882~1980)에 의해 창설된 교화단체. 천황제의 찬송과 사회 협조, 근검노력을 설파하고, 〈유한단련(流汗鍛錬), 동포상애(同胞相愛)〉가 슬로건이었다.(역자주)

32 隅谷三喜男, 『大日本帝国の試練』, 115쪽에 의한다.

33 『近代日本思想史講座』 5巻, 190쪽에 의한다.

34 隅谷三喜男, 「社会運動の発生と社会思想」(『岩波講座日本歴史』 18), 158~159쪽. 동 『大日本帝国の試練』, 113~115쪽.

35 계몽 사상가(1835~1901). 봉건시대의 타파와 서구 문명의 도입을 주장하였다. 특히 자연과학과 국민계몽의 중요성을 강조하여 일본이 근대로 나아가는 데 큰 역할을 하였다. 언론인이자 저술가로서도 유명하며 그의 대표저작 『학문의 권장』, 『문명론의 개략』 등은 당대를 대표하는 베스트셀러가 되어 사회적으로 큰 영향을 끼쳤다.(역자주)

가), 가야바라 가잔茅原華山(1870-1952, 평론가, 저널리스트) 등의 방향이다. 예를 들어, 후쿠자와나 다케코시는 근검역행주의를 비판하면서 그것은 절검節儉이라고 하기보다는 과검過儉이라고 여겼다. 좀 더 합리적인 생활을 즐길 여유가 있는 '근면사치勤奢'가 동시에 행하여지는 시민적 생활이 그들의 이상이었다.[36] 그렇지만 이 비판은 부르주아적·시민적 생활을 영위할 수 있는 여유 있는 소수자 입장에서의 이야기일 것이다. 별도의 가능성은 메이지의 사회현실 속에서 통속도덕형의 의식이 끊임없이 위선적인 것으로 바뀌는 것을 민감하게 체감하는 방향으로 많은 문학자들의 모티브가 있었다고 생각한다. 제3의 가능성은 성실하게 열심히 살아가려는 저변에 있는 민중의 입장이다. 성실하게 열심히 도덕적 실천을 거듭해도, 반대로 그런 연유로 오히려 몰락해 간다면, 현실의 여러 관계들은 도덕이란 이름을 빌린 체계임을 간파할 수 있다. 이 세계의 모든 것을 '악의 세계'나 '짐승의 세계'라고 규탄한 오모토교의 입장이 그것이다. 그러나 이와 같은 비판도 강인한 통속도덕적 자기규율을 감행하면 자신만은 어떻게 해서도 상승가능하다는 특유의 사정이 있기 때문에 국민적 규모로는 성립하기 어렵다.

이리해서 비판논리가 발전할 수 있는 몇 가지 가능성은 있지만, 그것들은 근대일본의 사회구성 속에서는 특수한 것으로서 소외된 입장에 있는 소수자의 입장에서만 생기는 것이었다. 그렇기 때문에 전체로서 볼 경우에는 이제까지 서술한 바와 같은 허위의식의 지배 하에서는 빈부를 발생시키는 객관적 구조는 찾아볼 수 없게 되고, 현실의 경제적·사회적인 질서는 끊임없이 도덕적·인격적인 질서라고 의식되어 간다. 그 결과 경제적·사회적인 계층성은 사실상 도덕적·인격적인 계층성에 근거를 갖고 있는 것과 같은

36　神島二郎, 『近代日本の精神構造』, 121~122쪽.

전도된 환상이 보편화되어 간다. 이 상황에서 가난한 사람들은 경제적인 열패자劣敗者(남보다 못하여 경쟁에서 진 사람— 역자)일 뿐만 아니라 정신적인 열패자이기도 하다. 이리하여 전술했듯이 인간답게 살려고 하는 많은 사람들의 전인격적인 노력은 경제적인 패배와 더불어 무력감이나 체념관망이나 시니시즘이 되어 사회 저변부가 대량으로 울적鬱積해진다. 이에 그치지 않고 빈곤과 불행은 스스로의 죄 때문이라는 죄장관罪障觀(불교용어, 왕생 성불에 방해가 되는 나쁜 행위— 역자)마저 형성되었다. 그러한 실례로서 일본자본주의의 원시적 축적과정의 최저변에 있었던 치쿠호筑豊의 탄광노동자의 '하죄인下罪人(메이지시대의 밑바닥 노동자층— 역자)' 의식이 주목된다. 문학가 우에노 에이신上野英信(1923~1987, 기록문학작가)은 '하죄인' 의식이 탄광지역에서 여성이 석탄바구니를 끄는 가혹한 노동인 스라비키スラ曳き와 결부되어 있다고 말하면서 "가라쓰唐津 하죄인이 바구니를 끄는 모습 / 에도의 화가도 끝내 그려내지 못했다", "기차는 채굴한 석탄을 끈다 / 뒷간 구더기는 꼬리를 끈다", "냇가의 하죄인下罪人은 석탄바구니를 끈다", "부모의 인과가 자식에게까지 대갚음하고 / 기나긴 길에서 석탄바구니를 끈다" 등의 가요를 소개하고 있다.[37] 결국 석탄 바구니를 끄는 노동자들은 "스스로를 '하죄인'이라고 규정하고 이 굴욕적인 노역을 받아들이는 길밖에 없었다."[38] 그들은 스스로를 경제세계뿐만 아니라 정신세계에서도 열패자라고 규정하는 것으로 자기를 인식했다.

정신세계에서도 스스로를 소외하는 것과 같은 의식형태는 제사나 방적 여공들에게도 보였다. '들어서 극락, 보아서 지옥'[39]이라 일컬어지고, 기류

---

37 上野英信, 『地の底の笑い話』, 12쪽.

38 앞과 동일.

39 橫山源之助, 『日本の下層社會』(岩波文庫版), 149쪽. 그리고 농촌의 사례로서 호쿠리쿠(北陸)에서는 머슴이 휴일을 끝내고 주인집으로 돌아올 때를 "귀신의 손에 되돌아 간다"고 말했다고 한다. (같은 책, 272쪽).

우·아시카가桐生·足利 지방에서는 "몸을 공순이(공장에서 일하는 여공) 무리에 들여놓는 것을 윤락녀와 같은 타락의 경지로 빠진 여자로 여긴다"[40]라고 일컬어졌다. "공장은 지옥이요, 주임은 귀신 / 돌아가는 운전 화차"라는 노래도 그녀들을 비판적으로 표현했지만 조금만 생각해보면 과연 그럴까? 그녀들 자신이 "제사 여공이 인간이 되면 / 잠자리와 나비도 새의 종류"[41], "가야加悅의 골짜기라고 누가 말했나요 / 지옥 골짜기에 가보아도 햇빛도 비치지 않는다"[42]고 스스로를 전인격적으로 소외한 것이며 "공장은 지옥이요⋯ "도 그러한 완벽한 소외의식의 표현이 아니었을까? 그녀들이 어느 정도 스스로에게 깊이 상처를 받고 소외당하고 있었는지는 『여공애사女工哀史(일본 산업화 시기의 여공들의 비참한 생활을 묘사한 책─역자)』의 1절 「여공의 심리」를 보면 충분히 알 수 있다. 거기에는 예를 들어 다음과 같이 쓰여 있다.

> 그녀들은 또 대체로 밝은 곳을 선호하지 않고, 어두컴컴한 곳을 선호하는 경향이 있다. ⋯그녀들은 단팥죽을 먹는다고 하더라도 아사쿠사淺草 부근의 밝은 가게에는 좀처럼 들어가지 않고, 먹고 싶은 것을 참고 혼조本所의 어두운 가게까지 일부러 돌아간다.
> 그리고 또 그녀들은 현금으로 물건을 사는 경우, 가격표도 없는 곳에서 비교적 저렴하게 해결한다. 선택이 자유로운 백화점에 가지 않고, 대개 시장 끝의 작은 옷가게에서 대충 구매한다. 사러 갈 시간이 없는 것도 아닐텐데 "미쓰코시에 갈까?" 이렇게 말하며 권유해도, 가겠다고 대답하는 여공은 100명 중 한 사람도 없다.
> ⋯ 그녀들은 아무래도 새로운 요리를 싫어하는 경향이 있다. ⋯
> 그리고 또 여공은 사람을 매우 무서워한다. ⋯

---

40 앞과 동일, 150쪽.

41 高群逸枝, 『女性の歴史』Ⅱ, 『高群逸枝全集』 5巻, 833쪽에 의한다.

42 細井和喜藏, 『女工哀史』(岩波文庫版), 355쪽.

여공은 모든 몸치장을 매우 수수하게 한다. …그럼으로써 매우 늙어 보인
다. 외견만으로 평균 10살 정도는 늙어 보인다.[43]

이와 같은 소외된 의식을 가진 여공들이 적극적인 근로의욕이 결여되어
있는 것,[44] 한 직장에 정착기간이 현저하게 짧았던 것, '여자의 요바이'라고
불릴 정도로 성도덕이 붕괴되고 있었던 것[45]은 당연한 일이었다. 그러나 내
가 특히 주목하고 싶은 것은 빈곤이라는 현실에서 이러한 소외의식 하에서
변혁적 의식이 성장하기 어려울 것이라는 점이다. 물론 그 경우에도 불만
폭발과 같은 것이 있을 수 있다. 그러나 진정한 변혁적 의식은 무언가의 의
미로 스스로의 내면적인 것에 대한 신념이나 자랑스러움에 기초된 것이어
야 하는데, 그러한 신념이나 자랑스러움이 생기기 어려운 구조로 되어 있
다. 게다가 그녀들이 이러한 소외된 의식을 극복한다면 그것은 거의 필연
적으로 착실하고 충실하게 일해서 아담한 가정을 갖는 것과 같은 형태의
것이고, 착실히 노력하면 노력할수록 통속도덕적 가치체계의 그물망에 사
로잡혀 갔을 것이다.

2. 민중의 도덕과 민중의 질서

지금까지 서술한 바와 같이 일반적으로 말하면, 통속도덕적 자기규율
의 진지한 실천은 현존의 지배체제 내부에서 조그마한 상승을 가능하게 해
서 지배체제를 아래에서 지탱하는 역할을 하고, 사회체제의 비합리적인 장

---

43 앞과 동일, 288~290쪽.

44 横山, 『日本の下層社会』, 165~166쪽.

45 앞과 동일, 책 109쪽에 흥미 깊은 사례가 서술되어 있다.

치(계략)를 보기 어렵게 한다. 오히려 통속도덕을 가르치는 사상가는 현존의 지배체제를 자진해서 매우 경사스럽게 찬미하는 경우가 많다. 예를 들어, 오하라 유가쿠가 '지금은 천하태평의 고마운 세상'이라고 반복해서 말하고 있는 것은 필시 진심이다. 그는 에도로 가는 도중에 덴포기근天保饑饉 (1833~1837년까지 최대 규모였던 기근─역자)의 참상을 자세하게 보았을 때 조차도, 에도의 다이묘大名 저택에 대해서 "아름다운 경치라고 말하지 않을 수 없다", "참으로 천인天人(천계에 살고 있는 중생─역자)이 사는 집이라며 기이하게 생각할 뿐"[46]이라고 감탄하는 것에는 야유의 그림자조차 없다. 다이묘 저택과 에도성江戸城과 닛코 동조궁日光東照宮[47]이 화려하게 건축되어 있는 것을 보아도 그것을 착취의 결과라고 생각하고 거기에 농촌 빈곤의 원인을 찾는 시각은 오하라 유가쿠에게는 전혀 없었다. 그것들의 화려함은 이 세상의 근사함이나 위대함의 표현이라고 의식되어 오히려 현존의 질서에 대한 은혜와 신뢰감을 심화시키고 있다. 사회체제만이 아닌 자연도 완전히 은혜와 신뢰감을 갖고 바라보았다. 예를 들어, 니노미야 손토쿠는 생산노동의 의의를 적극적으로 평가한 사상가로서 중요한데, 그 전제로서 자연은 한없이 은혜롭고 풍요롭기 때문에 노력만 하면 무한한 부를 얻을 수 있다는 농본주의적 세계관을 갖고 있었다. 그런 의미에서 예를 들면, "하늘에 떠있는 해의 은혜로 쌓아 놓은 무진장, 괭이로 파고 낫으로 거둬들이라"고 말한 것이 그것이다. 막부 말기의 대외문제조차 이런 입장에 서있었기 때문에 매우 낙관적으로 인식해 천지의 중화에 위치하여 '기름지고 비옥한 토양, 오곡 풍성하게 수확'하는 일본은 '궁핍하고 불모'한 외국의 교역요구를 허용

---

46 「性学日記」, 千葉県教育会 編, 『大原幽学全集』, 469쪽.

47 일본을 통일하고 에도막부(江戸幕府) 시대를 연 도쿠가와 이에야스(德川家康)의 사당 (신사)이다.(역자주)

해서, 그 '벼'를 "해마다 큰 배에 실어 불모의 땅에 베풀면 바로 그 통쾌함이란 이루 말할 것이 없다"고 여길 정도였다.[48] 농본주의적 시야에서 일본은 한없이 풍요롭기 때문에 외국교역도 두려워할 것 없다. 이와 같이 사람들을 둘러싼 자연과 사회는 은혜와 편안을 부여해 주는 곳으로 근본적으로 조화로우며 은혜롭고 신뢰할 수 있는 존재로 의식되었던 것이다. 그 때문에 인간을 둘러싸고 있는 자연이나 사회체제의 변혁에 의해 사람들의 행복을 실현하려는 목표를 향하기는 어려웠다. 그리고 도덕적 실천에 의해 어느 정도의 사회적 지위 상승이 가능하기 때문에 이러한 조화적·은혜적·신뢰적인 세계관은 깨지기 어려웠다.

그렇지만 다른 한편에서는 통속도덕적 자기규율이 실천되는 실천의 장에서 구체적으로 생각해 보면, 그것이 변혁적인 의식으로 바뀔 가능성도 쉽게 파악할 수 있다고 생각한다. 예를 들어, 이시다 바이간이나 오하라 유가쿠 등은 스스로는 사상과 교육의 전문가이며, 그 생활도 문하생들에 의지하고 있기 때문에 그 범위에서는 봉건권력이나 상업 고리대자본과 직접적인 교섭을 갖지 않아도 된다. 그렇지만 그들의 교화를 받는 호농이나 일반민중은 일상생활 속에서 끊임없이 권력지배의 말단이나 상업 고리대자본과 접촉하고 고통 받거나 속고 있었다. 그렇기 때문에 표면적으로는 권력자를 공경하고 복종하도록 교육받고 있었다고 해도, 가혹하고 부정하고 사치에 빠져있는 마을관리들이나 고리대를 볼 때마다 감추어진 분노가 마음 속 깊이 축적되어 가고, 스스로 수용하고 있는 도덕률을 기준으로 비판적인 눈으로 지배계급을 보게 된다. 지배계급이 가르치는 도덕을 표면적으로 받아들여 진지한 자기규율을 실천하고 있으면 있을수록 그 도덕률을

---

48 「報德外記」,『日本倫理彙編』10卷, 436쪽.

앞세운 지배계급에 대한 비판은 엄격한 것이 된다. 나는 근세에서 메이지 시대에 걸친 민중투쟁을 지탱하는 논리는 이러한 도덕주의였다고 생각한다. 여기에서는 잇키一揆(농민봉기)나 우치코와시打壞し(약탈소동)에 대해서 포괄적으로 서술하기는 불가능하다. 그러나 근세 후기의 대형 잇키나 우치코와시는 다양한 형태로 상품경제의 발전과 결합한 새로운 착취가 상업 고리대자본을 매개로 해서 교묘히 그리고 가혹하게 이루어진 경우에 일어난 경우가 압도적으로 많았다. 그래서 잇키나 우치코와시에 궐기한 민중 쪽은 간사하고 아첨을 잘 하는 사악한 관리와 상업 고리대자본을 향해서 그들의 '사욕'을 공격한다는 논리가 성립한다. 이러한 사례는 너무 많다고 생각한다. 예를 들어, 1866년 무쓰노쿠니陸奥国 신타쓰信達 지방의 요나오시世直し(세상을 바로잡음— 역자)잇키에서는 관리와 결탁한 특권상인들은 '농민의 기름을 교묘하게 가로채려 하는 자'이며 고리대는 "못자리에 사는 거머리와 같은 놈이다. 그 이유는 곤궁한 사람의 정강이에 달라붙어 생피를 빨아 먹는 것과 같다", "부자는 구애됨 없이 자유자재로 무슨 일이든 도리에 어긋난 소송사건[公事沙汰]도 돈을 들여 이기고, 그 행동거지는 갈 곳을 모른다"[49]는 말과 같이 최고의 격한 말로 비난받았고, "원한과 분노는 그의 고기를 먹으려고 주야로 이 일에만 간난신고艱難辛苦(몹시 힘든 고생— 역자)를 한다"[50]고 할 정도였다. 이것에 대해 이 잇키의 경우에 '요나오시 하치로 다이묘진世直し八郎大明神'이라 불린 간노 하치로菅野八郎(1810~1888, 민중사상가) 쪽은 통속화된 유교도덕을 실천적으로 받아들여 비판논리로서 달리하고 있었다. 그는 인의예지신仁義禮智信의 오상五常을 믿음信을 중심으로 파악하고 있는데, 이것은 대인관계에서 진심을 다하는 것을 의미하며, 형식이나 전통보다도

---

49 庄司·林·安丸 編, 『民衆運動の思想』, 284~285쪽.
50 앞과 동일, 140쪽.

내면적 진실에 무게를 두려고 한 것이라고 평가할 수 있다. 또 그는 조상에게서 '말로 전함'이라는 일종의 가훈을 기록하고 있다. 그 내용은 효행, 가업정진, 세금을 모두 갚음으로 구성된 평범한 것이었는데, 그것은 바로 "잠시라도 사람을 속이고 아첨하는 일을 하지 않고, 이비선악理非善惡(이치에 맞는 선악— 역자)을 잘 구별하고, 약자를 돕고 강자를 견제한다는 뜻을 포함하고, 조금이라도 삐뚤어진 마음을 가라앉히고, 정직을 □□로 해서 대의義와 민음信의 두 가지에 한 목숨도 아끼지 말아야" 할 것이었다.[51] 언뜻 보아도 분명하게 알 수 있듯이 이러한 신념을 표면상의 원칙대로 관철한다면 한 목숨을 버려서라도 민중을 위해서 싸우게 될 수 밖에 없다. 유교도덕의 보편주의 측면을 민중의 입장에서 실천해 가면 변혁적 논리가 생겨나지 않을 수가 없다. 그리고 그의 경우는 이러한 논리를 내세워 1868년에는 유신 정부에 항거하는 동북지방과 왕정에 대해서도 통렬한 비판을 전개한다.[52]

무엇보다도 나는 잇키나 우치코와시에 궐기한 모든 민중이 간노 하치로와 같은 도덕주의적 신념을 가지고 있었다고 말하고 있는 것이 아니다. 일본 민중에게는 필시 무엇보다 원시적인 시대 이래의 변혁을 크게 바라는 전통의식이 있으며, 그것은 민중생활이 불안정하게 되면서 점차로 부풀어 올랐다.[53] 그와 같은 의식의 전통은 '미륵의 세계' 관념에도 '오카게 마이리お陰参り[54]나 '에에쟈 나이카ええじゃないか(좋지 아니한가— 역자)'에도 다양

---

51 앞과 동일, 92쪽.

52 앞과 동일, 146, 163~164쪽.

53 농민잇키나 우치코와시(약탈소동) 등의 농민투쟁과 보다 토속적인 민중의 변혁대망과의 관련에 대해서는 이 책 제5장 3절「うちこわしとオージ」참조.

54 에도시대에 폭발적으로 일어난 군중에 의한 이세 신궁에서의 참배 현상. 1650년, 1705년, 1771년, 1830년 4회이다. 참배자에게는 도중에 음식 등이 제공되었고, 나중에는 머리에 삿갓, 손에는 국자를 드는 치람(侈濫)이 일반화 되었다.(역자주)

한 유행 신神이나 어령신앙御靈信仰[55] 속에도 표현되고 있다. 18세기말 이후의 오사카에서 가끔씩 유행한 스나모치砂持(사원과 신사를 위해 냇가 모래를 나르는 신앙봉사— 역자)에서 다수의 민중이 징과 큰북 등을 두들기며 밤 늦게까지 배회했다는 것도, 1839년 기나이畿內를 중심으로 '나비 춤꾼들'이 생겨나 타인의 집안에 멋대로 '들이닥쳐 춤추었다'는,[56] 그러한 전통적 의식의 표출이었다. 「농가입교農家立敎」에 "농민은 의리를 알지 못하는 바, 사사로운 정을 눌러 참는 것이 행하기 어렵다. 그저 눈앞의 것만을 멋대로 생각하는 까닭에 인정에 어긋나는 일에는 따르지 않는 바"[57]라고 한 것은 봉건 이데올로기가 끝내 파악할 수 없었던 민중이 자기주장을 하는 전통을 지적한 것이다. 여기서 좀 당돌하지만 야나기타 구니오柳田国男(1875~1962, 민속학자·관료)가 '잣토나ザットナ'에 대해서 말하는 것에 주목해보겠다. '잣토나'라는 것은 미야기현의 시오가마 신사塩釜神社의 신사神事(신사의 제례와 의례적 행사— 역자)로서 정월 15일에 어린이들이 온 마을을 순회하는데, 그 과정에서 "행적이 좋지 않은 유력자의 집 뒷문 근처에 가서 모두 함께 '세간의 견문을 준다'는 명분 아래 거침없이 험한 말을 퍼붓고 각자 떠나버렸다"[58]는 것이다. 여기서는 어린이가 주인공이라고는 하지만, 그 지역의 유력자에게 거리낌없이 비판하는 것이 제례祭礼로서 제도화되어 있다는 것이 중요하다. 야나기타 구니오는 이것을 평소부터 유감을 가진 집에 축제가마가 날뛰며 들어가는 습관과 결부시켜 신의 뜻神意을 빌려 평소의 원한을 풀어 세간의 상식적인 규

55　사람들을 위협하는 천재나 역병의 발생에 원한을 품고 죽거나 비명에 죽은 사람의 '원령(怨靈)'의 짓으로 간주해 두려워하고, 이것을 진정시키고 영령으로 삼음으로써 재앙을 피하고 평온과 번영을 실현하려는 신앙.(역자주)

56　高島一郎, 「エ、ジャナイカ考」, 『歴史学研究』 337号, 40쪽. 그리고 宮田登, 『近世の流行神』에는 요나오시적 원망을 담은 유행 신의 사례가 다수 소개되어 있다.

57　『近世地方経済資料』 5巻, 187쪽.

58　柳田国男, 「祭祀と世間」, 『定本柳田国男全集』 第10巻, 402쪽.

범을 지키게 하도록 강제하는 전통이 민중생활 속에 뿌리깊이 존재하고 있었던 것이라고 생각했다. 집단의 힘을 빌리고 또 신의神意를 빌려서 평소의 원한을 푸는 욕구를 실현하는 이러한 전통은 잇키나 우치코와시를 도덕적으로도 악으로 보는 봉건 이데올로기에 대항해서 그것을 긍정하고 대망하는 의식의 계보를 암시하는 것이 아니었을까? 와카모노구미若者組가 마을사람들과 협의하여 휴일을 제정해달라고 요구하는 것은 마을관리村役人의 촌락지배를 파괴하는, 넓은 의미에서는 이러한 계보의 의식이라고 할 수 있을 것이다. 그리고 이러한 변혁을 긍정하고 크게 바라는 전통과 전술한 바와 같이 엄격한 도덕주의가 결합하는 곳에 잇키나 우치코와시의 거대한 정치적·사회적 에너지가 생겼던 것은 아닐까? 그 경우 지배자에게도 도덕의 엄격한 실천을 요구하는 논리는 운동을 지탱하는 논리로서 일관성과 설득력을 갖고 있지만 폭넓은 대중을 한꺼번에 그리고 열광적으로 운동에 참여하게 하는 점에서는 미약했을 것이다. 반대로 비일상적인 변혁을 바라는 의식의 폭발은 거대하고 급속히 전파하는 에너지를 동반한다. 그러나 조직성, 윤리성, 지속성을 갖기 어렵다. 거기에 잇키나 우치코와시의 지도부는 엄격한 자기규율에 충실히 훈련받고, 계획성, 조직력, 설득력을 갖춘 강인한 사람들로 구성되고(17년간이나 은밀히 조직 활동을 한 잇키 지도자가 어떠한 정신을 가진 사람들이었던가를 상상해 보면 좋다), 그 주위에 비일상적인 형태로 분노와 불만을 폭발시킨 폭넓은 대중이 결집해 오는 형태로 잇키나 우치코와시는 거대한 정치적·사회적 에너지가 될 수 있었던 것이 아니었을까?

그러나 저러나 간노 하치로와 같은 비판논리는 유교=봉건 이데올로기의 사상계보에 서는 것이며, 또 지배자에 대해서 어진 정치仁政를 요구하는 것이므로 본질적으로는 봉건적인 것인가? 그렇지 않다. 도덕주의를 내세워 중간 착취나 다양한 특권이 타파되고, 만일 그러한 투쟁이 지속적으로

전개되는 것이라면 농민적 상품생산의 자유로운 발전을 토대로 한 시민사
회적인 질서로 지향할 가능성이 열릴 것이다. 1866년의 이 잇키가 특권을
부정했던 자유로운 소상품 생산자들의 이상사회를 지향하고 있었던 것은
잘 알려져 있다. 그 사회를 구성하는 것은 성실하고 근면하고 자유롭고 풍
요로운 소상품 생산자로서의 농민들일 것이다. 그렇기 때문에 그들은 자신
들의 이상사회에 대해 다음과 같은 표현이 가능했다.

> 위의 직무도 사양하게 되고, 또 미곡, 물가, 저당이자도 인하되어 신타쓰信
> 達의 주민일동은 7월 1일 두 신사의 제례도 부활시키고, 실糸 시장은 크게
> 번창한다. 이제부터 곳곳의 실 시장도 크게 번창하여 성 아래 마을은 말할
> 것도 없다. 산간 마을들이 다 같이 활기차게 되어 모두가 만세를 외쳐 축복
> 한다. 경사로다, 경사로다.[59]

이 잇키는 막번권력 그 자체를 부정했던 새로운 권력 구상이 있는 것이
아니다. 그러나 봉건적 부담은 세금에만 한정되고, 그것도 1개년이나 3개
년의 전액면제를 요구하고 있으므로, 실제상은 봉건지배의 커다란 후퇴를
요구하고 있다. 그렇지만 그들은 봉건적 사회체제 이외의 체제를 구상하는
어떠한 사상가적 전통도 갖고 있지 않기 때문에 봉건적 사회체제를 자명
한 질서원리로서 받아들인 상태에서 이와 같이 주장하고 있는 것이다. 그
렇기 때문에 실질적으로는 이미 자유로운 소상품 생산자로 구성되는 시민
사회적인 질서를 추구하고 있으면서 그것에 어울리는 권력구상을 찾아내
는 것을 만들지 못한 것이라고도 말할 수 있다. 단 적어도 간노 하치로의 경
우에는 봉건적 신분제적 질서를 자명한 전제로 하고 있는 점에서는 잇키에
궐기한 일반민중과 똑같지만 그 본연의 자세를 주체적으로 문제 삼으려는

---

59 『民衆運動の思想』, 285~286쪽.

태도가 매우 강하게 나타나 있다. 페리 내항에 즈음해서 그는 꿈에 신군神君 도쿠가와 이에야스德川家康가 나타나서 해양 방비책을 그에게 제수했다고 해서 그 일을 막부의 고위관료인 로쥬老中에게 직소했다.[60] 그것은 영험한 꿈이라는 종교적 매개를 통해서 일개 농민이 전국적인 정치문제를 스스로의 문제로서 받아들였던 것을 나타낸 것이다. 또 1868년 동북지방 번국과 왕정을 격렬히 비판했을 때에도 대중의 마음을 잃은 권력은 반드시 멸망한다는 인식이 있었으며, 거기에는 민중의 이익에 어울리는 사회체제를 자유롭게 탐구하는 가능성이 이미 싹트고 있었다고 생각한다.

1853년 난부 모리오카번 대잇키大一揆의 지도자 미우라 메이스케三浦命助(1820-1864)의 옥중기獄中記는 잇키 지도자의 내면생활을 알 수 있는 귀중한 사료인데, 거기에는 아직 즉자적卽自的(그 자신이 독립적으로 존재하는 것— 역자) 형태에서이기는 하지만 근대적인 자유로운 생활방식이 추구되고 있었다고 생각한다. 그는 감옥에 들어가 있다는 특수한 조건에 있었지만, 논밭을 팔거나 돈을 꾸어 주거나 하는 것을 두려워해서는 안 된다고 말했다. 왜냐하면 전답이 없더라도 날마다 일하면 연명할 수 있을 것[61]이고, 몸에 익힌 기술만 있으면 얼마든지 돈을 벌 수 있기 때문이다. 이와 같은 견지에서 그는 적어진 전답에서도 많은 이익을 올릴 수 있는 상품작물에 대해서 설명하고, 주판과 손재주를 익히면 다른 곳으로 옮겨도 생활할 수 있다고 말했다. 그렇기 때문에 또 근로와 그 성과로서의 돈벌이를 적극적으로 긍정하고 "부자 못지 않게 일하고 많이 노력할 것"[62]이라고 말했다. 또 건강을 위해서는 술과 생선이 좋다고 말하고 약의 제조법에 대해서는 되풀이해서 말

---

60 앞과 동일, 90-94쪽.
61 앞과 동일, 16쪽.
62 앞과 동일, 25쪽.

했다. 그리고 이와 같은 소부르주아[63]적인 적극성의 기초에는 "인간은 3천 년에 한 번 피는 우담화이다. 전답은 하천의 돌과 같다"[64], "쉬는 날에는 빨리 쉬고, 내 몸의 영혼을 내 마음에서 예를 표해야만 한다. 다른 사람을 위한 모습은 송구스럽게도 해와 달의 모습과 같다"[65]라는 인간관이었다. 이 인용 부분의 해석은 어렵지만 민중사상에 공통으로 보이는 인간 마음의 궁극성에 대해 말한 것이며, 이러한 신념을 근본 토대로 하여 통일적으로 인식했기 때문에 앞에서 기록한 것과 같은 주장을 수미일관 할 수 있었다고 생각한다. 그런데 이상과 같은 적극적인 주장은 사실은 정직, 효행, 근면, 복종 등의 여러 덕목을 누구에도 뒤지지 않고 지키고 있다는 신념과 불가분의 것이었다. 왜냐하면 그러한 도덕적 실천에 대해서 확신이 있기만 하면 생활수단은 상황에 따라서 자유롭게 선택하더라도 비난받을 이유가 없기 때문이다. 그렇기 때문에 예를 들어 그의 자식들에게 강조한 교훈이 "하나, 수많은 어린이들, 타인에게 손해를 입히지 말라. 물건을 훔치지 말라. 악신을 부르지 말라. 거짓을 말하지 말라. 시간낭비를 하지 말라. 몸을 팔지 마라. 부모에게 효행을 해라, 수많은 어린이 님"[66]과 같은 통속도덕형의 내용이었던 것은 오히려 당연하다. 그 의미에서 크게 돈을 벌어 척척 사용하라고 가르친 옥중기가 "1861년 2월 24일 욕심을 버렸습니다. 이상"[67]이라는 말로 끝내고 있는 것은 상징적이라고도 말할 수 있다. 조금 더 생각하면 크게 돈을 번 사람과 욕심을 떠나는 것은 완전히 모순되어 있고, 미우라 메이스케의 사상도 애매하고 혼돈스런 것으로 보일지도 모르겠지만, 사실은 양

---

63 노동자와 자본가의 중간계급에 속하는 소상인, 수공업자, 하급공무원 등을 말함.(역자주)

64 앞과 동일, 16쪽.

65 앞과 동일, 18쪽.

66 앞과 동일, 65쪽.

67 앞과 동일, 81쪽.

자는 긴밀하게 결부되어 있고 욕심을 버린 사람은 자유롭게 돈벌기가 가능했다는 것이다. 그렇기 때문에 미우라 메이스케의 옥중기를 평가할 때도 통속도덕적인 실천에 대해 신념의 강고함이 그의 자유로운 사색을 지탱하고 있었던 것임을 파악하지 않으면 아무 것도 알 수 없게 된다.[68]

근세 후기의 민중사상이 어떤 경우에는 근대시민사회적인 이념을 매우 순조롭게 수용할 수 있을 것 같은 상황에 있었던 사례로서 미야기 기미코宮城公子(1937~, 역사학자)는 스기다 센쥬로杉田仙十郎(1820~1893, 공공사업가)의 경우를 들고 있다. 즉 미야기 기미코는 센쥬로의 칩거 중의 기록에서 '성심誠'에 대해 서술한 '히젠 구로즈미 사와라 씨肥前黒住佐原氏'의 격언과 도가道歌(도덕적, 교훈적인 단가)를 인용하고, 그것에 이어서 바로 「벤저민 프랭클린의 13가지 덕목」[69]이 첨가되어 있는 것을 지적하면서 유교에 유래하는'성심誠'의 논리와 근대자본주의의 에토스(민족 고유의 사회적·도덕적인 습관)로서의 칼비니즘이 결부되어 있다고 설명하고 있다.[70] 그런데 이 '히젠 구로즈미 사와라'란 실은 구로즈미 무네타다를 얘기하는 것이며,[71] 따라서 막부 말기의 하나의

---

68 이 옥중기에 대해서 스기우라 민페이(杉浦明平)는 "너무나 빈약한 내용으로 메이스케에게 과연 저런 대잇키를 지도할 수 있는 능력이 있었는지 조차 의심스러울 정도다." "참으로 한심한 내용"이다.(『維新前夜の文学』, 19, 20쪽), 나의 의견으로 이것은 전적으로 오류이며, 그와 같은 오류 견해가 생긴 근거도 필시 민중도덕을 그 통속성과 관련시켜 전근대적인 것으로 파악하고, 거기에 어느 정도 자기규율이 담겨져 있는가를 보려고 하지 않는 전근대적인 선입관에 있을 것이라 본다. 나는 옥중기를 소개한 모리 가헤에(森嘉兵衛)의 견해(『南部藩百姓一揆の指導者三浦命助』, 110~120쪽)에 찬성이지만, 효행이나 복종이나 욕망을 떠나는 것까지 포함해서 높이 평가해야 한다는 점에서 모리의 견해와 다르다.

69 미국 건국의 아버지로 불리는 정치가·물리학자인 벤저민 프랭클린이 날마다 실행하고 있던 13개의 교훈. 벤자민 프랭클린은 매주 하나의 교훈을 주제로 생활했다. 13덕을 1주일씩 실행하면 연 4회의 반복했다. 1. 절제 2. 침묵 3. 질서 4. 결단 5. 절약 6. 근면 7. 진실 8. 정의 9. 중용 10. 청결 11. 침착 12. 순결 13. 겸손.(역자주)

70 宮城公子, 「日本近代化と豪農思想ー杉田仙十郎·定一についてー」(『日本史研究』 95号, 12, 15쪽.

71 구로즈미 무네타다(黒住宗忠)는 보통 黒住佐京이라 칭하고 '佐原'는 '佐京'을 말하는 것이다. 구로즈미교는 막부말기에 호농 상층에 널리 수용되었기 때문에 스기다 센쥬로에 영향을 준 것도 당연히 생각할 수 있다.

민중종교와 근대시민사회의 이념 전형과 베버가 생각한 프랭클린의 도덕이 본질적으로 일치하는 것으로서 수용하고 있었다. 그렇지만 이러한 사태를 너무나 기묘한 착오라고 생각한다면 그것은 모더니즘의 도그마일 것이다. 새롭게 형성되고 있는 내면적인 것의 권위는 스스로에게 어울리는 논리를 오늘날의 우리들이 상상하는 이상으로 자유롭게 탐구하고 있었던 것을 간과해서는 안 된다. 물론 미우라 메이스케의 경우도 막번체제와 다른 사회질서를 구상하고 있었던 것이 아니다. 그에게도 다른 사회체제를 구상할 수 있는 어떤 사고思考 자료도 없었다. 그러나 이 남부번南部藩의 잇키는 센다이仙台 번령藩領으로 넘어가 제소하거나 지번支藩(본가에서 갈라진 자가 번주인 번—역자)의 번주에게 제소하기도 해서 이미 상당히 높은 정치성을 갖고 행동하고 있다. 그는 이러한 잇키 지도자에 어울리는 넓은 시야를 가진 사람이었다. 그렇기 때문에 그는 1855년에 행방을 감추고 교토로 가서, 니조二條 가문의 가신을 자칭하며 고향으로 돌아와, 새로운 정치적 움직임을 보이고 있었던 조정과 공가의 권위를 그의 나름대로 이용하려고 했다. 또 옥중기에서는 "하늘은 은혜를 베풀지만 나랏님의 은혜가 없는 연유로 참으로 어려움을 초래하였다"[72]고 공공연히 남부번을 비판하고, 마쓰마에松前나 에도의 막부직할령의 토지로 옮기라고 가족들에게 전했다. 이렇게 해서 그는 막번 봉건제의 틀 속에 구애받으면서도 남부번의 지배와는 다른 사회의 모습을 가능한 한 자유롭게 탐구하고 있었다고 볼 수 있다.

미우라 메이스케와 간노 하치로에게는 눈앞의 마을관리들이나 고리대들이 도리에 어긋나 있는 것을 바로 알 수 있었으며, 그렇기 때문에 그들에 대해서는 격렬한 비판을 퍼부었다. 그렇지만 그들은 눈앞의 권위나 권력을

---

72 『民衆運動の思想』, 73쪽.

비판하려고 하면, 보다 상위의 강력한 권위나 권력에 의존하지 않을 수 없었다. 미우라 메이스케가 명확히 나랏님을 비판한 경우에도 그의 비판은 막부로의 신뢰와 한 쌍을 이루고 있었으며, 또 현실의 막부 정치를 비판한다 해도 그 비판은 신군 도쿠가와 이에야스가 확립한 바람직한 막번체제에 대한 은혜와 신뢰에 의거하고 있는 것과 같은 형편이었다. 그렇지만 1887년까지 살아 있었던 간노 하치로의 경우는 적어도 1880년대 후반에는 현존의 정치권력이나 사람들의 생활태도에 완전히 절망해서 지금 세상을 '진짜 내리막 비탈길'이라는 종말관을 품게 되었다. 그 경우 자연과 인간은 연속적으로 인식되어 '사람의 기운[人氣]'이 나빠졌기 때문에 그것이 천지를 통해서 음양을 괴롭히고, 그 때문에 기후불순이 되어 흉년이 되고, 만물 부족으로 사람들의 욕정이 심해져, 마침내 사람들은 '신의용信義勇'을 잃어 버렸다고 한다. 그리고 이와 같은 난세가 다한 끝에 요나오시가 일어나야 "매년 풍작이 계속 되어 하늘의 기운도 쾌청한" 세상이 출현한다고 했다.[73] 이 견해는 '치세와 난세 200년 순회'설이라는 신념에 기초해서 전개되었는데, 거기에는 사람들이 완전히 길을 잃었을 때에 천변동지天變動地(하늘이 변하고 땅이 움직임─ 역자)와 더불어 요나오시가 일어나서, 모든 사람이 평화롭고 행복하게 살아가는 세상이 온다는 요나오시 개념의 전통이 살아 있다고 생각한다. 거기에서는 막번체제나 천황제국가라고 하는 기성 권력을 자명한 것으로 받아들이는 태도는 이미 상실되어 있고, 미숙하나마 독자적인 세계관이나 역사관에 기초한 변혁을 바라보고 있었다. 그것은 요나오시 관념의 전통을 토대로 하면서도 그의 체험에 의해 발전시킨 것이며, 신비적·관념적 성격이 강한 것이다. 민중사상은 사람들의 일상도덕을 설명할 때에는

73　東北経済研究所 編, 「世直し指導者管野八郎著作」(『東北経済』 第9号, 90~91쪽).

경험을 토대로 명석하게 말할 수 있었는데도 사회의 근본적 변혁을 상상하려고 하면 요나오시 관념의 전통과 결부되어 독자적인 신비적 환상을 전개하지 않을 수가 없었다.

막번체제나 천황제국가와도 다른 사회체제를 민중이 독자적으로 구상하려고 하면 그것은 반드시 독자적 세계관에 기초한 것이여야 한다. 현존하는 사회질서는 정신적인 권위에 입각해서 성립하고 있다는 뒤바뀐 의식이 지배하고 있기 때문에 민중은 더 없이 높은 정신적 권위를 자신의 세계 안에서 수립했을 때에만 독자적 사회체제를 구상할 수 있다. 그리고 근대사회 성립기에는 이와 같은 정신적 권위를 민중이 획득하기 위해 종교적 형태를 취하는 것은 거의 불가피했을 것이다.

나중에 서술하는 바와 같이 근대사회 성립기의 민중투쟁은 적어도 그것이 대규모 농민전쟁의 유형이 되는 경우에는 종교적 형태를 취하는 것이 세계사적인 통례이며, 이 점에서는 소규모로 특정의 종교사상과 결부되지 않는 잇키나 우치코와시를 되풀이한 일본의 경우가 세계사적으로 보아 특수한 성격의 것이라 생각한다.[74] 그런데 근대사회 성립기의 민중투쟁이 종교적 형태를 취하기 위한 역사적 전제는 봉건사회의 내부에서 이미 봉건지

---

74 이 책 제3장 참조. 그리고 藤谷俊雄는 일본의 민중투쟁에는 종교성이 희박하다고 하는 우리들의 견해를 일반적인 특질로서는 승인하면서, 대략 다음과 같은 3개의 비판을 주장하였다. 첫째, '오카게마이리'와 '에쟈나이카'를 종교형태를 취한 민중투쟁으로서 평가하지 않으면 안 된다. 둘째, 잇키나 우치코와시가 비종교적이었던 것은 사실이지만, 일체의 종교의식과 무연했다고는 말할 수 없다. 셋째, '요나오시' 관념이 신도설의 계보에 서기 위해 사상적인 성숙이 곤란했으나 그것이 '인민계급의 이데올로기'로서 발전하고 있었던 것을 놓쳐서는 안 된다(『「おかげまいり」と「ええじゃないか」』, 161~162, 170~172, 183~185쪽). 이와 같은 후지타니의 비판에서 대해서, 후지타니도 동의하는 일반적 특질을 근거로 하는 것이라면 우리들도 전적으로 같은 의견이라고 말하고 싶다. 오히려 후지타니의 비판이 우리들의 의견이기도 한 것은 잘 읽어보면 알 수 있다고 생각한다. 그렇지만 우리들이 문제삼고 있는 것은 요나오시 관념이 왜 '에쟈나이카'와 같은 오지(orgy)적 성격을 가진 것으로서 폭발하는 것인가 하는 것과, 또 그러한 성격이 극복된다고 하면 그것은 어떻게 해서 가능한 것인가를 묻는 것으로, 우리들의 주제를 둘러싼 문제야말로 비판을 받고 싶은 것이다.

배의 그물망을 벗어난 종교적 이단이나 비밀결사가 각지에 존재하는 것이다. 유럽의 중세에는 천년왕국설이나 재세례파再洗禮派[75]의 이단적 여러 종파가 각지에 존재해 있었고, 독일의 신학자이며 민중혁명가인 토마스 뮌처 Thomas Müntzer[76]도 이단과 결부시켜 그 운동을 전개했다.[77] 청조 치하의 중국에서도 셀 수 없이 많은 종교적 비밀결사가 있었고, 거기에서 이윽고 백련교도나 천리교도의 반란이 발생했다. 그리고 막번체제 하의 일본에서도 가쿠레 기독교 신자隠れキリシタン[78], 불수불시파不受不施派[79], 가쿠레 염불隠れ念仏(여러 가지 비밀주의를 갖는 염불신앙·민간신앙— 역자)이라는 3개 계보의 종교적 비밀결사가 있었지만, 그저 세계사적으로 보아 이례적인 것은 이들의 이단적 종교사상이나 종교조직도 근대사회 성립기의 역사과정에서 어떠한 역할을 다하지 못하고 위축된 채로 끝났다. 이것은 집권적 봉건제로서의 막번체제의 구조적 성격의 일단을 말해 주는 것이리라. 무엇보다 일본의 경우에도 스스로 종교권위를 앞세워서 모든 기성 권위를 비판한다는 것은 맹아적이면서 이단 속에 존재하고 있었다고 생각한다. 예를 들어, 비사법문秘事法門(신란善鸞이 아버지에게서 한밤중에 몰래 받았다는 심오한 비밀의 가르침의 법문— 역자)은 스스로 신란의 경지에 들었다(「入親鸞位」라고 하는)고 하며 기성의 교권제적 권위敎

---

75 16세기 종교개혁의 급진파 혹은 좌파 운동에 참여했던 집단이다. 재세례파의 가장 뚜렷한 특징은 성인세례(成人洗禮)와 급진적 개혁이었다.(역자주)

76 독일의 신학자(1489~1525년)로 종교개혁 당시 처음에는 마르틴 루터 등과 협력하였으나, 이후 마르틴 루터의 종교개혁운동을 비판하면서, "빈부의 격차가 없는 사회가 하나님의 축복을 받는 나라"라고 설교하다가 추방당하였다. 1524년 '뮐하우젠'에서 비밀결사대를 조직하여 민주정부 수립을 목적으로 농민들을 이끌고 독일 농민전쟁을 일으켰으나 실패했고 체포되어 교수형을 당하였다..(역자주)

77 F·엔겔스, 『ドイツ農民戦争』(国民文庫版), 59쪽.

78 에도막부가 금교령을 포고하여 기독교를 탄압한 후에도 몰래 신앙을 계속한 신자.(역자주)

79 니치렌(日蓮)의 교의인 법화경(法華経)을 신앙하지 않는 자로부터 시주를 받거나 법시(法施, 남에게 부처의 가르침을 베풂) 등을 하지 않는다는 불수(不受)를 지키려고 일찍이 존재했던 종파의 명칭이다.(역자주)

権制的権威(세속적 권력과는 대립하는 종교적 권력 체제— 역자)를 부정하는 것으로 본산인 혼간지本願寺 절의 권위를 인정하지 않고 불상이나 불화에 배례하는 것을 거부하고 자신의 마음을 배례하는 것이라 말하며, 생선과 닭고기를 자유롭게 먹고, 입신을 위해서 특별한 세례를 만들어 신자와 신자가 아님을 확실히 구별하고 그것을 통해 특별한 교파를 만들고 있었다.[80] 다시 말해, 부처가 된 자신의 마음이 궁극의 권위인 것으로 기성의 교설, 교단, 의례도 모두 부정되었다. 그리고 만일 이와 같이 자기 종교적 권위를 확신하는 교파가 도처에서 발전해 가면, 거기에 격렬한 종교적인 분쟁이 일어나고, 그 결과 한 시대의 정신적·이데올로기적 권위는 근본에서 동요할 수 밖에 없었을 것이다. 그러나 일본의 경우, 비사법문에 보이는 바와 같이 이러한 동향은 지극히 미성숙하고 맹아적인 채로 끝나 버렸다. 그리고 종교적 이단의 미성숙이라는 이 특질은 근대일본의 이데올로기사史적 특질을 근본에서 규정하는 것이라고 생각한다. 왜냐하면 격렬한 종교투쟁을 통해서만 근대시민사회에 특유의 언론, 집회, 결사, 사상, 신조 등의 자유권이 성립되기 때문이다. 유럽에서는 그러한 자유권은 무엇보다도 우선 종교적 언론, 종교적 집회, 종교적 결사 등의 자유로서 주장되고 용인되어 갔던 것으로 이렇게 해서 사람들의 내면적 세계에 대해서 권력은 간섭하지 않는다는 시민적 국가의 원칙이 수립되었다.

만일 일본의 근대화 과정에서 종교적 이단을 생각한다면 구로즈미교, 곤코교, 덴리교, 마루야마교, 오모토교 등의 신종교가 그것에 해당된다. 일정 시기의 덴리교, 마루야마교, 오모토교에는 그러한 성격이 잘 나타나 있다. 이것들의 신종교에서 접신을 통해서 종교적 권위가 성립하면 그것

---

80 大原性実, 『真宗意義異安心の研究』에 의한다.

은 이윽고 현세의 권력에 대해서도 스스로 권위의 지고성至高性을 주장하게 되고, 그것은 막부나 천황제국가에 의한 정신적 권위의 독점과 서로 받아들일 수 없는 것이 되는 것이다. 이것과 관련해서 조금 당돌한 말이지만 이러한 신종교의 기반인 민간신앙적인 전통에 있어서는 신과 천황에게 동일한 용어가 사용되었다는 것을 지적해 두고 싶다. 예를 들어, 그 주거는 다같이 '미야'라고 부르고, 보행하는 것은 똑같이 '미유키'라 하고, 배우자도 똑같이 '기사키'라고 했다.[81] 후지코의 신자인 지키교 미로쿠食行身祿(1671~1733, 종교가)는 스스로를 '보살'이라 불렀을 뿐만 아니라 '왕'이라 부르고 자신의 아내를 '미코女御', 딸을 '히메姫'라고 부른 것도 그러한 사례인데,[82] 여기서 미로쿠는 자신을 천자天子(황제)에 비유함과 동시에 신神에 비유하고 있었다. 결국 일본의 전통적 의식에서 신비적인 체험을 매개로 하여 종교적 권위가 성립하면 그것은 현인신賢人神이라 불린 천황의 축소판이 되는 것이다. 그런 일은 덴리교나 오모토교, 특히 후자에서 확증된다(예를 들어 오모토교 사건에서 개조의 무덤이 철저하게 파괴된 것은 그것이 '오쿠쓰키'라 불리고 천황의 능과 매우 닮아 있었기 때문이었다). 아무리 미숙한 것이라도 이와 같이 지고한 종교적 권위가 성립하는 것은 국가 권력에 의한 정신적 권위의 독점과 원리적으로 대립한다. 그렇기 때문에 천황제국가주의에 수순隨順하는 이전의 덴리교, 마루야마교, 오모토교 등은 철저하게 탄압되었다. 유력한 종교적 이단이 존재하지 않았던 것, 혹은 일시적으로는 존재했어도 철저하게 탄압된 것은 국가권력에 의한 정신적 권위의 독점이라는 천황제 이데올로기의 특질과 표리의 관계를 이루고 있다.

이렇게 해서 일본의 근대화 과정에서는 종교적 이단의 전통은 미약했지

81 柳田国男,「神道私見」,『定本柳田国男集』第10巻, 445쪽.

82 井野辺茂雄,『富士の信仰』, 48~49쪽.

만, 기성 권력에 민중의 행복을 기대할 수 없다는 것이 다양하고 통절한 체험을 되풀이하면서 이해되었고 종교적 권위를 빌린 요나오시가 갈구되지 않을 수 없었다. 그것은 종교적 환상을 매개로 한 총체적 사회변혁의 구상이다. 종교적 환상을 매개로 총체적인 해방을 구상할 수밖에 없는 곳에, 혹은 종교적인 환상을 매개로 그러나 여하튼 총체적인 해방을 구상할 수 있는 곳에 우리들은 근대사회 성립과정에서 민중의 역사적 위상을 보고 있는 것이다. 초기의 덴리교, 1870년대의 마루야마교, 오모토교에 민중 입장에서 요나오시 관념이 농후하게 나타나 있던 것은 주지하는 바이다. 이것들의 종교적 요나오시가 천황제국가와 대결해서 실현하려고 했던 것은 어떠한 사회일까? 메이지 초기(1874년경부터 1886년 무렵까지)의 덴리교를 사례로서 개관해 보겠다.

우선 덴리교의 신은 "한 대열을 한 사람도 남기지 않고 구원하고 싶다"[83]는 세계 전체의 보편적 구제救濟를 지향하는 보편신이다. 그리고 이 신은 이 세상의 창조신이며 절대신이기 때문에 보편적인 구제가 가능하다. 그러나 그것을 위해서는 "진실로 신의 억울함"[84](4의 35)을 풀어야 한다. 결국 진실의 신을 소홀히 한 사람들이 처벌받고, 혹은 회개하지 않으면 안 된다. 이 입장에서 한편에서는 "세계를 마음대로 한다." '위', '높은 산' 등이 비판되고, "이제부터는 신의 힘과 상위자가 힘겨루기를 한다고 생각"(3의 83)하라고 규정되었다. 결국 신의 권위와 힘이 현세의 지배자의 권력과 철저하게 싸우는 것이다. 덴리교의 신은 "상위자는 온 세계를 마음대로 한다. 신의 억울함 이것을 아는가?"(3의 121)라고 격분하는 신이며, "어떤 앙갚음을 할지 몰라서"(6의 90)라며 냉엄한 복수를 꾀하는 신이다. 다른 한편에서 이 신

---

83   天理教会本部, 『稿本天理教教祖伝』, 119쪽.
84   ( )안은 「おふでさき」의 번호, 이하 같다.

은 민중에 대해서는 회개해서 바른 생활을 하라고 추궁한다. 인간은 본래
는 신의 자손이며, 그런 연유로 인간의 본성은 선하며, 악한 사람도 "아주
작은 먼지가 붙은 까닭"(1의 53)에 지나지 않는다. 그러나 사람들이 구제받
기 위해서는 이 '먼지'를 털고 사람들이 회개해야 한다. '먼지'라고 하는 것
은 기본적인 인간의 악이다. 이것은 아깝다, 갖고 싶다, 귀엽다, 욕망, 교만,
밉다, 원한, 성냄의 '8애八埃(여덟 개의 먼지— 역자)'다. 이렇게 해서 덴리교의 신
은 현세의 권력을 냉엄하게 비판하는 것과 더불어 민중에 대해서도 마음을
바꾸어 도덕적 생활을 하도록 명하는 요나오시 신이다. 그렇다면 이와 같
이하여 실현될 신이 지배하는 이상세계는 어떠한 것일까? 이러한 이상세
계를 표현했다고 생각되는 인용을 들어 보자.

> 점점 마음이 용솟아 올라온다면 세상은 번성하고(1의 9 '세상'이란 풍양만작
> 豊穰滿作(오곡이 풍성하게 풍작— 역자주)의 일),
> 그 후는 병들지 않고, 죽지 않고 마음먹은 대로 언제까지라도 있자.(4의 3 7)
> 또 리우케 한 대열은 어디까지라도 항상 풍작을 거두기 싶기 때문에(12의
> 96 '리우케'란 곡물 풍양豊穰의 일)
> 온 세계의 한 대열은 모두 형제이다. 타인은 더 이상 없다.(13의43)

이것은 근면하고 성실한 민중이 모두가 서로 협력하여 만들고 있는 소
생산자들의 이상사회다. 거기서는 사람들의 마음은 '용솟아 올라' 활기차
있고 건강하고 편안하게 장수한다. 농작물은 사람들의 착실한 노동에 의
해 언제나 풍요롭다. 따라서 사회도 또한 평화롭다. 나카야마 미키는 "하나
에 농민, 둘에 일꾼, 셋에 기술자, 넷에 상인, 이들을 빨리 구하고 싶다"[85]고

---

85 『おふでさき注釈』, 119쪽.

말했다고 하는데 이러한 민중들의 소원과 희망이 모두 채워지고 있는 듯한 사회다.

덴리교도 마루야마교도 종교적 겉치레를 벗겨내 보면 이러한 소생산자들의 이상사회를 희구하고 있었으며, 그 세속적 사상에는 어떤 신비성도 없다. 그것은 근면하고 성실한 민중이라면 누구나가 바라고 있었을 듯한 사회다. 그러나 이와 같은 이상사회, 어떤 의미에서는 평범한 이상이 현실 속에서는 확실하게 짓밟혀 가는 것이 분명해졌을 때 민중은 스스로의 이상을 지배이데올로기에서 분리하고 표현하기 위해 종교라는 매개를 필요로 했다.

메이지 중기 이후가 되면 일본민중이 발전시켜온 평민적 도덕은 점차로 강하게 천황제 이데올로기 속에 편성되어 가고, 기만성이나 위선성을 간파한 사람들은 도덕의 외부로 나가 일부러 나쁘게 가장하거나 시니시즘의 포즈를 취하기 쉬웠다. 이것에 대비해서 평민도덕의 가장 양질적인 부분을 계승하는 것으로 천황제국가와 대결하려고 한 사상계보는 어디에서 찾으면 좋을까? 우치무라 간조內村鑑三(1861~1930, 그리스교 사상가, 성서학자)나 다나카 쇼조田中正造(1841~1913, 일본 최초의 공해사건으로 일컬어지는 아시오 광독사건을 메이지천황에게 직소한 정치가― 역자)의 사상은 평민적 도덕을 그 무엇보다 양질적인 부분에서 계승하여 발전시키려고 한 것이리라. 적어도 하나의 사상적 동기로서 있었던 것이라고 생각한다.

3장
'요나오시' 논리의 계보
마루야마교를 중심으로

시작하며

'요나오시世直し' 또는 '요나오리世直り'의 관념은 민중이 고통스런 생활의 소용돌이 와중에서 분출해낸 해방으로의 환상이다. 근대적 정치이론이 고난을 겪고 있는 민중의 해방논리가 되고, 민중해방의 가능성이 실현되지 않는 한, 요나오시적 관념은 끊임없이 재생산되고, 해방을 추구할 수 밖에 없는 민중의 마음을 사로잡았다. 그것은 전통적 민중의식 속에 존재하고, 또 거기에서 내재적 발전으로 형성되는 사회변혁에 대한 환상적 관념이다. 요나오시 관념을 이와 같이 넓은 의미로 해석하면, 민중이 고통받는 곳에서는 동서고금을 막론하고 그것은 지극히 다양한 형태로 보편적으로 존재했다. 중세 유럽에서 형성된 천년왕국설, 중국에서는 한나라 말기의 오두미도五斗米道 이래 각종 종교적 비밀결사부터 태평천국太平天国을 거쳐 1920년대에 발생한 농민투쟁의 사례에 이르기까지 일본에서는 미륵신앙, '에에쟈 나이카ええじゃないか(괜찮지 아니한가)', 마루야마교의 '오히라키お開き(폐회)', 오모토교의 '재건과 재정비立替え立直し' 관념 등은 모두 그러한 것이었다. 그리고 위와 같은 비교적 드러난 사례의 배경에는 오늘날에는 도저히 알 도리가 없는 수많은 원초형태가 있었을 것이다.

평온한 시대에 이러한 관념은 성숙할 계기가 없다. 그러나 역사의 변혁기를 맞이하면 새로운 사회를 희구한 민중 속에 이러한 관념이 급속히 팽창하고, 이러한 관념 주위에 점차 거대한 사회적 세력이 결집하게 된다. 그리고 이러한 관념이 특히 근대사회 성립기에 중요한 의미를 갖게 된다. 이 거대한 변혁기에 요나오시적 변혁관념은 민중의 사상형성=주체형성에서 무엇보다 중요한 형태가 되고, 이 관념의 발전 속에 민중의 사상형성=주체형성의 특질을 집중적으로 표현하게 된다. 물론 이러한 관념은 그것이 근대사회 성립기에 광범위해진 가난한 민중의 해방이라는 환상인 이상, 장기간에 걸친 역사무대에서 주도권을 잡는 것은 어렵다. 일정 시기에 이런 관념이 어떻게 해서든 거대세력이 된다 해도, 근대자본주의 사회의 강철 같은 법칙성은 광범위한 민중해방이라는 환영幻影(환각)을 짓밟아서 관철한다. 그런 한계에서 요나오시 관념은 패배를 운명지운 환상이며 근대자본주의 사회 논리에 대해 굴복, 타협, 변태, 잠재화 등을 강요받았다. 요나오시적 관념이 무엇보다 반동적인 관념으로 전생하는 것도 결코 예외현상이 아니었다.

그렇지만 위와 같은 사정에도 불구하고 요나오시적 관념을 둘러싸고 광범위한 민중의 사상형성=주체형성이 어떻게 이루어졌는가라는 문제는 극히 중대한 의의를 갖고 있다. 왜냐하면 이러한 관념은 근대사회 성립기라는 한 시대에서 근대자본주의 사회 논리에 패배할 수밖에 없음에도 불구하고 문제는 패배의 질이며, 그것이 무엇을 달성하기 위한 패배이며, 후세 역사에 무엇이 전통으로서 정착했는가에 있기 때문이다.

위와 같은 시각에서 일본근대사회 성립기의 민중사상의 상황을 잠깐 살펴보고 싶다.

근세 중·후기부터 메이지시대에 걸쳐 빈발한 농민잇키와 우치코와시는 종종 요나오시적 방향을 강하게 지향하고 있었다. 특권상인, 고리대업자, 마을관리 등의 가택이나 가재도구의 우치코와시와 장부나 차금증서

서류의 소각은 분명히 요나오시적이며 농민잇키는 종종 이러한 요나오시잇키로 발전했다. 그렇지만 이러한 민중투쟁의 사상사적 특질에 주목할 때, 다음의 두 가지 사항을 지적할 수 있다. 첫째로 민중에 의한 독자적인 정치권력의 구상을 결여하고 있었다. 일본근대사회 성립기의 민중투쟁은 가장 격화한 경우조차 현존의 정치권력을 자명한 전제로 하고, 그 권력에 대해 봉건부담(봉건제도의 조용조租庸調 등의 부담― 역자)의 경감을 요구하거나 혹은 그 권력 아래에서 상업 고리대자본의 수탈로부터 해방되고 싶어한 것이었다. 가장 발전된 강령을 가진 메이지 원년(1868년)의 아이즈령会津領과 에치고越後의 요나오시잇키에서도 '부르주아 민주주의공화국'의 맹아를 읽어내는 것은 불가능하다. 말할 나위 없이 그곳에서는 마을과 내부 조직에 대해 무엇보다 민주주의적 원리가 요구되고 있지만, 그것은 농민의 생활 속에 전통화되어 있는 촌락공동체의 '민주주의'를 발전시킨 것이다. 그렇지만 이 전통적인 '민주주의'에서 국가권력 자체의 민주주의적인 구상에 도달하기 위해서는 아직은 너무나 깊은 절벽을 넘지 않으면 안 된다. 잇키 관계의 사료 중에서 민중을 직접 지배하는 간악한 관리와 특권상인에 대한 격렬한 분노는 민중봉기를 일으키는 계기에서 가장 중요한 요소가 되고 있지만 이러한 관리나 상인을 하부기구로서 포용하면서 구축되는 정치권력 그 자체에 주요한 공격의 화살을 돌리는 사례를 찾아내는 것은 지극히 드물다. 그런데 둘째로 위의 사실은 일본근대사회 성립기의 민중투쟁이 일반적으로 비종교적이었다고 하는 세계사상 지극히 예외적인 사실과 깊이 결합하고 있다는 것이다. 세계사적으로 보면 근대사회 성립기의 민중투쟁은 일반적으로 종교적인 형태를 취하였다. 투쟁이 점점 격화되어 지배 권력과의 전면적 대결이 감행되는 경우에는 반드시 종교투쟁의 형태를 취했다고 말해도 좋을 것이다. 유럽의 민중투쟁은 그리스도교의 다양한 이단설, 신비설, 천년왕국설을 빼고서는 생각할 수 없는 것이며, 동양에서는 중국의 태평천국이나 조선의 동학당의 일을 상기하면 좋을 것이다. 독자적 권력형태의 구상은 독자적 세계관에 기초해야 한다. 전근대사회의 민중에게는 그러한 독자적 세계관은 종교적 형태를 취할 수밖에 없었다. 새로운 신념체계가 구축되지 않으면 민중운동은 독자적인 권력을 구상하고 지속적·조직적으로 전개할 수가 없다. 이러한 사태의 역사적 의미는 봉건사회에서 이데올로기의 존재형태에 주목해보면 분명해진다.

봉건 이데올로기는 봉건적 신분질서를 도덕이나 구제를 활용한 계급조직hierarchy이라 주장하고, 그것을 이유로 민중을 사상주체에서 배제하고 신념이나 가치의 세계를 지배계급의 수중에 독점하는 것이었다. 유교도덕이 어느 정도 강조되든 그것은 지배자로부터 민중에게 일방적으로 미치게 되는 것이며, 민중은 유교도덕을 자각적으로 짊어지고 갈 책임주체가 아니다. 그리고 이와 같이 민중을 그 자체로서는 사상적으로 무無이며 봉건적 신분제의 틀 안에서만 사상이나 가치의 세계에 참여하는 것이 가능하다고 설명한다. 현실적으로는 덕德의 체현자로서 지배계급의 권력지배가 이데올로기적으로 변증되고 있는 것이어서 도덕주의와 권력지배는 표리일체를 이루고 있다. 민중은 현실에 있어 어리석고 가난할 뿐만 아니라 관념적으로도 어리석고 가난한 열등자로서 본보기가 된다. 이러한 우민愚民의식으로부터 벗어나는 것은 지배계급에게는 곤란할 뿐만 아니라 민중 자신에게도 길고 괴로운 사상형성의 노력 끝에 겨우 조금씩 달성되어가는 것이다. 이러한 이데올로기 상황 아래에서는 개별적 농민잇키나 우치코와시가 일어나도 봉건권력 그 자체에 대한 비판까지는 다다르지 않는다. 봉건권력 그 자체가 비판받기 위해서는 사람들의 마음속의 농노제農奴制(농민이 봉건지주에게 예속되어 지주의 땅을 경작하고 부역과 공납의 의무를 지녔던 사회제도— 역자)가 극복되고 광범위한 민중이 확신에 찬 존재가 되어야 한다.

위와 같은 사정에 주목할 때 근세 중·후기부터 메이지시대에 걸친 민중사상 발전의 주요동향이 근면, 검약, 정직, 효행 등의 통속도덕의 주장이 있었던 것은[1] 중요한 의미를 갖는 것이라고 생각할 수 있다. 이미 서술한 바와 같이 이러한 통속도덕의 실천에 정성들이는 민중의 에너지는 지극히 방대한 것이었지만, 그 에너지의 거의 대부분이 가족이나 촌락 정도의 작은 공동체의 내부 문제 해결에 비쳐지고 사회체제 전체 문제에 대해서 유효한 힘이 되기는 어려웠다. 사회체제 전체와 관련된 문제는 인종, 겸양, 권위주의에 의해 처리되었지만, 그것들은 근대사회 성립기의 복잡한 사회문제에 대해서 너무나 무력하고 소극적인 것이었다. 민중사상의 이러한 특질은 오규 소라이荻生徂徠(1666~1728)와 다자이 순다이太宰春台(1680~1747)부터 근세 후기의 중상주의자를 거쳐 유신정권의 지도자에 이르는 마키아벨리즘(군주론에서 유래된 것으로 목적을 위해 수단을 가리지 않는 것을 의미— 역자)적 절대주의적인 개명사상의 계보와 완전히 대조적이다. 이 계보는 유교의 도덕주의를 철저히 붕괴시키고 근대자본주의사회 성립기의 법칙성을 각각의 시점에서 가능한 한 생생하게 사회과학적인 방향에서 파악하고, 거기서부터 현실적인 여러 정책을 내세우려고 하는 것이었다. 따라서 이 입장에 일본근대사회 성립사의 주도권이 있고 민중사상이 그것에 종속적이었던 것은 필연적인 것이었다. 단지 민중사상은 때로는 그 통속도덕적 입장을 끝까지 파고들어 통속도덕적 원리를 내세워 예리하고 격렬한 사회비판을 감행했다. 근대사회 성립기의 민중적 입장에서 사회비판은 그러한 성격의 것이었다. 그렇지

---

[1] 이 책 제1장 참조.

만 그 경우 인종, 겸양, 권위주의 등을 그 본질적 구성요소로 하고 있는 민중사상의 입장에서 사회 전체를 총체적으로 비판하기 위해서는 더없이 커다란 비약이 필요하고, 이 비약을 가능하게 하는 매개는 근대사회 성립기라는 역사적 단계에서는 대부분의 경우 종교적 형태를 취할 필연성을 갖고 있었다고 여겨진다. 새로운 민중적 종교가 현실의 봉건질서의 권위에 우월하는 관념적 권위를 제공하고, 사람들의 행동에 세계관적 근거를 부여하고 신념과 통일성을 부여하는 것이기 때문이다.[2]

그렇지만 일본근대사회 성립기에는 세계적 기성종교인 불교도 구로즈미교, 곤코교, 덴리교 등의 신종교도 민중투쟁을 위한 세계관이 되지는 않았다. 근세 후기에서 메이지시대에 농민잇키와 우치코와시가 빈발했지만 그것에 조응할만한 민중적 세계관의 발전은 거의 없었다. 기성질서가 격렬히 타파된 경우에도 민중적인 독자 질서의 구상은 거의 발전하지 않았고, 민중의 사상형성의 전통으로서 정착하지 않았다. 어째서 이와 같이 되었던 것일까? 이 문제는 일본 민중의 사상형성=주체형성에 깊이 관련되고 있다

2　근대사회 성립기에 민중의 사상적·정치적 성장과정에서 종교가 달성한 역할을 중시하는 우리들의 견해는 종교는 비합리적인 것이기 때문에 그러한 요소가 적으면 적을수록 합리=근대적이라고 하는 상식적 견해와 대립한다. 예를 들어, 핫토리 시소오(服部之総)는 필시 이러한 상식적인 견지에서 다음과 같이 서술하고 있다. 즉 핫토에 의하면 막말에서 메이지시대에 걸쳐 발생한 농민잇키가 종교적 색채를 갖지 않는 것은 그것이 지극히 근대적 부르주아혁명적인 것을 나타내는 것이며, 프랑스혁명이나 미국 독립전쟁 시기의 민중투쟁과 비교해도 '손색이 없을 정도로 근대화된 것이다.' 이에 반해 태평천국과 동학당은 아직 종교적 색채가 강한 뒤떨어진 것이다(「明治のナショナリズム」, 『服部之総著作集』 6권, 305쪽). 우리들의 견해는 일본의 농민잇키는 그 높은 경제요구에도 불구하고 세계관적 형태를 아직 수립하지 않은 것이다. 또 우리들이 이와 같이 주장하는 하나의 기연을 만들어 준 것은 이른바 '근대화'론자들의 주장이다. 예를 들면, 다케야마 미치오(竹山道雄)는 일본사회는 현세적 비종교적·합리적 사회이고 그런 까닭에 서구사회와 그 본질에서 흡사하다. 일본사회의 이러한 성격과 방향은 특히 쇼쿠호(織豊) 정권과 막번체제의 성립에 의해 확정되었다고 주장하고 있다. (日本文化フォーラム 編, 『日本文化の伝統と変遷』, 19쪽) 다케야마가 이 같이 주장하는 것이 가능했던 것은 사회 발전=근대화=산업화라고 파악하고 그 주도권을 잡은 지배계급의 입장에서 역사를 조망했기 때문이다.

고 생각한다.

일본 민중의 사상형성=주체형성 과정과 특질을 명확히 한다는 점에서 종래의 사상사연구는 매우 부족한 성과밖에 올리지 않았다고 생각한다. 구체적인 성과가 적을 뿐만 아니라 민중의 전통적 세계에서 출발해서 내재적 발전을 전개하는 독자적 사상형성을 그것 자체로서 파악하는 문제의식과 방법을 단련하는 것이 불가능했다고 생각한다. 우리들은 결코 민중사상 연구가 부족하다고 말하고 있는 것이 아니다. 일본인의 행위와 사유思惟를 저변에서부터 규정하는 전통적 의식은 무엇보다도 야나기타 구니오 민속학에 의해 명확해졌고, 또 별도의 각도에서는 마루야마 마사오의 『일본의 사상』이나 파시즘 분석의 여러 논문, 특히 가미시마 지로神島二郎(1918~1998)의 『근대일본의 정신구조近代日本の精神構造』 등에 의해 밝혀졌다. 또 농민잇키와 우치코와시 속에 달성된 혁명적 의식은 하니 고로羽仁五郎(1901~1983)가 처음 구체적으로 거론하여 전쟁 이후에 그러한 연구는 급속하게 발전하였다. 이와 같은 여러 연구들은 옹립하는 산봉우리로서 우리들 앞에 있다. 그러나 전통적, 토착적, 저변적, 일상적인 민중의식이 어떠한 자기 변혁과정을 거쳐 변혁적인 의식으로까지 고양될 수 있을까 하는 것은 제시되어 있지 않다. 반대로 한 차례 고양된 변혁적 의식이 이윽고 어떻게 해서 전통적·일상적 세계에 울적하게 되어가는 것인가 하는 내면적 과정도 분석되어 있지 않다. 민중은 전통적 세계의 내부에서 출발하면서 어떻게 사상형성=자기형성을 시도했으며 거기에는 어떠한 가능성과 모순과 곤란이 있었을까? 전통적인 요나오시 관념의 발전을 추적하는 것은 이러한 과제에 접근하는 유력한 단서라고 생각한다.

이하 메이지 중기까지의 마루야마교를 중심으로 고찰하지만, 그 전제로서 우선 전통적인 미륵신앙에 대해서 간략하게 논하고, 이어서 마루야마교의 직접적 전제가 되었던 근세의 후지코冨土講에 대해 서술하고 마지막에 마루야마교를 논해 보겠다.

1. '미륵세상' 관념의 전통

야나기타 구니오는 가시마鹿島 신앙에 기인하는 미륵가요彌勒謠가 간토関東 일원에 분포한 것에 주목하여 그것이 불교 도래 이전부터의 전통적인 의식에 기초하고 있었음을 제시했다.[3] 이 전통적인 미륵신앙에서는 동방 해상에 영원불변의 정토·도코요노쿠니常世の国(불로불사의 나라─역자)가 있어 그곳에는 이 세상을 만든 신들이 존재하고 이 세계에서 고뇌하는 민중의 생활을 부흥시키는 강한 힘이 존재하고 있다고 의식하고 있다. 이 동방해상의 정토에서는 민중의 고통스런 생활을 구제하기 위한 재화를 실은 '미륵의 배'가 찾아오는데, 그 재화의 중심은 쌀이다. 간토 일원에 분포하는 미륵가요와 춤은 이 '미륵의 배'를 맞이하기 위한 것이다. 야나기타 구니오의 함축성 많은 문체에서 요약하기는 어렵지만, 전통적인 미륵신앙의 핵심을 일단 이상과 같이 해석해 두고 싶다. 야나기타 구니오에 의하면, 이러한 미륵신앙은 가시마 신앙 속에 존재하는 것뿐만이 아니라 저 멀리 아득한 오키나와 야에야마八重山의 미륵신앙과 유사하고 동일한 의식의

---

3 柳田国男,「弥勒の船」(『海上の道』 수록).「弥勒の船」은 단편이지만 『海上の道』 수록의 다른 논문과 더불어 그 후의 미륵신앙연구의 기본 방향을 교시한 것이다. 이 야나기타 의 견해를 받아 와카모리 모리타로오(和歌森太郎), 츠루오카 시즈오(鶴岡静夫), 미야다 노부루(宮田登) 등의 여러 연구자가 미륵신앙의 연구를 진전시켰다. 우리들의 이 절 전 체 및 다음 절의 일부의 서술은 모두 이러한 여러 연구자의 성과에 의한 것이다. 특히 미 야다 노보루로부터는 여러 가지로 친절한 교시를 받았다. 또 미륵(ミロク)신앙이라 써 서 미륵(彌勒)신앙이라고 쓰지 않은 것은 불교의 그것과 구별하는 의미이며 미야다의 용어법에 따른 것이다. 최근에야 『ミロク信仰の研究—日本における伝統的メシア観—』 이 간행되어 민속학적 시각에서의 미륵신앙 연구가 완전히 새로운 단계를 맞이하였다.

조각들은 전국적으로 잔존하고 있다. 게다가 야나기타 구니오는 네노쿠니根の国(저승, 황천– 역자)와 도코요노쿠니常世の国에 관한 관념의 변천을 논하며 이러한 미륵신앙이 일본인에게 무엇보다도 원초적 의식인 동방정토관과 결부되어 있는 것을 시사한다. 이와 같이 생각하면 민중의 가난하고 고통스런 생활에 대응하는 미륵세상의 관념은 일본인에게 무엇보다도 근원적 의식에 결부되어 있다. 이 미륵세상은 무엇보다도 벼농사의 수확이 풍요로운 세계이다. 동방해상의 정토는 맑은 영혼과 생명력이 흘러넘치는 곳인데 그것이 이 세상에 아낌없이 나누어 주는 일은 무엇보다도 중요한 형태가 벼농사의 풍요이다.

이러한 가장 전통적인 미륵신앙은 다양한 변용을 거치면서도 광범위하게 민중 속에 살아 왔다. 그것은 곤경에 빠진 민중생활과 표리를 이루는 이상세계의 환상으로서 강한 생명력을 갖고 있었다. 16세기에 미륵 사년호弥勒私年号(조정에서 정한 공식 연호가 아니라 개인적으로 사용된 연호(1507년경)– 역자)의 유행은 광범한 민중들 사이에 사회변혁에 강한 소원이 확산되었던 것을 보여주고 있다. 『게이쵸 견문집慶長見聞集』에는 오랜 전란 끝에 도래한 도시 번영을 '미륵세상＝이상세계'라고 받아들인 저명한 사례가 나타난다. 이 경우에도 풍요롭고 평안한 생활이 미륵세상이라 간주되는 것은 전통적 미륵신앙과 동급이지만 금은金銀＝미륵관의 발전이 특징적이다. 이 사례들의 구체적 내용에 대해서는 주1)에서 거론한 여러분의 연구에 맡기고 싶다. 다만 무로마치室町(1338~1573) 말기부터 모모야마桃山(도요토미 히데요시가 정권을 잡고 있던 시대인 1574~1602년– 역자)시대에 걸쳐 진행된 거대한 사회변혁시대에 미륵신앙의 현저한 발전이 보인 점, 거기서 금은＝미륵관의 발전이 주목되는 점, 이 두 가지를 지적해두고 싶다.

근세에 들어 와카모리和歌森와 미야다宮田는 각지의 축하가요祝歌 등에서 미륵신앙의 사례를 채집하고 있다. 예를 들면, 「미카와三河 만세」에는 '미륵 10년 용의 해' 운운하는 글귀가 있는데, 이 한 구절을 토대로 해서 "1759년 여름 무렵부터 누구 하나 재산을 모으려고 하지 않는다. 오는 해는 용의 해다. 미카와 만세가 노래하는 미륵 10년 용의 해가 되면 이 해에는 재난이 많을 것이다. 이 재난을 피하기 위해서는 정월의 기쁨을 준비하는 일도 없다"고 하는 유행어가 퍼졌다고 한다.[4] 이 사례에서는 1759년이 미륵의 해라고 연도한정이 지정되어 있는 점, 그리고 미륵세상은 무엇인가 커다란 재난을 거쳐서 찾아온다고 되어 있는 점이 중요하다. 나중에 서술할 후지코富士講 사례까지 고려하면 기근이다. 그 외의 사정으로 민중생활이 특히 고난에 직면한 경우와 같은 소박한 종말관이 생성되어 마침내 "○○년에는 미륵세상이 된다"라는 류의 예언이나 유행어가 횡행한 것 같다는 느낌이 든다. 또 미륵세상 직전에는 커다란 재난이나 천변동지가 일어난다고 하는 것도 미륵세계 관념에는 일반적인 것이었다. 예를 들면. 쥬고쿠中国지방의 설날 축가의 하나에 "미륵 출생은 세상의 새벽, 밭이랑의 고운 모래는 골짜기로 내려가고, 계곡의 고운 모래는 밭고랑으로 올라가서 대반석의 바위가 되어 군왕자의 만세를 부르고, 다 같이 번영해서… "라고 불리고,[5] 또 대지진에 의한 경천동지驚天動地의 이미지와 결부시켜 이 세계가 '진흙탕'이 되고 나서 미륵세상이 된다고 간주하기도 했다.[6]

야나기타 구니오는 미륵세상이라는 단어에 대해서 "지금이라도 나는 여섯, 일곱 개의 지역에서 현재 그 단어가 아직 화제가 되고 있는 것을 경험

---

4   和歌森太郎, 「近世弥勒信仰の一面」(『史潮』四八号, 147쪽.

5   앞의 논문, 148쪽.

6   宮田登, 『ミロク信仰の研究』, 238~239쪽.

했다"[7]고 서술하고 있다. 와카모리는 노도能登지방을 조사해서 현대에서도 보통의 일상 언어로서 사용하고 있는 흥미로운 사례를 들고 있다. 그 두세 가지를 적어보면, "빌린 돈은 미륵 사바가 오면 변제한다", "너와 같은 녀석에게 돈을 빌려주면 미륵세계가 되어도 돌려주지 않으니까 빌려주지 않겠다", "미륵세상이 되면 몰라도 지금 그런 것이 잘 될 수 있을까" 등과 같은 것이다.[8] 이러한 사례들은 현재 사회와 근본적으로 다르다. 인간의 다양한 소원과 희망을 충분히 실현시킬 수 있는 이상세계를 미륵세상이라고 하는 단어로 삼을 만큼 상징적인 것이 민중의 일상생활 속에 널리 존재했던 것을 보여주고 있다. 위의 인용에서는 극히 보통의 일상 언어로서 사용되고 있기 때문에 미륵세상에 대한 갈망은 강하게 나타나 있지 않다. 그러나 민중의 평온한 일상성이 파괴되었을 때 미륵세상 관념이 변혁적인 민중의식의 형성에 중요한 역할을 다할지도 모른다는 것은 극히 적은 인용으로부터도 읽어낼 수 있다고 생각한다.

그렇지만 이러한 미륵세상 관념이 농민잇키나 우치코와시의 발전에 중요한 역할을 다한 사례는 아직 알려져 있지 않다. 미륵세상이라는 단어가 민중투쟁의 사료에 나타나는 것은 매우 적지만 그런 사례들도 지극히 소박한 의미에서 민중의 변혁을 바라는 소망을 표현하고 있는 것에 지나지 않는다. 예를 들면, 1723년 데와노쿠니出羽の国 나가도로長瀞 마을에서 일어났던 토지저당 소동에서 저당 토지를 되찾아서 일단 승리한 민중이 "금년이야말로 미륵의 해가 온다"면서 기뻐하고 '천하축제'라고 이름 붙이고 잔치를 벌였다.[9] 여기에서는 토지를 되찾고 그 수확을 자신의 것으로 하는 것이

---

7   柳田国男, 「根の国の話」, 『定本柳田国男集』第一卷, 108쪽.
8   和歌森, 앞의 논문, 148쪽
9   山形県経済部, 『出羽百姓一揆録』, 32~33쪽.

'미륵세상'이라고 인식하고 있다. 또 근세의 농민잇키 중에서 무엇보다 격렬한 사례의 하나로 저명한 1866년의 무쓰노쿠니陸奥国 시노부信夫와 다테伊達 두 곳의 요나오시잇키에서 우치코와시를 두려워한 재산가들이 '잇키 사마, 잇키 사마'라 하면서 음식, 술, 의복, 신발 등을 내와서 잇키 무리를 대접했다. 그것에 대해 "잇키일지라도 마실 것과 먹을 것은 물론 입을 것까지도 부족함 없고, 참으로 미륵의 세상"[10]이라고 한 것도 흥미로운 사례이다. 이 경우에는 음식과 의류 등에 대한 이제까지 억압받고 있었던 욕망이 생각하던 대로 만족된 것이 '미륵세상'인 것이다. 1853년 에치고노쿠니越後国 고시군古志郡 도치오栃尾 마을의 요나오시잇키에 대해서도 봉기한 민중이 우치코와시를 두려워한 부호들로부터 향응받는 모습을 "미륵세상이라 생각하며 놀랐다"[11]고 적혀 있다. 이러한 사례들에서는 민중의 전통의식으로서의 미륵세상→요나오시 관념이 억압되어 있던 사람들의 욕구에 불을 질러 사람들을 행동에 내세우는 과정에서 나름대로 역할을 다했던 것이 아니었을까?

이상의 사례에서 근세 민중의 일상의식과 잠재의식 속에 존재하고 있었던 미륵세상의 관념에 대해 약간 일반적인 성격을 추정해두고 싶다.

(1) 미륵세상의 관념, 요나오시의 관념은 매우 소박한 형태와 내용 면에서는 근세 민중에게 폭넓게 알려진 것이었다. 예를 들면, '에에쟈 나이카'는 그것이 매우 소박하지만 지극히 대중적인 표출이었다.
(2) 미륵세상=이상세계는 무엇보다도 농작이 풍요롭고(금은의 풍부함이 강조되는 경우도 있지만) 인간의 욕망이 충분하게 채워지는 평온하고 행복한

10 庄司·林·安丸 編, 『民衆運動の思想』, 276쪽.
11 新潟県内務部, 『越後佐渡農民騒動』, 439쪽.

사회이다. 다시 말해, 그것은 현실 생활에서는 엄하게 억압되어 있는 민중의 욕구가 전면적으로 해방된다는 환상이며 소망이다.

(3) 막연한 종말관을 동반하고 있다. 종말관은 한편에서는 미륵세상이 되기 직전에 커다란 재난이나 경천동지가 일어나 사회도 자연도 완전히 변한다는 근본적 변혁의 이미지이며, 다른 한편에서 어느 일정한 세월에 미륵이 찾아온다는 시기에 대해, 특히 시기의 절박에 관해서의 이미지이다. 그러나 이제까지 거론한 사례에서는 종말론은 그다지 발전해 있지 않다. 그렇지만 그것은 극히 일상적인 사례의 고찰을 중시했기 때문으로 민중의 현실에 대한 불만이 강해지고 위기의식이 발전하면 이러한 종말관도 급속히 발전할 것이라고 추정할 수 있다.

(4) 위에서 말한 중요한 특징에도 불구하고 이제까지 거론한 사례는 사상적으로 지극히 미성숙하며 거의 사상이라고 이름붙일 가치도 없다. 그것은 어려움을 겪는 민중의 억압된 욕구를 충분히 채우고 싶다는 거의 본능적인 바람이 전통적 관념을 통해서 표현된다. 민중의 곤궁한 생활과 거의 표리를 이루며 존재하는 이러한 소박한 관념은 민중의 변혁적 사상형성의 배경이며 그런 의미에서는 결정적으로 중요하다. 그러나 그러한 배경을 지적했다고 해서 사상형성=주체형성의 과정을 구체적으로 분석한 것은 아니다. 우리들의 문제는 이러한 배경으로부터 어떻게 해서 사상형성=주체형성이 이루어지는가 하는 것이다. 즉 이러한 배경에서 출발하면서 게다가 그것을 뛰어넘어 민중의 변혁적 사상형성으로 매개하는 것이 무엇이며, 또 어떠한 과정을 거치는 것일까? 그것이 우리들의 주제이다.

2. 후지신앙의 발전

근세의 후지코富士講[12]에는 전통적인 미륵세상 관념에 기초하면서 새롭게 사상을 형성하려는 흥미 깊은 시도가 있었다.[13] 그래서 새로운 사상형성을 매개하는 여러 계기와 사상형성의 방향을 근세 후지코 속에서 찾아보고자 한다. 이하 우선 미륵세상의 관념이 종말론적 위기의식 하에 발전한 사정을 이야기하고 이어서 그 발전을 매개하는 주체적 계기로서의 통속도덕사상에 대해서 서술하고 그 위에 이러한 사상형성이 사회적으로 어떤 의미를 갖는가를 생각해 보자.

1

이미 겐로쿠 연간元祿(1688~1704)에 후지코의 5세 행자인 게쓰교 소쥬月行劊帅는 "천지 운행의 바꿔치기"가 발생하여 "미륵의 세상"이 올 것이라 예언했다. 게쓰교 소쥬는 쿄토의 조정이 미륵세상을 열어줄 것을 기대하고 관백関白인 고노에 모토히로近衛基熙(1648~1722)에게 미륵세상의 도래에 대해 기록한 서책을 제출했지만 "새로운 법은 무엇이든 거론하는 것이 불가능"하다는 이유로 성공하지 못하고 실패로 끝났다고 한다.[14] '바꿔치기'란 이

---

12 후지산을 신앙의 대상으로 하는 사람들이 모여서 조직한 계모임, 민중신앙의 하나로 에도를 중심으로 한 간토(関東)에서 유행했다.(역자주)

13 민속적 세계를 배경으로 하면서 게다가 그것을 지양하는 시도로서 근세의 후지코를 분석한 것으로서는 宮田登, 「富士信仰とミロク―歷史学と民俗学との接点における一試論」(『史潮』八六号, 후에 『ミロク信仰の研究』에 수록)이 있어 많은 시사를 얻었다. 井野辺茂生, 『富士の信仰』, 村上重良, 『近代民衆宗教史の研究』로부터도 가르침을 받은 부분이 많았다. 사료적 측면에선 伊藤堅吉氏의 호의에 감사드리고 싶다.

14 井野辺茂生, 『富士の信仰』, 31~32쪽.

세상의 근본적 변혁을 의미하는 것으로 소쥬는 그것을 천황과 결부시켜서 의식하고 있었던 것이다. 그러나 미륵세상의 관념이 후지신앙의 핵심을 이루게 된 것은 지키교 미로쿠食行身祿(1671~1733)의 등장에 의해서였다. 1728년 게쓰교 소쥬의 뒤를 이어 6세에 행자가 된 미로쿠는 2년 후인 1730년 후지산정에서 센겐仙元대보살을 배알하고 8년 후에 이 땅에서 입적(원문은 入定, 뜻은 선정에 들어감을 표현한 것으로 삶을 마감한다는 의미— 역자)할 결의를 했다. 에도에 돌아온 미로쿠는 자신의 전 재산을 인연이 있는 사람들과 종업원들에게 분배하고 그 이후 기름 행상으로 극빈한 생활을 유지하면서도 열광적인 포교활동을 전개했다. 그 무렵 미로쿠는 '미치광이 미로쿠, 거지 미로쿠, 기름장이 미로쿠'라고 멸시당했다고 한다. 1731년 미로쿠는 에도의 스가모 나카쵸巢鴨中町의 자택 앞에 다음과 같은 게시문을 세웠다.

> 한 글자를 터득하여 어전에서 3일간 단식을 행하고 감사의 말씀을 드립니다. 이제부터는 미로쿠의 세상이시며, 산의 이름도 참배해서 밝은 후지산을 연다는 산묘토카이산參明藤開山이라고 개명해 주신 바, 만법万法을 여러분에게 전해두시려는 일은…[15]

여기에는 명확히 미륵세상의 도래가 선언되어 있다. 이윽고 미로쿠는 입정시기를 5년 앞당겨서 1733년 6월 13일 후지산의 7합5작富土山の七合五勺(해발 3090m)이 있는 에보시다케烏帽子岳에서 31일의 단식에 들어가 입적했다. 미로쿠가 예정을 크게 앞당긴 것은 교호 기근亨保飢饉(1732~33)과 그것을 수반한 잇키와 우치코와시의 발전 등의 사회 불안에서 연유했을 것이다.[16]

---

15 伊藤堅吉氏 소장.

16 宮田登, 『ミロク信仰の研究』, 17쪽.

미로쿠는 단식과 입적을 통해서 센겐대보살과 일체가 되고 그것을 통해서 미륵세상에의 출세와 필연성을 설명하면서 사람들에게 전하고, 이런 방법으로 세상구제를 실현하려고 했다. 미로쿠의 사상은 후술하는 바와 같이 평이하고 명확한 일상도덕의 진지한 실천을 역설하는 것이었다. 그러나 당시의 사회적 현실은 미로쿠로 하여금 위기의식을 불태우게 했으며, 사람들이 근본적으로 그가 행실을 바꾼 미륵세상을 문자 그대로 죽음을 걸고 희구하게 하고 예언하게 했다.

미로쿠가 입적한 소문은 에도에서 가와라반瓦板(속보기사)으로 알려지고 그 이후 후지코의 파벌 중에서 미로쿠파가 우위를 점하게 되었다. 그리고 미륵세상의 실현에 관한 예언과 희구希求는 후지신앙의 핵심의식이 되었다. 그것이 어떠한 성질의 것이었던가를 나타내는 사례들 몇 가지 들어보자. 1789년 막부의 가신 나가이 도쿠자에몬永井德左衛門은 후지산의 에보시다케를 방문한 다음 그의 처인 소요そょ로 하여금 기원하는 서문을 지참하여 로쥬老中 마쓰이라 사다노부松平定信에게 직소하게 했다.

황공스럽게도 서책을 갖고 곧바로 간원을 올립니다.
1688년 6월 15일 용의 해, 용의 날, 용의 시각에 천지세계를 말씀드리면 후지산 팔정(八丁, 872m)의 북쪽에 해당되며 석가의 활석割石이라 일컬어지는 곳에서 남녀가 끈을 동여매고 겐지源氏시대와 같은 세월이 억만 년을 흘렀습니다. 이 세상과 천지가 존재하는 한 미륵세상을 열어 개혁하시고자 하는 시점에 있건만 아직도 말씀을 듣지 못하고 계신 바, 아무쪼록 미륵세상을 개창할 수 있도록 청원하는 바입니다. 미륵이 강역한 서적은 후지산 북쪽 입구에 있습니다. 이 서적을 가져오게 해서 미륵세계를 열고 유지할 수 있도록 해주시면 선도 악도 서로 알고, 가뭄 후 연일 비가 계속 오거나, 반대로 계속 비가 온 후 가뭄이 지속되는 일은 없습니다. 미륵세계를 곧바로 청원해 올리는 취

지, 아무쪼록 미륵의 세계를 계승하여 개창해주시길 청원 드리옵니다.[17]

앞의 인용에서 '미륵의 세계'에 대한 한결같은 희구는 1786~87년 기근에 의한 잇키와 우치코와시를 배경으로 하고 있다. 그것은 '미륵의 세계'가 "선도 악도 서로 알고 가뭄 후 연일 비가 계속 되거나, 반대로 계속 비가 온 후 가뭄이 지속되는 일은 없다"고 표상하고 있는 것에서도 명확하다. 그리고 이러한 요나오시를 권력자에 기대하는 것은 나가이가 막부가신이었기 때문도 권력에 영합하려고 했기 때문도 아니다. 권력자에 대한 환상적 기대와 권위숭배는 민중사상에 오랫동안 붙어 따라다니는 것이었다.

위의 직소사건을 이어받아서 고타니 산시小谷三志(176~1841)의 문하생인 농민 쇼시치庄七와 정인 덴쥬田十는 1847년 오메쓰케大目付(로쥬老中 밑에서, 다이묘大名 및 막부의 정무를 감독한 벼슬— 역자) 후카야 모리후사深谷盛房에 직소했지만 거기에 보이는 것도 같은 모양의 의식이었다. 즉 쇼시치와 덴쥬는 그 장문의 직소장 속에서 천지의 혜택도 사람의 기운도 옛날과 달라진 '어御시절이 도래'한 일, 그러나 사람들은 "그저 즐기기를 좋아하고 직업없이 놀고 있는 사람을 따라하고, 화목함을 잃어버리고, 화합하는 마음을 물리치고, 또한 도道에 대한 신앙의 마음이 적고, 자기 멋대로 행동하고, 스스로 죄에 빠져 있는" 일, 지금이야말로 후지코의 서적을 배워서 '만민의 위급을 돕는' 사람이 되길 바라는 것을 끊임없이 호소하고 있다.[18]

이러한 사례는 무엇보다도 근세봉건사회의 모순을 민중적인 발상으로 예리하게 느낀 위기의식을 나타내고 있다. 현재는 말세이고 도덕적 퇴폐, 기후불순, 흉작이 점점 현저해진다. 그것들은 세상 교체의 전조이며 그 시

17 『富士の信仰』, 222~223쪽.
18 앞의 책, 226~227쪽.

기의 절박함을 표시하고 있다. 그러한 경향은 더욱 강화되어 마침내 세계는 '진흙탕'이 되어 멸망하고, 그런 다음 미륵세상=이상세계가 도래하는 것이다. 그런데도 사람들은 그것을 마음으로 느끼지 못하고 눈앞의 쾌락을 추구하고 있다. 이러한 사정을 한시라도 빨리 밝혀서 사람들의 잘못된 마음을 바르게 고쳐야 한다… 이러한 종말론적 위기의식이 미로쿠 이래 계승되어 근세 후기에 이르러 더욱 강화된 것이다. 이러한 위기의식이 고조됨은 위의 직소사건에만 표출되어 있는 것이 아니다. 예를 들면 2대교조 이토 산교伊藤參行(1745~1809)의 『후지도어전서不二道御傳書』도 이 세상의 '바꿈', '대체', '미륵의 직접지배'가 임박해 있다. 그 때에는 "손바닥을 뒤집는 일이 일어난다"라며 종말론적 사상을 되풀이해서 말하고, 사람들이 마음을 바꿔 도를 실행하도록 압박하고 있다.[19] 이 경우에 마음을 바꿔 도를 실행하지 않은 것은 '바꿈', '대체'에 의해 어떻게 되는가를 제시하고 있는 것이 흥미롭다. 산교는 1783년 분화한 아사마산淺間山의 참상을 참고사례로 인용하여 "이 이전 시나노노쿠니信濃国 아사마산淺間ヶ嶽이 화산폭발로 불바다가 되었을 때와 같이 불난리, 물난리라는 죄가 넘친다. 인간도 그 거주하는 가옥이나 점포까지도 모래땅이 된다. 누구의 가옥인지, 누구의 논밭인지 알 수 없도록 짓밟혀 기일, 명일을 조의하는 자도 없을 만큼 망연자실하게 되기도" 하는 처절한 파멸로서 묘사하고 있다. 이 사례나 이전의 사례에서도 천재지변과 사회적·인간적 차원에서의 변혁이 혼연일체가 되어 있다. 이것은 한편에서는 후지코의 미륵세상 관념이 전통적 의식과 깊이 결부되어 있고, 근대적·과학적 사유방법과는 아주 먼 것을 나타남과 동시에 다른 한편에서는 이러한 혼연일체인 까닭에 종말관은 한층 처절한 파멸로

---

19 色川大吉가 채집한 것에 의한다.

3장 '요나오시'의 논리의 계보   149

서 표상될 수 있다. 점차 냉엄하게 되어가는 종말관이 이윽고 마루야마교에 계승되고 나아가서는 오모토교의 재구성과 재건 사상으로 이어진다.

2

미륵세상은 이미 서술한 바와 같이 농작물이 풍요롭고 사람들이 편안하고 행복하게 생활하는 사회를 의미하는 것이며, 그 범위에서는 위에서 말한 후지코의 경우도 마찬가지지만 후지코에서는 종말론적인 위기의식이 현저하게 강해지고 있는 것은 왜일까? 그것은 추상적으로 말하면 후지코에서는 전통적인 미륵세상의 관념을 인간의 주체적 계기와 깊이 관련시켜 종말론을 인간의 주체적인 위기문제로서 달리 파악하였기 때문이라고 생각한다. 그리고 이러한 새로운 파악방법이 가능하기 위해서는 후지신앙의 근본적인 변혁이 필요했다.

후지코는 원래 산가쿠슈겐山岳修驗[20]과 같은 종교적 성격이 강한 것으로 시조 가쿠쿄角行(1541~1646)는 단식행, 고립행, 불면행 등의 거친 수행을 여러 지방을 돌며 실행하는 순회 슈겐修驗 신자였다. 그러나 후지코는 에도의 정인 사이에 보급되면서 슈겐적이고 주술종교적인 것에서 근면, 검약, 선행, 정직, 효행 등의 통속도덕의 주장을 핵심으로 하는 것으로 변혁되었다. 미로쿠는 이러한 전환을 결정적으로 확립시킨 사람으로 근세 후기 후지코의 사실상 시조였다.

근면, 검약 등의 통속도덕은 견습점원으로 단련해서 한 대에 재산을 이룬 미로쿠가 상인으로서 체험한 생활경험에 깊이 뿌리박힌 것이었다. 미로

---

20 산에 틀어박혀 엄격한 수행을 함으로써 깨달음을 얻는 것을 목적으로 하는 일본 고래의 산악신앙이 불교에 도입된 일본의 독특한 종교.(역자주)

쿠의 속명은 이토 이혜에伊藤伊兵衛라고 하고 1671년 이세노쿠니伊勢国 이치시군一志郡의 산간 마을에서 농민의 아들로 태어났다. 13세의 봄날 에도로 나와 친척집인 의류잡화 상점에서 견습점원을 시작했다. 그후 불쏘시개, 차주머니, 남포불 심지 행상을 시작했고, 나중에 기름잡화 상점을 열었다. 미로쿠는 열심히 장사해 가업이 번창하였고 종업원도 고용하고 굉장히 유복했다. 소위 이세상인伊勢商人의 한 사람으로서 꽤 성공한 사람이었다. 17세 때 미로쿠는 게쓰교 소쥬月行創仲와 만나서 후지신앙에 입문하고, 그 이후 매년 6월 15일에는 후지산에 올라 매일 두 번씩 목욕재계라는 정화의 례를 계속했다. 후지신앙은 미로쿠가 상인으로서의 성공을 지탱해준 정신적 기반이었다. 그 동안의 사정을 미로쿠는 "17세부터 신의神意의 길인 후지신앙의 선배 안내자인 게쓰교 고톤도月行言人를 스승으로 의지하고 …후지 센겐대보살의 고마움을 몸소 체험하며 매일 조석으로 두 번의 목욕재계를 실행했다. 이런 신앙심의 가호로 세월과 더불어 녹봉이 높아지고 금은 부귀의 기원이 성취되었다"[21]고 술회했다.

평범한 일상도덕의 실천을 주장하는 민중사상은 18세기 초기인 겐로쿠·교호시대에 삼도三都(도쿄, 오사카, 교토)의 정인 사회에서 시작되어 점차 각지로 확산되어 갔는데 미로쿠의 사상도 그러한 동향의 선구적인 것 중의 하나였다. 미로쿠는 성실한 태도로 가업에 힘쓰는 것을 무엇보다 중시했다. 미로쿠는 유훈 중에 종래의 후지신앙이 '중생을 홀리는' 주술적인 이익신앙이었던 것을 비판하고 그것에 이어 자신의 입장을 "근로노동은 주야로 면면히 준비되어 있는 가업에 충실하고 사민(백성) 속에 들어가 사람을 만만하게 보지 않도록 하라는 구전"[22]이라고 말했다. "신사참배보다 우선 오늘

---

21 「三十一日の御巻」村上·安丸 編『民衆宗教の思想』, 424쪽.

22 『富士の信仰』, 46쪽.

의 근무방식인 가업의 도가 중요하다"[23], "돈 버는 동안에 도움되는 믿는 마음은 열어 두어야만 한다"[24]와 같은 것도 마찬가지다. 미로쿠에 의하면 사원이나 신사에 참배하거나 또는 기부나 봉납보다도 매일의 직업노동을 근면하게 성실히 근무하는 것이 훨씬 중요하다. 참배나 기부에 많은 액수의 돈을 낭비하기보다 타인에게 베푸는 쪽이 더욱 값어치 있다. 기부나 봉납을 위해서 "가덕家德을 줄이고 지지 않으려고 일하는 것은 신불의 도의 가르침에도" 없고 그것은 기성종교의 타락 원인이 되어 있다.[25] 진정한 신앙인에게는 액년厄年(운수가 사나운 해─ 역자)이라는 것도 없다.[26] 슈겐 신도, 무속인, 불교 등에서 주술적인 이익신앙[27]은 비합리적이고 위선적이다. 그렇지만 이와 같이 주장하는 것이 민중의 현세이익에의 강한 소원과 희망을 부정하는 것은 전혀 아니다. 그저 현세이익은 주술적 권위나 운명이 좌우하는 것이 아니라 일상의 성실한 생활태도에 의거하고 있는 것이다. 부귀는 성실하고 근면한 직업노동의 성과로서 얼마든지 얻을 수 있고 또 그 범위에서 지극히 정당한 것이다. 미로쿠는 이러한 현세이익 사상을 '나타나게 하시다'라고 교묘히 표현했다. 무사는 주군을 충성스럽게 섬김으로써 "오늘보다 내일 직접 나타나게 하시다"는 것이고, "농공상은 그 신분의 가업에 게으름 없이 근무할 때에 오늘보다 내일 부귀자재의 신분으로 나타나시는 이치"가 분명하다. 현세에서 열심히 노력하는 것은 후세에서 "나타나게 하시다" 할 것이고 노력하지 않는 자는 "태어나 뒤처질 것"이다.[28] 부귀빈천

---

23 「三十一日の御巻」, 『民衆宗教の思想』, 431쪽.

24 앞의 책, 444쪽.

25 앞의 책, 439~440쪽.

26 앞의 책, 447쪽.

27 신앙함으로써 효험이 있다고 믿으며, 좋은 일이 일어날 것을 전제로 믿는 신앙.(역자주)

28 앞의 책, 429쪽.

은 자신의 노력여하에 따른 것이므로 그런 의미에서 부귀는 '자재自在(마음의
번뇌의 굴레에서 벗어나 무엇이든지 마음대로 할 수 있는 능력— 역자)'이다. 직업노동의 성
과로서 얻은 금은은 조금도 천한 것이 아니다. 미로쿠에 의하면 사람들은
재화를 사회 전체에 도움이 되게 하기 위해서 "금은의 중요한 역할을 다한
것"으로 받아들이고 있고[29] "금은은 덧없는 세상을 건너는 뗏목 배"[30]였다.

그렇지만 이와 같이 일상적인 통속도덕의 진지한 실천에 최고의 가치
를 두기 위해서는 무엇보다도 사람들이 기성종교의 주술적 권위에서 해
방되고 통속도덕의 실천주체로서 인간의 내면적 권위가 확립되어야 한다.
그것은 인간 '마음'의 권위를 주장하는 것이고, 일종의 유심론적인 세계해
석에 도달하는 것이었다. 미로쿠는 일본 민중이 무엇보다 전통적인 의식
인 산악정토관, 도미稻米(벼)=미륵관, 그리고 즉신성불관即身成仏觀(내세를 기다
리지 않고 이승에서 산 채로 부처가 되는 일— 역자) 등을 배경으로 해서[31] 이러한 전환
을 수행했다.

미로쿠에 의하면 후지산은 세계의 근원이고 만물은 후지센겐대보살에
서 생겨난 것이기 때문에 그 의미에서 만물은 센겐대보살의 화신이다. 특
히 쌀과, 쌀을 주식으로 살아온 인간은 보살이다. 쌀과 인간을 보살이라고
하는 사상은 되풀이하여 나타나는 중요한 것으로 "무릇 인간은 八十八=米
의 참된 보살을 나날이 신체에 거둬들인다"거나 "센겐대보살은 인체, 일불
일체" 등으로 표현된다.[32]

이와 같은 사고방식은 산악정토관, 도미稻米=미륵관, 즉신성불관 등의

---

29   앞의 책, 438쪽.
30   伊藤堅吉, 『富士講のおうた考』, 30쪽.
31   『ミロク信仰の研究』, 150쪽.
32   「三十一日の御巻」, 『民衆宗教の思想』, 428쪽.

전통적 의식을 계승한 것이다. 그러나 미로쿠는 전통적 의식을 그대로 수용하고 있는 것이 아니다. 정말로 미륵세상에서 쌀과 인간은 보살이고 쌀이 풍부하고 인간이 행복한 사회가 미륵세상, 즉 이상세계이지만 그러한 사회는 인간의 노력에 의해 이루어지는 것이며 이 노력이라고 하는 주체적 계기를 강조하는 곳에 미로쿠의 독자성이 있었다. 그리고 이 노력이라는 주체적 계기를 무엇보다 중시했기 때문에 인간생활을 둘러싼 다양한 주술적 권위는 모두가 사라지고 쌀과, 벼를 재배하고 쌀을 먹는 인간의 현실생활 그 자체에 최고의 가치를 두었던 것이다. 일단 노력=통속도덕의 진지한 실천에 최고의 가치를 두고 보면 실천자로서의 인간이야말로 최고의 존재이고 다양한 주술적 권위는 실추하지 않을 수가 없다. 이러한 미로쿠는 거의 신을 모욕하는 어조로 "신은 몸체가 없다. 내 마음은 몸체를 갖고 말한다."[33] "인간으로 태어나 귀한 것이란 그 신체로 마음을 잘 행하면 신불에 가깝다. 이것은 모두의 마음은 하나"[34]라고 말했다. 이러한 입장에 서면 후지산 정상에 센겐대보살이 존재하든지 정상 부근에 정토가 있다는 것도 기

---

33 앞의 책, 431쪽.

34 앞의 책, 434쪽. 또한 주18 등에서 쌀과 인간을 등치하고 그 위에 이 두 개에 지고한 가치를 두는 생각은 안도 쇼에키나 니노미야 손토쿠의 연구에서 '유물론'이라 일컬어지는 견해에 유사한 것에 주의하고 싶다. 쇼에키는 이미 쌀로 환언해서 "쌀은 이 몸이다. 이 몸은 쌀이다. 이 몸은 만사만도의 근본이다. 이 몸의 근본이 쌀이라면 바로 일체의 만사는 쌀의 다른 이름"이라 말하고 있는데, 이것은 또한 쌀에 지고의 정신적 가치를 두는 것과 직결하는 것으로 "쌀은 신이다. 고메가미 동음이다. 신은 사람을 주재하는 묘한 신"이라고 주장한다(『統道眞傳』). 쇼에키는 틀림없이 일체를 쌀에 환언하는 것으로서 일종의 '유물론'적 세계 해석을 시도했던 것인데, 그러나 쌀은 물질이라는 것과 더불어 지고의 정신성을 갖는 것으로 그런 의미에서 쇼에키의 입장은 '유물론'이 아니었다. 생각건대 이러한 견해가 가능하게 된 것은 쇼에키가 모든 권위를 부정해 농경노동에 지고의 가치를 두었기 때문이다. 농경노동은 물질적임과 동시에 정신적이기도 한 인간의 행위이기 때문에 거기에서 생겨나는 쌀도 물질적임과 동시에 정신적이기도 한 존재인 것이다. 이와 같이 생각하면 예를 들어 165쪽에서 인용한 "신은 몸체가 없다. 내 마음의 몸체를 갖고 말한다"는 '유물론'적 입장과 쇼에키의 '유물론'적 입장 사이에는 그다지 큰 간격이 없는 것이 이해되리라 생각한다.

껏 비유에 지나지 않는 것이 되고, 자연적·주술적 존재에서 인간의 마음으로 신성神性이 옮겨진 것이다.

> 후지산에 올라보면 아무것도 없다. 좋음도 나쁨도 내 마음에 있다.
> 극락 천리도 멀다고 생각하지 말아요. 바로 길을 가면 한 걸음도 안 된다.
> 극락을 어찌 보면 내 몸이고 안락하게 생각하면 마음도 즐겁다.[35]

위의 인용에는 어떠한 신비성도 주술성도 없다. 센겐대보살도 극락정토도 중요한 것은 인간의 마음 — 진지한 생활태도의 문제이며 인간이 노력해서 행복한 생활을 하면 그것이 극락인 것이다.

전술한 바와 같이 미로쿠는 1733년 후지산 에보시다케烏帽子岳에서 31일간의 단식 끝에 입적했지만 그때에 미로쿠가 얘기한 최후의 발언은 '정직, 자비, 정, 부족不足'이었다고 한다. 미로쿠가 재산을 털어서 '미치광이 미로쿠, 거지 미로쿠'라고 비하당하면서도 열광적으로 포교해 마침내 문자대로 생명을 건 교설은 이러한 가장 평이한 일상도덕이었던 것이다. 이러한 도덕이 진지하게 실천되면 미륵세상이 도래할 것이며, 게을리 하면 절망적인 파멸이 찾아온다. 근세 후기의 후지도不二道에서도 통속도덕이 완전히 실현된 행복하고 평안한 사회라는 의미로 미륵세상이라는 단어가 종종 사용되었다. 고타니 산시의 어록에 보이는 "세상을 미륵으로 만들어 언제가 다시 / 같은 운정雲井의 달을 바라본다", "신의 문을 열어 처음으로 화목한 세상에 / 널리 효의 길을 연다"[36]와 같이 말하는 것도 그러한 입장일 것이다.

---

35 『富士講のおうた考』, 15 12 17쪽.
36 法月俊郎 編, 『鳩ヶ谷三志翁語録』 10, 18쪽.

3

미륵세상의 관념이 위에서 말한 것과 같이 통속도덕이라는 주체적 계기와 결부된 것은 중요한 의미를 갖고 있었다. 왜냐하면 이 결합에 의해 미륵세상의 관념은 지금까지 막연했던 해방의 환상에서 통속도덕의 진지한 실천을 기준으로 한 사람들의 생활을 비판하는 논리로 전환하기 때문이다. 이 결합에 의해 미륵세상을 바라는 절박함은 사람들에게 생활태도의 근본적 변혁을 요구하는 논리가 되었다. 그렇지만 이러한 통속도덕을 기준으로 하는 비판의식은 봉건제도와 직접적으로 대립하는 것이 아니었다. 통속도덕의 진지한 실천은 모든 백성이 각각의 '가업'을 성실히 완수하는 것이며 그런 의미에서 오히려 불평을 말하지 않고 봉건적 질서에 자발적으로 복종하는 것이다. 불평하지 않고 겸허하게 인종하는 것은 통속도덕의 중요한 단면이다. 미로쿠 이하의 후지코 신자들은 사농공상의 신분질서나 남녀와 부자의 가부장제적 질서도 명확히 인식하고 있었다.

그렇지만 미로쿠는 한편에서 이와 같이 신분제적 질서를 자명한 것으로 승인하면서도, 다른 한편에서는 신분제 질서의 어딘가에 위치 지우려고 인간은 본질적으로 평등하다고 강하게 주장했다. 예를 들어, 미륵사상의 한 가지 혁신성은 여성멸시관과 여성예오관女性穢汚觀을 부정했다. 이러한 인간적 평등관은 미로쿠 사상의 위대한 특질로 인간의 마음에 무한한 가능성을 찾아내고 노력하기만 하면 인간은 신불에 가깝다고 전술한 견해의 필연적인 귀결이었다. 그렇지만 미로쿠는 앞의 인용에 이어서 곧바로 여자는 '삼종三從'[37]을 공경하라고 역설하고 있다. 여성이 '삼종'을 공경해야 할

---

37 여성의 생애를 통한 종속적 지위를 나타낸 도덕적 가르침. 여성은 결혼하지 않았을 때는 부모를 따르고, 결혼하면 남편을, 남편이 죽으면 자식을 따라야 한다고 하였다.(역자주)

것과 남녀가 그 본질에서 평등하다는 것은 미로쿠에게 결코 모순되는 것이 아니었다. 결국 여성은 자각적으로 '삼종'을 공경함으로써 자각하고 노력하는 인간으로서는 평등하고 동시에 현실에서는 보다 강한 신분제적 질서에 빠져버린 것이다. 미로쿠에게 인간은 모두 신분제적 질서의 어딘가에 있다는 의미에서는 신분제적 존재이지만, 신분제 질서의 어느 장소에 있든 자신의 책무를 최선을 다해 성실히 완수한다고 하는 성실함과 열성에 있어서 본질적으로 평등한 가치를 갖는 존재이다. 후자의 의미에서는 사농공상이나 남녀, 어떤 구별도 없이 그저 자기규율을 어디까지 철저히 완수하고 있는가라는 정신적 구별이 있을 뿐이다.

이와 같이 생각해 보면 미로쿠의 사상은 사회조직으로서의 봉건제와 조금도 모순되지는 않는다. 오히려 봉건질서에 자발적인 복종을 역설하는 점에서 지배계급에게 좋은 것이었다. 근세의 후지코는 봉건제도를 비판한 것이 아니라 전체로서는 봉건지배에 협조적이었다. 그렇지만 그럼에도 불구하고 현실사회에 대해 하나의 일관된 사상적 입장에서 문제시하는 운동을 아래로부터 전개하는 것은 지배계급에게 불길한 것이었다. 왜냐하면 사회체제를 관통하는 원리를 민중자신이 하부로부터 문제로서 거론하고 있기 때문이다. 현실에서는 신분질서를 옹호하고, 관념적으로는 인간의 본질적 평등을 역설한 것은 원래 유교사상의 본질이기도 했다. 그러나 유교에서는 신분제도 속에서 덕을 실현하는 능동자는 지배계급이며 민중은 수동적이다. 신분제도의 어느 위치에 있든 인간은 본질적으로 평등하다. 뜬소문(비어적)으로 위에서 말한 것과 아래로부터 광범위한 민중이 확신하는 것과는 크게 다를 수밖에 없다. 신분제도는 부정되지 않지만 지배계급의 관념상의 특권은 잃어버리고 민중은 자신이 생각하는 자기의 내적 권위에 기초해서 행동하기 시작했던 것이다.

후지코는 조금 전에 이야기한 쇼시치와 덴쥬 사건을 계기로 막부말기에 엄격한 탄압을 받았지만, 그 때 권력자의 염두에 있었던 것은 민중 자신이 사회체제의 사상적 원리를 고찰하는 것에 대한 공포였다. 이 직소사건을 취조했던 관리의 다음 발언은 이 점에서 흥미가 깊다.

어느 쪽이든지 정인과 농민 신분으로는 그러한 뜻이 있어도 상부에 전달하지 못한다. 승려라고 일컬어지는 자, 또 신관이나또 가르침에 대해서는 성당聖堂을 지어 공의公儀의 가르침을 담당하고 이곳에 의지하고 수행해서 세워야만 할 도의는 가르치도록 하야시 다이가쿠노카미林大學頭에게 맡겨졌다. 미로쿠의 가르침이 무엇인지가는…

천자천하라고 말하는 것은 정인농민은 한 마디로 천한 신분으로는 처리할 수 있는 것이 아니다.[38]

막부 관리도 후지코의 주장이 사상내용에서는 부당하지 않은 것(지배이데올로기에 일치하는 것)을 인정하지 않을 수 없었다. 그러나 그럼에도 불구하고 사회체제 전체의 사상원리를 정인이나 농민의 입장에서 생각하고 논하는 것 자체가 부당한 것이다. 이데올로기 문제는 막부의 문교정책을 관장한 하야시 다이가쿠노카미에게 맡겨놓고, 그 문제를 민중이 '새로운 규칙'으로 자유롭게 생각하기 시작했을 때, 애당초 그것이 반체제적 성질이 전혀 없을지라도 근세봉건사회는 이미 태평스럽게 안주할 수 없게 된다.

그렇다면 사회체제의 사상원리를 민중자신이 생각하기 시작한 것이 왜 위험할까? 그것은 현실의 신분제적 권위에 대해 관념세계에 한정되지만 사상원리라는 우월한 권위가 민중 속에서 성립하기 때문이며, 애초 봉건체제

---

38 『富士の信仰』, 252쪽.

와 대립하지 않는 사상도 언제 비판 논리로 바뀔지 알 수 없기 때문이다. 후지코의 수행자들이 미륵세상의 실현을 막부 권력자나 천황에 기대한 것은 그들이 봉건지배에 대해서 너무나 쉬운 환상을 갖고 있었고 봉건체제를 비판하지 않았던 점도 보여주고 있다. 그럼에도 불구하고 하나의 사상원리가 성립하면 그 입장에서 현실사회를 비판적으로 바라보고 신분제의 권위보다도 사상적(종교적) 신념의 권위를 믿는 인간을 만들어갈 가능성이 생긴다. 후지코의 시조 가쿠교角行는 '천하태평 국토안온 만민쾌락天下泰平國土安穩萬民快樂'의 사명감을 갖고 이 세상에 탄생했다고 간주되고 있지만, 이 사명감 때문에 가쿠교는 '천하의 역할', '신의 자손의 역할', '국왕의 역할'[39] 등을 되풀이해서 서술하였고 미로쿠도 자기 자신을 보살이라 불렀는가하면 한편에서는 '왕'이라 부르고 자신의 처를 '미코女御', 딸을 '히메姬'라고 호칭했다.[40] 이것들은 모두 구세의 예언자로서 사상적·종교적 권위를 선언한 것이며 그러한 관념상의 권위가 현실의 신분제적 권위에 우월하다고 주장한 것이다. 자신의 사상적 권위를 현실의 정치적 권위보다도 우월시하는 태도는 '혁명' 설을 부정한 근세 유교에는 매우 적었다. 후지코에서도 이러한 관념이 충분히 발전했다고 말할 수는 없지만, 마루야마교나 오모토교의 현실적 비판은 이러한 관념의 발전 없이는 생각할 수 없다.

후지코의 변혁적인 측면은 아직 충분히 발달하지 못했으며, 전체로서 봉건체제를 하부에서 옹호하는 사상이었다. 그럼에도 불구하고 미륵세상 이라는 이상세계를 민중자신이 아래로부터 구상構想하는 범위에서 변혁적 계기를 잉태하고 있었다. "한나라 장각張角·황건黃巾이라는 도적도 처음에

---

39 「角行藤佛イ 杓記」, 『民衆宗教の思想』, 478쪽.

40 『富士の信仰』, 48~49쪽.

는 이와 같은 자가 아니었을까"[41]라는 슈겐受驗 신자의 비판은 깊은 진실을 함의하고 있다고 생각한다.

3. 마루야마교丸山敎의 성립

마루야마교는 후지코의 하나인 마루야마코丸山講를 배경으로 1868년에 성립하여 1880년대 후반에 폭발적인 발전을 이룬 특이한 신종교이다. 후술하는 바와 같이 1880년대 후반에 시즈오카현靜岡県, 나가노현長野県, 아이치현愛知県 등을 중심으로 발전한 것으로 곤민당이나 빈민당의 운동과 서로 관련하면서 요나오시世直し(세상을 바로잡음)적 성격을 가졌다. 막부말기에서 메이지시대에 걸쳐 성립한 민중적 신종교에는 원축적 과정의 폭풍에 휩쓸려 몰락해가는 민중입장에 서서 요나오시적 성격을 갖고 있었다. 1868년에 덴리교天理敎, 1880년대 후반에서 1890년대 초두의 마루야마교, 메이지 중기 이후의 오모토교大本敎가 그것이다. 이러한 신종교는 태평천국이나 동학당과 비교할 만한 것도 없는 작은 것이며 사상적으로도 미숙한 점이 많았다. 또 너무나 쉽게 천황제 이데올로기와 타협하고 융합한 점에서도 커다란 문제가 있다. 그러나 일본 민중이 무엇보다 토착적인 의식에서 출발하여 변혁적인 사상형성을 시도한 민중사상의 날갯짓으로서는 흥미진진한 것이다.[42] 우선 마루야마교의 교조인 이토 로쿠로베伊藤六郎

---

41 앞의 책, 259쪽.

42 패전 후의 일본에서 평화운동에 적극적으로 참여한 반체제적인 종교는 오모토교(大本敎), 마루야마교(丸山敎), 일본산묘법사(日本山妙法寺) 이상의 3개이다. 그런데 이 세 개는 패전 이전에는 무엇보다 파쇼적인 종교였다. 또 일본산묘법사에 대해서는 모르겠지만 오모토교와 마루야마교는 그 성립기에 있어서도 무엇보다도 강한 요나오시적인 종교였다. 한 마디로 말하면 이러한 종교들에는 좌에서 우, 우에서 좌로 격렬하게 요동치는 성질이 있는 연유로 그 점을 올바르게 이해해야 한다.

兵衛의 자기형성 과정을 분석하고 이어 개교開教 과정의 의미를 생각하고자 한다.

1

마루야마교의 종교사상을 분석해보면, 그 중요한 내용이 개조인 이토 로쿠로베에가 세속생활 속에서 구축한 신념과 이상적 신의 이름에 의해 표명한 것에 다름 없음을 알 수 있다. 원래 마루야마교의 종교사상에는 다양한 요소가 포함되어 있지만 신학적 외피를 걷어내 보면 그러한 부분이 더욱 중요한 위치를 차지하고 있다. 그리고 그 주요한 것을 '마무리, 공경함, 즐거움'으로 요약하면 통속도덕에 지나지 않는다. 따라서 이러한 통속도덕이 개교에 이르기까지 로쿠로베에의 생활 속에서 어떤 의미를 지니고 있었는지를 물어보았다.

로쿠로베에는 1829년 무사시노쿠니武藏野国 다치바나군橘樹郡 노도 마을登戶村의 빈농에서 태어났다.[43] 유소년기의 로쿠로베에는 그다지 튼튼하지 못한 얌전한 아이로 근처의 후지즈카富士塚[44]에서 신앙심 놀이를 좋아하는 아이였다. 마침내 마을안 사찰의 주지승에게, 나중에는 호키노쿠니伯耆国의 낭인에게 이로하(いろは歌 47자의 첫 세 글자— 역자), 백인일수百人一首(100명의 뛰어난 가인歌人의 와카和歌집— 역자), 주판, 실어교, 동자교 등을 배웠다. 그리고 특히 '보로사라헤'라는 별명이 붙은 호키의 가난한 낭인한테는 실어교, 동자교를 배운 것에 깊은 감명을 받았다. 이 유소년 시절의 교육은 로쿠로베에의 일생을 관통하는 사고의 틀을 규정한 것이었으며 그는 실어교와 동자

---

43 이하 로쿠로베에의 전기적 기술은 주로 柚利淳一, 『丸山教祖伝』에 의한다.
44 후지신앙을 바탕으로 후지산을 본떠 조영된 인공산 또는 무덤.(역자주)

교의 통속적인 봉건윤리 이상으로 합리적인 사상을 배울 기회를 갖지 못했다. 14세 때에 이웃 마을의 기도코로城所 가문에 머슴살이로 들어가 이토 가문의 데릴사위가 될 때까지 9년간 착실하게 머슴 생활을 보냈다. 머슴이라고는 하지만 기도코로 가문은 숙모의 친정집으로 가족의 일원에 가까웠을 것이며, 그 집에서 근무하고 있던 꼼꼼한 숙모로부터 깊이 감화받았다. 1852년 24세의 로쿠로베에는 자신의 마을인 노도의 이토 가문에 데릴사위로 들어갔다. 이토 가문은 '택지 7묘畝, 자작논 5단, 소작논 5단, 그 밖에 밭 3단 정도'의 농민으로 이 지방에서는 중상위층 농가였다. 그 외에도 로쿠로베에는 술과 잡화를 파는 소매업과 땔감을 중매하는 일도 하였고 말 운송駄馬으로 에도와 거래도 하였다. 땔감을 말에 실어 에도로 운반하는 거래는 이 지방에서는 일반적인 것인데 돌아올 때의 짐은 거름통이었다. 로쿠로베에도 데릴사위가 된 날부터 매일같이 말을 끌고 에도로 왕래했다. 아내 사노는 품삯을 받고 베를 짰다.[45] 이 지방에서는 막부말기에 이미 상품경제가 상당히 발전하여 계층분해가 진전된 지역이며 로쿠로베에의 실생활에 필요한 소상품 생산자적·소영업자적 성격은 근로를 귀히 여기고 금은(재화)을 중시하는 사상으로서 교의教義 속에 반영되어 있었다.

로쿠로베에는 6세, 15세, 25세에 세 번 큰 병에 걸렸는데 그때마다 후지코의 기도에 의해 완쾌되었다고 한다. 후지코는 에도 시내에서 점차로 주변부 농촌으로 보급되었지만 마루야마코가 발생한 것은 1750년대였다고 한다. 로쿠로베에의 생가 근처에 후지센겐富士浅間 신사를 권청勧請(신령의 영을 청하여 맞이함— 역자)한 후지즈카가 만들어진 것은 18세기 전기로 그의 생가도 참배전의 정화의례에 필요한 데아라이이시手洗石를 기부하기도 했다. 또 로

---

45 『丸山教祖伝』, 24~25쪽. 当麻成志, 「丸山教団の発展と土着化過程について」(『地理学評論』 31—8), 14쪽.

쿠로베에의 부모와 그가 9년간 머슴살이한 기도코로 가족은 후지코의 열렬한 신자였다. 그러므로 로쿠로베에는 어릴 적부터 후지신앙—마루야마코의 종교적 환경 속에서 지냈다. 로쿠로베에 자신은 25세 때의 큰 병이 마루야마코 선도자의 기도로 완쾌했기 때문에 마루야마코의 열렬한 신자가 되어 후지난쿄富士南経(후지 신앙의 교전教典)를 읽고 후지코의 신언神言(나무아미타불)이나 미누케身抜(고통에서 벗어나기 행하는 언행— 역자)를 외웠다. 질병은 근세 후기 이후에 전개하는 새로운 종교 활동에서 회심回心(과거의 생활을 뉘우쳐 고치고 신앙에 눈을 뜸— 역자)이 가장 중요한 계기였다. 구로즈미, 곤코, 덴리, 오모토 등의 여러 교단으로 신앙의 길에 들어간 동기에는 질병이 압도적으로 많은데 구로즈미교나 곤코교의 경우 개조가 거의 죽게 된 큰 병이 종교를 개창하는 직접적인 계기였다. 이렇게 여러 종교에서 질병은 육체적인 병이라기보다 정신적인 병으로 정신적 변혁을 압박하는 것으로 여겼다. 원래부터 이러한 인식방법은 사람들이 정신의 어딘가에 위기 감각이 숨어있는 것을 전제로 하고 있었다. 질병은 이러한 위기감을 자각시키고 새로운 사상전개의 계기가 된 것이다.

큰 병을 계기로 후지신앙을 세계관적 근거로 삼으면서 로쿠로베에는 통속도덕을 지금까지보다도 한층 진지하게 실천하게 되었다. 그 경우 그가 실천해야만 할 덕목의 큰 틀은 이미 유소년 시절의 데라코야寺子屋(서당) 교육을 통해 부여되어 있었다. 로쿠로베에는 '보로사라헤'라는 별명이 붙은 학문적 스승에게 다음과 같은 가르침을 받았다고 한다.

하나, 농민은 아침저녁으로 별을 받아 허리를 굽혀 중요한 오곡을 생산해내는 자이다. 그러므로 옛날부터 사농공상이라 해서 서민庶人의 우두머리이다. 농업에 정성을 쏟고 경작에 힘을 들여 열심히 일하고, 또 타인에게나 연장자에게는 순응하고 부모에게 효행하고 가내 화목하게 일가친척의 가까운 사람

들은 두텁게 대하고 온 마을의 평화로움 …항상 검약생활을 지키고, 부리는 봉공인奉公人에게 은혜로…[46]

　당시의 데라코야에서 일반적으로 붓을 사용해 가나 글자나 한자를 연습하는 견본 교과서로 사용된 서간문과 마을의 책임공동체인 오인조五人組 장부의 머리말, 팻말高札 등은 어느 것이나 서로 비슷한 봉건도덕을 설명하는 것으로 앞서 인용문도 그 전형이다. 로쿠로베에가 진지하게 실천하려고 한 실천도덕의 큰 틀을 채우고 있다. 로쿠로베에는 나중에 "1868년경까지는 (즉 개교 이전까지는…주) 유년시절에 배운 서책을 실천하려고 생각하고 마음의 근신을 다했다"[47]고 술회했다. 로쿠로베에는 또한 데라코야에서 실어교実語教·동자교童子教를 배웠다고 하지만 이 두 개의 서적은 마루야마교의 기본 교전인 『오시라베御調』 속에 여러 번 되풀이하여 거론되어있다. 예를 들면, "실어교는 이것 모두 사람이 행해야만 할 실제의 법이다. 이것을 버리기 때문에…사람의 법도 세우지 못하는 어려움이 많다"(『오시라베』 메이지 22 구5·2)는 것과 같이 실어교와 동자교가 무엇보다 중요한 사상을 서술한 것이라 간주되었다. 이러한 주장만으로도 『오시라베』 전 8권의 주장을 신학적 장식으로 추론해 보면 통속적인 봉건윤리에 거의 포섭되었을 것이라 추정할 수 있다. 또 소박한 통속윤리를 고집한 로쿠로베에게는 메이지 정부의 교육정책은 외국의 바람에 오염된 부당한 것이었다. 후술하는 바와 같이 문명개화에 반대해서 전통사상의 순수화를 주장하는 것은 마루야마교(뿐만 아니라 덴리교, 오모토교 등도 동일)의 주장의 핵심이었다. 교육문제의 차원에서는 그 문제와 실어교·동자교 등의 통속적 봉건윤리 중심의 교육을 방기하

46　『丸山教祖伝』, 13~14쪽.
47　앞과 동일, 15쪽.

고 '공립소학교 등'을 세워 '외국의 서적을 배우는' 것에 대한 격렬한 공격이 있었다.[48] 실어교와 동자교 등을 최고의 서적이라 생각하고 "말기시대의 학자는 우선 이 책을 살펴야 할 것"(『오시라베』 메이지 22 구5·11)이라 서술한 곳에서도 로쿠로베에의 숙명적인 시야의 좁음과 소우주성이 나타나 있다. 그러나 거기에 통속도덕의 순수화라고 하는 형태를 통해서 이루어진 근대사회성립기의 민중적 사상형성의 특질이 응축되어 있다고 생각한다.

또 로쿠로베에가 가부키 연극을 보고 슬픈 부분에서는 드러내놓고 울었다고 하는 것[49]도 그의 도덕사상의 계보가 에도시대 서민의 통속도덕에 있었던 것을 추정하게 한다. 그러나 개교 이후이긴 하지만 로코로베에는 다음과 같은 연극, 인형극, 가요, 무용 등의 민간예능이나 관습에서 도덕적 의미를 건져내고 또 도덕적으로 의미 부여하려 했다. 즉

> 삼국전 선악을 표방한 연극, 인형극, 또 노래, 무용, 가구라神樂[50], 씨름, 이와 같은 것은, 실제 사실을 세상에 전하고 사실을 보는 거울이며, 사람들의 방에 놓인 실록이다. 연극은 선악을 보는 것, 가구라는 신대를 잊지 않기 위해, 씨름은 동서남북을 본떴다.(『오시라베』 메이지 22 구7·16)

로쿠로베에는 앞에서 인용한 것 외에도 정월, 오봉お盆(추석), 히나마쓰리雛祭り(3월 3일) 등의 행사에 사용되는 요곡을 비롯해 민중의 전통적 생활 속에 파고들어 있는 관습이나 문화에 대해서 반복하여 주목하고, 그것들을

---

48 "실어교, 동자교 등의 서적은 아마테라스 오카미(天照大神)의 기록에 있는 것이다. 우리의 존귀함을 버리고 공립소학교 등을 설치하고, 또 일본인민 모두가 외국의 서적을 배우는 까닭에 외국인이라 한다"(『御教伝』).

49 伊藤睦男, 『教祖さま』, 30쪽, 『丸山教祖伝』, 239쪽.

50 신에게 제사 지낼 때 연주하는 무악.(역자주)

통속도덕을 가르치는 방법으로 활용하려 했다. 이러한 태도가 소박하지만 전통적 관습 속에 혹닉惑溺(정신없이 푹 빠짐─ 역자)하는 것이 아니고 새로운 문화를 밖에서 일방적으로 끌어들이는 것도 아니다. 전통적 세계에서 출발하면서 자기 변혁을 지향하는 것이었다는 점을 주목해도 좋다고 생각한다. 오하라 유가쿠도 설날은 물론 그 밖의 민속적 행사에 독특한 도덕적 해석을 시도하고 있지만[51] 민중의 주체적인 사상형성에서는 이러한 시도가 불가피한 것이었다고 생각한다.

앞에서 서술한 통속적인 교훈들은 요컨대 근면, 검약, 효행, 화합, 정직, 겸양 등을 가르치는 것이다. 로쿠로베에가 그러한 통속도덕을 무엇보다 진지하게 실천했다는 것은 '미담'으로 다양하게 전해지고 있다. 물론 그러한 '미담'에는 교조전教祖傳(경전) 특유의 과장도 있겠지만 로쿠로베에의 통속도덕적 자기규율의 내용을 나타내는 것으로 흥미 깊다. 약간 사례를 들어보자.

(1) 숙모 집에 거주하고 있는 동안, 밤에 새끼를 꼬는 작업을 하루도 쉬지 않았다. 또 그 동안에 등나무 집신(제례나 연중해약 등을 하는 특별한 날에 신는다)을 줄곧 신었다.

(2) 농사 일은 다른 사람의 두세 배나 했다. 드센 말馬도 잘 다루어 논을 갈았다.

(3) 산에서 갓나온 숯과 장작에서 땔감을 빼내 파는 관습에 반대해 마침내 그만두게 했다. 순종적인 로쿠로베에가 이 사건에서만은 양아버지와 충돌했고 하루 종일 마구간에 들어가서 밖으로 나오지 않았다.

(4) 속옷 세탁이나 식사 준비는 스스로 했다. 식사는 생강과 고추를 반찬

51　千葉県教育会 編,『大原幽学全集』, 143쪽.

으로 먹었는데 그 이유는 매운 것은 조금만으로도 반찬이 되어 일손을 덜수 있기 때문이다. 단무지는 꼬리 쪽과 머리 부분만 먹었다.

(5) 타인과 다투거나 거스른적이 없으므로 '수양버들의 로쿠죠六藏'라 불렸다. 머리에 훈도시(일본 성인 남성이 입는 전통 속옷)를 휘감아도 성내지 않았다.

(6) 에도에 가는 도중에 "은어는 얕은 물에 산다, 새는 나무에 머문다. 사람은 정情(인간미 있는 마음, 배려, 상냥함) 아래에 산다"[52]라는 노래만 반복해서 불렀다. 다른 노래도 부르면 어떤가라고 하면 "나는 이 노래를 좋아해, 걸으면서 부르면 듣는 사람은 모두 새롭다"고 대답했다.[53]

로쿠로베에는 24세까지 머슴으로 그 이후는 데릴사위로, 특별히 인종과 겸양이 강요받는 입장이었다. 따라서 앞에서 서술한 바와 같은 생활태도를 규정하는 요인의 하나였다. 데릴사위는 집안과 마을에서의 발언권이 적고 보통 농민보다도 일 잘하고, 아주 조심스럽고 조신한 것은 보통이었다. 그렇지만 그러한 사정을 고려한 것에다 앞서 열거한 것과 같은 생활태도의 하나하나를 따져 보아도 그다지 색다른 것은 없다. 그것들은 일반 민중이 오랜 억압과 빈곤 속에서 습관화되어 온 극히 일반적인 생활태도였다. 일반 농민이 야간작업을 하루라도 빠지지 않았는지 어떤지는 별도로 하고 대체로 야간에 작업을 했고 어떤 의미에서는 '수양버들의 ××'였다. 성실한 일꾼은 어느 마을에도 있었으며 정직할 것이라는 것도 지극히 농민다운 생활태도였다. 하나하나씩 나누어 규율을 약간 완화해 보면(예를 들면, 매일 밤이 아닌 대체로 야간작업을 했다고 말하듯) 그것들은 '미담'이라고 할 정도의 것이

---

52 원문 鮎は瀬につく 鳥は木にとまる 人は情(なさけ)の下に住む.
53 『丸山教祖伝』, 16쪽 이하. 『教祖さま』.

아니다. 로쿠로베에는 그저 그러한 지극히 일반적인 생활태도(통속도덕)를 수미일관해서 보다 엄격하게 지켰던 것에 지나지 않는다.

근세 중·후기에서 메이지시대에 걸쳐 광범위한 민중에 의해 근면, 검약, 정직 등의 생활습관을 확립하는 것이 초미의 문제가 된 사정은 이미 서술한 바이다.[54] 즉 상품경제의 발전에 의해 계층분화의 늪에 당면한 소생산자들은 근면, 검약, 정직 등의 어려운 생활태도를 수립하는 것으로 집안과 마을의 몰락을 막고 부와 행복을 유지할 수 있다고 의식했던 것이다. 근면, 검약, 정직 등은 이미 상품경제의 소용돌이에 빨려 들어가고 있는 단계에서 몰락하지 않고, 상승하려고 하는 소생산자의 특유의 입장이 나타나고 있다. 거기에서는 인간답게 사는 것(도덕적으로 살아가는 것)에 생산력을 발전시켜 경제적 지위를 상승시킬 근거가 요구되었다. 인격적인 발전과 생산력의 발전이 굳게 결합하고 있는 곳에 근대사회 성립기의 소생산자에게 특유의 입장이 나타나고 있는 것이다.

위와 같은 의미에서 광범위한 민중 사이에 이미 일반적인 것이 되어있었던 생활태도를 로쿠로베에는 그저 보다 엄격하게 수미일관해서 실천했다. 그러므로 민중의 일반적인 생활태도와 로쿠로베의 그것은 그저 근소한 차이밖에 없었다. 그렇지만 그 근소한 차이가 갖는 무거운 의미는 충분히 주목해야 한다. 왜냐하면 이러한 생활태도를 엄밀하게 수미일관해서 지켜온 확신이야말로 민중적인 사상형성의 기초이기 때문이다. 이러한 생활태도를 엄밀하게 지켜내는 것이 매우 곤란하며 강인한 자기규율이나 자기통제 없이는 불가능하다. 그렇지만 자기규율이라는 것은 공동체적·민속적 관습 속에 안주하고 있었던 민중에게는 몹시 낯선 것이었다. 그러나 새로운

---

54 이 책 제1장 참조.

민중적 실천도덕이 사람들의 긍지가 되었을 때에 그 속에는 겸양·인종忍從·자기억제 등이 중요한 구성요소로서 포함되어 있었음에도 불구하고 그것은 반드시 수동성이나 자기주장의 결여를 의미하는 것이 아니었다. 언뜻 보기에 수동적인 이들 덕목을 일관되게 실천하기 위해서 사실은 강인한 자의식을 필요로 했다.[55] 로쿠로베에도 민중적인 여러 사상가와 마찬가지로 겉으로는 지극히 온화하고 겸양한 사람이면서 내면으로는 굉장히 의지가 강하고 고집이 센 사람이었다. 그것은 좀 전의 열거 내용 속에서도 나타나 있지만 나중에 로쿠로베에는 "나도 옛날에는 꽤 강했습니다. 타인과 언쟁은 하지 않았지만 뱃속은 꽤 고집이 강했다니까요. 점점 단련하다보니 약해졌다"[56]고 말했다. 이러한 '뱃심'의 강함이 앞서 기술한 바와 같은 생활태도를 완고하게 지키게 하는 기초다. 마루야마교의 수행은 "겁 많은 자는 해낼 수 없다"[57]고도 말하고 있지만, 그것은 마루야마교의 특수한 거친 수행에만 해당하는 것이 아니다. 로쿠로베에는 술이 쎄고 축제음악에 참여하는 것을 좋아했다고 하니까 생명력이 넘친 터프한 인간이었을 것 같지만, 근면, 검약, 겸양 등은 이러한 사람의 강인한 자기규율에 다름 없다. 그리고 이러한 자기규율을 굳세게 달성한 만큼 당장은 아직 개인도덕의 차원이지만 신념에 넘친 인간이 성립된 것이다. 머슴과 데릴사위로서 소극적인 생활태도에 익숙해진 사람이 이러한 생활태도를 강하게 타인에게 요구하는 것은 불가능하지만 마음속에서 이러한 은밀한 신념은 더욱 더 강인한 것이 되었다고 생각한다.

---

55 앞과 동일, 64~67쪽.

56 『丸山教祖伝』, 19쪽

57 앞과 동일, 280쪽.

2

　　마루야마교가 개교된 직접적 계기는 메이지유신과 아내 사노サノ의 병 때문이었다. 메이지유신에 대해서 로쿠로베에는 다음과 같이 말했다.

> 메이지明治라는 연호가 있다. 이전은 게이오慶應라는 연호를 썼다. 일본은 신국神国, 신풍神風이라 전해내려오는 이야기도 있고 신이 없다며 정신을 집중시키는 사람들도 있다…그러나 지금 세상은 칠흑 같은 어둠으로 변하여 여우, 도깨비, 허풍쟁이, 남색(여장 남자)의 기도하는 예수다, 그리스도교 다라는 소리 뿐이다.…(『오시라베』 메이지 23 구3·17)

　　위의 인용은 소박한 민간신앙적인 신도설神道說의 입장에서 메이지유신을 비판하고 있다. 메이지유신은 에도와 그 근방의 충직한 서민 입장에서는 '세상의 속임수', '천하의 혼란'으로 보였다. "민심이 끊어오를 때 양기陽氣는 다투는 것이다. 도쿠가와가 망하기 이전의 3년간은 양기가 없었다"(『오시라베』 앞의 인용과 동일). 즉 자연조차도 불길한 징후를 보였다. 메이지유신을 동반한 사회적 변동을 보고 로쿠로베에의 위기의식은 한꺼번에 불타올라 "천하태평과 오곡 성취로 널리 평민을 구조하기" 위해서 매우 어려운 수행을 시작했다.[58]

　　1870년 아내 사노가 큰 병에 걸렸다. 로쿠로베에는 진언불교의 부동행자(부동명왕不動明王을 모시는 신도— 역자)에게 부탁해 기도를 받았는데 그 때 부동행자가 접신을 하여 "나는 당가의 주인이 진심으로 믿는 곳의 센겐대보살"이라 말했다고 한다. 부동행자에 부탁한 것을 보면 아직 후지신앙이 속

58　앞과 동일, 62쪽.

세 신앙과 섞여 있었고 또 로쿠로베에 자신의 종교적 각성도 그다지 진전되어 있지 않았던 것을 알 수 있다. 그렇지만 아내 사노의 병은 결정적인 계기가 되었다. 사노의 병이 완쾌되어 신에게 감사기도를 드렸는데, 신이 기분 나쁜 투로 "앞으로는 나에게 기원"하라는 신의 말씀이 있었다. 그리고 후지富土에게는 고헤이幣束(신전에 올리거나 신관神官이 불제에 쓰는 막대기 끝에 흰 종이나 천을 끼운것—역자) 시메카자리注連飾(새해를 맞는 표지로 금줄을 쳐 장식함—역자)는 쓸모 없으므로 거둬내고 부동명왕不動明王과 싸우도록 명령받았다고 한다.[59] 이 때부터 로쿠로베에는 스스로 신의 소리를 듣게 되고 수행이 잦아졌다. "이제부터 자신이 주재하는 소원이 되고, 사람들이 연이어 찾아와 소원행위가 빈번해졌다…"(『오시라베』 메이지 23 구3·20). 로쿠로베에는 마음을 집중하여 신의 소리를 들으려 하고 신과 '동근동체同根同体'의 수행을 반복했다. 그리고 1870년 10월 '지신일심행자地神一心行者'의 칭호를 신으로부터 받았다. 근면하고 성실 정직하고 신중한 일개 농민 이토 로쿠로베에가 이 지상에서 신의 의사를 수탁받는 자가 되었던 것이다. 이어서 로쿠로베에는 '천인부조의 수행天人助けの修行'과 '만인부조의 수행万人助けの修行'을 실행하였다.

이것은 모두 후지난쿄富土南經를 외치면서 발끝으로 서서 빙글빙글 도는 것으로 '만인부조万人助け'의 경우 앞 쪽의 도표와 같이 쓴 깃발의 가장자리

---

59 앞과 동일, 76~78쪽.(『御調』 메이지 23 구3·20).

를 14일간 까치발로 걷는 것이다.[60] 발끝서기 수행은 가쿠교角行가 천하태평을 위해서 '천자의 역할天子の役', '신의 자손 역할神孫の役'로서 거행한 것으로[61] 거기에 후지신앙의 전통이 활용되고 있다고 할 수 있다. 작은 깃발의 둘레를 빙빙 돈다는 기묘한 주술적 행위 속에 담겨져 있는 것은 격심한 종말론적 위기의식과 '천하태평'이라는 장대한 목적이었다. "이 세상은 속임수"이며 "1870년에는 한 사람도 햇빛을 아는 사람이 없다", "1870년 …수행의 끝에 휘몰아쳐 온다"[62]는 것이었다.

로쿠로베에는 단식, 연행烟行(선향의 연기 위에 코를 덮어 연기를 참아냄 — 역자), 수행水行(물을 뒤집어 씀 — 역자)을 열심히 행하게 되었다. 그것을 위해서 가업을 게을리 하게 되고 경찰로부터 혐의를 받기도 했다. 1873년 5월 로쿠로베에는 처음으로 경찰에 구인되어 신앙생활을 그만둘 것, 사람을 끌어들이지 말 것을 명령받고, 벌금 1원 50전에 처해졌다. 그 때 4말짜리 기부함 2개를 계산하자 8원이었다고 하니 이미 상당한 수의 신자들과 함께 있었다고 여겨진다. 그러나 이 사건에 의해 그는 공식적으로 신앙생활이 불가능해지고 가족이나 친척에게도 신앙생활을 그만두도록 강요받게 되었다. 로쿠로베에는 정말로 신의 소리를 들었다고 믿고 있었지만 그것은 극히 일부의 신도만 받아들였다. 오히려 음사사교淫祠邪教[63]에 의한 사람 끌기, 가업태만 등을 이유로 경찰(국가권력) 및 집안(친척)으로부터 강한 억압을 받게 되었던 것이다. 경찰은 물론 원래 데릴사위인 로쿠로베에에게는 가문의 권위도 압도적인 힘으로 밀려왔다. 1873년부터 1874년에 걸쳐 그는 몇 번이나 재탄

---

60 『丸山教祖伝』, 84쪽.

61 「角行藤佛 村記」, 『民衆宗教の思想』, 478쪽.

62 『丸山教祖伝』, 89쪽.

63 국가권력이나 지배자에게 반체제적인 경향을 가진다고 간주된 민간신앙, 종교.(역자주)

생하는 수행을 거행하고, 또 한편에서는 자신의 사명을 해제해 주도록 신에게 기원했다. 예를 들면, 1873년 9월에는 자신을 본 떠 만든 삼단으로 된 떡을 만들어 땅에 묻고, 자신의 장례식 형태를 취하였다. 데릴사위의 일개 농민이었던 자신은 죽고 신의 소명을 받은 새로운 자신이 다시 태어나려는 것이었다. 또 1874년 4월에는 가족과 친척으로부터 신앙생활을 그만두지 않으면 인연을 끊겠다고 강요받고, 자신도 "제발 기회를 주시도록" 신에게 빌었다. 그 때문에 그는 신의 쇠사슬 속박으로 숨이 끊어질 상태가 되어 "세상의 인정에 끌리지" 않을 것을 맹세하고 겨우 용서받았다. 이러한 과정은 로쿠로베에가 찾아낸 신의 권위가 '가업'이나 국가의 권위와 충돌하면서 어떻게 해서든 그 권위를 확립하려고 몸부림치고 있는 과정이기도 했다. 그는 한편에서는 국가와 '가업'의 권위 앞에 두려워하고 동요하면서도 다른 한편에서는 그러한 자신을 질책하고 고민했다.

그리고 로쿠로베에의 내부적 권위와 외부적 권위의 결정적 대결은 1874년 재차 구인된 것에서 시작되었다. 이 해 4월 26일 21일간의 단식수행이 끝나는 날에 로쿠로베에는 미조노쿠치溝の口 경찰서에 구인되고 요코하마橫浜의 가나가와神奈川 재판소에 보내졌다. 메이지 초기의 민중에게 있어 경찰이 얼마나 두려운 존재였는가 하는 것은 말할 필요가 없다. 이번의 구인은 오래 걸렸다. 1874년에는 적어도 수십 명의 신도가 있었다고 생각되지만[64] 그들도 마을 관청에 불려나오거나 해서 신앙생활포기를 강요받았다. 로쿠로베에는 5월 27일 다양한 조합, 친인척, 마을관리가 연명한 "이 사람은 70세가 넘는 부모와 처자도 있다. 꽤 많은 농경지 경작도 해야 하고, 전답 관리도 해야 할 시기가 다가오고 있다. 모두가 탄식하고 있다."[65]

---

64 1874년 7월의 후지산 등정에 36인이 로쿠로베에를 따랐다.(『丸山教祖伝』, 191쪽.)
65 『丸山教祖伝』, 176쪽.

이런 내용의 탄원서를 제출하고서야 겨우 풀려났지만, 이미 자택에서 아무것도 할 수 없게 되어 "대나무로 만든 삿갓을 쓰고, 도롱이를 입고, 손에 지팡이를 손에 들"고 '히닌非人(천민) 수행'에 나섰다.[66] 그 후 로쿠로베에는 6월과 7월에 후지산에 올랐고 나중에는 은밀히 각지를 돌면서 수행을 계속했다. 이 무렵 시시노 나카바六野半(1844~1884)의 후지일산강사富士一山講社(산재한 후지코를 결집하여 1873년에 설립된 단체─ 역자)로부터 연합 요청이 있었고 신자 중에 동요가 일어난듯하다. 9월 은밀하게 '히닌 수행'을 계속하는 로쿠로베에에 대해 경찰의 감시가 엄해져 수행을 위해 머물고 있는 절에 밀정이 방문할 정도가 되었다. 로쿠로베에의 위기감은 정점에 달하고 후지산 속에서 입적을 결의하고 산에 올랐다. 그 때에 후지요시다富士吉田 기도사御師에게 남겼다는 다음과 같은 형태의 액자(도표 참조)는 그의 문제의식이 역시 천하태평에 의한 일반민중의 구제에 있었던 것을 나타내고 있다. 후지산 속에서의 입정은 미로쿠의 선례를 따랐던 것이겠지만 미로쿠의 차분하고 계획적인 입정과 비교하면 궁지에 몰린 황급한 것이었다. 로쿠로베에는 21일간의 단식으로 입정할 산에 올랐다. 그 무렵 산은 이미 눈에 덮여 동행한 우루시바라漆原 부부의 딸은 굶주림과 추위로 점차 쇠약해졌다. 20일의 단식을 거친 10월 12일 로쿠로베에는 "지금까지 명령을 어기지 않고 진력했습니다만 아이(신자를 가리킴)의 마음은 무너지고 세상은 암흑과 같고, 순사에게는 쫓기고, 우리 집안은 전혀 화목하지 못하고, 어느 것을 보아도 하산할 수밖에 없습니다.…여기에서 이 내 한 목숨을 거둬주시길" 신에게 빌었는데, 그때 "신과 맞먹는 대행자가 이토 로쿠로베에는 잠시 기다려라"라는 신의 말씀이 있어 "다시 태어난 것은 사람을 구조하는데 때를 맞출

---

66 앞과 동일, 178쪽.

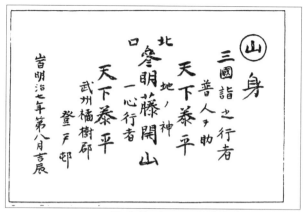

『丸山教祖伝』199쪽에서 인용한 도표.

수 없다, 어려움과 수고가 있겠지만 두려워하지 말고 수행하라"는 계시가 있었다고 한다.[67]

근면하고 성실, 정직하고 언행에 조심스러운 농민에 지나지 않는 로쿠로베에에게는 사회나 국가의 문제는 원래 자기 손이 미치지 않는 아득히 먼 문제였다. 현실사회에서는 극도로 한정된 지위와 역할 밖에 갖지 못하는 일개 농민이 천하국가를 논하고 '널리 사람을 돕는' 것이다. '천하태평'을 실현하는 것이라고 주장하기 위해서는 거의 무한한 비약飛躍을 필요로했다. 이 시대에는 종교만이 이러한 비약을 가능하게 했지만 종교적 형태속에서도 몇 차례인가의 비약 — 낡은 자신의 죽음과 새로운 자신의 탄생을 거쳐야만 한다. 로쿠로베에는 겸양하고 소심한 한 사람의 농민으로서는 끊임없이 자신과 전혀 상관없는 엉뚱한 과제로부터 벗어나 지극히 일반적인 '세상의 인정'의 세계(가족이나 마을의 소공동체)에 복귀하려고 하였지만 그때마다 그는 신의 말씀을 듣고, 위로 받기도 하고, 질책을 받기도 하면서 자

---

67   앞과 동일, 215~217쪽.

신의 사명을 새삼 자각했다. 까치발걷기 수행, 연기참기 수행, 물을 뒤집어쓰는 수행의 주술적 수행과 접신은 이러한 비약 ─ 종교적 권위 확립을 위한 불가결한 방법이었다. 오늘날의 우리들로부터는 작은 깃발의 둘레를 까치발로 빙빙도는 까치발걷기 수행도, 선향의 연기에 코를 대고 연기를 참아내는 연행도 너무나도 이상하며 무의미하게 보일 것이다. 그렇지만 다른 사람들에게는 불가능한 이러한 거친 행위에 자신만이 견뎌내고 그 특별한 수련을 통해서 신의 소리를 들었다는 체험이 일상적인 일개 농민에서 종교적으로는 최고의 권위를 가진 사람으로 비약시킨 것이다. 이리하여 로쿠로베에는 몇 번인가의 전생을 거쳐 국가권력(경찰과 관청)과 마을사람, 그리고 친척이나 가족에 대해서 뿐만 아니라 그 속에서 일상인으로서 생활하고 있는 자기 자신에 대해서 종교적 권위를 확립해 갔다. 앞서 말한 1874년 10월 12일 후지산의 8부능선에서 경험한 종교체험은 이러한 전생轉生을 결정적으로 한 것이며, 로쿠로베에가 종교자로서의 자기 확립을 거의 달성하게 되었던 것이다.

21일간의 단식수행을 끝내고 하산한 로쿠로베에는 그 소문을 듣고 요시다 길목에 찾아온 후지일산강사의 관장 시시노 나카바를 비롯한 일행과 회견했다. 후지코의 대연합 조직을 만들어 종교계에 웅비하려고 준비하고 있던 시시노는 이전부터 행력行力이 뛰어난 이 후지코의 신자를 눈여겨보고 있었다. 로쿠로베에는 그 후에도 각지를 돌면서 수행을 계속해 11월 28일에 비로서 귀가했다. 그날 밤 이토가문에서는 친척을 불러 신앙생활을 그만두지 않으면 이별도 어쩔 수 없다고 로쿠로베에를 몰아붙였다. 그러나 아내 사노는 품속에 넣어둔 칼을 꺼내 자신의 목에 대고 지아비의 신앙생활을 계속하게 해달라고 부탁해, 그의 신앙생활은 가족과 친척으로부터도 승인받게 되었다. 1875년 2월에는 후지일산강사에 정식으로 가입한 로쿠로베에는 그 대선달大先達(종교적 길 안내자, 경험을 가장 많이 쌓아 온 선배 수도자— 역자)의 지령을 받아 마루야마교 교회본부를 노도 마을의 자택에 두었다. 로쿠로베에의 활동은 공인되고 경찰의 눈을 무서워할 필요도 없어졌던 것이다. 로쿠로베에는 괴로움에 아우성치면서도 자신의 외부적 권위의 속박에서 스스로 내부적 권위를 탈각시키고 주위 사람들에게 승인받은 것이다. 그 후에 남겨진 것은 활발한 종교활동이 있을 뿐이었다. 마루야마교는 1875년부터 급속하게 발전하였다.

4. 마루야마교의 요나오시世直し사상

시시노 나카바의 후지일산강사에 소속한 이래 마루야마교는 급속한 발전으로 향했다. 1879년 로쿠로베에는 교도직教導職(메이지 초기 신도국교화 운동을 위해 설치된 종교관리— 역자) 시보試補(관청 등에서 어떤 관으로 임명될 때까지 사무 견습을 하는 자— 역자)에 임명된다. 1880년에는 신도 10만에 달한 축제를 거행했다. 2년 후인 1882년 11월 로쿠로베에는 시시노 나카바와 같이 시즈오카静岡 순례포교에 나서 각지에서 신자들의 열광적인 환영을 받았다. 신자들은 손에 '천하태평' 또는 '천리 인도를 명확히 한다'라고 쓴 깃발을 들고 로쿠로베에를 맞이했고, 신자에 둘러싸여 몸도 가누기 힘들 정도였다. 시즈오카현에 마루야마교가 들어간 것은 1879년과 80년부터인 것 같은데 이 순례포교를 계기로 폭발적으로 발전했다. 이하 이러한 폭발적 발전을 지탱한 요나오시 사상의 성격을 검토하고 그것이 어떠한 사회적 입장에서 이루어지고 어떠한 가능성이나 곤란을 안고 있었는지를 생각해 보겠다.

1

1883년부터 84년에 걸쳐 마루야마교는 요나오시적 성격을 강화했다. 시즈오카현을 중심으로 나가노長野, 아이치愛知 등의 여러 현에서 종말론적인 환상이 광범위한 민중을 휩쓸었다.[68] 신도들은 마쓰카다 디플레이션의 정책 하에서 처절하게 황폐해진 생활 가운데 종말론적 환상에 부풀려져 생산을 포기하고 조세를 납입하지 않고, 징병을 피해 도망치고, 전답과 가재도구를 팔아버리고, 지금이라도 요나오시가 일어난다고 믿었다. 당시의 한 신문은 그 열광적 상황을 다음과 같이 전했다.

> 엔슈 도요다군遠州豊田郡 지방에서는 근래 마루야마코라는 것이 유행했다. 이 모임(코)에 가입하면 날이 밝기 전에 지붕에 올라 태양을 향해 배례하고 정성을 다해 기원하면 무슨 일이든지 소원을 성취할 수 있다고 믿는 맹신, 너도나도 가입을 하고 끊임없는 신앙생활 중에 병자는 약을 먹지 않고, 혹은 기도만 하면 복이 춤추면서 들어온다는 말이 회자되고, 게다가 농업을 팽개치고 그저 그것에만 분주했다. 심지어는 금년 5월에 이르면 혼돈한 세상이 되어 사람과 함께 가축이 죽고, 나중에는 마루야마코의 신도만 생존해서 청량한 세상이 된다는 등. 마침내 어리석은 망언에 빠지고 징병도 기피하며 기도를 하는 등 실로 미친 사람 같다.[69]

---

68 마루야마교가 급속하게 발전한 지역은 자유민권운동의 격화사건들이 일어나고, 곤민당, 빈민당 운동이 성행한 지역과 대체로 조응하고 있다. 무엇보다도 마루야마교가 가장 강성했던 시즈오카현에서도 마루야마교는 서부에서 곤민당, 빈민당은 동부에서 보다 강성했었다(原口清, 「静岡事件の社会的背景」, 『明治史研究叢書』第三卷). 또 같은 마을에도 경제적 곤궁이 현저한 곳에 들어가기 쉬웠던 것은 토마 세이시가 상세히 논하고 있다(当麻成志, 「天竜河岸の一農村における宗教受容と地域構造の関係」, 『地理学評論』三三の四). 또 보덕사가 발전한 지역으로 마루야마교가 발전한 지역과 거의 조응하고 보덕사 발전의 획기적 시기도 1882, 3년경이었다. 보덕사는 마루야마교 및 곤민당, 빈민당에 대항하는 지주적 촌락지배적 운동으로서 전개한 것으로 그것은 오카다 료이치로(岡田良一郎)와 후루하시 겐로쿠로(古橋源六郎)의 발언에서도 알 수 있다.

69 『静岡大務新聞』 1884(明治 17)년 3월 28일.

마루야마코丸山講의 신도들은 문자 그대로 "세계가 멸망하여 천지가 뭉개져 분열되고, 사람과 짐승이 모두 하나같이" 망한다.[70] "지금 이 세상이 파멸해서 태양이 공중제비를 한다"[71]고 믿었던 것 같다. 그리고 이러한 경천동지 후에는 "우리들의 세상이 되어서 천하를 횡행한다"[72]든가 "몇 월에는 천하의 정권이 우리 신도의 손에 쥐어진다"[73]라고 의기양양하게 말하는 자가 있었고, 마을 안을 배회하면서 광기서린 큰소리를 지르며 "우리 마을의 저축미는 오는 4월경에는 모두 우리 소유가 된다"[74]고 외치는 자도 있었다고 한다. 또 이러한 동향은 "마루야마코는 작금에 이르러 세간에서 말하는 이른바 차용당借用黨이라는 사람과 같은 조짐을 보였다"[75], "근래 엔슈遠州(遠江國)지방에서 차금당 또는 부채당이라 칭하며 은행 혹은 호농 등을 협박해서 양민을 괴롭히는 자는 대개 마루야마코 신도"[76]라고 일컬어진 바와 같이 걷잡을 수 없는 대중운동을 동반하고 있었다. 1880년 후반의 이런 운동성향은 마루야마교에서 굉장히 타올랐으며 이윽고 이 세상은 '악의 세계', '짐승의 세계', '지옥'이라 매도했던 오모토교에 계승되어 갔다고 말할 수 있다(마루야마교와 오모토교 사이에는 필시 1900년대에 사상적 교류가 있었다고 추정할 수 있다).

마루야마교의 교의서敎義書 류에는 1884년부터 요나오시가 예언되어 있

---

70 앞과 동일 1884(明治 17)년 10월 26일.

71 『東海曉種新聞』1885(明治 18)년 8월 20일.

72 앞과 동일 1885(明治 18)년 9월 9일.

73 『静岡大務新聞』1885(明治 18)년 3월 24일.

74 『東海曉種新聞』1886(明治 19)년 3월 20일.

75 『函右日報』1884(明治 17)년 12월 3일.(전게 原口의 논문에 의함).

76 『静岡大務新聞』1884(明治 17)년 12월 5일.

다. "금년은 원숭이 해이지만 마침 인연을 서로 나눌 때[77](『丸山教会開山尊師御法御説教』)", "이번에 생기가 나면 원래로 돌아가는 것이다"(『御教法』), "이번은 세상이 바뀌는 시기"(동일자료) 라고 했다. 이것들은 어느 것이나 1884년을 요나오시의 해라고 한다. 마루야마교에서는 요나오시의 일을 '개창[お開き]'이라 하는데, 비슷한 예언은 1890년경까지 반복되었고 폭발적인 발전을 지탱했다.[78] 그러나 사상적으로는 극도의 환상적 성향이었기 때문에 조직적으로는 너무 급속히 발전했기 때문에 통제가 이루어지지 않았고, 다른 한편에서는 관헌의 탄압 때문에 1880년대 말에는 운동의 내부 붕괴가 현저해지며 급속하게 쇠퇴했다. 그 이후의 마루야마교는 '개창' 사상을 두드러지지 않게 노력하고, 보덕사운동을 채용해 근면이나 검약을 강조하고, 천황제 이데올로기에 타협하고 동화했다.[79]

그렇다면 1880년대 중반에 격렬히 타올랐던 요나오시 주장은 어떠한 논리에서 생긴 것일까? 한마디로 말하면 그것은 메이지 정부의 주도하에 전개되고 있었던 근대화에 반대하는 반문명개화의 입장에서 이루어졌다. 예를 들어, 『천문취조天文取組』라는 한 권의 책은 "이 책은 다른 사람에게 보여서는 안 되는 책"이라고 주註가 달렸던 일종의 비밀문서인데, 반문명화

---

77 이하 ( )안의 문서명만 기록한 사료는 마루야마교 본청 소장의 것임.

78 마루야마교 최전성기의 신도 수는 백수십 만이라 하지만 확실한 숫자는 알 수 없다. "神道丸山教教派別分立請願"이라는 1889년의 문서는 "본 교회 신도의 많음은 이미 60만에 이른다"고 쓰고, 그 '60만'을 지우고 옆에 자주색 글씨로 '130만'이라 쓰여 있다. 필시 교단본부에서도 실세를 파악하고 있지 않았다는 것이다. 그러나 1775년에는 100여 명의 신도였기 때문에 폭발적 발전이었던 것은 틀림없다.

79 토마에 의하면 후지난쿄(富士南経)의 4개 노래의 해석을 토대로 해서 "1884년경에 영화(榮華)가 지나고 85년에는 아무래도 마루야마의 신앙에 매달리지 않게 되었다. 마침내 86~87년에 천하태평이 되고 모두 마루야마의 신앙에 구제되어 마루야마의 세계가 온다"는 생각이 널리 선전되고 있었다고 한다. (当麻,「丸山教団の発展と土着化過程について」,『地理学評論』三一の八). 이러한 '개창(お開き)'사상은 오랜 신도에게는 계속 계승된 것으로 이토 무쓰오(伊藤睦男)는 1926년(昭和시대) 이후에도 이야기가 심야에 이르면 '개창은 언젠가'라고 질문이 나왔다고 서술하고 있다.

의 입장에서 요나오시를 주장하는 것이다.『천문취조』라 하는 것은『천명
해천天明海天』⁸⁰(마루야마교가 제창하는 단어— 역자)과 『문명개화』가 대진하여 싸운
다는 의미이지만 거기에는 예를 들어 다음과 같이 서술되어 있다.

> 마루야마강사丸山講社 천명해천天明海天의 마지막 비법이 있다. 당년 3월
> 경부터 비법이 있으므로 진심으로 잘 보고 있다. 재미있게 되어 있지만 신
> 의 계시로 있는 것이다. 천리天理(하늘의 바른 이치— 역자)는 정부라도 어쩔
> 수 없다. …문명개화, 불도, 신관(신을 받들어 모시는 일을 맡은 관직— 역자주),
> 기독교의 서양인까지 밀어 넘어뜨리고…(『천문취조』)
> 금년 신정부의 내실은 해외뿐으로, 서양문명국까지, 일본국회, 조약개정,
> 자유당. 스님은 망하고 신관종교와 인민은 날로 격심해지는 어려움에 울
> 고 있다. 어떻게든 천하태평하고 오곡성취를 이루고, 국가가 평민을 도와
> 주려고 최선을 다한다고 할지라도, 신도 무엇인가 하려고 매일같이 노심
> 초사하며 세상 일을 생각하고 있다. (『오시라베』메이지 23 구3·17)

앞의 문서 집필은 일단 1887년이라 추정되고 나중 문서는 1890년의
『오시라베』에서 하나 더 인용해 보았다. 1890년은 일본자본주의 역사상
최초의 경제공황이 발생한 해임과 동시에 그것을 전후한 무렵에는 눈에
띄게 곡물가격이 폭등하여 품귀한 해였다. 앞의 인용은 그러한 사정을 배
경으로 해서 국회개설의 해인 1890년의 현실을 "금년 신정부의 내실은 해
외뿐"이라고 민중의 입장에서 규탄하고 있다. 1890년 민중의 곤궁은 『오
시라베』에 종종 나타나는 것으로 "금년 수확을 보고 투신이나 목을 매어
자살하는 사람이 있는 개탄스런 세상이다"(『오시라베』메이지 23 구5·21) "질병
뿐으로 도움이 되지 않는다. 질병을 없애 막을 수 없음은 세상의 근심"(앞과

---

80 햇빛이 푸르른 넓은 바다에서 떠오를 때 하늘도 바다도 햇빛으로 한데 어우러져 화합하
여 금빛으로 빛나는 세상이 나타납니다.(역자주)

동일)이라고 서술되어 있다. 앞에서 거론한 두 개의 인용은 어느 것이든 반문명개화주의의 입장에서 말하고 있지만, 그 근저에 있는 것은 '문명개화' 즉 근대화가 민중생활을 처참하게 파괴하고 있었다는 구체적인 판단이었다. 그리고 그 반문명개화사상은 지극히 급진적인 것으로 서양인 기독교는 물론 불교나 신도와 같은 기성종교도 국회, 자유당과 같은 근대 부르주아문명의 대표도 총체적으로 부정되었다. 이러한 입장에서는 양식과 양복은 물론 머리를 잘라 풀어헤치는 것도 안 된다. 가로쓰기 문장도 서양달력도 안 된다. '공립소학교 등'은 자국의 바른 가르침을 버리고 외국의 잘못된 교육을 가르치는 것이다. 약도 외국의 것은 짐승과 같은 외국인에게만 효험이 있다. 종합하면 "문명은 사람 쓰러뜨리기"이다(『오시라베』 메이지 24 구 3·23). "우리의 수행은 천명天明의 세계를 문명개화가 성행하는 곳에 가서 동시에 찾은 옛날이다"(『오시라베』 메이지 23 구3·13). 문명개화가 성행하는 곳이야말로 '옛날'로 복고시켜야 한다.[81]

절대주의 권력은 이러한 문명개화의 핵심적인 추진자로 여겨졌다. "천하의 정사政事도 어렵게 되었다"(『마루야마교회 개산존사어법 어설교』), "달과 해도 모르는 마음이 되므로 착각을 하게 되어 병이 되었다. 이 신앙생활은 관원들이 가장 많이 질병으로 착각하고 있다"(앞과 동일), "위는 도리가 없게 되었다"(앞과 동일)고 말하는 것들도 도쿄東京는 지옥이라든가 도쿄에서는 질병이

---

81 반문명개화의 입장에 선 요나오시의 환상을 얘기하는 사료를 하나 인용해 두고 싶다. "해방이 되면 문명개화의 사물은 위험한 것이다. 지금 학문을 배우고 머리털을 잘라 원숭이 모양이 된 자는 위험하다. 위에 있는 사람일수록 위험하다. 그런 상황에서 악풍이라는 바람이 불어 극락과 지옥을 나누어 세웠다. 그것까지 마루야마 바보들에게 알려져도 그때는 천명해천(天明海天)의 사람은 높은 곳에 올라 구경할 수 있다. 그것은 극해(極亥)의 개창이므로 극월(極月)이 그립다. 그것이 오는 것은 틀림없다. …이것은 세상의 병이다. 인간의 병보다 애절하다. 정말로 먹을 것이 없는 것만큼 애절한 것은 없다. 이것이 시작이다. 인간은 큰 병에 걸리면 먹을 것이 남는 것이다. 지금이 무섭다. 이제부터 마루야마의 개창이기 때문이다"(『오히라키』).

성행한다는 것도 원시적 축적을 강행하고 있는 절대주의 권력에 대한 비판이다. 천황도 이러한 비판을 면할 수가 없었다. 천황은 외국과 소통해 버렸다. "천자님도 …위로 달과 해를 배례한다. 아래로 국가를 지킨다. 그것을 잊어버렸다"(앞과 동일), "천자님도 생각이 나쁜 연유로 외국세력에 휘둘리고 서양 사물을 개방하여 개화라고 하며 솥을 뒤집어 쓰며 즐거워하고 있는 것도 모두 천자님 생각이 나쁜 연유이다(『어교법』)." 양복을 입고 모자를 쓰고 구두를 신은 천황은 1870년대 중반의 마루야마교에서는 미워해야만 할 문명개화의 상징과 같아 보였다. 그러므로 혹심한 반천황제 사상도 말할 수 있었다. 신국일본의 타락과정을 파악한 말을 인용해 보자.

(1) 천신의 세계도 변해서 지신의 세계가 되었다. 지신의 세계도 변해서 인황의 세계가 되었다. 지금은 인황人皇의 세계도 변할 때일 것이다. 세계 전체[十萬指 日天五月]를 암흑으로 이룬 자.(『어교법』)

(2) 천지해天地海란 천신, 지신, 인황이다. 지금은 인황이 멸망하게 되므로 천신을 공경하는 것이다. (앞과 동일)

인용에서 분명히 역사는 천신의 세계, 지신의 세계, 인황의 세계라는 3단계로 되어 있고, 그것은 일본이 신의 길을 잃어버리는 과정과 다름없다. 현재는 마지막 인황 세계. 그리고 신의 길을 상실해버린 지금이야말로 요나오시가 일어나 천신의 세계로 돌아간다는 것이다. 마루야마교와 천황제 이데올로기의 관계는 미묘하며, 나중에는 천황숭배를 강화해서 초국가주의의 첨단을 가게 되는데, 1884년에 쓰인 앞의 인용은 신도설의 입장에서 소박한 표현이기는 하다. 그러나 메이지시대의 천황제를 확실히 거절하고 있다. 적어도 1870년대 중반의 마루야먀교에서 천황제는 미워해야만 할 문명개화의 권력화였다. 마루야마교는 일본을 신국이라 생각하고 신도설의 입장에 섰지만 마루야마교와 같은 민중적 신도설은 원래는 국가신도나 천황숭배와 관계가 전혀 없다. 앞의 인용보다도 애매하고 굴절된 표현이지만, "덴노헤이카天農平我(天皇陛下와 동음)부터 추켜올리고 마루야마 덴노헤이天農平가 수행을 시작하여 후소교扶桑教(후에 시시노가 체계화한 교파신도)에서 행한 37일간의 무언수행, 이것이 덴노의 세상을 다시 일으켜 세운다"[82]는 것도 메이지의 절대주의 천황제와 대결하는 것이라 생각된다. 또 "지금 천자가 십만의 징병을 세우고 있다. 마루야마는 남만다우南方田宇에 백만 병사를 세웠다. 천자에 대항하지는 않는다. 십만과 백만으로서는 떠들지 않아도 될 것이다. 신의 계시다. 16세부터 40세까지 징병을 시행하면 세상은 다스려지지 않는다. 떠들면서 올 것이다. 오히려 후회国会(後悔?)를 부르는 것과 같은 것이다"(『어교법』)라고 하는 것은 천황제에 직접 대립하는 것이 아니지만 마루야마교가 종교왕국의 권위를 절대주의 천황제의 권위 위에 두는 것이다. 앞의 인용도 나타내고 있듯이 마루야마교는 자유민권운동이나 국회개설운동에 반대였다. 인간은 "권리權理가 없으면 다스려지지 않"지만 이 권리는 가슴속에 넣어둔 것이다. "민권이 횡행하여 다스려지지 않는다. 너무 권력을 휘두르면 아무것도 다스려지지 않는다"(『御開山之說神之年代記』)고 여겼다. 자유민권운동도 메이지 천황제도 문명개화를 대표하는 한 총체적으로 부정하는 것이 마루야마교의 입장이었다.

　이러한 비판이 가능하게 된 것은 "날로 더해지는 생활고에 한숨짓는" 민중의 입장에 섰기 때문이다. 마루야마교의 교의서에서는 천하태평 오곡성취라는 말과 더불어 "아래 사람을 위로 이끌고", "아래를 바꿔서 위로 한다"는 말도 되풀이되고 있다. 천하태평 오곡성취는 근세의 후지코 이래

82　『丸山教祖伝』, 282쪽.

의 기본관념이지만 후자에 유사한 말로 미로쿠의 "다투면 우리가 있을 곳은 더욱 없다, 아래 사람을 위로, 위로"라고 하는 도가道歌(불교나 심학心學의 정신을 읊은 교훈적인 노래– 역자)가 있다.[83] 그러나 미로쿠의 경우에는 "아래 사람을 위로, 위로"라는 것은 오직 겸양한 태도를 취하라고 한 것을 의미하고 있었다. 앞의 도가는 마루야마교에서도 종종 인용되지만 그 경우에는 요나오시 논리로 전화되어 있다고 생각된다. "천하태평 오곡성취 이 개칭은 아래 하下라는 글자를 바꿔서 천아태평天我泰平이라 바꾸고 …사람은 더더욱 감을 좋게 함은 상上이 되는 것은 의심의 여지가 없다. 아래 하下라는 글자도 새로이 하면 윗 상上이 된다"(『오시라베』 메이지 21 구10·26)고 하는 것도 의미는 명료하지 않지만, 하층 민중의 구제를 주장하는 것이다. 특히 하下라는 글자를 거꾸로 하면 상上이 된다고 하는 점은 매우 흥미롭다. 그 중에서도 1884년의 한 문서에서 말하는 다음의 주장은 주목하기에 충분하다고 생각한다.

> 저런 유형(국회를 두고 하는 말인듯…주)은 모두 위에서 복종시키는 자들이다. 마루야마의 수행은 아래의 많은 사람을, 그 바닥을, 위로부터 구함으로써 밑으로부터 구원하는 것이다. 이를 바라지 않아도 된다고 생각하는 사람들이 있을지도 모르겠다. …나는 아래부터 구원할 것이다. 위에 있는 자들은 하등 인민이라 말하는 모양이지만 그 하등 인민이 나에게는 중요하다. 이익이라는 것은 가난한 사람일수록 빨리 얻는다. (『어법어설교』)

원시적 축적과정의 노도 속에서 급속하게 몰락해 가는 '하등 인민'을 일거에 전면적으로 구제하는 일, 이것이 마루야마교의 입장이었다. "마루야

---

83 『冨士講のうた伝』, 17쪽.

마 수행은 예와 같이 아래를 중히 여기며 개창한 것, 한 사람이라도 사람은 남기지 않겠다고 하는 정신"(『오시라베』메이지 23 구6·11)이다. 똑같은 입장에서 서술된 수수께끼 같은 말도 인용해두고 싶다.

> 재난은 아래로부터라고 하지만 이번 것은 아래에서 일어난다. 위에서는 이 유理가 없다고 되어 있기 때문에 이번 것은 좋은 재화이다. 이것을 아래부터 문제 삼게 되었다고 하는 것은 열에 여덟은 아래로부터 시작하라고 하는 예시일 것이다. 아래로부터가 아니면 확실히 굳어지지 않는다.(『어법어설교』)

인용 속에 '이번'이란 무엇인가? '좋은 재화'란 무슨 의미인가? "아래로부터가 아니면 굳어지지 않는다"는 것은 무슨 일인가? 모두 정확한 의미는 명확하지 않지만 '하등 인민'의 입장에서 요나오시를 확신하고 절대주의 권력과 지배계급에 대한 격렬한 분개와 저주가 담겨져 있는 것을 알 수 있다.[84]

---

84 마루야마교의 "한 사람일지라도 사람은 빠트리지 않는다"고 하는 입장을 같은 시기의 보덕사와 비교하는 것은 매우 흥미롭다. 통속도덕의 실천을 무엇보다 강조하는 점에서 마루야마교도 보덕사도 그렇게 다른 것이 아니다. 사실 메이지 중기의 마루야마교는 보덕사운동에 접근하지만 메이지 10년대 후반의 사회적 입장은 완전히 달라 있었다. 전술했듯이 보덕사운동은 1884년 무렵 마루야마교와 곤민당, 빈민당에 대항하는 운동으로서 최초의 융성기를 맞이했다. 그 때 보덕사는 그 슬로건 '근면, 검약, 겸양' 중에 '겸양'의 요소를 현저하게 퇴행시키고 있다. 다시 말해, 오카다 료이치로(岡田良一郎)에 의하면 빈민에게는 '사치, 나태' 때문에 빈곤한 것과 '체력이약(羸弱), 지능부족' 때문에 빈곤한 자가 있는데, 전자는 구제할 필요가 없다. 게다가 세상 빈곤의 20명 중의 19명은 그러한 "일체 타인의 구조를 필요로 하지 않는 자"이다. 보덕사원은 어떤 사람이 애원할지라도 총수입의 20분의 1 이상은 절대로 양도해서는 안 된다(岡田良一郎, 「報徳学齊家談」明治18年 初版, 『二宮尊徳全集』 36巻, 995~997쪽). 근면이나 검약을 강조하는 보덕사의 사상은 여기에서는 근면이나 검약이 아닌 것은 가난하게 되는 것이 당연하다. 본인의 책임인 것이기 때문에 구할 필요가 없다고 몰락해가는 민중을 냉엄하게 밀어내는 원시적 축적과정의 추진논리로 전화해 있다. 보덕사운동은 원래 궁핍했던 한 마을 전체를 구하는 것을 목적으로 하는 것이었지만 원축과정의 광풍 속에 그러한 입장을 방기하고 농민층 분해를 용인했던 것이다. 위의 주장은 마루야마교와 곤민당, 빈민당을 염두에 둔 것이지만 같은 책 속에는 한 걸음 더 나아가 "우인(愚人) 이단 잡설을 믿고 영이(靈異)한 일을 설명하며 향인을 홀리는 자가 있으면 나는 이미 이것을 믿지 않는다. 이

2

지금까지 1880년대 중반부터 1890년 초까지 마루야마교에서 천황제 권력 주도 아래 전개한 근대화로의 격렬한 비판이 폭발한 것을 서술했다. 이러한 비판은 근대화의 과정에서 몰락의 늪으로 내몰린 '하등 인민'의 입장에 서서 그 소생산자적인 검소한 행복과 평온을 옹호하려는 것이었다.

천하태평과 오곡성취라는 것은 가쿠교角行와 미로쿠身祿 이래 후지코의 가장 중요한 슬로건이었는데, 『오시라베』에도 "천하태평 오곡풍성 두루두루 널리 인민 도와주신다"(『오시라베』 메이지 23 구2·29)는 유형의 말이 되풀이되며, 마루야마교의 기본적 목적을 요약하고 있다. 이 경우 천하태평의 내용은 반드시 오곡성취만은 아니지만, 그것이 무엇보다 중시되고 있었는데, 에도의 정인이었던 미로쿠도 이 점에서는 똑같았다. 로쿠로베에는 후지신앙의 농본주의적인 성격을 강조해서 주문인 '나무아미타불南無阿彌陀佛'을 '나무아미타우南無ぁ身田宇', 또는 '나만다우스南万田宇す'라고 하는 농경을 의미하는 말로 바꾸고, 덴노天皇 또는 天王을 '덴노天農'라 써서 '덴노 모노즈쿠리(천황, 물건 만드는 사람)'라고 발음하게 하고, 천황폐하를 의미한다고 생각되는 '덴노헤이카天農平我'라는 말을 사용하고, '구니도코타치노미코토國常立之命'를 '구니토코타치노미코토國常田地之命'라 쓰기도 했다. 이것들의 독

것을 멀리할 뿐이다. 반드시 앞에서 그의 잘못을 지나치지 않는다. 필시 어리석은 자들이 무리를 지어 오히려 나를 욕되게 한다"(앞과 동일, 1017쪽). 이것은 마루야마교의 일을 서술한 것이지만 마루야마교의 요나오시적 만민구제의 입장과 보덕사의 입장의 대립을 잘 나타내고 있다. 같은 민중사상이라 해도 위와 같은 입장에 선 보덕사는 원축(原蓄)과정에서 이겨내기 위해서 농업기술을 중시하는 서양의 지식도 수용해서 보다 합리적·현실적일 수 있었던 것이며, 그 위에 또 마루야마교를 무지한 빈민의 광신이라 비웃었다. 반대로 같은 과정의 반대 입장에서 몰락해 가는 광범한 민중을 한 사람도 남기지 않고 한꺼번에 전면적으로 구제하려고 하는 마루야마교의 입장이 비합리적이며 환상적인 것이 되지 않을 수가 없었던 것도 똑같이 이해할 수 있을 것이다.

특한 용어법은 종래 용어의 진짜 의미를 명확하게 한다는 입장에서 로쿠로베에가 고안해낸 것인데(개창한다開く고 일컬어진다), 거기에 농업과 농경노동을 신성시하는 입장이 나타나 있다. 이러한 농본주의적 입장에서는 한쪽에서 봉건사회를 그리워하면서도 "가르침의 근본은 하나, 농민은 아침저녁으로 별빛을 받으면서 힘들여 오곡을 만들어내는 자이다. 옛날에는 사농공상士農工商이라고 해서 사람의 우두머리다. …마루야마 수행은 농업에 정성을 다하고 경작하여 만드는 것과 같다"(『오시라베』 메이지 23 구2·27)고 근면한 농경노동이 지상목표로서 신앙의 핵심에 놓였다. 앞의 인용은 근세의 통속적인 교훈서 류의 영향을 받으면서 사농공상의 신분제를 긍정하고 있지만, 무사의 지배를 옹호하려고 하는 것이 아니다. 신분제를 부정하지 않는 것은 마루야마교와 같은 민중사상이 신분제를 포함하지 않는 사회체제를 구상하는 것을 곤란하게 하기 때문이며, 진의가 민중적 입장에서의 농본주의에 있음은 분명하다. 그렇기 때문에 또 "농農이라는 한 글자는 우선 하늘 위에 선 사람의 머리에 해당하는 자이다"(『연대기』). "인민국人民國의 근원을 백존百尊이라 한다. 그것을 흉내 내서 백성이라 한다. 이것을 빌려 농農을 백성이라 한다(『어교법』)", "백성百姓의 백百은 즉 백존百尊의 백百이다"(앞과 동일)라며 농민을 신성화하기까지 했다. "마음을 기울여 매일 최선을 다하는 것은 농가 일꾼도, 성인聖人 일꾼도 그 마음은 다르지 않다"(『오시라베』 메이지 22 구3·25). 그러나 이러한 농업중심 사상은 미곡농사를 중심으로 한 자급적 농경생활에 대해서 이야기하는 것으로 "뽕과 차는 나라를 망치는"(『오시라베』 메이지 23 구5·5) 것이었다. 마루야마교가 발전한 곳은 막말 이래 양잠과 차 제조가 급속히 발전한 지역이었으며 마쓰카타 디플레이션 정책은 그러한 지역에서 한층 가혹한 의미를 갖는다.

상품작물을 부정하는 농본주의적 발상에서는 오곡이 풍성하다고 해도 그것은 지극히 소심한 민중의 소원과 희망에서 본 것에 지나지 않았다. 그의 소원은 결국 충분히 먹을 수 있다는 것이었다. "마시는 것과 먹는 것, 마음도 다하고 평온해지는 것이 경사스러움이다"(『오시라베』 메이지 23 구2·29)라는 것은 얼마나 검소한 이상상일까? "무엇을 하든 마시는 것과 먹는 것이 먼저다. 이것이 모자라면 악으로 변한다. 신중한 몸가짐을 제일 중요하게 여긴다"(『오시라베』 메이지 22 구5·24). 마루야마교가 추구하고 있는 안온하고 행복한 이상세계라는 것은 궁극적으로는 이렇게 "마시는 것과 먹는 것"을 인간이 살아가기 위해 최저한의 생존조건을 확보하는 것이었다. 마루야마교에 결집된 에너지는 이러한 너무나도 소박하고 다소곳한 바램에 따라 움직여진 것이었다. 원시적 축적과정에 밀어닥친 거친 파도가 민중의 아주 작은 안온함조차도 집어삼켰다.

이와 같이 생각해보면 검약이나 알뜰함이 중시된 것도 당연하다. "알뜰함은 내 몸을 위한 것이다. 부모의 기쁨이 되는 것, 천하의 희열이 되는 것에는 의심할 여지가 없다"(『南之御開之分』)는 것은 개인의 생활태도보다 절약, 그 이상의 무거운 의미를 갖게 하는 것이다. 또 전술했듯이 마루야마교는 반문명개화, 반서구화주의의 입장에 서서 불교나 그리스도교를 격렬히 배격했던 것인데, 빈약한 신학적 겉치레를 거둬내고 보면 그 논거는 다음과 같은 소박한 민중적 생활 감각이었다.

(1) 7월 정령 축제에 가지와 오이와 소牛를 잡고, 보내고 맞이하는 것은 무엇을 위한 것인가? 낭비라고 말한다. 오이나 가지도 모두 해와 달의 혜택으로 열매 맺어진 것, 아무런 이유 없이 썩게 한다. 일본은 신국神国으로 사정을 살펴보면 바보 같은 권유에 이끌렸다고 한다. 사물을 썩게 하는 것은 그만두는 것이 좋다. (『오시라베』 메이지 21 구7·12)

(2) 사물을 가벼이 여긴다. 이것을 거론해보면 낭비가 많다. 첫째, 시주로 산 경문, 돈으로 산 계명, …바친 곳이 어딘지 모르는 불당, 너무나 잘 포장한 거짓말에 거짓말.(『오시라베』메이지 21 구7·13)

(3) 쇠고기를 먹고 양복으로 치장해서 무슨 덕이 있겠는가. 들으면 들을수록 싫증나는 야소교(예수교) 연설과 똑같다. 돈 없이 만회할 수도 없다. 쇠고기 먹은 돈도 되돌릴 수는 없다. 스승尊師의 가르침을 헛되이 하지 않도록 하는 가르침이다.(『오시라베』메이지 22 구6·4)

배불론排佛論이나 반서구화주의는 집요하게 되풀이 하는 마루야마교의 기본적 입장이지만, 앞의 인용은 그 전형적인 문장이다. 얼핏보면 광신적·비합리적으로 보이는 배불론, 반예수교론, 반서구화주 등의 입각점이 지극히 보통의 민중생활에서 낭비를 배제하고 있는 점과, 그것에 의해 민중의 생활을 지키는 것에 있었다고 이해할 수 있다. 배불론이나 반서구화주의는 민간신앙적 신도설의 입장에서 이루어지는데, 서투른 종교적 표현의 바로 배후에 양복이나 쇠고기에 "돈쓰면 되돌릴 수 없다"고 지갑의 끈을 조이는 소심하고 가난한 민중생활이 있었다.

무엇보다 이러한 신중한 민중생활에도 기쁨이나 즐거움은 있었다. 우리들은 좀 전에 연극, 춤, 씨름 등 민중의 전통적인 '이 세상의 즐거움'이 부정되지 않고 도덕적으로 의미부여된 것을 언급했지만, 민중의 전통적인 기쁨이나 즐거움의 세계는 일반적으로 긍정적인 것으로 인식되고 있었다. 예를 들면, "불당에서는 큰 것이 없다. 아무 것도 없다. 축하하고 기뻐해야 할 일이 없다. 그저 기쁨만을 즐기고"(『오시라베』메이지 21 구7·12) 있다는 것은 신도설에 이름을 빌려 민중의 전통적 세계를 옹호하는 것이다. 이러한 주장은 '결실'의 사상과 결부되어 있었던 같다. '결실'이라는 것은 농작물이 풍요롭게 맺는 것임과 동시에 그것과 유추된 가업이나 개인의 번영이며 행복이다. 전형적인 말을 인용해 보겠다.

(1) 우선 사물의 결실이나 사람의 결실도 축하하고 기뻐하는 일은 모두 신도에게 있어야 할 것, 또 축제를 거행하는 것은 모두 신도의 본분이다. 경사와 즐거움은 한이 없다. 우선 신국의 진정함은 학의 천 년, 거북이의 만 년의 경사와 같다.

(2) 여러 가지 물건은 모두 양기에서 맺어진다. 땅이 있기에 들어가고 결실을 맺게 된다. 또 바다고기는 한정 없다. 산에는 초목의 수를 알 수 없다. 천지해 삼도三道(三堂의 동음, 천당·지당·해당)에는 무성히 뻗어 성장한다. 결실을 맺은 것은 모두 사람을 위한 것. …천하 모두 화합을 통해 결실을 맺는 것이다(『오시라베』 메이지 21 구8·24).

농본주의적인 소생산자 사회는 인간이 자연에 의존해 안주하는 사회이다. 자연이 모든 생물을 성숙시키는 것에 대한 깊은 신뢰 위에 인간은 검소하고 성실하게 살아가면 된다. 이 입장에서 자연은 한없이 풍요로운 것으로 표상되고, 인간에게는 다양한 '경사'와 '기쁨'이 보증되고 있다. 후술하듯이 인간의 노력이나 가능성을 중히 여기는 곳에 후지코의 전통을 발전시킨 마루야마교의 중요한 특질이 있지만 그 노력이나 가능성도 자연에 대한 깊은 은혜와 신뢰를 전제하고 있다. '결실'의 사상은 이러한 소생산자의 세계를 생생하게 그렸다.

이상의 기술에서 근면, 성실, 정직한 지극히 소심한 민중생활의 이미지가 떠올랐다. 이러한 생활에서 양복을 입거나 쇠고기를 먹거나 하는 것이 파멸적으로 보인 것은 당연하다. 이러한 입장에서 다음과 같은 반反화폐적인 사상이 생기는 것도 쉽게 이해할 수 있을 것이다.

> 지금은 금을 보물이라 한다. 그러니까 틀렸다. 금은은 흙이다. 흙에서 나온
> 것이나. 금은이 있어도 먹을 것이 없으면 살아 있을 수 없다. 오곡은 보물이
> 다. 논밭이 결실의 근원, 그 근원이 중요하다.(『천문취조』)

위의 인용은 얼핏보면 금은(재화)의 가치나 역할을 전적으로 부정하고 있는 것처럼 보일지도 모르지만, 진의는 전답과 오곡을 보다 기본적인 것으로 삼고 있을 뿐이다. 마루야마교의 교의서류를 검토해 보면 틀림없이 전술한 바와 같은 오곡 중심의 농본주의 사상이 핵심이지만 금은에 대한 집요한 욕구도 그것과 병존하고 있다. 그리고 요나오시가 이루어지면 금은 무한히 풍부해질 것이라고 마루야마교는 명확히 했다. 일본은 원래 "금은이 많은 나라이기 때문에 일본국을 명국名國"(『어교법』)이라고 했다. 그러나 사람들이 문명개화에 정신이 팔려 길을 잃었기 때문에 금은도 핍박받아왔다. "이 나라는 보물의 나라이지만, 금이 없어지고 나라가 멸했던 것이다"(앞과 동일). 금은의 핍박은 요나오시가 드디어 임박했음을 나타내고 있다. 마루야마교는 요나오시를 통해 금은에 혜택 받은 풍요로운 사회를 만드는 것이다. "앞으로 나타나게 될 황금! 그것은 나라를 위해, 천하를 위해, 사람을 위해 쓰일 돈이다. 돈만 있다면 풍요롭게 될 것이다. 우리가 수행한지 22년만에 누리게 되는 축복의 황금인 것이다."(『오사라베』 메이지 21 구 10·26).

마루야마교의 교의서에서는 이러한 금은에 대한 격한 희구가 큰 비중을 차지하고 있다. 그러나 그것은 사치에의 요구나 자본으로서 이용하는 것에는 조금도 관련되어 있지 않다. 거기서 이미지화되고 있는 것은 역시 소심한 소생산자 농민의 생활이며 그러한 생활차원에서 본 화폐적 부의 풍요로

움이다. 그것은 "천주님에 기원하면 나는 돈이 나온다고 생각한다. …병이 나으면 나는 일할 수 있다. 그렇게 되면 금은이 생긴다"(『어법어설교』)고 하는 표현에서도 읽어낼 수 있다. 또 "덧없는 세상에서 중요한 것은 금은, 논밭에는 결실하는 오곡"(『오시라베』 메이지 21 구12·13), "물, 불, 금은, 가옥 중요하게 여기는 곳"(『오시라베』 메이지 21 구7·16)이라 하는 것도 똑같은 사정을 나타내는 것이다. 마쓰카타 디플레이션 정책 하에서의 엄청난 부채=고리대적 수탈이라고 하는 현실과 거기에서 탈각을 원하는 뜨거운 희구가 너무나 절실하게 전해온다고 할 수 있다.

이상의 기술을 근거로 해서 마루야마교가 이상理想으로 하는 생활을 상당히 포괄적으로 그리고 있다고 생각되는 말을 인용해보자.

> 이 세상은 …천지해天地海를 순행하는 금장金長황제를 공경하고, 주인과 부모에 순종하고, 금은을 가진 가문에 순종하고, 집안을 화목하게, 가솔들을 중히 여기고, 내 몸에 중요한 의복을 소중히 여기고, 불과 물을 경원敬遠(공경하되 가까이 하지 않음— 역자주)하고, 보리와 쌀 이것은 스물넷의 동리洞裏를 지키는 기름대금으로, 수많은 사물 모두가 소중하다. 적정한 일 처리를 잘 알아서 실행할 때는 나라가 서고 나의 몸도 선다. 천하의 노고도 없어진다.(『오시라베』 메이지 22 구4·19)

위의 인용에서는 천황제와 가부장적 신분제를 긍정하고 있지만 마루야마교는 이러한 전근대적 사회관계 그 자체를 공격하는 것은 결코 아니었다 (천황을 격렬히 공격한 것은 그것이 문명개화의 주도자라고 생각되었기 때문이다). 그러나 이러한 전근대적 사회체제에서 "한 집안 식구를 소중히 여기고, 내 몸에 중요한 의복을 소중히" 여기라는 민중의 입장에서 구상構想한 것이었다. 가혹한 원시적 축적과정을 전개하는 근대적 사회체제에 대결하는 것으로서 그들이 구상할 수 있었던 것은 전근대적 관계들을 복고주의적 입장에서 이상화한 것임에 다름없었다. 이러한 복고주의적 입장 속에는 마침내 천황제 이데올로기와 유착해서 가장 반동적인 사상이 될 수 있는 가능성을 보이고 있지만, 이러한 구상을 철저히 아래로부터 민중의 입장에서 시도했던 것으로 이를 대신할 것이 없을 만큼 중요한 의미가 있다. 몰락해 가는 소생산자의 이상사회가 복고주의적(그렇기 때문에 공상적)인 사회형태로서 구상되는 것은 무엇보다도 일반적인 역사법칙의 하나다. 거기에 민중적인 사상형성의 특수한 곤란이 있겠지만, 여기에서는 그것을 문제 삼을 필요는 없다. 우리들이 고찰해온 문제는 어떤 의미에서는 역행하는 사회체제가 어디까지 민중 입장에서 구상되어 있는가에 있으며, 또 거기에 민중의 사상형성=주체형성이 어디까지 달성되어 있는가에 문제의 핵심이 있다.

3

지금까지 서술해온 소생산자의 이상사회를 주체적 계기에서 상정하면 로쿠로베에가 젊은 시절부터 진지하게 실천해 온 것과 같은 통속도덕이 완전하게 실현된 사회에 다름 없다. 이상세계=미륵의 세상이 도래했음을 주술적인 문제에서 인간 마음의 변혁·통속도덕의 실천 문제로 전환시킨 것에 후지코의 중요한 달성목적이 있었다. 그러나 마루야마교는 그러한 방향을 더욱 발전시켰다. 마루야마교가 주장하는 실천도덕은 '정리, 절약, 조심성'이라고 요약할 수 있지만, 이러한 통속도덕이 실현되지 않으면 "그 집과 그 몸에 흉사와 재난의 뒤탈이 생겨 망할 일이 가까이에 있다", "나와 내 마음으로 내 몸에 병을 일으키고 괴로워하는 것"(『富士南徑近導記序』)이라 서술되어 있다. 가정과 개인의 안락은 통속도덕의 진지한 실천 여하에 달려 있다.

그런데 통속도덕은 다양한 덕목으로 표현될 수 있는데 요점은 인간의
마음의 문제였다. 통속도덕의 실천이 인간에게 행복과 안락함과 편안함을
가져온다고 주장하는 것은 사람 마음의 역할이 지극히 커다란 것이라고 생
각하는 유심론적인 세계해석과 결부되어 있었다. 예를 들면, 만물은 '근원
의 부모님'과 '내 마음'에 의해 '조화'한다고 말하고, "사람은 근원의 마음을
버리지 않는다. 근원은 부모로부터 받은 마음을 갖고 행하는 이상이 큰 사
람"(『御寶傳』)이라 할 때, 신의 생각에 알맞은 올바른 마음을 가진 인간의 거
대한 가능성이 이야기된다. 위의 인용에서 '근원의 부모님'이라 하는 것은
천天과 신神, 그리고 후지산이라 바꿔 말할 수 있다. 그러나 이렇게 지고한
존재는 무엇보다도 인간의 마음속에 나타나는 것이며 인간쪽에서 파악하
면 인간의 마음의 문제에 다름 없다. 이러한 유심론적인 파악은 아래 3개
그림의 소박한 도해圖解에 교묘하게 표현되어 있다. 왼쪽 끝의 도표는 위에
서 순서대로 하늘과 후지산과 인간의 마음이라는 세계를 나타내며, 그것들
이 사실은 하나의 것이라 설명하고 있다. 오른쪽 두 도표는 '심천보心天寶',

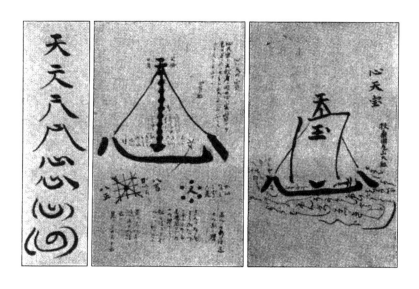

즉 마음은 하늘의 보물이라는 생각의 도해로서 마음을 소중히 연마해 가면 풍요로운 보물선이 된다는 것이리라. 한편에 보이는 '몸 속의 재화', '창고 속의 재화', "마음은 하늘의 보물, 심천보라고 한다. 내 몸 안의 마음은 실로 보물이다. 이것을 내 안의 재화라고 한다"는 것은 마음이 인간 행복의 진정한 근원이며, 그 의미에서 진정한 보물이라고 주장했을 것이지만, 그것과 동시에 그러한 마음에 의해 경제적 의미에서의 재화가 얻어지는 것도 의미하고 있을 것이다. 이러한 의식은 하늘이나 산정상에 신성神性을 보는 전통적 의식을 기초로 하면서 게다가 그것을 내면화해서 유심론적 세계관에 접근하는 것이다. 전통적인 신의 관념은 없어지지 않았지만, 신의 실질적인 내용은 이미 인간의 마음에 있다. 따라서 인간이 아는 것도, 도달하는 것도 가능하다. 그것이 민중의 전통적 의식을 배경으로 하고 있기 때문에 납득하기 쉬운 것이 되어 있다. 그리고 이러한 파악을 한 걸음 더 나아가면 신이란 사실은 인간의 마음이라고 하는 무신론에 귀결된다. "몸身은 마음心, 몸身은 마음心, 신神도 마음心, 사람人도 마음心[身わ心, 身は心, 神も心, 人も心]"(『오시라베』메이지 22 구4·6). "몸身은 부처가 아니다, 몸身은 마음心이다. 마음心은 신神이다. 신神은 사람人이라고 하는 것이다."(『오시라베』메이지 21 구9·15). "무릇 우리나라는 신국神国이다. 신국의 신神은 마음心이다. 마음心은 신神이다. 그러므로 우리 원조는 개산開山하여 마음心을 열었다. 마음은 우리의 영혼魂이다. 얼(넋)은 우리의 영혼魂이다. 영혼은 우리의 마음이다. 마음이기 때문에 후지산을 마음 심心이라는 글자로 표현한다"(『오히라키』)는 것은 거의 신을 모욕하는 형태이며, 유심론을 철저히 추구함으로써 무신론에 도달하려는 것이다. 마음이 정말로 보물이라고 하는 조금 전의 입장은 이제까지 인간의 외부에 있으며 인간을 억누르고 있던 신으로부터 그 역할을 빼앗아 모든 것은 인간의 마음에 달려 있는 것이다. 인간의 마음이야말로 신이다라는 견해에 이어지지 않을 수가 없다.

일반 민중에게 근면, 검약, 정직, 효행 등의 통속도덕은 한편에서는 극히 일상적인 자명한 생활태도이며, 다른 한편에서는 제대로 행하기 어려운 행위였을 것이다. 민중은 한편에서는 가정과 자신의 행복이 이러한 통속도덕에 달려 있다고 생각하면서 다른 한편에서는 그러한 입장에 철저할 수 없어 나태, 사치, 인색, 만착(눈속임)에 늘 유혹받고 공리적인 방법으로 성공하려고 했을 것이다. 위의 유심론적 세계관은 이러한 모순된 민중의식을 변혁해서 통속도덕의 전면적 실현을 지향하는 것이다. 수미일관한 유심론적 세계관이 수립된다면 민중은 자신의 가능성과 정당성에 대해서 강한 신념을 확립할 수 있을 것이다. 예를 들어, 지옥이나 극락이 저 세상의 일이 아니라 통속도덕의 실천여하에 의해 이 세상에서 실현되는 것이라 여겨진 것은 후지신앙에 전통적인 건강한 현세성을 이야기하는 것임과 동시에 위와 같은 유심론적 세계관의 필연적인 귀결로서 주목해도 좋을 것이다.

(1) 몸을 …잘 삼갈 때는 그 몸이 극락이다.(『오시라베』 메이지 20 구5·18).
(2) 지옥도 극락도 모두 사람 몸 속에 있다.(『오시라베』 메이지 21 구7·25).
(3) 극락이란 부처의 말과 같이 되지만, 모두 편하게 지내는 세상이 되면 역시 극락이라 해도 부처의 말은 아니다(『어교법』).
(4) 극락정토의 즐거움은 현재 그대로 이 세상에서 내 몸이 바로 아미타불, 몸에서 빛이 나온다고 함도 마음가짐에 달렸다.(『후지난쿄근도기서富士南経近導記序』)

통속도덕의 완전한 실천에 의해 맞이하게 될 소생산자의 풍요롭고 행복한 사회, 그것이 극락이다. 건국신화의 다카마가하라高天原도 똑같은 의미로 "좀 먼 다카마가하라라고 생각함도/ 여기에 있으면서 그 몸은 그대로"(앞과 동일)이다. 이러한 주장의 문맥에서 볼 때, 예를 들어 다음과 같이 소생 산자의 더할 수 없이 소중한 보물인 전답과 금은조차 크게 중요하지 않다고 여기는 것도 수긍할 수 있다.

> 마음을 세우면 역시 천신님이다. 모두가 일본국의 사람은 마음을 세우면 모두가 다 중요한 사람이 된다. 모두 천신님이다. [⋯]금은은 들과 산의 흙이다. 금은을 보물로 삼으면 손해 보기 때문이다. 이번은 내 몸이 소중하다. 금은을 갖고 보물로 삼지 않는다. 논과 토지를 보물로 삼지 않는다. 내 마음의 삶을 받드는 것이 보물이며 금은은 필요 없다. 신체가 있으면 그것이 금은이다.(『오히라키』)

위와 같은 주장이 객관적으로 보면 인간의 마음 — 노력 가능성을 너무 과대평가하고, 인간의 마음과 그 구체적인 표현으로서의 통속도덕의 실천을 둘러싼 객관적 조건들에 대해서 생생한 고찰을 결여하고 있는 것이 분명하다. 그런 의미에서 이러한 사상은 현저하게 환상적이다. 근대사회 성립사의 강철 같은 법칙성에 대해서 생생한 통찰을 갖지 못한 '마음'을 아무리 격렬하게 채찍질해 보아도 역사의 큰 줄기는 변할 수가 없었을 것이다. 그렇지만 이러한 유심론은 광범한 민중에게 확신을 가진 인간이 되도록 호소하는 것으로 유심론적 과장 속에도 처음 눈을 뜬 민중의 신념이 과시되어 있다.[85]

---

85 이러한 입장에서 예를 들어 방각(方角)이나 수호본존(守り本尊)에 대해서의 미신이 부정되는 것도 이해할 수 있을 것이다. "하나 하나를 피해간다 해도 나중은 어떻게 되는가? 마루야마 사원의 사람은 볼 필요도 없다"(『오시라베』 메이지 21 구7·18). "마음을 확립하면 수호해주는 본존은 필요 없다"(『어교법』).

마루야마교의 격한 종말론 사상은 위와 같은 유심론적 세계관에 서서 사람들에게 냉엄하게 잘못된 마음을 바르게 고치도록 요구하는 것이었다. 전술했듯이 마루야마교의 입장에서 근대사회 형성과정은 사람들이 올바른 마음을 버려 사악하게 되고, 스스로 파멸의 길을 걷고 있는 것이었다. 그리고 사악한 인간이 망하고 마루야마교가 가르치는 깨끗한 마음의 인간만이 번영하게 되는 것이 요나오시이며, 그것은 눈 앞까지 밀려와 있다. 거기에 실현되는 것은 모든 사람들이 깨끗한 마음으로 통속도덕을 진지하게 실천하고, 주식이 되는 곡물 중심의 농업을 근면하게 영위하는 풍요롭고 평온한 소생산자의 이상사회이다. 지금 이 이상사회의 이미지 속에서 개별적 소생산자의 생활태도의 문제를 끄집어내 보면 근세 중기 이후 민중사상사의 전통을 계승 발전시키면서 통속도덕적 자기규율이 주장되고 있는 것이 분명하다. 그것은 주술적, 비합리적, 수동적, 체념적인 것에서 합리적, 능동적, 적극적인 것으로 민중의식을 변혁하려고 하는 것이며, 민중의 자기형성=자기단련의 논리에 다름 없다. '마음'에서 우러나는 인간의 노력이 너무나도 과대평가되고 있지만, 주술적인 것을 부정해서 인간 내부에 숨어 있는 가능성에 대해 기대하는 밝고 힘찬 휴머니즘이 보인다. 종교의식의 핵심은 유심론적 세계관으로 전환되고, 지금까지 신적인 것이라 여겨진 것도 많은 것이 인간 마음의 작용이라 간주하게 되었다. 그리고 인간의 주체적 계기를 강조했기 때문에 요나오시 사상은 단순한 환상에서 사람들에게 생활태도의 근본적 변혁을 요구하는 격렬한 것이 되었다.

그런데 개별의 민중생활에 대해서는 이처럼 명확한 이미지가 있는데 사회체제 전체의 이미지는 매우 막연하고 현저히 신비적이고 환상적이다. 예를 들면, 마루야마교의 이상사회는 어떠한 사회조직이나 정치조직을 가지고 어떤 형태로 통치하는 것인가, 또 어떻게 해서 그러한 사회에 도달하는 것인가와 같은 문제는 극히 막연하고 신비적이라고 말할 수밖에 없을 정도에 그쳤다. 마루야마교의 이상사회가 복고주의적이라는 것은 전술했지만, 그러나 그 구체적인 내용, 통치수단, 도달방법 등은 구체적으로 줄기를 세워 고찰되지 않았다. 결국 마루야마교를 개인별 민중의 통속도덕적 자기규율의 사상으로서 보면 구체적으로 잘 이해할 수 있고 신비적인 것도 거의 없지만 사회체제 전체의 변혁을 요구하는 사상으로 보면 격렬하다. 그러나 지극히 신비적으로 신神의 힘을 기대하고 있고, 구체성과 합리성을 결여한다. 그래서 또 개인생활의 차원에서는 유심론을 끝까지 파고들어 무신론에 가까운데, 사회체제 전체의 문제에서는 종교적·주술적이지 않을 수가 없었다. 어째서 그와 같이 되는 것일까? 위와 같은 사정은 소생산자의 소우주적인 세계에서 사회체제 전체를 구상할 때의 특수한 곤란을 표현하고 있다고 생각한다.

위의 문제를 이토 로쿠로베에 개인에게 입각해서 말하면, 다음과 같은 사정을 지적하지 않으면 안 된다. 로쿠로베에는 통속도덕을 진지하게 실천하는 서민 한 사람이라는 것에서 출발하면서 천하태평이라는 사회체제 전체의 문제를 한꺼번에 해결하려고 한다. 그러나 개인생활의 차원에서 통속도덕을 진지하게 실천하는 것과 사회 전체를 천하태평으로 하는 것 사이에는 너무나도 커다란 차이가 있다. 통속도덕은 소생산자가 사회 격동에 인종하며 참아내는 것에 어울리는 생활원리이지만 그것 자체로서는 사회변혁의 논리도 없고 사회체제나 국가권력의 문제를 구체적으로 고찰함에 어울리는 원리도 아니다. 그러므로 통속도덕적 자기규율을 최선을 다해 실천하고 극도의 인종, 겸양 등의 생활태도를 습득한 일개 서민이 감추어진 분노를 폭발시켜 사회 전체를 비판할 수 있기 위해서는 이 시대에서는 종교적 매개가 필수적이었다. 거친 수행인 황행荒行(고행)과 접신이 그것이다. 로쿠로베에게 천하태평은 처음부터 그 종교사상의 주요내용이었지만 천하태평에 도달하기 위해서 그가 행했던 것은 단식수행, 물세례수행, 발끝서기수행, 연기쐬기수행 등의 전통적인 주술적 행위였다. 그것들은 로쿠로베에에게 천하태평 요나오시적인 타인을 돕기 위한 구체적 방법이었다. 예를 들면, 그는 '천하태평'이라 쓰인 깃발의 주위를 발끝서기로 걸어서 주위를 도는 것을 반복했다. 그리고 그것은 그것으로서 지극히 어렵고 괴로운 황행이었지만, 그러한 황행이 아무리 어려운 것일지라도 천하태평이라는 목적을 위해서는 행해야 하는 너무나도 황당무계한 방법이었다. 거기에 마루야마교의 위대한 목적의식과 너무나 빈약한 방법과의 사이에 기묘한 대조를 이룬다. 이러한 주술적 방법은 이토 로쿠로베에라고 하는 현실사회에서는 극도로 한정된 지위와 역할밖에 갖지 못하는 일개의 서민이 사회체제 전체의 문제를 한꺼번에 전면적으로 해결하려고 시도하는 시기에 어떻게든 필요한 매개였다. 왜냐하면 어떤 사람도 미칠 수 없는 황행을 통해서 로쿠로베에는 신의 목소리를 들었고 신의 대리자가 되었고, 그것에 의거해서 가정, 국가, 세간 등의 권위로부터 탈각한 예언자가 될 수 있었기 때문이다. 이 과정은 신앙의 소용돌이 속에 있는 사람에게는 지고의 신비적 의미를 갖고 있지만, 객관적으로 보면 이제까지 은밀히 신념이 되고 실천되어 온 관념을 한꺼번에 보편화시키고 권위화시키는 과정에 다름 없다. 그러므로 형성된 종교사상의 깊이는 개교 이전의 로쿠로베에의 사상형성과 자기단련에 조응하고 있다. 이 주술적·종교적 매개에 의해 로쿠로베에의 은밀한 신념이 최고의 신에 의해 권위가 부여되고 사회체제 전체를 한꺼번에 비판하는 원리로까지 보편화되었던 것이다. 그렇지만 이 매개에 의해 개인생활의 차원에서는 합리적이고 구체적인 것이었던 로쿠로베에의 사상이 사회체제 전체의 문제를 구상하는 요나오시 사상으로서는 극도로 환상적이며 주술적인 것으로 변해버렸다.[86] 그리고 천하태평에 도달하기 위한 구체적인 방책의 탐구는 이러한 주술에 의해 완전히 막혀버리고 변혁에 관한 열정과 에너지는 주술이나 환상 속에서 함부로 낭비되어 버렸다.

그렇지만 마루야마교의 주술성은 로쿠로베에 개인의 사회변혁에의 정열과 에너지를 낭비하는 것만은 아니다. 로쿠로베에가 변혁에의 정열에 휩싸여 격심한 황행에 힘을 쓰면 쓸수록 로쿠로베에는 보다 많은 주술적 능력을 갖는 살아있는 신인 이키가미生き神가 되어 일반신자의 이키가미 숭배라는 신앙형태로 발전한다. 그 결과 많은 사람들이 다양한 문제를 이키가미에 의한 주술적 해결을 찾아 모여들었다. 질병치료는 그 중에서도 가장 중요한 것으로 포교의 주요수단이었다. 그렇지만 그렇게 되자, 대중적인 차원에서 마루야마교는 원래 주장하고 있던 통속도덕적 자기규율의 측면은 점차 약해지게 되었다. 물론 아무리 이키가미가 되었다 해도 로쿠로베에 자신은 통속도덕을 진지하게 실천하려 했고, 사람들의 질병이나 빈곤도 사람들에게 자기변혁=통속도덕적 자기규율을 핍박하고 있는 것이라고 설명했을 것이다. 그리고 그 범위에서 마루야마교도 많은 민중사상과 같이 유심론적인 자기규율의 논리가 되고, 주술보다도 정신변혁이 중시되었을 것이다. 그러나 대중적 차원에서는 특히 급속하게 발전하면 할수록 이러한 자기규율을 구체적으로 납득시키는 기회가 적어지고, 주술적 능력자로서의 로쿠로베에에 대한 숭배가 강해진다. 거기에서 마루야마교는 금욕적 자기규율을 추구하는 사상이 없어지고, 반대로 광범한 사람들이 억압받고 있는 다양한 욕구에 주술적인 해결을 수여하는 것이 되어 버린다. 이러한 이키가미 신앙의 아래에서는 요나오시 관념의 사상적 발전은 곤란하다. 요

---

86 예를 들어, 거꾸로 말하면 농민잇키가 세금경감이라고 하는 경제요구에 머물러 있는 한, 비종교적일 수 있는 것이다.

나오시라고 하는 것은 사실은 이제까지 억압받고 있었던 욕구를 도착적으로 비대화해서 폭발시키는 것에 지나지 않게 된다. 새로운 자기규율·질서형성의 노력에 매개되지 않으면 운동의 일시적인 발전은 있어도 붕괴도 빠르다. 1880년대 전반기의 폭발적인 발전은 그러한 성격이 강한 것이었다. 1890년 이후 사회가 어느 정도 안정되었을 때 주술적으로 모여든 다수의 신자들이 이윽고 교단을 떠났더라도 그것은 지극히 당연한 결과였다.

민중적인 이상사회의 구상이 이러한 주술성과 환상성을 가졌던 것은 결코 마루야마교만의 것도 일본만의 것도 아니었다. 예를 들면, 독일 농민전쟁의 지도자들은 중세의 신비설을 이어받은 사람들로 "환각과 경련과 예언하는 능력"을 갖고 있었다.[87] 태평천국의 난의 주역인 홍수전洪秀全은 열병 사이에 환각을 일으켜서 구세의 대명을 제수 받았다. 러시아의 농민은 무수히 많은 농민폭동을 경험했음에도 불구하고 가짜 차르(황제)가 출현해서 왕위를 요구했을 때에 비로소 차르의 권력에 대해서 폭동을 일으키는 것이 가능했다.[88] 근대사회 성립기에 민중이 스스로 전면적으로 해방하는 사회를 구상할 때, 주술성과 환상성은 필연적으로 따라다니는 것이다. 그렇지만 중요한 것은 어디까지가 주술적·환상적인 것이고, 어디까지가 금욕적 질서의 구체적이고 사리에 맞는 구상인가 하는 것이다. 이러한 견지에서 마루야마교의 요나오시적 사상을 조망할 때, 근세 후지코의 통속도덕의 주장을 받아들이고 그 진지한 실천을 강조했던 범위에서 주술도 환상도 극복한 민중 자신의 독자적 질서가 구상되었던 것이고, 그 범위에서 확고한 사상형성=주체형성을 성취했던 것이다. 그리고 이 사상형성=주체형성

87　F·エンゲルス, 『ドイツ農民戦争』(国民文学), 59쪽.

88　F·エンゲルス, 「ロシアの社会関係」(『マルクス＝エンゲルス撰集』13巻, 147쪽)에 수록에 의함.

에 기초하고 있는 범위에서 그 사회비판은 구체적이고 예리하게 지속적이었다. 주술성이나 환상성은 민중이 사회체제 전체를 구상할 때에 불가결한 것이었지만 민중의 사상형성=주체형성의 발전과 동반해서 조금씩 극복해가지 않으면 안 되는 것이었다. 당시의 마루야마교는 틀림없이 새로운 사상형성의 방향이 존재하고 있었지만 주술성과 환상성은 여전히 강했다. 문자 그대로 천변동지天變動地(천지 간에 일어나는 자연재해나 이변)를 이미지화하거나 구체적인 사회구상도 없는데 요나오시가 일어나면 '다이묘大名'가 된다고 생각하고, 다이묘가 되면 "오사카의 성주가 된다거나, 구마모토의 성주가 된다거나, 일대 쟁투를 일으켰다"[89]고 말하는 것은 사상적 미성숙의 표현이다. 요나오시의 관념은 민중의 금욕적 자기규율을 기초로 거기서부터 구체적으로 사리에 맞게 구상된 범위에서만 변혁적인 사상형성의 새로운 전개였다고 생각한다.

맺음말

마지막으로 주요 논점을 정리하면서 약간의 보충을 하고 싶다.

요나오시 관념은 빈곤과 억압으로부터 해방을 갈구하는 민중의 환상이다. 소생산자와 그 공동체가 어떤 계급지배를 벗어나 자립해 존속해가는 것이 불가능한 이상 이러한 관념은 환상일 수밖에 없다. 그러나 그 환상이라는 것은 역사적으로 무의미한 관념이 아니다. 그것은 빈곤과 억압에 표리를 이루어 보편적으로 존재하고 해방을 끊임없이 추구하는 민중의 욕

---

89 『東海曉種新聞』 1886(明治 19)년 3월 6일.

구와 원망에 세계관적 기초를 부여해준다. 이 장은 이 관념이 민중의 전통적 의식에 깊이 뿌리내리고 있는 것을 우선 서술해 두었다. 이 관념은 안정된 사회에서는 잠자고 있었지만, 거대한 변혁기에서 역사의 무대에 분출한다. 특히 근대사회 성립기에 중요한 의미를 갖는 것인데 그것은 근대사회 성립기의 사회적 격동이 민중의 생활기반을 근원부터 동요시키기 때문이다.

그런데 이 관념은 종교적 표현을 취하지 않을 수 없다. 종교적 표현의 핵심은 종교왕국의 관념이고, 그것은 각각의 민족 중에서 민중의 사상적 전통으로서 배양해 계승되어 간다. 유럽의 천년왕국설, 중국의 다양한 종교적 비밀결사 등은 그 대표적인 사례이다. 이 관념이 종교적 표현을 취할 수밖에 없었던 것은 근본적으로는 민중생활의 소우주성에 있다. 그러나 좀 더 구체화해서 다음과 같은 사정을 생각할 수 있다. 첫째, 계급지배를 권위 짓는 이데올로기 지배를 타파하기 위해서는 종교가 불가결하다. 민중은 아무리 소박한 것이라 할지라도 현실의 지배체제와 다른 사회를 구상하려고 하는 한 지배이데올로기보다도 높은 관념적 권위를 필요로 한다. 그러나 전근대사회에서 그것은 민중적 종교 안에서밖에 존재할 수 없다. 둘째, 민중은 권력조직이나 사회조직에 대해서 구체적으로 고찰할만한 경험과 시야를 갖고 있지 않기 때문에 새로운 사회를 종교적 환상 속에서 구상하지 않을 수 없다. 계급사회는 소박하고 사람 좋은 농민의 이해력을 훨씬 뛰어넘은 복잡한 사회조직과 그 위에 옹립하는 권력조직을 갖고 있는 것이고, 지배계급은 몇 천 년의 계급지배의 경험을 통해서 그것을 잘 알고 있다. 민중이 이러한 복잡한 조직들과 한꺼번에 전면적으로 대결하는 것을 구상하려고 하면 종교적 환상의 도움을 빌리지 않을 수 없고 그렇지 않으면 대중적인 공감을 얻을 수 없다.

다음으로 중요한 것은 민중의 통속도덕적인 자기규율=자기단련이 요나오시 관념의 성숙을 위한 기초라는 것이다. 근세 중기 이후의 민중의식의 발전이 통속도덕적 자기규율의 주장을 핵심으로 하는 것임은 이미 말했지만, 통속도덕을 진지하게 실천해온 사람만이 확신을 가진 예리한 비판자가 될 수 있었다. 통속도덕은 겸양이나 인종을 설명하고 사회적 비판정신을 억압하는 것이었지만 종교적 표현을 취하는 것을 통해 통속도덕을 보편적 원리로서 선언하고, 그러한 원리에 따르지 않는 인간을 격렬히 규탄할 수 있었다. 근대사회 성립기에 민중적인 입장에서의 사회비판은 이러한 도덕주의적 견지에서 이루어졌다. 무엇보다 민중의 통속도덕적 자기규율의 세계에서 구체적으로 사리에 맞게 순차적으로 쌓아올려 사회체제 전체의 문제를 고찰하는 것은 아무래도 불가능하고, 어딘가에서 종교적 비약을 행할 수밖에 없었다. 그러나 그럼에도 불구하고 통속도덕적 자기규율을 토대로 해서 구체적·합리적으로 구상할 수 있는 만큼 요나오시 관념의 환상적·주술적 성격은 감소했다. 이것은 민중의 사상형성이 이루어졌던 것이다. 이러한 발전이 도달한 곳에 요나오시 관념의 종교성은 점차로 희박해져 무신론에 접근해 간다. 그러나 다른 한편에서 운동의 대중화는 자기규율에 매개되지 않는 주술 종교적 성격을 확대할 수밖에 없다.

그런데 우리들은 이러한 요나오시 관념의 발달은 세계사적으로 예외라 해도 좋을 정도로 일본에서는 미숙했던 것이라 생각한다. 이미 이 장의 '시작하며'에 문제제기를 해 둔 바와 같이 근세에서 메이지시대에 걸쳐 농민 잇키나 우치코와시에서 이러한 관념에 고무된 종교잇키의 사례가 보이지 않는다. 아니 단지 하나 '에에쟈 나이카(좋지 아니한가)'가 있지만 그것은 무엇보다 사상적으로는 미숙한 형태였고 또한 가장 방대한 에너지를 동반했던 요나오시 관념의 폭발이었다. 근대사회 성립기라고 하는 관념이 가장 중요한 역사적 의의를 가진 시대에서 위와 같은 사정이 있었던 것은 일본에 있어서는 전통사회의 내부에서 변혁적인 민중의식이 성립할 무렵에 특수한 조건이 있었던 것을 추정할 수 있을 것이다.

그 특수한 조건에 대해서는 다양한 문제를 생각할 수 있지만, 우리들은 그 하나로서 요나오시적 여러 사상이 민속신앙적인 신도설의 계보에 선 사상임을 강조하고 싶다. 근세 후기부터 메이지시대에 걸쳐 요나오시적 여러 사상은 모두 그러한 계보의 사상이었다. 덴리교, 마루야마교, 오모토교, '에에쟈 나이카'가 모두 그러하고, 오시오 츄사이大塩中斎(양명학자, 1837년 2월에 오사카에서 난을 일으켜 자살─ 역자)가 자신의 사상적 입장을 추구하면서 끝까지 반란을 감행할 때에도 민중적인 이세신앙과 결부시켜서 '신대복고神代復古'[90]를 역설했다. 안도 쇼에키安藤昌益[91]의 사상도 이에나가 사부로家永三郎[92]가 말하고 있는 바와 같이 신도설에 결부시킨 점이 많다. 이단적인 신도가로서 막부의 탄압을 받은 이노우에 쇼테쓰井上正鉄와 가모 노리키요賀茂規清와 같은 인물도 있다. 또 다무라 에이타로田村栄太郎와 이노우에 기요시井上清가 요나오시 운동으로서 주목한 리쿠젠노쿠니陸前国 도메군登米郡의 신직神職 시

---

90 천황제를 절대적으로 지지하면서 그 종교적 세계관 아래 민중 평등을 실현하려고 했다.(역자주)

91 농본사상가(1703~1762). 도호쿠 지방을 강타한 대기근의 참상을 겪으면서 의사에서 사상가로 거듭났다. 봉건신분제를 통렬하게 비판하였고, "직접 경작 활동을 통하지 않고 사는 것은 탐욕이며, 그런 이들은 '강도'와 다름없다"고 하였다. 남녀, 귀천, 빈부의 차별이 없는 평등 사회를 추구하였으며, 사후에는 마을 사람들로부터 '농업의 수호신'으로 숭배되기도 하였다.(역자주)

92 역사학자(1913~2002). 이에나가 교과서 재판으로 유명하다. 1955년 이에나가가 집필한 고등학교 교과서『신일본사』에 대해 일본 문부성은 검인정제도를 내세워 불합격처리와 더불어 수정을 요구하였다. 그 후 거듭된 수정 요구에 이에나가는 일본 정부를 상대로 1965년 제1차 소송부터 1997년 제3차 소송의 최종판결에서 승소할 때까지 법정투쟁을 전개했다. 이른바 국가권력의 통치 의지와 역사학자의 학문적 자유의 우선권을 둘러싼 법정 공방이었다. 그 결과로 남경대학살과 종군위안부 등의 근대일본의 역사적 치부가 교과서에 본격 수록되었다.(역자주)

치로사쿠七郞作 사건이나 고바야시 요헤이小林与平의 신대복고 청원운동도 이단적인 신도설의 입장이다. 그렇다면 신도설의 계보에 서는 것이 어째서 요나오시 관념의 사상적 성숙을 곤란하게 하는 것일까? 첫째로 신도는 마루야마 마사오丸山真男의 표현을 빌린다면 평범한 '원통'과 같은 것으로 어떤 종교나 관념이라도 그 속에 받아들이는 것이 가능하다. 그러나 그것에 고유한 논리적 기초가 된 신도설이 민간신앙적인 성격이 강하기 때문에 위와 같은 사정은 한층 두드러진 것이 되었다. 둘째로 신도설 계보의 사상은 원래의 성격이야 어떻든지 이세신도나 기기신화記紀神話(古事記·日本書紀)와 결부된 천황제 이데올로기에 유착하기 쉬운 것이다. 이미 서술한 바와 같이 덴리교, 마루야마교, 오모토교 등의 신도설은 애당초 천황제 신화와는 전혀 관계가 없는 민간신앙적인 것이었다. 그러나 한편에서는 교의체계를 정비하려고 하면 이세신도나 기기신화를 이용하지 않을 수가 없기 때문에, 다른 한편에서는 천황제 권력과 어떤 형태로든 타협하는 것이 교단발전을 위해서 필요했기 때문에 이윽고 급속하게 천황제 이데올로기에 타협해 융합해 갔다. 신도설 계보에 서는 것은 그러한 타협이나 융합을 지극히 용이하게 했으며, 또 제동이 걸리지 않는 것이기도 했다. 게다가 한번 천황제 이데올로기에 융합하면 거기에는 이미 살펴본 바와 같이 일정한 민중의 주체형성(통속도덕적 자기규율)이 축적되어 있는 만큼 오히려 천황제 지배를 지탱하는 아래로부터의 강력한 에너지를 제공하는 것이 된다.

마루야마교는 문명개화=자본주의화를 주도하는 천황제 권력을 저주함과 더불어 더욱이 그 배후에 구미자본주의의 진출을 보고 있었다. 그러므로 내셔널리즘의 관점에서 말하면 마루야마교는 민중적 차원에서의 구미자본주의에 대한 민족적 자각을 표현하고 있었다. 이러한 자각은 문명개화=자본주의화로 인해 몰락하려고 하는 민중의 입장에 서는 한 천황제 이데올로기와 전혀 이질적인 것이었다고 말할 수 있겠다. 거기에는 민중적 차원에서의 소박한 민족연대의 계기마저 있었을지도 모른다. 그렇지만 이러한 계기를 독특한 신도설이라고 하는 무엇보다도 독선적인 사유를 통해서밖에 표현할 수 없는 곳에 특수하고 곤란한 사정이 있었다. 물론 어떠한 민족적 자각에도 그 민족의 독선성이 따라다니는 것이지만 그것이 어디까지 보편적인 논리(신도설과 같은 민족종교에 대비해서 말하면 세계종교)에 매개되어 있었는가 하는 것은 중요한 의미를 갖고 있다. 소박한 신도설의 입장에 서는 것은 내셔널리즘 고유의 독선성을 완전히 자기제어가 안 되는 것으로 만들고 초국가주의로의 이행을 용이하게 했다.

그렇다면 근세 후기에서 메이지에 걸쳐 요나오시 사상은 어째서 민간 신앙적 신도설의 계보에 설 수 있었을까? 이 문제에 대해서도 다양한 시각에서의 고찰이 필요하다. 그러나 우리들은 우선 일본에서는 막번체제의 성립에 의해 민중적인 종교왕국이라는 관념의 전통이 뿌리째 뽑혀 버린 것을 지적해 두고 싶다. 말할 것도 없이 중세 말기에는 잇코슈一向宗(정토진종), 법화종, 그리스도교에 있어서 민중적인 종교왕국의 관념이 형성되고 있었다. 잇코잇키一向一揆(무로마치室町시대 말기에 잇코슈의 승려와 신자들이 지배 계급에 반항하여 궐기한 폭동— 역자), 홋케잇키法華一揆(법화종의 승려와 신도들이 주축이 되어 수도 교토를 중심으로 일어난 잇키— 역자), 시마바라의 난島原の乱(1637년에 일본 규슈 북부의 시마바라에서 기독교인들 가운데 농민을 중심으로 일어난 난— 역자) 등의 복잡한 성격을 여기서 조금이라도 규정할 생각은 없지만 그것들은 적어도 그 성격의 일면에서 이러한 관념의 발전을 기반으로 하는 것이었다. 거기에서도 종교왕국의 관념이 충분히 발전했다고는 말할 수 없지만, 불교와 그리스도교라고 하는 세계적 종교에 매개되어 광범위한 민중운동을 배경으로 그러한 관념이 구축되고 있었다. 사회조직이나 권력조직에 대해서나 다양한 전략

전술에 대해서도 투쟁경험에서 배운 새로운 인식이 발전하고 있었을 터이다. 그러나 이러한 전통은 오다 노부나가·도요토미 히데요시 정권과 막번체제의 성립에 의해서 철저히 짓밟혀 근세의 불교는 사회사상으로서의 생명력을 상실해 버렸다. 근세의 민중은 민중적 종교왕국의 구상에 대해 계승해야 할 전통을 갖는 것이 불가능해져, 가장 소박하고 미성숙한 토속신앙적 전통에서 다시 출발하지 않으면 안 되었다.

[부기]

이 장은 히로타 마사키(ひろた·まさき)와의 공동연구의 성과이지만 히로타의 우정에 힘입어 이 책에 수록했다. 히로타의 호의에 깊이 감사드린다. 또 이 소론을 쓰기 위해 방문한 우리들에게 마루야마교 본청은 호의적으로 모든 자료를 공개하고 편의를 도모해 주셨다. 이토 무쓰오伊藤睦男를 비롯하여 마루야마교 본청의 모든 분에게 깊이 감사드린다. (추기.『오시라베お調べ』 원본은 지극히 난해한 것으로 인용할 때에는 적절히 한자를 충당하기도 하고 가나를 보충하기도 했다. 현재는 마루야마교 본청 편『마루야마 교조 진적 어법 조사丸山教祖真蹟御法お調べ』에 의해서 원문과 그 해독문 전체를 보는 것이 가능하다).

4장
민중봉기의 세계상
농민잇키의 사상사적 의미 1

시작하며

일반적으로 농민잇키는 구체적인 요구사항을 따져봤을 때 막번제 사회의 존재를 전제로 하고 다양한 봉건적 부담을 경감해달라는 것이었다. 그런 의미에서 반봉건적이지 않았다. 후카야 가쓰미深谷克己가 말하듯이 농민잇키의 요구는 막번제 사회의 지배사상인 인정仁政이데올로기에 근거하여 농민 입장에서 어진정치仁政=농민성립百姓成立을 요구하는 것이며, 구체적인 요구내용이 연공을 비롯한 현실의 봉건적 여러 부역 부담의 경감이기 때문에 그 범위에서 보면 농민잇키는 막번제 사회의 일상의식에 기초한 민중투쟁이었다.[1] 그런데 농민잇키의 구체적인 요구들은 비합법적 폭력수단에 의지해 지배자에게 강요하는 투쟁형태로 전개된 것이기 때문에, 그 투쟁형태의 측면에서 보면 농민잇키가 막번제 사회의 질서원리와 근본적으로 대립하는 것임은 말할 것도 없다. 인정이데올로기가 막번제 사회의 지배사상이라고 하는 경우, 이 인정사상仁政思想은 지배자에 의한 권위와 권력을 수반한 통치이데올로기로서 실현되고 유지된 것이며, 민중도 또한 그러한 인정이데올로기를 수동적으로 수용하고 있었다고 생각한다. 이와 같은 농민잇키가 막번제적 인정이데올로기를 전제한 배후에는 그들의 요구를

1　深谷克己,「百姓一揆の思想」(『思想』1973년 3월호, 후에「百姓一揆の意識構造」로 개제해서 深谷,『百姓一揆の歷史的構造』수록).

지배계급이나 피지배계급 모두가 쉽게 납득할 수 있도록 한 이른바 농민적 잇키이데올로기=방법적 선택이 있었다. 거기에서 농민잇키의 완강함이 표출되고, 그렇기 때문에 커다란 성과도 올렸다고 말할 수 있지만,[2] 그러한 일상적인 인정이데올로기의 수용과 비합법적이며 폭력적인 봉기의식과의 사이에는 매우 큰 괴리와 전환이 있었을 것이다.

아오키 코지青木虹二의『농민잇키 종합연표』에는 1590년에서 1877년까지 농민잇키는 3,711건이 기재되어 있는데, 이런 잇키를 전체로서 관찰하면 1720년대를 경계로 해서 잇키 건수가 증가하기 시작하고, 그것과 더불어 투쟁 형태에도 현저한 변화가 일어나 강소強訴, 폭동, 우치코와시打毀し가 주요 형태가 되는 봉기의 대규모화와 파급성이 뚜렷해진다. 그 위에 18세기 후반에는 봉건영주의 개별적 지배영역을 뛰어넘은 대규모 투쟁이 전개되는 특징이 나타나며, 또 막부말기와 유신 초기에는 요나오시잇키적인 성격이 현저해지는데, 특히 메이지 초기의 신정부 반대 잇키에는 독특한 특색이 보인다. 이와 같은 농민잇키 성격의 시대적 변천이 크게 주목되지만, 일시적으로 광범한 민중을 끌어들인 강소, 폭동, 우치코와시가 투쟁 형태상의 특질인 것은 변함이 없다. 농민잇키는 1877년 시점에서 거의 종언을 맞이하면서, 일본역사 속에 독특한 투쟁 형태인 농민잇키라는 역사적 고유성을 확보하게 되는데, 이것을 고유한 민중투쟁의 형태라고 생각하고, 거기에 가담한 민중의 의식문제를 고찰하는 것이 나의 과제이다. 이를 위해 우선 농민잇키의 의식을 농민들의 일상적 생활의식과 관련시켜 파악해야 된다는 후카야의 주장은 옳다고 생각한다. 그 위에 강소, 폭동, 우치코와시와 같은 투쟁 형태의 필연성을 파악하고, 그러한 투쟁형태 속에 잉태되어

---

2 앞과 동일, 67쪽.

있는 민중의 의식형태와 자기해방의 가능성과 특질, 그리고 거기에 내재하고 있는 모순에 대해서도 생각해야만 할 것이다.

보다 넓은 시야에서 생각하면 후기 봉건사회에서 근대사회 초기에 걸친 민중투쟁의 사상적 달성이 근대국가의 여러 민족의 역사의식이나 이데올로기를 크게 규정하고 있다고 생각한다. 일본의 경우 농민잇키의 사상사적 전통은 주로 의민담義民談으로서 전승되었지만 의민담은 농민잇키의 의미를 특정의 지사志士나 의인義人의 자기희생적 활약으로서 전승하는 것을 대가로 해서 봉기했던 민중의 의식과 활동성을 역사의 어둠 속에 묻어버리는 성격이 강하다. 농민잇키에서 봉기한 민중의 활동성에 어울리는 새로운 세계상을 구상하는 것은 지극히 곤란한 것으로 잇키 중에 약간의 요나오시적 관념이나 희미한 집권국가에의 전망을 나타내는 것이 있다고는 하지만, 전체적인 면에서 막번제적 인정사상의 세계상을 벗어나는 것은 어려웠다. 특히 농민잇키의 이러한 특질과 관련해서 일본에서는 농민전쟁 형태의 민중투쟁을 결여하고 있는 점, 이단적인 종교사상과 농민투쟁의 결부가 보이지 않는 점, 천년왕국설적인 사상의 전통이 희박한 점은 비교사적으로 보아 지적할 수 있는 역사적 사실이다.

많은 역사가가 농민잇키의 전통은 메이지 초기의 신정부반대 잇키나 지조地租개정반대 잇키를 거쳐 자유민권운동으로 계승된다고 생각하는데, 농민잇키의 사상사적 계승도 거기에 있지 않을까 하고 생각한다. 하지만 농민잇키의 투쟁 형태나 거기서 나타나는 민중의 활동성이나 의식형태에 대해서는 가볍게 말하지 않는 것이 좋다. 운동의 담당주체에 대해서도 투쟁목표나 대결 상대에 대해서도 농민잇키와 자유민권운동의 사이에는 큰 차이가 있어 간단하게 역사적 계승을 운운하는 것이 불가능하다고 생각한다. 자유민권운동과 같은 근대적 정치이념에 기초하는 운동도 민중의 보다 토착적인 여러 운동과의 사이에 얼마나 큰 틈새가 있는지는 비서구사회 여러 민족의 역사에서 보이는 무수한 사례에서도 확인할 수 있다. 나는 농민잇키를 메이지10년(1877년)경에 종언을 맞이한 역사적 민중투쟁이라 생각하고 그러한 입장에서 농민잇키의 사상사적 의미를 재발굴해서 의미부여하는 것으로 근대일본의 사상사적 여러 조건을 재검토하는 계기로 삼고자 한다.

1. 막번제적 억압상황

여러 나라領國 농민이 함께 하는 청원이 있으면 나누시名主를 비롯한 마을관리 등을 통해서 정해진 법에 따라 청원해야만 한다. 수많은 도당을 짓는 것은 불법이다. 지금부터는 위와 같이 잘 이해하고 청원해야 할 것이다. 만일 위반하여 도당徒黨을 지으면 받아들일 청원이라 할지라도 이비理非 (옳고 그름)를 가리는 소송에 이를 수 없다. 받아들이지도 않을 뿐만 아니라 반드시 징계에 처할 것이다. 위의 취지는 막부령이나 번국령의 농민일지라도 모두 다이칸大官, 영주領主, 지토地頭로부터 널리 알려야만 할 것이다.[3](1769년 2월 막부령)

위의 인용이 말해주듯이 막번제 사회의 지배체제 아래에서 농민의 사회적 불만이나 요구는 신분제지배 기구를 아래로부터 위로 순차적으로 거슬러 올라가는 소원에 의해 처리하게 되어 있었다. 그리고 이러한 합법적 소원의 수순을 거치지 않고 강소强訴와 도당徒黨을 감행하면 그 내용의 이비理非에 관계없이 그 청원은 거부되고, 그 지도자와 가담자도 처벌돼야만 할 것이었다. 물론 현실에는 봉기한 민중의 요구에 이유理가 합당하면 그

3　『德川禁令考』, 前集 第五, 197쪽.

요구를 인정하지 않을 수가 없는 경우도 적지 않았지만, 그것은 봉기한 민중의 힘에 밀린 비상조치였다. 그러한 비상조치가 종종 감행되었다고 하더라도 강소와 도당은 그 요구의 이비에 관계없이 억압돼야 한다는 것이 막번제 지배가 절대 양보할 수 없는 원리로서, 1743년의 『오사다메가키백개조御定書百箇條』에서도 강소와 도당의 죄는 우두머리는 사형, 나누시名主는 중한 추방형, 5인조五人組 조장은 전답 몰수 후에 거주지 추방, 가담 농민은 '수확량에 입각한 과료'형이라 규정되어 있었다. 농민봉기가 일어났을 때에 관리들은 "탄원할 일이 생기면 적절한 시기에 몇 번이든 출원하는 자가 있어야만 할 상황"[4]이라든가, "청원해야만 할 사항은 조리를 갖고 신묘神妙하게 출원出願하고, 후일에 어려움難儀에 미치지 않도록……"[5]이라든가, "가령 소송출원의 이유가 사리에 맞는다고 할지라도 본래 순서를 잃어버리고, 심지어 통솔불능의 지경에 이르면 엄격히 그 죄상을 물었다 할지라도 그 위에 한 마디 더 상신하는 일이 없도록 할 것"[6]이라 기술되어 있는 것은 같은 책에 적시한 민중지배의 원리를 반복해서 확인한 것이었다. "쇼군將軍의 대법을 위반해서는 가령 조리에 맞는 소송일지라도 패소하게 될 것"[7]이라고, 봉기한 민중이 설득당한 사례와 같이 막부권력의 지배원리가 일반적 이치理에 우월하지 않으면 안 되는 것이다.

그런데 마을관리 등으로부터 제출되는 소원문서訴願文書는 근세의 여러 사료 중에서는 무수하다고 할 만큼 많고, 농민잇키도 합법적 소원에서 시작되는 경우가 많다. 막번제 사회에서의 지배와 피지배 관계를 지방지배의

---

4 『日本庶民生活史料集成』第十三券(이하 『日本庶民生活史料集成』에 대해서는 『集成』 十三 등이라 약칭), 361쪽.

5 『近世社会経済叢書』, 178쪽.

6 『美作国鶴田藩農民騒動史料』上, 101쪽.

7 庄司吉之助, 『史料東北諸藩百姓一揆の研究』(이하 『東北諸藩』이라 약칭).

현장에서 보면 문서의 형식을 취하는 것은 물론 취하지 않는 것도 포함해서 일상적으로 반복된 소원과정이라 말해도 좋을 정도다. 그렇지만 이러한 소원은 신분체제의 지배기구를 하부에서 상부로의 순서에 따라 올라가 수탈을 자행하는 최상위 계층의 담당주체들에게, 그것도 온정에 매달려 탄원하는 것이기 때문에 당연히 거의 유효할 수 없었다. 막번체제의 지배이념에서 보면 이러한 소원의 유효성은 소농민경영의 재생산 조건을 파괴하는 가혹한 수탈이 직접 확인되어야만 할 것이다. 하지만 소원을 받는 주체가 사실상 수탈하는 담당자인 연유로 그들이 그 수탈 성과를 포기하고, 자신들의 수탈방식의 실패를 공인하는 것과 같은 민중의 요구에 냉정하게 귀를 기울이는 것은 곤란한 일일 것이다.

이러한 소원의 당사자는 많은 경우가 한편에서는 지방통치를 담당하는 지방관리이며 다른 한편에선 쇼야나 나누시와 같은 마을(및 그 연합조직)의 대표자들이다. 이른바 지방차원의 지배관청 및 마을단위의 행정차원에서 행하여지는 그들의 거래는 타협책의 미묘한 암시나 속보이는 회유, 노골적이거나 혹은 돌려 말하는 간접적 강압을 포함한 다양하고 미묘한 것이었을 것이다. 하지만 그 흥정 속에 결국은 "정말로 우는 아이와 지토地頭의 속담은 시비를 가릴 것도 없이……"라며 마을관리들에게 일임해 버리는 것과 같은 권력주의적 억압원리가, 혹은 노골적으로 혹은 에둘러 표현되며 관철되고 있었음에 틀림없다. 그러한 흥정을 구체적으로 기록한 사료는 적지만 지방지배 관리의 권위주의적·강압적인 태도가 다음과 같이 생생하게 기록되어 남아있는 경우도 있었다.

연공상납은 천자에 있어서도 귀중한 일이다. 그것은 제각기 다이묘大名, 하타모토旗本, 지토地頭, 영주領主의 연공으로 농민들이 경작한 농작물의 첫 수확을 헌상하는 일이다. 그것을 되찾으려는 것은 지극히 발칙한 소견이다. 10만 석이라도 다이묘이다. 다이묘라는 것은 천하의 제후이다. 천하의 제후가 영지의 농민에게 연공을 되가져가게 하면 다이묘가 존립할 수 있을까? 뻔뻔스런 녀석들이다. 그렇지만 영세한 농민들이 하는 말을 이해하고 또 인정해주기로 하는 것 또한 지역인사들의 역할이다.[8](1859년 시나노노쿠니信濃国 미나미야마잇키南山一揆).

소원의 한쪽 당사자인 마을관리의 입장에서 보면, 지방관리의 태도는 물론 괘씸하고 부당한 것이지만, 그것을 노골적으로 분명히 말하는 것도 불가능하다. 위의 인용에 이어서 "치부우에몽治部右衛門(이 기록의 필자)과 시치로쟈에몽七郎左衛門 두 사람이 함께 점심을 거르면서 노력하였지만, 부교奉行(행정관리)의 이해에 화가 치밀어 오른 일", "상당히 도리에 맞는 일이라 말씀하셨지만, 내심 사욕이 많은 부교인 까닭에 고마움을 박하게 말씀하신 것"[9]이라 기록되어 있다. 하지만 그것은 공식적인 발언이 허용되지 않는 울분이었다. 이 잇키가 요구한 마지막 항목은 "하나, 무슨 일이든 개의치 않고 상부명령은 농민이 괴로워하는 경우에도 사정없이 다그쳐서 인정하게 만드는 어려운 일"[10]이라는 매우 흥미로운 것으로 거기에 지방지배 관리에 대한 뿌리 깊은 불신과 분노를 간파할 수 있다. 하지만 이러한 요구는 합법적 소원에서 강소로 전환했을 때 처음으로 공식적으로 주장하는 것이 가능했던 것이다.

「권농교훈록勸農教訓錄」은 마을장로村長役가 강렬한 책임의식에서 분주히 활동하는 마을관리 계층의 사상을 전하는 중요한 기록이다. 이 기록의 저자 하야시 하치우에몽林八右衛門이 나누시로 근무하는 고즈케노쿠니上野国

8　「南山三十六ヶ村難渋歎願日記」(이하 「歎願日記」라 약칭)『伊那史料叢書』十, 16쪽.
9　앞과 동일, 17, 18쪽.
10　앞과 동일, 25쪽.

나하군那波郡 히가시젠요지東善養寺 마을을 비롯한 7개 마을은 "마을이 쇠퇴하는 어려움" 속에 "고사 직전의 마을枯村"로 전락해 있었는데, 새삼스럽게 1821년부터 새로운 토지조사와 더불어 연공의 증액 징수가 도모되었다. 거기에 하치우에몽은 "어려움을 모른척하고 청원하지 않으면 마을장로가 활동할 무대도 없다"며 지방관청에 탄원함과 동시에 강소에 착수하려고 하는 마을사람들을 진정시키려고 필사적으로 노력했다. 하지만 지방관청에서는 농민강소의 계기를 제공한 것이 하치우에몽이 제출한 탄원서 때문이라고 간주함과 동시에 그를 우두머리라는 죄목으로 무기한의 옥사에 처했던 것이다. 하치우에몽은 "상하上下는 부자와 같이"라는 인정仁政사상 관념에 서서 "아래에서 지극히 어려운 일은 어느 곳에 탄원해야만 하는가. 상부에 탄원하는 것 밖에 없다"고 믿고 소원을 감행했던 것이다. 하지만 사실인즉슨 그야말로 농민의 출소를 만류하기 위해 필사적으로 노력했던 것인데, 오히려 강소의 우두머리로 간주되어 처벌되었던 것이다. 마을장로의 인정사상적 관념에 기초한 활동이 지방지배의 현장에서는 노골적인 권력주의적 지배에 직면해 좌절하지 않을 수 없었다는 것이 명시되어 있었다고 할 수 있다.

하치우에몽은 이러한 경과를 "그 본원이 흐트러져 끝내 다스려지지 않고, 냇가의 윗물이 맑으면 아래가 흐리지 않는다고 하는데 아래의 어지러움은 위의 죄가 아닌가"라고 분개했지만, 이러한 개인적 분개가 무력한 것은 말할 것도 없이 결국에 그것은 "무엇이든 천명이며 인연이라 체념하고", "세상 일을 떠나서 지금은 편안한 은거"라는 한 마디에 그 분개와 굴욕과 단념이 뒤섞인 감정을 표현할 수밖에 없었다.[11] 「권농교훈록」에는 매우 흥

---

11 「勸農教訓書」『集成』六, 438~439쪽.

미로운 처세훈이 기록되어 있는데 그 1절에 "대저 농민들의 가업을 숙지해서 생각하면, 농가만큼 이 땅에서 안락한 자는 없을 것이다.…농가의 일은 가난함만 방지하면 자기 혼자만의 생각으로 무슨 일이든 자유롭게 될 것이다. 그중에서도 보통 농민이 그렇다. 첫째, 상하의 격식에서도 구별이 없고 사람에게 손을 쓸 일도 없다. 그저 마을 관리 앞에서만 문제되는데, 이것도 연공 관련이며 그 외에는 나누시 앞의 일체의 용무, 즉 납입할 것은 다른 사람보다 앞서내고 여러 일도 다른 사람의 대열에 벗어나지 않으면 연중 관청에 나오지 않아도 끝낼 수 있다. 또 인족전마人足傳馬의 부역에도 하인이나 고용인을 내보내면 이것 또한 끝나는 일"[12]이라 기술되어 있다. 거기에는 통절한 체험을 토대로 한 자유에의 갈망이 간파되지만, 또 개인의 선의나 양심이나 노력도 그것 자체는 반론하기 어려운 어진정치적 이념도 막번제 사회의 권력적 지배 속에 유효하게 활용되는 것은 결코 아니라고 하는 것을 명료하게 얘기해주고 있다고 할 수 있다.

위의 사례에도 보이듯이 합법적 소원을 제기한 민중 측의 담당자인 마을관리들은 지배계층의 지방관리의 태도에 속으로는 분개하고, 그 요구가 인정되지 않는 것에 초조해하고 있지만, 일반적으로는 이러한 분개에서 봉기의 결단으로 진전되어 나갔다고는 말할 수 없다. 합법적 소원의 무력함을 통감하면서도 마을관리 계층은 일반적으로는 강소 도당에 반대하는 것으로 강소 도당의 금지는 그들의 의식 속에 내면화되어서 강한 내적 금제가 되어 있었다. 그렇기 때문에 합법적 소원이 효과적으로 달성되지 않는 것에 초조해진 일반농민층이 봉기하는 경우에도 마을관리는 그것을 제지하고 어떻게든 온유한 소원에 의해 목적을 달성하도록 하는 경우가 압도적

---

12 앞과 동일, 441쪽.

으로 많았다. 앞선 미나미야마잇키의 경우 봉기한 민중이 우부스나産土신
사에서 덴쇼코타이진구天照皇大神宮 하치만타이진八幡大神 가스가타이묘진春
日大明神이라 쓴 깃발을 꺼내들었지만, 합법적 소원에 노력한 치부우에몽들
은 "도당을 짓지 않는다는 표시"로 깃발을 맡기게 하고, 낫 같은 농기구도
같은 이유로 맡기게 하였다.[13] 이 투쟁은 실제로는 대중적인 강소라고 해도
좋지만 사건의 이후에도 도당이나 강소의 취급은 하지 않도록 마을관리들
은 분주히 움직였다. 그 밖에 마을사람들이 잇키에 가담해도 마을행정의
중심인 쇼야나 나누시 등은 여기에 가담하지 않고 마을사람에게 때를 보아
도중에 도망쳐 돌아오도록 명령하는 사례도 적지 않다.

　미나미야마잇키의 합법적 측면의 지도자 치부우에몽은 후지도不二道(후
지신앙의 단체)의 신자였지만 1871년의 히로시마번의 대잇키大一揆의 초기 지
도자는 다케이치武一이라고 하는 심학자였다. 이 다케이치의 소원장에는
그 말미 부분에 심학강화를 해서 사람들을 교화하고 싶다는 취지가 기록되
어 있지만, 그 이유는 이러한 교화에 의해서 사람들이 "도당, 강소, 재판, 이
의제기는 꿈에서 보는 것도 싫고, 그저 가업에 전념하여 사람들 마음과 일
치"[14]하도록 하기 위해서라고 설명하고 있다. 1869년 에츄노쿠니越中国 신
가와군新川郡의 반도리 소동ばんどり騷動의 지도자 츄지로忠次郎도 "많은 사람
들이 소란을 피우고 어지럽게 방해하지 말아야 할 일이 있을 시에는 청원
하는 쪽의 지장도 생길 것"이라며 합법적인 소원을 시도하고 있다. 그런데
그러한 츄지로의 행동이 오히려 대중적 봉기를 유발하게 되어 츄지로는
할 수 없이 진압하러 출동하게 되었는데, 츄지로가 집결한 민중 쪽으로 다
가가 돌연히 "내가 온 이상 어떠한 형태로든 행동해도 좋다는 마음가짐으

13　「歎願日記」『伊那史料叢書』十, 26쪽.

14　『集成』十三, 587쪽.

로 해도 좋을 것이다. 거기서 의외의 동요"가 일어났던 것이다.[15] 위의 여러 사례에 등장하는 인물 나카하라 치부우에몽中原治部右衛門, 하야시 하치우에몽, 다케이치, 츄지로 등은 모두 마을관리 계층의 출신으로 독실하고 지역의 신뢰도 두터운 통속도덕형의 인물이었다고 생각된다. 후지도나 석문심학이 그러한 사상적 입장을 표현하는 것임은 말할 나위 없다. 이러한 인물은 스스로의 사고방식으로서는 봉기에 반대하지만 지역사회에서 신뢰받는 성실한 지도자 또는 후견인으로서 지방지배 관리와 일반농민과의 사이에서 나름대로 역할을 다하고 있는 중에 오히려 그들의 활동이 민중이 결집해가기 위한 신호가 되어 대중적인 봉기가 일어나는 것이다. 그렇기 때문에 대중적인 봉기는 그들의 의도에 반한 사태이지만 그들은 결코 유효할 수 없는 소원에 유발되고 매개되어 봉기가 시작되었다. 이렇게 해서 합법적 소원을 뛰어넘은 대중이 비합법적인 폭력적 투쟁을 전개함으로 비로소 농민의 요구 중에 몇 가지가 실현되는 것이다. 그 결과 원래는 도당과 강소에 본심부터 반대하며 그것을 제지하려고 노력했던 그들이 오히려 잇키의 주모자가 되고, 하치우에몽은 영구 감옥, 다케이치는 효수, 츄지로는 참형에 처해지게 되었던 것이다.

강소도당의 죄를 범해서는 안 된다는 의식은 그 죄가 씌워지기 쉬운 마을관리 계층의 경우 지극히 강한 것이었다고 생각된다. 일반농민의 경우 강소도당의 금제를 마을관리 계층만큼은 내면화하는 일은 없었지만 봉기의 와중에도 거기에 공포의 원천이 있었을 것이다. 전술한 미나미야마잇키의 경우는 처벌자가 없었지만, 그것은 필사의 분주에 의해 '도당강소'의 명목을 벗어났기 때문으로 사람들은 "도당강소로 끝날 경우에 5인이나 10인

---

15 『越中史料』三, 808, 816쪽.

의 목이 날아갈 것이고, 추방되는 자도 생길 것……"[16]이라는 지방 관리의 공갈에 노출되어 있었다. 봉기의 와중에서도 강소도당의 법도를 읽어 올리고 "너희들은 후환後難의 정도를 모르는가?" "엄격하게 그 죄를 추궁당한다 해도 그 위에 한마디의 상신도 없어야 할 것"이라 공갈을 당할 때, 민중은 공포를 느끼지 않을 수 없었다.[17] 잇키 지도자가 사형에 임해서도 "마키노 도쿠우에몽牧野德右衛門이 남긴 말이 충분한 도리가 있다고 할지라도 막부관리를 상대하는 일인 이상 농민들도 신중히 해야만 할 것이다. 극단적인 경우 사적 행동으로 간주되어 책형磔刑에 처해진다. 각자 사적 죄목의 사형을 본보기로 해야만 할 것"[18]이라고 통절한 유언을 남긴 경우조차 있었다.

오하라 유가쿠大原幽学가 사람들이 자신을 망치는 악행을 "하나 도박, 하나 불의밀통, 하나 도박승부, 하나 이중적 직행職行, 하나 유녀사기, 하나 강한 욕심, 하나 모략계책, 하나 과한 음주, 하나 소송제기訴訟發頭, 하나 교겐狂言 혹은 손무용, 하나 인형극, 나가우타長唄(에도시대에 유행한 긴 속요), 샤미센 종류, 사람의 마음을 들뜨게 하는 소행"[19]이라 열거하고 있는 것은 소송제기가 무엇에 비유되어야만 할 것인지를 의식하고 있었는지를 나타내는 것으로 매우 흥미롭다. 그렇지만 이러한 의식은 유가쿠와 같은 도덕운동 지도자만의 특유한 것은 아니었다. 농민잇키의 지도자라고 지목되고 있는 인물들의 경우조차 강소도당을 내적 금제로 하고 있는 곳이 많았다고 생각된

---

16 「歎願日記」『伊那史料叢書』, 11, 41쪽.

17 특수한 사례일지 모르지만 야쿠자(ヤクザ: 폭력배)와 같은 관리가 마을에 쳐들어와서 기절할 정도로 농민을 위협하며 "이봐 농민들, 당신들을 위해서 누가 귀신인가. 이 도깨비 얼굴을 봐"라고 말하고, "높은 나리가 마을마다 들이닥쳐 마을 내에 남아있던 사람들은 소동 끝에 야산으로 도망쳐 숨거나 혹은 다른 영지가 있는 친척에게 몸을 의탁하고, 우리 집은 빈집과 똑같이" 된 경우조차 있었다. 『美作国鶴田藩農民騒動史料』下, 9쪽.

18 吉備地方史研究会, 『美作国山中一揆史料』, 58쪽.

19 『大原幽学全集』, 34~35쪽.

다. 그 약간의 사례는 위에서도 말했지만, 1866년 무츠노쿠니 시노부信夫·
다테伊達 양군의 잇키 지도자라고 할 만한 간노 하치로菅野八郎도 10개조의
생활신조의 하나에 "싸움과 쟁론은 재판사태에 이르지 않는다"고 기록하
고 있다.[20] 이것은 같은 10개조 중에 있는 "내 자신을 원망하고 다른 사람을
원망하거나 미워하지 말라", "타인의 무도에 노여워하지 말고 내 자신을 삼
갈 뿐"이라는 말들과 관련된 것으로 통속도덕적 자기단련에 의해 모든 곤
란을 뛰어넘고 자립의 길을 확보하려는 것이었다. 그가 '법을 깨는 것은 즉
마법'[21]이라고 한 경우에도 강소도당의 금제는 함의되어 있을 것이다. 또
1853년 난부南部 모리오카번南部盛岡藩의 잇키의 지도자였던 미우라 메이스
케三浦命助도 그 끈질긴 투쟁을 아는 자에게는 아연케 하는 말, 즉 "영주님과
부모님은 무리無理가 따르는 것이라 이해하고 어떠한 무리한 일도 전혀 나
쁘다고 생각하지 말 것"[22]을 자손에게 훈계하고 있다.

　이상과 같은 막번제 사회에서 민중의 일상은 한편에서는 소생산자로서
의 존립을 불가능하게 할지도 모를 정도의 수탈 강행을 예감하거나 체험하
고 있고, 다른 한편에선 강소도당에 대한 강한 금압상황을 체험하고 또 내
면화하고 있는 것이었다. 게다가 민중의 요구나 욕구를 실현해야만 하는
것임에도 불구하고 공적으로 인정된 수단인 합법적 소원은 전술한 바와 같
이 결코 유효하다고 할 수 없었을 것이다. 어떠한 시각에서 보더라도 사회
적 실현을 관통하고 있는 것은 권위주의적이며 억압적인 원리이고 사람들
은 그 요구나 욕구를 실현할 수 있는 방법을 쉽게 찾는 일은 도저히 불가
능할 것이다. 이와 같은 상황에서 사람들은 스스로의 요구나 욕구를 가능

20　「八郎十ヶ条」, 庄司·林·安丸, 『民衆運動の思想』, 109쪽.

21　앞과 동일, 125쪽.

22　「獄中記」『民衆運動の思想』, 29쪽.

한 한 억압하여 그 억압은 마침내 사람들의 요구나 욕구의 참된 모습을 스스로의 의식 하의 세계에 감추는 듯한 성격의 것이 될 것이다. 막번제 사회에서는 강권強權을 전면에 내세운 법도法度지배였던 것 외에도 근세의 불교, 민속적 신앙이나 행사 등이 사람들을 인종이나 체념과 같이 자기를 내던지는 쪽으로 유혹하는 기능을 했을 것이다. 이렇게 해서 막번제 사회에서 일상적인 민중은 그 사회에 적응해서 협조와 순응을 생활태도로 삼게 되지만, 그것은 사실 그 사회의 권위주의적이며 억압적인 성격이 내면화된 곳에서 생성된 생활태도였다. 그렇기 때문에 사람들은 협조와 순응을 마치 자명한 생활태도로서 그들을 둘러싼 세계의 전체성을 수용하고 있는 것처럼 보인다. 하지만 사실은 사람들이 그 단념이나 체념이나 원한이나 분격의 대부분을 말로 표현되지 않는 중에 안으로 삼켜 의식 아래의 세계에 감춘 것이다. 그리고 그 사회의 강권적 억압성 아래에서 사람들의 단념, 체념, 원한이나 분격의 깊이는 민중 자신도 일상적으로는 거의 의식하지 않는 결과를 초래했을 것이다.

어떠한 사회에서도 인간은 자신의 참된 요구나 욕구를 바르고 분명하게 알고 있다고는 말할 수 없다. 특히 막번제와 같은 봉건사회에서는 한편에서는 권력 그 자체가 환상적 공동성의 세계를 권위주의적 또한 독점적으로 대표하고 있는 연유로, 다른 한편에서는 권위주의적 억압원리가 현실에 관철하고 있는 연유로 사람들의 일상적인 의식과 그 의식의 바닥에 억압되어 있는 해방에 대한 희구나 활동성과의 사이에는 커다란 차이와 단절이 있다고 생각한다. 이와 같은 억압이 어느 극한적 상황까지 강화된다면 사람들은 불가피하게 이제까지 억압해온 스스로의 분격이나 원한이나 욕구에 차있는 상황을 해결하기 위한 적극적인 표현을 할 것이다. 그 때 사람들이 스스로 억압해온 분격이나 원한이나 욕구는 지극히 방대하고 동시에 막번제 사회의 일상적 활동양식 속에서는 표현될 수 없는 비합리적인 것이기 때문에 농민잇키와 같은 폭발적이고 폭동적인 투쟁형태가 그 표현에 어울릴 것이다. 이와 같이 생각한다면 막번제 사회의 권위주의적이며 억압적인 사회원리 아래에서 사실은 민중해방에의 희구와 활동성과가 불가피하게 축적되고 있었던 것이나 그러한 활동성이 일단 해방되면 그것은 지배자에게나 민중에게 있어서도 생각해 보지 못할 정도로 커서 쉽게 제어할 수 없었던 것이 이해될 것이다. 봉기한 민중의 활동성이 잇키기록 속에서 종종 천마귀신天魔鬼神과 같다고 되어 있는 것은 사정을 올바르게 반영한 것이다. 지방지배의 숙달자였던 다나카 규구田中丘隅는 시마바라의 난에 관한 일을 떠올리면서 정말이지 일상적인 민중과 봉기한 민중과의 사이에서 보이는 현저한 대조에 주목해서 다음과 같이 말하고 있다. "무릇 농민이라고 하는 것은 원래 본성이 삐뚤어져 있는 굉장한 것이다. 모였을 때는 성城을 잘 지키고 흩어질 때에는 성채를 잘 부순다, 무리를 결성함에 이르러선 금은주옥을 돌아보지 않고 신명을 돌아보는 일도 없다. 오랫동안 사악에 물들어 정법의 일이라 할지라도 신규의 일은 쉽게 이해하지 못한다.…그것을 활용하기에 따라 믿음직한 아군이 되기도 하고 오히려 무서운 적이 되기도…".[23] 규구의 입장에서 농민은 '우마牛馬와 동등한' 가혹정치를 견디고 있는 것이었다. 하지만 일단 봉기하면 위와 같이 굉장한 것이었다. 우마와 동등한 농민과 굉장한 것으로서의 농민과는 동일한 농민이지만 그 양자의 사이에 일종의 전환과 활동성의 해방이 있는 것이다.

---

23 「民間省要」『日本経済叢書』, 333쪽.

2. 봉기의 의식구조(1)

전술한 바와 같은 울적하고 비굴鬱屈한 상황을 극복해 가는 계기는 어디에 있는 것일까? 여기에서 1859년의 시나노의 미나미야마잇키南山一揆를 둘러싼 민중의 체험에 대해 생각해 보자. 이 잇키에 앞서 농민들은 이미 1855년에 합법적 소원을 결행한 경험을 갖고 있었다. 하지만 이 소원은 "그때는 특별히 이렇다 할 이유"가 없다는 처분과 더불어, 앞으로는 이와 같은 소원을 하지 않는다는 각서에 "다그쳐서 인장을 찍게 하고"[24], 소원을 주동한 책임자는 투옥되는 형태로 끝났던 것이다. 이 투쟁 경험이 농민을 속인 사례로서 농민들에게 교훈을 남겼다. 그리고 재차 시작된 1859년 소원도 합법적 소원의 범위에서 결말을 내려는 마을관리들에 의해 허무하게 다음 해 봄으로 연장되려 하고 있었다.

이 투쟁이 합법적 소원에서 강소로 발전한 것은 이러한 상황에 초조해진 일반농민이 합법적 소원으로 시종일관하는 마을관리 계층의 지도를 뿌리쳤기 때문으로 소원에 분주하던 마을관리들은 봉기한 민중에 수종差添으로서 따라 간다고 하는 태도를 취했다. 그리고 봉기한 민중 측은 그들의 요구를 저지하고 억압해온 책임자로서 다이칸代官 무카와 츄베에務川忠兵衛의 탄핵에 투쟁목표를 집중해 갔다. 이리해서 이 잇키에 대해 무엇보다도 잘 알려진 극적인 장면이 전개되었다. 즉 강소의 우두머리 기타자와 한스케北沢伴助는 도당강소는 천하의 법도라고 내세우는 무카와에 대해서 "도당강소를 하도록 만든 것은 누구입니까? 모두 당신이 한 방식이 좋지 않은 까닭에 이와 같이 청원을 드리는 것"이라 압박하고, "자 이에 대한 답변

---

24 「嘆願日記」『伊那史料叢書』, 10권 25쪽.

을 삼가 듣겠다면서 팔을 걷어 부치고, 부교奉行를 향해 다가가 자 어떠십니까? 답변을 들어봐야 하지 않겠습니까?라면서 큰소리를 치자 모두가 일제히 답변을 듣고 싶다고 부진자浮塵子처럼 떠들어" 댔다. 그런 다음 한스케는 무카와와 팔씨름을 하려고 하고 또 다른 우두머리 쥰자에몽順左衛門은 무카와의 칼을 뽑아들려 했던 것이다.[25] 여기에서 도당강소는 그것 자체로 금지된 것이며 악한 것이라고 의식되어 있는 것처럼 생각되지만, 그 죄 또는 악을 굳이 행하려 곳에 오히려 자기희생적인 대의가 서게 되는 것이다. 이러한 차원에서 투쟁은 비로소 지배자인 다이칸代官에 대한 농민의 분격이나 증오가 공공연히 표현되었던 것으로 그 점에서 합법적인 소원과 전혀 다른 점이 분명하다.

위의 사례에서는 합법적 소원이 저지되고 있는 사실에서 저지하고 있는 적=악으로서 다이칸 무카와 츄베에가 조정되기에 이르렀다. 하지만 많은 경우에는 봉기에 앞서 좀 더 다양하고 울적하고 비굴한 상황이 전개되어 민중의 긴장감이 높아지고, 하찮은 사실이나 소문에도 민중의 감각은 예민해지고 있었을 것이다. 번정의 실권을 잡고 있는 관리가 수뢰나 주색에 빠져 있다는 소문, 반 수탈파의 가신이 처벌되기도 했다는 소문, 마을관리나 농민이 무도한 처사를 받았다는 소문 등이 순식간에 유포되어 사람들의 불안, 원념怨念, 은밀한 분격이 고양되어 갔음에 틀림없다. 이러한 울적하고 비굴한 상황 속에서 예시적 표현으로 옛날의 잇키 전승이 상기되거나 다양한 의민담이나 기후불순은 지배자의 악정과 악덕의 탓이라고 하는 것과 같은 소문이 잇키에 앞서 널리 유포되었다. 그 중에서도 옛날의 잇키 지도자가 농성한 산이 울었다는 괴이담을 근거로 산이 우는 것은 "윗사람에게 저

---

25 같은 책, 36쪽.

주가 내릴' 전조라고 여겨지거나, 농민을 학대한 영주가 쥐에 물려 죽어 관직이 다른 사람으로 바뀐 것은 "농민의 기운이 하늘에 통해 쥐가 되었던 것"이라는 소문 등의 사례는[26] 농민봉기에서 중요한 의미가 있을 것이다. 그리고 민중의 불안이나 긴장이 높아지고 있는 상황에서 봉기의 계기는 반드시 계획적일 필요가 없고, 매우 작은 일이라도 계기로서는 충분했다. 1831년 쵸슈번의 잇키가 가마에 실린 상인의 물건 속에 가죽皮革이 발견된 일로 일어났던 것은 주지하는 사례지만, 다섯 사람의 상인이 나와가이케繩ヶ池에 기우제례를 거행했기 때문에 "여름 내내 비가 와서 흉작이 되었다"면서 우치코와시가 시작되고, 나와가이케에 쇠붙이를 던져 넣은 일이 있었기 때문에 강우량이 많아 흉작이 되었다고 해서 우치코와시가 일어난 경우도 있었다.[27] 모두가 흉작을 기원하는 상인이 주술 행위를 하여 쌀값의 폭등과 품귀를 획책했다고 하는 것이다. 산에서 유황을 캔 일, 우마를 죽인 일, 상인이 "산신령에 기도하여 풍우를 일으킨" 일이 잇키의 원인이 되었던 것도 똑같은 이유에서였다.[28] 이렇게 기묘한 사례들은 그것이 기묘하면 기묘할수록 봉기에 앞서 자신들의 생활을 위협하는 것에 대한 민중의 불안과 긴장이 높아져 매우 예민한 일촉즉발의 상태에 있었던 것을 시사하고 있다.

그렇지만 근세의 농민잇키는 민중의 구체적인 요구가 강하게 억압되고 저지되는 상황에서 억압한 당사자나 책임자에 대한 분격이나 원념이 쌓여가고, 그러한 인물에 공격을 집중하는 것으로 봉기가 일어난 경우가 많았다. 예를 들어, 1708년말에서 다음 해에 걸친 미토번水戸藩의 잇키에 즈음해서 마츠나미 간쥬로松波勘十郎, 1739년 돗토리번의 잇키에서 요네무라

---

26 『集成』6권 187, 290쪽.

27 鎌田久明, 『日本近代産業の成立』, 160, 187쪽.

28 土屋喬雄·小野道雄, 『明治初年農民騒擾録』, 256, 559, 577, 580쪽.

쇼헤이米村所平, 1738년 다이라번平藩 잇키의 미마츠 긴자에몽三松金左衛門을 비롯한 5인, 1786년 말부터 다음 해에 걸친 후쿠야마번 잇키의 엔도 엔조遠藤円蔵, 1837년 하치노헤번八戸藩 잇키의 노무라 규기野村軍記, 1853년 난부 모리오카번 잇키의 이시하라 미기와石原汀를 비롯한 3인은 봉기한 민중에 의해 수탈의 책임자로 용서할 수 없는 악역으로 조정된 인물이었다. 그들 중에 많은 인물이 낮은 신분에서 출세하여 번주의 측근이 되어 번정의 실권을 잡아 소농민경영의 재생산을 무시할 정도의 처절한 수탈정책을 강행한 인물로서 전해지고 있다. 그들은 잔인하고 탐욕스런 사람, 하지만 숫자 계산에 밝은 명민한 인물이며, 상업자본과의 결부가 강하고, 새로운 수탈정책은 대부분의 경우 특권적인 상업자본이나 일부의 마을관리 계층과 결탁해서 상품유통관계를 강권적으로 수탈체계에 편입하는 성질의 것이었다. 그것은 18세기에 들어서 만성적인 영주재정의 위기 아래 새롭게 전개하기 시작한 상품유통관계를 수탈체계의 일환으로 재편성하는 과정에서 분투하는 챔피언이었던 것이다. 물론 그러한 새로운 수탈정책은 그들의 의지나 간책만으로 생겨난 것이 아니라 실제로는 보다 복잡한 유래나 사회경제적 구조상의 필연성을 갖고 있는 것이라 말할 수 있다. 하지만 농민이 놓여 있는 복잡한 상황 속에서 세부적인 것을 잘라낸 대담한 데생이 그려지고, 그러한 수탈정책의 책임자로 여겨지고 있는 특정인물에 대한 농민의 분격과 증오와 원념이 집약된다는 것이 이러한 봉기들의 특징이었다.

이상과 같은 잇키에서 수탈 책임자를 건네받고 싶다든가, 목을 따고 싶다든가, 쳐 죽이고 싶다고 말하는 것은 봉기한 민중의 증오나 분격의 극단적인 표현이었다. 1738년의 다이라번平藩 잇키에서 "모든 농민들이 일제히 소리를 내어 미마츠 긴자에몽三松金左衛門, 나카네 기자에몽中根喜左衛門, 나이토 도네리内藤舍, 우에무라 부자에몽上村武左衛門, 나카네 기하치中根喜八 위 5인의 목을 쳐서 내려주시길 큰소리로 요청"[29]했다고 전해지고, 1739년 돗토리번鳥取藩 잇키에서는 장본인이 자진해 나아가 "성도城府에 가서 가장 큰 악인 요네무라米村를 일보씩 썰어버릴壹步刻 생각"[30]이라 외쳤다고 전해지고, 1742년 고오리桒折막부령의 잇키에서도 우두머리가 지휘봉을 흔들면서 "가미야마, 즈치야 양인을 인수해서 때려죽여 조각조각으로 잘라버리고, 모든 농민이 그들의 고기를 먹고 원한을 풀고 그 하부관리들에 이르기까지 닥치는 대로 때려죽여 울분을 풀겠다"[31] 말했다 전해진다. 실제로는 이러한 수탈 책임자가 농민 손에 의해 살해된 사례는 알 수 없다. 하지만 위의 인용에도 말하듯이 봉기는 한恨을 풀고 울분을 가라앉히는 것이며, 우치코와시가 격렬하고 철저했던 원인도 "평생 밉다고 생각하는 민중의 마음이 여기에 일치"[32]했기 때문이었다. 지금까지 쌓이고 억압되어 딴 데로 쏠려 있던 증오, 분격, 원한이 봉기단계에서는 명백한 대상을 조정함으로써 타오르고 그 누구도 두려워하지 않으면서 공공연히 표현되고 있었다. 대규모 잇키가 거의 우치코와시를 수반하고 있는 것도 때려 부순다는 행동을 의미하는 우치코와시라는 형태가 민중의 증오나 원한을 해결하는 표현에 어울리기 때문이다. 때려죽여 그 고기를 먹으려 한다는 표현이 산견하는 것도[33], 격렬한 증오의 표현으로서 의미가 깊다. 이리해서 잇키란 지금까지 쌓이고 억압되고, 다른 곳으로 돌려져 왔던 이러한 감정이 폭발하여 누구하나 두려워할 것이 없는 표출이며, 실현을 부여하는 구체적 형

---

29 「岩城騷動聞書」『東北諸藩』, 717쪽.

30 「因伯民乱太平記」『集成』6권 100쪽.

31 「寛延伊信騷動記」『東北諸藩』, 344쪽.

32 「破地士等竄」『集成』13권 102쪽.

33 『集成』13권 111쪽.『民衆運動の思想』, 140쪽,『東北諸藩』, 326, 344쪽.

태이며, 그러한 감정의 표현행위인 것이다. 지금까지 해당 사회의 공적 공간에 모습을 나타내지 않도록 억압되고 억제되어 온 그러한 감정이 봉기한 집단에 있어서는 공공연히 표현되고, 강력한 사회적 힘으로서 발휘되고 있었다. 막번제 사회와 같은 권위주의적 억압원리 아래에서 사람들은 스스로의 분격이나 증오나 원념을 표출할 수 있는 일상적인 루트를 갖고 있지 못했기 때문에 사회 표층에 나타나기 어려운 피억압 감정의 잠재적 에너지는 매우 거대한 것으로 그것이 잇키라는 비일상적인 형태로 폭발하는 것이다. 그 의미에서 잇키는 막번제 사회의 권위주의적인 억압원리가 일방적으로 관철되는 때의 필연적인 보답으로, 일단 일상적인 질서의 틀이나 규정을 깨고 그러한 감정의 분출이 시작되었을 때, 지배자들은 지금까지의 사회적 명분으로서는 파악할 수 없었던 거대한 활동성에 직면해서 새삼스레 놀라고 당황하는 것이다. 농민 측에서 말하면 쌓여 온 분격, 증오나 원념에 막번제 사회의 규정을 깨고 대담한 표현을 부여했을 때만 공적 무대에서 피아의 역학관계를 역전시키는 것과 같은 에너지를 발휘하는 것이 가능한 것이며, 또 그런 까닭에 일정한 역사적 한정 아래이기는 하지만 새로운 정세를 개척하는 것이 가능했던 것이다.

잇키가 일어나기 이전에도 수탈파 관리들의 횡포 형태나 수뢰관계 등은 알려져 있었을 것이다. 봉기한 민중이 그들을 악역으로서 조정하는 것에 의해 비로소 그들은 분명하고 자명한 절대 악이 되고, 따라서 제거해야만 할 대상이며, 경우에 따라선 '때려 죽여야만 할' 인물이라고 명확하게 의식되게 된다. 그들이 악인인 근거는 후카야深谷가 말하듯이 소농민경영의 재생산 그 자체를 파괴하는 수탈정책의 강행에 있는데, 광범한 민중의 봉기에서 보이는 증오나 분격이나 원한의 공공연한 표출이 비로소 그들을 농민들에게나 무사들에게도 어진정치사상이 통용되는 세계를 붕괴시키고 있는 자명한 악역으로서 조정된다. 그리고 이 악역을 단적으로 조정하는 범위에서 봉기한 집단은 그들의 사회정의를 실현하는 것이 되고, 인정적仁政的 세계를 대표하는 권위와 위력을 받아들이는 것이 된다. 이렇게 되자 피아의 역학관계가 역전해서 봉건영주인 번주도 수탈파의 악정과 악덕행위를 실태로서 인정하지 않을 수 없게 되고, 수탈파가 자행했다고 의식되는 다양한 수탈정책을 철회하지 않을 수 없게 된다. 무엇보다도 이러한 사정이 정책주체인 정치권력 측에 이용되는 경우에는 특정 악역에 책임을 밀어붙이는 것이 농민의 공격 방향을 번주권력의 그 자체로부터 벗어나게 하는 효과를 갖게 될 것이다(후술). 많은 경우에 민중의 공격대상은 전술한 엔도 엔조나 요네무라 쇼헤이와 같은 특정인물이며, 또 그들과 결탁한 특권적 호농상이었지만, 드물게는 1845년 하마마츠번浜松藩의 잇키나 1853년 난부 모리오카번의 잇키와 같이 번주권력 그 자체가 공격 대상이 되는 경우도 있었다.

하마마츠의 경우는 덴포개혁의 실패에 의해 미즈노 다다쿠니水野忠邦가 은거근신 처분을 받았다고 하는 사실과 미즈노가水野家의 영지교체轉封가 지금까지 농민한테 빌린 다양한 정치자금을 떼어먹고 강행되려 했다는 사실이 고려되지 않으면 안 되지만 이 잇키의 흥미로운 기록인 「파지사등소破地士等巢」에서는 미즈노가 자체가 심하게 공격받고 있다. 미즈노가는 "무릇 그 가풍은 원래 강욕잔인하고 그 백성을 괴롭힌 것이 여러 해"이며 "선조 대대로 사람의 아픔은 오줌을 싸는 것만큼도 생각하지 않는 강욕잔인한 가풍을 지닌 가문"이며 다다쿠니의 교만과 사치와 권세는 "이것은 모두 하마마츠의 소작 농민의 음낭 기름을 짜고, 착취를 위한 것"이며, "천신지기天神地祇가 이것을 미워하여 이와 같은 소동에 이르게 되었다"고 기록한 것은 물론 저자의 비평이지만, 농민들도 미즈노가 전체를 큰 도둑들이라 불렀다고 전한다.[34] 토지를 파손하는 사무라이들의 소굴이라는 의미인 「파지사등소」가 그들은 부끄러움을 모를 뿐만 아니라 번정권력 그 자체가 "토지를 파손하는 사무라이들의 소굴"이기 때문이라는 핵심적 주장은 그것을 기록한 필자의 통렬하고도 무비한 비판정신임이 분명하다. 이와 같은 비판적 입장에서 미즈노가는 자명한 악인으로서 조정되었으며 그것에 대항해서 봉기한 민중은 정의 체현자라는 구도로서 이 잇키가 파악되고 기록되었다. 그렇기 때문에 이 기록에서는 봉기에 가담하지 않은 사람은 신의없는 사람으로서 우치코와시를 당했다든가, 체포된 4인의 농민을 탈환하려고 시도한 민중이 "지금 네 사람은 올바른 토착주민이다. 무숙도적으로 취급하는 부정인의 손에 잡혀 감옥에 연계된 것은 필경 사물의 분별없는 처리"에 의한 것이라 말했다는 전승이 전해지고 있다.[35] 이러한 것들이 농민의 말을 그대로 전하는 것인지는 의심스럽지만 신분제적 계층이 곧바로 가치적인 것의 계층이기도 했던 막번제 사회의 명분이 완전 역전해서 봉기한 민중이 가치적인 것의 주체가 된다는 명백한 선악의 2원적 대항이 선명하게 서술되어 있었다. 그렇지만 이 경우에도 미즈노가에 대한 격렬한 공격은 미즈노가를 대신해서 새롭게 입부入府한 이노우에가井上家에 대한 기대이기도 하다. 즉 이노우에가의 관리가 특별히 돌봐준다는 명목을 내걸며 어설프게 나와 농민의 요구를 들어주자, 농민들은 금세 마을로 돌아가 버렸다고 한다.[36] 결국 여기서도 잇키는 다다쿠니의 처벌이라는 널리 알려진 사실에 편승해서 농민들이 살고 있는 이 세계의 전체성 속에서 미즈노가를 특정의 악역으로 조정하고 제거하려 했던 것으로, 환언하면 미즈노가라는 절대 악

---

34 「破地士等窠」『集成』13권 95, 97, 109, 111쪽.

35 같은 책, 101, 102쪽.

36 같은 책, 105쪽.

을 제거한 다음에는 막번제 사회의 체제이데올로기인 어진 정치인 인정적 세계가 회복되었을 것이다.

난부 모리오카번의 경우에는 이 번국이 근세를 통해서 최고의 잇키 건수(青木虹二, 『百姓一揆の年次的硏究』에선 96건)를 꼽는 번국이며, 게다가 그 대부분이 1781년 이후의 것이었던 것에 유의할 필요가 있다. 이 번국은 근세 후기에는 전형적인 악정을 차례차례 시행해서 농민의 신뢰를 완전히 상실해 갔고, 봉기한 민중은 관리를 향해서 "사례에 속지마라, 속지마라고 매도하고, (관리의 말을 전혀) 귀에 담지"[37] 않는 태도를 취했다고 전해지면서, 속지 말라는 언어를 신호와 같이 외치는 전통을 갖고 있었다고 한다. 특히 38대 번주 도시타다利濟는 전형적인 악인군주이며 어진 정치를 시행하도록 하라는 가신의 권유에 대해서 "도대체 어진 정치仁政 같은 것은 모른다. 이전에 말한 대로 부덕한 누군가의 어진정치를 말하는 것은 처음부터 성취하기 어려운 것"[38]이라 말했다고 전해지고, 마을관리인 한 기모이리肝煎가 "번주님은 너무나 방탕하여 나라가 쓰러지기에 이르렀다"[39]고 기록할 정도의 인물이었다. 이러한 사정 때문에 모리오카번의 잇키는 막부직할령이나 인접한 센다이번仙台藩번령이 될 것을 요구하는 전통이 생겼을 정도이며, 1847년 잇키도 1853년 잇키도 그러한 목표를 내걸고 있다. 막부직할령이 될 것을 요구하는 사례는 그 밖에도 있지만 이 경우에는 난부 모리오카번 그 자체의 악정행위가 투쟁하는 농민들에게 자명한 것이 되었고, 난부 모리오카번 그 자체가 자명한 절대 악으로서 조정되고 있는 것이 주목된다.

어떠한 경우에도 민중이 살아가는 공동체 세계의 환상성과 총체성이라

---

37 「三閉伊通百姓一揆錄」『集成』 6권 355쪽.
38 森喜兵衛, 『旧南部藩における百姓一揆の硏究』, 112쪽.
39 같은 책, 124쪽.

는 차원에서 특정한 악역이 선출되고 논의의 여지가 없는 절대 악으로서 모리오카번의 정치권력이 조정되고 명시되었다. 누가 악인인가는 봉기에 앞서 사람들에게 의식되고 있었을 것이지만, 봉기가 시작되면 그것은 너무나 자명하고, 사회적인 승인도 확보된 것이었다. 공격대상이 된 수탈 관리의 파면은 상황의 추인이며 확인이다. 훗날의 기록이 수탈파 관리를 논의의 여지가 없는 악인으로 기술하고 있는 것도 이러한 사정의 반영이다. "요코사와橫澤라는 습지에 당치 않은 나쁜 짐승惡獸이 살며 수많은 사람을 잡아먹는다. 이로 인해 노다野田 거리의 농민들과 상의해서 이 나쁜 늑대를 잡기 위해 산으로 사냥에 나섰다. 내일 아침에는 여럿이 밀려올 것"[40]이다. "여기 동악東嶽의 기슭에 있는 늪의 깊은 냇물에 수많은 세월을 살아온 민물 게沢蟹가 있다. 양 눈이 일월과 같고, 집게는 검극과 같다. 몸은 차갑고 등에 삼합三合의 문자가 있다. 8개의 발로 옆으로 달리고, 손으로 물고 발로 잡아당기고, 약탈함에 질리는 것이 없다. 옛 사람의 법을 깨고 정사政事를 그르침에 이르러서는 인간의 언사도 귀에 담지 않고 도리에 어긋난 마음대로, 아첨하는 자는 풍요로워지고 거역하는 자는 멸망한다".[41]

위의 인용에서는 수탈 관리가 나쁜 짐승, 나쁜 늑대, 민물 게라고 불리고 있지만, 봉기한 민중이 그들을 여우, 개, 원숭이, 늑대, 대도大盜, 좀도둑, 원숭이라 호칭했다고 전하고 있는 잇키의 사료는 많다. 수탈 관리가 이와 같이 동물에 비유된 것은 비유 이상의 의미를 갖는다. 그들은 민중이 살고 있는 인간적인 세계질서에서 여지없이 제거돼야만 할 〈타자〉=적이며, 그렇기 때문에 절대 악이라 조정되었던 것이다. 봉기한 민중의 공격대상에서 흉악한 동물에 비유되는 것은 호농상에 대한 우치코와시의 경우도 유사한

---

40 「三閉伊通百姓一揆録」『集成』 6권 553쪽.
41 「野沢蛍」『集成』 13권 29쪽.

모양으로 "저당 이자를 올리는 녀석들은 묘목장에 사는 거머리와 같은 존재다. 그 이유는 곤궁한 사람들의 정강이에 달라붙어 생피를 빨아먹는 것과 같다"[42]고 간주되기도 하고, 또 우치코와시의 일을 '도깨비 치기鬼打ち'라 칭한 경우도 있었다.[43]

3. 봉기의 의식구조(2)

위에서 서술한 바와 같이 생존조차 위협받고 있는 민중이 생존을 위해 특정한 절대 악을 조정하고, 그 절대 악을 제거하기 위해 봉기한 집단이 바로 민중이며 그 행동이 잇키이다. 그런데 이와 같이 절대 악을 조정하고 그것을 제거하기 위해 봉기한 민중 집단은 종종 권위와 권력에 가득 찬 것으로 묘사되고 있다. 많은 잇키 관련 사료에서 그것을 확인할 수 있는데, 그중에서 주지하는 바를 열거해보자.

(1) 농민들은 모두 입을 모아 또 후쿠야마의 여우가 사람으로 변한다. 빨리 엔도遠藤를 넘겨야 한다. 그렇지 않으면 언제까지나 강소嗷訴는 끝내지 말아야 한다. 전날도 농민을 철포로 공격했다고 한다. 너희들에게 공격 받는 것은 비둘기나 꿩 뿐이다. 귀한 농민의 경우는 무슨 이유로 공격을 받아야만 하는가. 만약 우리의 강소를 방해한다면 이쪽에서 한 사람도 빠짐없이 공격할 것이다. 발밑이 아직 밝은 시간에 빨리 돌아가라고 호되게 꾸짖자 관리도 잠자코 있지 못하고 저거 잡으라고 말할 정도였지만, 우리도, 우리도라고 외치면서 포승도구鳶口十手를 갖고 공격을 맞

42 「奥州信夫郡伊達郡之御百姓衆一揆之次第」『集成』 6권 759쪽.
43 小寺鉄之助, 『宮崎県百姓一揆の史料』, 43쪽.

받아쳤다.[44]

(2) 10월 7일 낮 세 시를 지날 무렵, 농민들의 세력 일동이 다이세츠산大切山을 철수하여 나타 카오인那谷花王院에서 소송담당 관리勘定頭로부터 설명을 듣고 우리가 소원한 희망사항은 전부 들어주었다. 앞으로는 무엇이든 농민들이 원하는 것은 원하는 대로 된다는 설명에 일동은 용기 백배하여 농민만큼 강한 것은 없다는 생각까지 하게 되었다.[45](「나타데라 밤샘이야기那谷寺通夜物語」)

  (1)에서는 관리들이 여우라고 매도되고, 공격대상으로 간주됨과 더불어 봉기한 민중은 스스로 귀한 농민이라 자칭하고, 철포에도 맞지 않는다고 말해, 그 권위와 권력을 과시하고 있다. 막번체제 아래에서 권위와 권력의 존재형태가 완전히 역전되어 있고, 민중은 자신과 자랑스러움에 차 있다. 봉기한 민중이 귀한 농민임과 농민다움을 자부하고 있는 기록이 많고, 또 호농상들이 하카마와 하오리를 입고 잇키 세력을 맞이하여 잇키사마一揆樣, 히닌사마非人樣라 아첨하면서 향응한 것을 많은 사료가 전하고 있는 것도 사실이다. 잇키 세력이 관리를 향해서 호통치고 한꺼번에 웃거나, 잡스럽고 지나친 말을 했다는 기록이나, 잇키의 엄청난 활동성을 천마귀신이나 천구天狗[46]의 소행과 같다고 형용한 것도 많다. 또 (2)에서는 "농민만큼 강한 것은 없다"고 과신하는 놀랄만한 언어도 보이는데, 이것은 같은 기록에 보이는 "(연공은) 쌀이 있는 대로, 일보一步든 이보二步든 (농민의) 마음대로 계산"한다든가, "조치가 나쁘면 연공을 상납하지" 않겠다는 표현과 대응하는 것

---

44 『集成』 6권 369쪽.

45 같은 책, 52쪽.

46 하늘의 개라는 천구는 사람들을 악마의 길로 인도한다는 전설상의 요괴.(역자주)

이다.

그런데 위의 사례에서는 "귀한 농민의 경우 무엇 때문에 공격을 받아야만 하는가? 만약 우리들의 강소를 방해한다면 이쪽에서 한 사람도 빠짐없이 공격해야만 할 것"과 "농민만큼 강한 것은 없다고 생각하는 마음"이 든다는 봉기 농민은, 권위와 권력에 있어서도 "농민들이 원하는 것은 모두 원하는 대로 된다"는 해방의 전면성에 있어서도 봉건지배로부터 사실상의 이탈을 바라고 전망하고 있다고 말할 수 있을 것이다. 하지만 위의 인용에서도 그 밖의 사례에서도 막번제에 관련된 세계상은 구체화되어 있지 않고, 세계상의 형태에서 보면 막번제 지배를 그대로 수용하고 있다. 거기에 담겨져 있는 실질적 의미에서 보면 보다 근원적인 해방을 바라고 이미지화 되고 있는 기묘한 사태가 보인다. 봉기한 민중은 그 요구 논리로서는 봉건적 소농민으로서의 성립成立을 추구하면서 봉건적 부담 중에 약간의 경감을 소원하고 있는 것이다. 하지만 봉기의 전개과정에서 해당사회의 정의를 대표하는 권위와 위력이 봉기한 집단에서 체현되고 있다고 확신할 만한 상황이 발생하고 또 그런 연유로 지배자에게 농민의 요구를 승인하도록 강제하는 것도 가능했다. 그 위에 봉기했던 집단의 권위와 위력이 고양하는 와중에 민중이 보다 근원적인 해방을 불가피하게 지향하고 이미지화해 버리는 경우도 있었던 것이다. 이것은 민중봉기라는 성격을 생각해 보면 도리어 당연한 것일 것이다. 민중봉기는 한편에서는 확실하게 획득할 수 있고, 또 획득하지 않으면 안 되는 구체적인 여러 요구가 없으면 조직될 수 없을 뿐만 아니라, 일단 목숨 걸고 봉기한 사람들이 일시적이라 할지라도 지배 권력에 대해 버티고 대항할 수 있는 위력과 활동성을 가졌을 때, 사람들이 각기 놓여있는 객관적인 여러 조건까지 포함해서 그것을 넘어 보다 근원적인 해방까지 욕심내는 것도 또한 불가피할 것이다. 이리하여 획득된(되었다고 믿어지고 있는) 권위와 위력이 민중을 해방하는 것이다. 다만 그 해방의 방법이 해당사회에 규정되고 있어 근세의 민중은 스스로가 해방된 세계를 막번제 사회와는 다른 세계상으로 그리는 것이 불가능했다. 막번제 사회와 다른 세계상이 그려지기 위해서는 그것에 어울리는 사상사적 전통이 필요한 것이지만,[47] 간노 하치로菅野八郎와 같은 인물조차도 도쿠가와 이에야스를 신격화한 "도쇼구타이진군東照宮大神君이 계시는 연유로 천하태평이 이루어지고 만민풍락의 시대에 태어나…"[48] 운운하는 것과 같은 사상사적 조건하에서 농민들은 보다 근원적인 해방에 대한 희구조차도 막번제적 인정이데올로기라는 세계상 속에 편성되지 않을 수 없었다. 앞선 인용에 보이는 어농민이나 농민이라는 의식도 근원적인 해방을 지향하는 민중의 권위와 위력을 나타내는 표현으로 막번제 사회에서 봉건적인 조세부담의 주체라는 의미를 넘어서고 있다고 생각한다. 어농민御百姓이란 단어의 유래가 법령이나 촌락 문서에 있고 어농민도 농민도 연공과 여러 부역을 부담하는 농민이란 차원에서 같은 의미라는 후카야의 지적은[49], 단어 유래의 설명으로서는 정확하다고 생각한다. 다만 봉기의 고양 속에서 그 실질적인 의미가 미묘하게 변용할 수 있는 곳에 민중봉기라는 특별한 성격이 있는 것이라 생각한다.

위에서 말한 바와 같은 봉기한 민중의 권위와 위력은 그것을 전한 잇키 기록의 필자에게도 무엇보다 놀랄만한 사실이었을 것이다. 인용과 같은 언어가 그대로 민중의 언어였는지는 의심할 여지가 있다. 하지만 봉기한 민

---

47 이러한 사상적 전통으로서 무엇보다 중요한 것이 유력한 종교적 이단인 것은 세계사적 여러 사례가 가르쳐 주고 있다. 그리고 이 책 제3장 참조.

48 「あめの夜の夢咄し」『民衆運動の思想』, 92쪽.

49 深谷, 「百姓一揆の思想」, 67쪽. 여기에서 후카야는 『民衆運動の思想』의 나의 해설을 비판하고 있는 것이지만 내가 거기서 열거한 사례에 대해서는 본문과 같이 생각하고 싶다.

중의 권위와 위력이라는 생각지도 못한 놀랄만할 사실을 전하는 기록들의 중요한 모티브가 있었던 것으로 그것은 기록자인 필자의 입장을 생각해 보아도 이해할 수 있는 것이다.

번국 관청이나 마을관리의 실무적인 기록과 잇키에 대해 정리된 이미지를 제공하려는 기록 작품(아직 미숙하고 미분화된 것이지만 기록문학이라고도 할 수 있고, 역사서술이라고도 말할 수 있을 것)을 구별해서 보면 봉기한 민중에 대해 생생한 묘사를 하고 있는 것은 많은 경우 후자 쪽이다. 그리고 이것들의 기록 작품의 필자는 완전히 불명不名인 것도 많고 서명된 것도 보면, 「아베노 동자문安部野童子問」은 「오사카 은자로서 당세의 불쌍한 노인」이 꿈 속에서 얻은 것이며, 「우중의 관자雨中之鑵子」도 주정뱅이 무사인 몽중암夢中庵이 꿈속에서 얻은 것이며, 「인파쿠 민란 태평기因伯民乱太平記」는 출판사에서 원고 수집하는 선생叫聽堂集書先生이, 「노자와 호타루野沢蛍」는 깊은 골짜기에 사는 산사람幽谷山人, 「파지사등소破地土等窠」는 저고재의 주인猪古斎主人이 저자라고 기록되어 있지만 진짜 저자는 알 수 없는 경우가 많다. 예를 들어, 몽중암은 "항상 하이카이俳偕를 좋아해서 이름을 계풍季風이라 부르고 사람을 시켜서 교토京, 후시미伏見, 다이코醍醐, 후카쿠사深草, 요도淀, 도바鳥羽 부근에서 하이카이를 좋아하는 벗을 모아 가선백운歌選百韻을 개최한다. 눈과 달과 꽃을 즐기는 즐거움은 광대하지만 주머니 속엔 한 푼의 돈도 없고…", "한 푼의 저축도 없다 할지라도 즐거움이 크게 됨은 천지와 대등"[50]하다고 말한 인물이며, 당시에 대상이 없을 정도로 불쌍하다는 노인은 "젊은 시절 청운의 뜻이 있었으나 끝내 이루지 못하다가 백발이 다 되어 홀연히 크게 깨달았지만 고명한 신한테 미움을 살 것이 두려워 세츠노쿠니摂州阿部 아베노 쪽에 자리잡고"[51]

---

50 「雨中之鑵子」『集成』6권 273쪽.

51 安部野童子問」『集成』6권 343쪽.

사는 인물이었다. 결국 그들은 모두가 은자와 같은 인물이나 혹은 그러한 포즈를 취하고 있는 지식인이다. 필시 그들은 농민잇키의 전체 과정의 어딘가에서 관여하고 있거나 또는 가까이에서 견문하고 있으면서 수탈주의적인 번정을 비판하는 입장을 취하고 있다. 그렇지만 이것을 기록한 필자들은 농민잇키라는 비합법적 폭력을 무조건 긍정하거나 지지하고 있었던 것은 아니다. 「나타데라 밤샘이야기那谷寺通夜物語」는 농민의 해방에 대한 희구를 생생하게 전하는 흥미로운 기록인데, 작자의 잇키관은 "금년은 어떠한 천마파순天魔波旬[52]의 소행이 일어날 것인가, 또는 물떼새는 높이 나는가, 천구의 위안거리인가, 노래하며 사냥하게 될 것"이며, "농민들과 같은 악당惡徒보다 더 나쁜 악당은 없을 것"[53]이라고 냉정하게 비평했다. 가장 호의적인 기록이라 해도 좋을 「오슈 시노부·다테군의 농민잇키 차제奧州信夫郡伊達郡之御百姓衆一揆次第」에서도 봉기한 민중은 "녀석들의 표정은 악마, 악귀와 같은 모습으로 무서워하고 있는 형편"이며 "다른 사람의 집을 파괴하고 또 물건을 훔치는 녀석들"로서 체포되어 처벌받는 것을 당연시 하고 있다.[54] 「인파쿠 민란 태평기」가 잇키는 나쁜 관리인 요네하라 쇼헤이米村所平가 "위를 속이고 아래를 괴롭히고 홀로 사치를 극도로 하여 양국에서 민란"이 발생했다고, 잇키의 원인을 특정 악역에서 찾고, 잇키의 훗날 한편에선 요네무라를 처벌하고 다른 한편에서는 잇키 지도자를 처형한 것은 바른 죄상에 대한 바른 조처로서 "그로부터 온 나라가 관대해져 무사는 궁마弓馬의 길을 배우고, 농민은 경작에 힘을 기울이고…사민四民(사농공상 네 계급의 사람)의 마음을

---

52 천상에 있다는 악마 중의 하나로 불도수행을 방해하는 훼방꾼.(역자주)

53 「那谷寺通夜物語」『集成』 6권 69쪽.

54 「那谷寺通夜物語」『集成』 6권 69쪽.

너그럽게 하여 봄까지 태평스럽게 나라가 다스려졌다"[55]고 기술한 특징은 이러한 기록 작품의 평균적인 잇키관이라고 생각한다.

이러한 작자의 입장에 이론적인 근거를 부여했던 것은 유교적인 인정사상仁政思想이었다고 할 수 있을 것이다. 이러한 군주가 백성을 위해 어진 정치를 베푼다는 어진 정치론은 이것들을 기록한 필자의 감상이나 의견으로서 기록되어 있지만 그것은 예를 들어 "대학에 말하길 그 근본이 흐트러지면 끝을 다스릴 사람이 없다. 무서운 금언"[56]이며, "옛말에 이르길 일가에 인仁이 있으면 일국은 인仁을 일으키고, 일가에 겸양이 있으면 일국은 겸양을 일으키고 한 사람이 탐욕하게 되면 일국에 난이 일어난다. 그래도 좋은가".[57] "천하는 천하의 천하이다. 농민도 바로 천하의 백성"[58]이라는 것과 같은 것이었다. 앞선 두 가지는 『대학』의 문장이며, 마지막 것은 『육도六韜』(중국 주나라의 태공망太公望이 찬撰했다는 병서)의 "천하는 한 사람의 천하가 아니다. 천하의 천하이다"에 의거한 것이다. 모두 가장 유명한 문장일 것이다. 이 중에 "한 사람이 탐욕貪戾하면 한 나라에 난을 만든다"라는 『대학』의 문구는 「우에다지마 쿠즈레고시上田縞崩格子」, 「상풍당尚風堂」, 「노자와 호타루野沢蛍」 등에 인용되어 있고, 후세의 『노호쿠 호레키 의민록濃北宝暦義民録』에도 보이는 것으로 잇키의 필연성을 잘 설명하고 있다. 무엇보다 한 사람의 일인一人이란 『대학』에서는 군주를 이르는 단어인데, 이런 기록들에서는 반드시 군주를 이르는 말이 아니라 악정의 책임자를 이르는 것이라고 생각한다. "그것이 지극하여 변함은 하늘의 이치이다. 궁해서 혼란해짐은 백성의 일상"[59]이

---

55 「因伯民乱太平記」『集成』 6권 97, 111쪽.

56 「国家の控はしら」『集成』 13권 634쪽.

57 「野沢蛍」『集成』 13권 56쪽.

58 같은 책, 54쪽.

59 「安部野童子問」『集成』 6권 343쪽.

라는 「아베노 동자문安部野童子問」의 문장도 정치권력의 악정에서 잇키의 원인을 찾는 점에서 위의 『대학』의 문장과 거의 같은 의미일 것이다. 이러한 잇키관과 관련해서 "대체로 농민 잇키는 긴신이 있어서 일어난다."[60] "간교한 지혜를 갖고 나라를 다스림은 나라의 도적이다. 간교한 지혜를 갖고 나라를 다스리지 않음은 나라의 행복"[61](이 구절은 『노자』에 의한 것임)이라 간주되고, 지방관청의 교묘한 자가 잇키의 원인이 되는 악정을 시행한다는 서술[62]은 주목받을 것이다. 「파지사등소」가 미즈노가에서 악정의 담당자였던 시미즈 다테와키淸水帶刀는 소라이학파의 학자로 "『정담』, 『경제록』 등을 대충 읽고, 제대로 이해하지도 못한 채 그냥 받아들여", "원래부터 꼼꼼한 정사를 그 위에 비단 체絹篩에 거르듯이 세세하게 취"[63]한 악정을 시행했다고 기록한 것도 지략있는 간신에 대한 흥미로운 기술일 것이다. 어떤 경우에도 다양한 책략을 구사한 수탈정책의 강행이 잇키의 원인이며, 그러한 수탈정책이 강행된다면 잇키가 필연적으로 발생한다고 서술되어 있는 것이다.

이리해서 이런 기록들은 실현돼야만 할 세계로 매우 평범한 막번제적 어진정치를 추구하고 있음에 지나지 않은 것이지만 잇키의 근거를 권력주의적 수탈정책에 있어 그 필연성을 통찰하고 봉기가 시작되면 거기에는 쉽게 억압하는 것이 불가능한 위력과 활동성이 발휘되는 것을 리얼하게 묘사하는 것이 가능했다. 이러한 관찰이 근세의 현실주의적 사고에 뛰어난 사상가의 잇키관이기도 했던 것을 아울러 지적해 두자.[64] 그리고 이

---

60 「岩城家騷動の顚末」『集成』 6권 90쪽.

61 「安部野童子問」『集成』 6권 343쪽.

62 「上田縞崩格子」『集成』 6권 187쪽.

63 「破地士等窠」『集成』 13권 111쪽.

64 太宰春台, 「経済録」, 田中丘隅, 「民間省要」, 本居宣長, 「秘本玉くしげ」 등에서 보이는 잇키관은 본문에서 서술한 것과 같은 것이라 생각한다.

러한 잇키관에서 귀결되는 것은 어떤 일이 있어도 막번제적 어진정치를 지향해 지배계급을 설득하지 않으면 안 된다는 것이다. 어진정치가 실현되면 잇키 빈발의 연장선상에 사회체제 그 자체의 와해가 일어날 것이다. 근세 후기의 사상가 오시오 츄사이大塩中斎가 봉기격문을 "사해四海가 곤궁함은 하늘의 복이 오랫동안 끊어졌기" 때문이라는 『논어』의 유명한 문구에서 시작한 것이나 『신론新論』이 "그 천하의 백성은 어리석음이 매우 많고 군자는 매우 적다. 어리석은 마음에 한 차례 기울면 천하는 애초부터 다스리지 말아야 한다"[65]고 하는 것에서 그러한 와해에 대한 위기의식을 읽어내는 것은 쉽다. 잇키 기록 속에 예를 들어, 1866년의 부슈잇키武州一揆에 대해 "(잇키 세력이) 연이어 폭행을 하고 있는 과정에서 부정한 낭인이 섞여들어 각자 간계모략을 꾸미는 경우는 옛날 붉은 눈썹의 황건적, 혹은 명말 도적이 무리지어 봉기한 형세에 비등……"[66]하다고 기록된 사례가 있다. 이 잇키에는 제국태평이나 "일본 궁민窮民을 구하기 위함"이라는 보편화된 목적을 내걸어 근세일본의 일반적인 농민잇키와는 좀 다른 의식이 보였지만, 잇키세력이 막번제 사회와 다른 세계상을 그리고 있었던 것은 아니었다. 그럼에도 불구하고 여기서 중요한 것은 낭인의 간계모략 등을 포함해서 그 발전방향을 큰 틀에서 통찰하면 "붉은 눈썹의 황건적, 혹은 명말 도적이 무리지어 봉기"한 것이라는 표현에서 사회체제를 전환시킬 원동력이 전망된다는 것이다. 근세의 민중운동이 황건적의 난에 비유된 사례로서는 예를 들어 후지코富士講가 "한나라의 장각이 주동한 황건의 적도 시작은 그와 같은 자가 있지 않았다"[67]고 평가한 것이 있으며, 중세일본의 고리

---

65 『新論·迪彝篇』(岩波文庫版), 129쪽.
66 『武州世直し一揆史料』, 292쪽.
67 井野辺茂雄, 『富士の信仰』, 259쪽.

법문庫裡法門에 대해서 "말대에 이르러 아마쿠사잇키와 같은 일이 발생한다 해도 헤아리기 어렵다"[68]고 여긴 것도 유사한 의미를 가진 사례일 것이다. 후지코도 고리법문도 막번제와 크게 다른 이질적인 세계상을 가진 것이 아니었음에도 불구하고 독자적 조직과 신앙을 갖는다는 그 자체로서 권력적이며 권위적인 막번제 사회의 지배원리와 대립하게 되고, 그런 연유로 그 조직과 신앙의 독자적인 발전선상에 황건적의 난이나 아마쿠사의 난天草の乱과 같은 것이 상정되었다고 여겨진다. 농민잇키의 경우도 그 현실적 차원에서 막번제적 어진정치를 추구하고 있음에도 불구하고 봉기한 민중이 활동하는 연장선상에 붉은 눈썹의 황건적이 상정되었던 것이다. 필시 이러한 상정은 가능한 것에 관한 성찰까지 염두에 둔 예리한 관찰력이 있기에 가능했을 것이다. 민중이 추구하고 있는 세계상도 어진정치를 내건 막번제적 세계상과 크게 다르지 않다. 하지만 민중이 독자적 집단을 구성하여 자신의 바람을 잇키라는 형태로 표현해 간다는 사실은 지배권력의 통치사상과의 괴리감이 확대되었다는 것을 의미하며, 동시에 막번제 사회의 모순이 극단적인 상황에 이르렀다는 것을 나타내는 것이었다고 할 수 있다.

1836년 12월 닛코 가도의 역참인 삿테주쿠幸手宿에서는 흉작과 곡물가격이 급등하는 와중에 쌀과 보리, 잡곡을 매입가격에 팔든지, 시가로 팔아 수확하는 가을까지 그 반값을 임대금으로 하든지, 어느 쪽이든 결정해달라고 벽보가 내붙고 그 선에서 부호들과 교섭이 추진되었지만, 결정을 보지 못하고 12월 15일 저녁 무렵부터 봉기가 시작되었다. 이 봉기는 벽보를 붙여 부호들과 교섭한 사람들에 의해 시작되었다고 생각되지만 그들

---

68 「庫裡法門記」, 笠原一男·井上鋭夫 編,『蓮如 一向一揆』, 502쪽.

은 우선 길이 9척 정도의 크고 흰 폐백을 들고 나와 가미주쿠上宿의 진수신鎭守神에 바치고, "그런 와중에 사람들이 모여들면서 폐백을 가지고 돌아와 잡화가게 앞에 세웠다." 그것을 신호로 "사람들은 그 잡화가게를 순식간에 작은 먼지처럼 때려 부수고" 이 집의 우치코와시가 끝나면 이번에는 폐백이 쌀집 앞에 잽싸게 세워졌고, 또 사람들이 몰려와서 그 쌀집을 순식간에 때려 부쉈다. 이와 같이 크고 흰 폐백은 때려 부숴야 할 부잣집 앞에 차례차례 세워지면서 37채를 때려 부수었지만 "가로막는 적을 만나는 일 없이 원하는 것을 모두 달성하는 경사를 이루었다. 이튿날 오후 1시경엔 폐백을 가미주쿠에 가져가 진수신에게 드리고 진정"되었다는 결말이 있었다.[69]

여기에서 주목되는 것은 진수신사에 봉헌된 폐백에 의해 우치코와시 세력이 종교적 신의를 대변하게 되고, 그 종교적인 힘을 빌려 지역사회의 정의를 대표한다는 정통성을 확보했다는 것이다. 우치코와시가 끝난 후에 그들은 주모자격인 여섯 명이 마을관리인 나누시한테 자수하고 에도에 송치되었는데, 그 때 여섯 명은 "우리들은 저축한 금전이 15관문씩" 합계 90관문을 근처의 역참宿場에서 "꺼내 뿌리고(금전살포인가…주)"싶다고 청원하여 죄수 호송용인 도오마루唐丸에 15관문씩을 쌓아 인부들에게 운반시켜 스기도주쿠杉戸宿에서 30관문, 가스카베주쿠粕壁에서 30관문, 오사와·코시가야주쿠大沢·越ヶ谷宿에서 30관문의 금전을 살포했다. 이 90관문이 우치코와시의 과정에서 탈취한 것임은 물론일 것이다. 우치코와시의 성과가 부근의 역참까지 균점되었던 것이다. 이리하여 에도에 투옥된 여섯 명은 지역사회의 이익과 정의를 대변하는 것이었기 때문에 삿테주쿠에서도 한 집마다 은 2몽3부씩 모아서 매일 감옥 면회를 계속했는데 특히 금전 살포를 받은 4

69　高梨輝憲, 『飢饉噺聞書類集』, 92~93쪽.

개 역참 마을에서는 "여러 상인들, 여러 직인들, 숙박업자들, 선물가게 사람들, 어린이 모임으로부터 서로 중복되지 않도록 여섯 명에 대한 문안 면회가 산과 갑을"[70] 정도였다고 한다. 이것에 대해 우치코와시를 당한 부호들의 집은 "집을 파괴당한 자는 손해가 많다. 세간에 면목을 잃고 모두가 당장 살 곳이 없었다"[71]고 한다. 요나오시잇키가 지역 민중의 입장에 선 공정과 정의를 대표하고 있고, 지역사회에서 압도적인 권위를 갖게 되어 관리도 개입할 수 없는 상황이 전형적으로 출현했다고 할 수 있다.

우치코와시를 받게 될 것 같은 호농상이 가미시모와 하오리와 하카마를 입고 잇키를 마중나가 향응한 것은 많은 사료가 전하고 있는데, 특히 「오슈 시노부·다테군 농민잇키 차제」는 이러한 양상을 생생하게 묘사해서 "우스꽝스런 것이긴 하지만 실제 일이다. 허튼 소리가 아니다. 따라서 기록해 후세에 남긴"[72] 것은 지금으로선 꽤 알려진 사례일 것이다. 또 요나오시잇키에 대해서 호농상이 쌀과 금전을 베풀거나 곡물을 싸게 팔 것을 서약하고 있는 사례도 적지 않은데, 여기에서도 봉기 과정에서 잇키의 권위와 위력이 지역사회를 지배하고 있는 모습이 엿보일 것이다. 이러한 동향을 단적으로 나타내는 사례로서 우치코와시를 받을 것 같은 상황에 처한 상인이 마을 경계에 세웠다고 하는 방문高札을 인용해 보자.

하나, 이번 여러 마을의 많은 분들이 화를 내시는 점, 지극히 당연한 것이라 알고 있습니다. 이제까지 나를 비롯해 각 마을에서 상응하게 생활하고

---

70 같은 책, 98~99쪽.

71 같은 책, 94쪽.(長谷川伸三에 의하면 『飢饉噺聞書類集』의 기술은 1833년 9월 동일한 지역에서 일어난 사건에 자의적으로 제시되어 있지만, 시기나 상황 설정을 비켜서 픽션화한 것으로 그것 자체는 사실이 아니다. 동 씨의 저서 『近世後期の社会と民衆』, 144~145쪽 참조.)

72 『集成』6권 754쪽.

있는 자로서 마음가짐에 어긋남이 있었던 점은 지금 새삼스레 드릴 말씀도 없는 것이지만, 아무쪼록 이번의 급난을 도와주신 것에 대한 감사표시로 어려운 사람들을 위한 구호금 금화 일만 삼천 냥을 내는 바입니다. 다른 사람은 모르겠지만 개인적으로는 이후 틀림없이 개심하여 어떠한 경우에도 아래쪽과의 상담을 저버리지 않을 것입니다. 이상.

묘卯년 정월 14일

고마히키駒挽屋

히코자에몽彦左衛門

각 마을의 여러분.[73]

이것은 기부금을 약속한 사례를 기록한 것이지만, 잇키가 정의를 체현하고 있는 것을 인정하고 자신들의 '어긋난 마음가짐'을 후회하고 '틀림없는 개심'을 서약하고 있는 것이 주목된다. 이러한 서약이 그 후에도 지켜졌는지는 별도로 하고 적어도 봉기 와중에 봉기집단이 지역사회 민중의 이익과 정의를 대표하고 그것을 지역사회에 강요하는 권위와 위력을 체현할 수 있었던 것이 멋지게 제시되어 있다.

또 잇키의 공격대상이 마을관청인 쇼야에 향해진 경우에는 관청과 관리가 죄인이나 도둑으로 불리고, 쇼야들도 "우선 당분간은 비싼 하카마나 칼의 착용을 삼가고 농민의 비위를 맞추는 것 외에 달리 할 일이 없다"고 술회하고 "농민 10명 정도가 상좌에 있고, 쇼야 5명은 말좌에 있다. 그 밖에 농민들에 둘러싸인" 인민재판과 같은 상황이 되었다.[74] 또 요나오시잇키도 성인남자만을 동원하는 것이었지만, 아녀자나 구경꾼의 지지를 받는 것도 일반적이었다. 1866년 무사시武蔵의 요나오시잇키에서는 우치코와시에 즈

---

73 「改政一乱記」 『集成』 13권 314쪽.

74 『美作国鶴田藩農民騒動史料』 上권 18, 31쪽.

음해서 빼앗은 의류 등을 "모여드는 아녀자에게 도당의 사람으로부터 배부되었다"[75]든가, 그 때문에 "곳곳의 부녀자, 아동은 나쁜 무리가 아니다. 우치코와시와 같은 모양"이라고[76] 전해지는데, 같은 해 신타츠信達 잇키에서도 "곳곳에 혼란과 장해에 이르러 가재의류 등을 많이 모아 버리거나 또는 부녀자들에게 나눠주는 취지"[77]였다고 한다. 요나오시잇키에서는 수많은 구경꾼이 있는 경우도 있고, 그 중에는 여자와 어린이도 포함되어 있어 그들은 은근히 잇키세력에 기대를 하며, 또 실제로 혜택을 받았던 민중이기도 했다.

잇키가 때때로 엄한 규율을 가졌던 것이나 신사의 경내나 숲이 집회장소가 된 것도 잇키가 지역사회의 정의를 대표하는 권위로 존재할 수 있었던 것과 떼어놓고 생각할 수 없다. 잇키 규율의 문제는 다음 장에 다루겠지만, 전술한 삿테주쿠의 우치코와시가 진수신에 의해 정당화되고 있는 것이나 1859년 미나미야마잇키에서 "덴쇼코타이진구, 하치만오카미, 가스가다이묘진"이라 기록한 우부스나신사産土社의 깃발이 잇키의 선두에 내걸린 것, 1814년 에치고노쿠니 칸바라·이와부네 양군蒲原岩船両郡의 잇키에서 투쟁의 중심이 된 스가타 마을菅田村의 농민들이 지주인 "나카무라 하마사부로中村浜三郎의 목을 따서 우지가미氏神에 바칠 것을 약속한 27인이 혈판장"[78]을 만들었다는 것 등은 잇키와 지역사회의 수호신의 결부를 나타내는 사례로서 흥미롭다. 또 잇키가 마을단위의 참여강제를 강행한 것도 잇키가 지역사회의 이익과 정의를 대표할 수 있는 권위라고 의식되지 않으면 불가

---

75 『武州世直し一揆史料』, 9쪽.

76 慶応二丙寅年秩父領飢渇一揆 『集成』 6권 683쪽.

77 『集成』 6권 750쪽.

78 「蒲原岩船両郡騒動実記」 『集成』 6권 400쪽.

능했을 것이다.

근세의 농민잇키 특히 근세 후기에서 메이지 초기에 걸친 요나오시적인 성격의 잇키에서는 그 지역사회의 혐오자인 야쿠자와 같은 계급적 탈락자가 지도자가 되는 경우도 적지 않았다. 더욱이 그와 같은 경우에도 봉기집단으로서 보편적인 정의를 체현할 수 있었던 것은 매우 놀랄만한 역사적 진실이었다. 예를 들어, 1723년 나가토로長瀞소동에서 평소 난폭자로서 기피되던 인물이 중요한 역할을 다하기도 하고[79], 1859년 미나미야마잇키에서 "법도를 걱정하는 도리 외에는 어떤 일에도 개의치 않고 불의의 사건을 획책하는 그 누구와도 비할데 없는 완고한 인물이 잇키의 우두머리로 영입되었던 것이[80] 그러한 사례다. 1836년 미카와의 가모三河加茂잇키의 지도자인 다츠조辰蔵와 류조隆蔵도 "씨름을 하고 도박을 좋아하는 속칭 도락가"이며 "사악한 지혜에 교활하고 빈틈없이 말 잘하는 남자"[81]였으며, 1868년 츠루다번鶴田藩 잇키의 지도자인 고이치로小一郎 형제도 "몸가짐이 좋지 않은" 인물인데, 이 두 사람이 "도박과 술을 좋아하고 생활방식이 난잡한 사람들을 모아 서로를 선도"해 봉기가 시작되었다고 한다.[82]

1866년 무라야마 소동村山騷動도 똑같은 사례이다. 이 요나오시잇키는 도박꾼이 지도했다고 되어 있지만 우두머리의 한 사람인 다이스케太助는 "평소에 노상강도를 저지르는 악당과 같은 사람"으로 지금까지도 '죽여야만' 한다고 생각할 정도의 인물이며, 똑같이 기치조吉蔵도 "다이스케와 같

---

79 「長瀞騷動記」, 山形県経済部, 『出羽百姓一揆録』, 58~60쪽.

80 平沢清人, 『南山一揆』, 155, 158쪽.

81 「鴨の騒立」 『集成』 6권 511~512쪽.

82 『美作国鶴田藩農民騒動史料』上, 112~113쪽.

이 평소부터 나쁜 마음의 소지자"였다. 기치조는 센다이에서 악한 일을 저지른 일이 있고, 잇키 후에도 센다이에 도주했으며, 또 다른 주모자 도키치+吉도 센다이에 도망갔고 그 후 마츠마에松前로 도망갔다고 추측된다는 기록도 그들의 생활권과 활동성을 나타내는 것으로서 흥미를 끈다. 그 밖에 잇키가 진압된 후에 심문받은 자 중에는 '물건 훔치는 자'를 비롯해서 '평소부터 좋지 않은 자'가 몇 명 포함되어 있었다. 그들은 촌락공동체 질서에서 이미 벗어난 존재로 완력을 자랑하고 도박을 하는 사람들이었을 것이다. 그럼에도 불구하고 이러한 사람들에게 지도된 잇키에도 "의병을 일으켜 궁민을 구하고", "우리의 한 목숨을 던져 곤란한 백성을 위해 활동"하는 천하의 의사라고 자칭하는 인물이 있었다. 이런 천하의사天下義士에 의해 인부동원을 재촉 받은 마을관리는 그 요구에 부응하고, 시혜금전을 강요받은 호농상도 여기에 상응하는 것이다.[83]

지역사회가 주지하는 재산을 몽땅 털어먹는 난봉꾼조차 민중봉기의 지도자로서 정의나 공정을 대표할 수 있었고, 또 그와 같은 사람으로서 일정한 권위를 갖출 수 있었던 것이다. 이것을 얼핏 보면 기묘한 현상 같지만 실은 그렇지 않다. 난봉꾼이라고 하는 것은 촌락공동체로부터도 신분제 질서로부터도 일상적으로 이미 배제된 사람을 말하는 것이며, 사람들이 기성적 권위와 질서에 복종하고 있을 때조차도 완력을 드러내고 싶어 어깨를 쭉펴고 걷고, 변덕쟁이며, 칠칠치 못해 자신의 존재를 두드러지게 하려는 사람을 지칭하는 것이다.[84] 이와 같은 터프하고 완고한 성질로 생명 귀한 줄을 모르는 인간이 사실은 봉기의 지도자로서 어울린다. 그리고 그들도 봉기의 지도자로서는 민중의 여망을 담당하지 않을 수 없고, 그런 연유로 또 민

---

83 『集成』 13권 222~223, 238쪽.

84 E·J·ホブズボーム, 斎藤三郎, 『匪賊の社会史』, 24~25쪽.

중적인 입장으로부터의 보편적 가치를 대변할 수 있고, 죽음을 두려워하지 않는 헌신적인 지도자가 될 수 있는 것이다. 아니 봉기의 지도자로 그와 같은 사람이 되어 가는 것이 도리어 필연인 것이다. 홉스 봄은 비적이 혁명가가 되는 경우를 소개하고 있는데, 거기에는 혁명가로서의 전환과정에서 비적의 회심이 이루어지는 일, 비적과 같은 사람도 사회적 저항의 한 형태이며, 민중으로부터 그와 같이 보이는 경우가 서술되어 있다.[85] 조촐하지만 무라야마 잇키에서도 유사한 회심과 전환의 조짐이 있었다. 야쿠자풍의 인물조차 봉기한 집단의 대표자로서 자기희생적으로 민중적인 정의를 체현하지 않을 수 없었던 것은 잇키라고 하는 자체가 벗어날 수 없는 공적인 권위성을 갖는다는 전통이 있었던 것이다.

똑같은 사례로 1872년 니가타현의 오코즈분수이大河津分水소동의 사례를 들어 보자. 이 잇키는 시나노가와信濃川 분수공사分水工事에 의한 부담증가가 직접적 원인이지만 분수공사의 중지 외에도 유신정부의 신정책 철회를 요구하는 신정부반대 잇키의 성격이 강한 것이었다. 이 잇키의 주모자가 된 와다나베 데이스케渡辺悌輔는 본래 아이즈번會津藩의 무사로 1868년 보신戊辰전쟁으로 아이즈성會津城이 함락된 이후에 산죠마치三条町와 가모마치加茂町 등에서 살았던 무뢰한의 낭인이며, 똑같이 쓰기오카 다테月岡帶刀는 간바라군蒲原郡의 정토진종의 승려로 보신전쟁戊辰戦争에 즈음해서 아이즈쪽에 참전한 경력을 갖고 있었다. 두 사람 모두 도쿠가와 막부에 종군한 좌막파의 낙오자로 신정부에 강한 반감을 갖고, 무슨 일이 없나 하고 기다리고 있던 와중에 발생한 잇키에 합류한 것이다. 또 다른 한 사람의 주모자 가와사키 구로지川崎九郎治는 위의 두 사람보다 훨씬 더 농민적 입

---

85 같은 책, 104쪽.

장의 인물이지만, 양자로 들어간 집에서 "방탕하다는 이유로 파양"을 당한 인물로서 "자신은 한 덩어리의 흙도 가지지 못한 자"였다. 세 사람은 주정뱅이, 땡중, 방탕자로서 일상적으로는 주변의 빈축을 살 인물이었는데, 일단 봉기가 시작되자 이 잇키는 방화와 우치코와시를 금지하고 "밥과 술은 먹지만 그 외의 물건은 종이 한 장도 돈을 지불"하도록 하는 규율 있는 행동을 취하여 "이번에 도쿠가와시대의 정치로 되돌아가는 것에 따라 금년부터 3개년 연공을 반납半納으로 결정"한다고 선언하고, 게시판에 '이세신궁의 신사령伊勢神宮領'임을 알리게 했다.[86] 결국 그들은 일상적 생활에서 이미 방탕무뢰한 자들이 되어 기성 질서로부터 벗어난 것인데, 그러한 인물이었기 때문에 한 목숨을 버릴 각오로 봉기의 지도자가 되는 게 가능했고, 민중의 입장에 선 정의와 이상의 대변자가 될 수 있었던 것이다. 물론 농민의 불만을 이용하려고 한 그들 나름대로의 야심도 있었을 것이다. 그렇다고 해도 봉기 지도자로서 그들은 잇키의 이념에 따라 죽는 사람으로 자기를 형성하고 그와 같은 사람으로서 장렬하게 죽어갔다. 그들은 무뢰한으로서도 봉기의 지도자로서도 모두 기성질서에 반항하고 있는 것이다. 하지만 전자에서는 따라 죽을 만한 이념이나 이상을 찾아내는 것이 불가능한 사회적인 낙오자일 수밖에 없었고, 한편 후자에서는 스스로의 반질서성을 봉기한 집단의 대변자로 비약시키고 또 변모시키고 있었던 것이다. "나와 같은 방탕무뢰한 무리"(가와사키 구지로의 말)라고 자칭한 그들이 "하찮은 일에 목숨을 버리는" 봉기의 지도자가 되고,[87] 또 그 죄를 한 몸에 지고 주저하지 않는 것에 민중봉기가 담고 있는 극적 성격이 있었다.

---

86   新潟県内務部, 『越後佐渡農民騒動』, 507쪽.
87   같은 책, 539, 540쪽.

4. 고양高揚과 울굴鬱屈

이미 서술한 바와 같이 근세의 농민잇키는 세계상의 형태로서는 막번제적 인정이데올로기를 뛰어넘는 지향을 거의 갖지 않았다고 말해도 좋지만 봉기한 집단으로서의 민중은 권위와 위력에 찬 것이었다. 인간으로서 생존을 위해, 그리고 농민으로서 최소한의 생활보전을 위해 봉기한 민중이 막번권력의 지배사상인 인정이데올로기에 청원하는 형태로 시작된 농민잇키는 처음부터 많은 제약과 한계를 떠안고 전개된 민중투쟁이었다. 그 범위에서 농민잇키는 외형적으로는 막번제적 인정이데올로기를 넘지 않는 세계상 속에 머물고 있지만, 실질적으로는 신분제 지배의 질서원리를 완전히 타파해서 스스로의 권위와 위력에 찬 활동성을 통해 보다 근원적인 해방에 대한 희구를 쏟아 붓는 것이었다. 근세의 격렬한 대규모 잇키는 민중의 그러한 지향성을 이해하는 선상에서 주목될 것이다.

예를 들어, 1838년 다이라번의 잇키에서는 성 위에서 잇키 세력을 향해 철포를 쏘자 "모든 백성은 마침내 더욱 광분해서" 해자를 건너 성안으로 들어가려 했다고 전해지고, 또 농민 대표가 나와서 요구가 받아들여지지 않으면 "우리들은 또다시 쳐들어가 7만 석의 영지를 잿더미로 만들어 본래 바라던 바를 이룰 것"이라 말했다고 한다.[88] 잇키세력이 영주 권력을 능가할 수 있다는 것이다. 또 1739년 돗토리번의 잇키에서는 "이나바노쿠니因幡国와 호키노쿠니伯耆国의 재산을 공평히 나눠받게 해달라"[89]는 평등주의적 요구가 전해지고 있고, 1866년 무사시의 요나오시잇키에선 가와고에번川越藩의 번병을 앞에 두고 잇키 세력은 "이 성 하나쯤 함락시키는 것은 마음

---

88 「岩城騷動聞書」『集成』6권 84~85쪽.
89 「因伯民乱太平記」『集成』6권 107쪽.

먹기에 달렸다"[90]고 말했다. 그리고 「나타데라 밤샘이야기」와 「가모의 소란 鴨の騷立」[91]에는 다음과 같은 저명한 내용이 있다.

(1) 이 원수 같은 도둑놈들아, 세상에 아무것도 없을 정도로 빼앗아갔지만, 지금부터는 우리들의 마음먹기에 달렸고, 하고 싶은 대로 할 것이다. 적절한 조치가 없으면 연공은 상납하지 않을 것이다. 막부직할령이라도 바랄 것은 없다. 조치 여하에 따라 움직이는 우리다. 교토의 임금님京の王様의 귀한 농민이 되려고 하는 사람이다. 해치워라. 빨리 쳐 죽여라. 두들겨 패라.[92]

(2) 건방지다. 그 죽창은 무엇을 하는 것인가? 설마 요나오시의 신을 향해 나쁜 짓을 하기 위한 것인가? 해선 안 된다. 이쪽 모두는 분쟁과 언쟁에서 사람을 해친 것을 일찍이 알지 못한다. 청원의 내용이 받아들여지면 좋다. 들어주지 않으면 그 집에 인사하는 것뿐이다. 요나오시의 신을 초대하러 나가겠는가? 만약 막을 생각이라면 엄벌을 내릴 것이다. 내가 먼저 나아간다.[93]

이것들의 기록에는 유사한 표현이 몇 개 보이지만 (1)에서는 "교토의 임금님의 귀한 농민"이 될 수 있다고 하고, 개별영주의 지배체제에서 탈각하는 자유가 "마음먹기에 달렸고, 하고 싶은 대로"하겠다는 전인간적인 해방을 향한 원망顧望과 결부되어 있다. (2)에서는 봉기한 민중의 고양이 요나오

---

90 「慶応二丙寅年秩父領飢渴一揆」『集成』 6권 683쪽.
91 에도시대의 실록 가운데 대표적인 서술 중 하나로 1836년 미카와노쿠니의 가모군(加茂郡)에서 발생한 잇키의 전 과정을 사실적으로 묘사했다.(역자주)
92 『集成』 6권 46쪽.
93 같은 책, 520쪽.

시의 신世直し神이라는 지고한 권위의 지배로서 표상되고 요나오시의 신에게는 어떠한 무기로도 적대할 수 없고, 음식물도 자유자재(배가 고파지면 하늘에서 술도 도시락도 자유자재로 내려주신다[94])라고 의식되어 있다. 어느 경우에나 봉기한 민중은 현실의 힘이나 가능성과 비교해서 훨씬 거대한 해방적 환상이 생성되어 있고, 그 환상에 의하면 민중은 처음부터 전인간적인 자유와 해방을 실현하고자 했던 것이라 해도 좋을 것이다.

그렇지만 이와 같은 저명한 사례만이 중요한 것은 아니다. 봉기한 민중이 제멋대로 행동했다든가, 행패狼藉를 한없이 부렸다든가 "오만, 조롱, 거만을 극단적 상황"에 이르기까지 자행했다는 것도 잇키 사료에 빈출하는 표현이다. 농민잇키가 악역을 조정해서 그것을 제거하도록 지배자에 강제하는 것, 그 자체가 막번제 사회의 질서원리와 전면적으로 대립하고 있기 때문에 이러한 투쟁의 와중에 민중은 그 일상적 생활자로서의 삶이 아닌 전혀 다른 삶을 살아가면서, 그 정신과 육체를 열렬하게 해방하는 것이다.

나아가 잇키가 압도적으로 승리한 경우에는 봉기한 집단에 체현된 정신과 육체의 해방이 봉기가 종료된 후에도 연장되어 지역사회에 새로운 기풍이 생겨나는 경우도 있었다. 예를 들어, 잇키 이후에 농민이 얼굴을 익힌 무사와 만나도 "인사도 하지 않고 무례한 얼굴로 그냥 지나치기도[95] 하고, "아랫것으로서 윗사람을 범하는 방자한 풍조가 생기기도 하고" 소동 때의 공적을 득의양양하며 과시하는 것과 같은 분위기가 나타나기도 했다.[96] 또 "술집에 들어가 술을 마시고는 돈을 내지 않고, 빌린 여러 재물을 일체 변제하지 않고…강하게 재촉하면 여러분은 각자 어떻게 생각하고 있는가?

---

94 같은 책, 518쪽.
95 「那谷寺通夜物語」『集成』6권 77쪽.
96 「奥海道五色」『集成』6권 148쪽.

이 경사스런 세상이 되어도 모두 우리들과 같이 목숨을 버리며 활동하는 도리가 되어야 할 것이다. 우리들이 사소하게 빌린 돈이 있다 해도 집요하게 재촉하는 것은 생각지도 못했다. 삼배, 구배하고 물러가야만 할 것이라고 재촉하는 사람을 쫓아내고, 혹은 앞으로는 신불을 배례하기보다 우리들을 배례하라고 포고"[97]하는 상황도 전개되었다. 일상적인 생활에서도 소동 기분이 남아 있어 "세상이 전도해서 사람들이 나빠지게 되고, 곤궁한 사람에 이르러 고되어지고", "금전을 빌려준 사람이 재촉을 해도 없어서 돌려주지 못하는 것이다. 무리하여 탈이 나면 우치코와시를 해달라는 인사가 된다. 술집에 가서 술을 빌려주지 않으면 우치코와시를 하겠다고 한다. 전당포에 가서 이 물건으로 다섯 냥을 빌려주지 않으면 우치코와시를 하겠다고 한다. 부자들은 나약해져 사죄만 하고"[98] 있는 상황이었다. 어떤 경우에도 막번제 사회의 신분제적 질서가 지역사회에서 완전히 파괴되고 새로운 사회적 분위기가 생성되어 있는 것을 알 수 있다. 그리고 이 민중이 무례하고 방자하여 세상이 전도한 상황이 만약 조금만 더 지속적이었다면 우리들의 사상사적 조건은 훨씬 달라졌을 것이다. 그렇지만 위에 서술한 바와 같은 권위와 위력과 활동성에 찬 민중이 그러한 권위나 활동성과 자기해방에 어울리는 독자적 세계상을 상정하는 일은 거의 없었다고 서술했다. 요컨대 막번제와는 다른 세계상을 꿈꾸는 맹아가 있었지만 그것들도 막번제적 어진 정치의 세계상과 완전히 분리한 것은 아니었다.

이와 같이 새로운 세계상을 꿈꾸는 가능성의 표현은 통일왕권을 지향하는 것으로는 「나타데라 밤샘이야기」에 보이는 "교토 임금님의 귀한 농민이 되고자 하는 사람"이라 전술한 것이 있고, 1853년 난부 모리오카

---

97 「三閉伊通百姓一揆錄」『集成』6권 640쪽.

98 「奧州信夫郡伊達郡之御百姓衆一揆之次第」『集成』6권 757쪽.

번의 잇키와 같이 "농민은 천하의 백성, 쇼군의 온정에 의지해 말하고 싶은"[99] 것으로 막부 직할령이 되는 것을 요구하는 경우도 있었다. 천황이 곤궁한 민중을 구제하는 통일왕권을 기대한 것으로서 1837년 노세能勢잇키가 "당해 가을에 가령 풍작이 들어도 차용한 자금을 해결하고 나면 이것으로 끝이다. 덕정德政을 명령[100]해서 내려주시길" 바라고, 그것이 "아무쪼록 각별한 덕정으로서 천황帝様으로부터 직접 여러 지토에 명령을 내려주시도록"[101] 요구한 사례가 그것이다. 또 농민 잇키는 아니지만, 1840년경에 실시된 덴포天保개혁에 즈음해서 "이번의 개혁에 관해서는 금은의 융통이 심히 원활하지 못하게 되어 여러 사람들이 크게 곤궁해졌음에도 불구하고 누구하나 말하는 사람이 없고, 죽은 천신에게 기원하는 것보다 살아있는 천신님에게 기원해야 한다는 말을 꺼내자 시중의 사람들이 모두 천황이 살고 있는 궁궐인 금리어소禁裏御所에 몰려가 센도참배仙洞参り를 하고, 여러 사람의 어려움을 구제해주시길 기원한 소란스러운 일"[102]이 발생했다는 사례도 들 수 있을 것이다. 그리고 요나오시의 신, 특히 요나오시 다이묘진世直し大明神과 같은 신도적 특정 신에게 민중의 바램과 더불어 그 위력을 의탁한 것도 막번제적 세계상으로부터 민중적 세계상의 분리와 자립을 제시하는 것으로서 중요하다. 1834년 하치노헤八戸번 잇키의 기록인 「노자와 호타루野沢蛍」에서 요나오시 다이묘진은 번정의 실권자인 노무라 군기野村軍記의 악정을 징벌해야만 해서 스와 묘진諏訪明神의 명령을 받아 등장하는 것인데, 그 밖의 잇키 기록에서는 일반적인 봉기집단이 자신들의 권위와

---

99 「三閉伊通百姓一揆録」『集成』 6권 571쪽.
100 덕정령(德政令), 중세 일본에서 천황이나 쇼군이 민간 차원의 채권방기나 채무면제를 명령한 시행령 내지 법령.(역자주)
101 「浮世の有様」『集成』 11권 398쪽.
102 같은 책, 679쪽.

위력을 과시하는 것으로서 민중수탈의 장본인 상업 고리대자본을 향해 이것을 파괴하여 징벌하는 사례도 있었다. 이와 같이 요나오시잇키에서 궁민구제라는 목표와 이념은 개별영주권의 지배영역을 뛰어넘은 보다 보편적인 것이었다. 그 때문에 1866년 무사시의 요나오시잇키에서는 "여러 사람을 돕기 위한 것이다. 여러 사람을 돕기 위한 것이라 떠들면서" 봉기했다고 전해지고, 잇키의 깃발이나 각종 등불에 "평균 요나오시 쇼군", "제국 태평", "일본궁민을 구하기 위해" 등의 표어가 쓰여 있었다고 한다.[103] 같은 해 신타츠 잇키도 "궁민을 서로 돕기 위해", "만인을 위해"[104]라고 의식되어 있었다. 특히 무사시의 요나오시잇키에는 중요한 특질이 엿보인다. 즉 개항장인 요코하마 상가의 상인이 특별히 대상이 되었는데, "모든 세력이 한 곳 이와하나岩鼻의 군다이郡代관청을 쳐부었다. 그 후 세력을 정비하여 나카센도中山道로 몰려가 에도막부의 관련기관에 소송을 제기하고, 요코하마에 난입해 국가를 병들게 한 뿌리를 송두리째 뽑아, 만민이 안온해지길 바라는 마음뿐"[105]이었다는 사례가 전해진다. 요나오시잇키가 개국 이래 혼란해진 국내 정세를 국가적 위기로 인식하고, 그 위기를 초래한 절대 악으로서 개항장인 요코하마와 상인들이 조정된 것이다. 그렇기 때문에 국가병폐를 근절하겠다는 목표설정과 더불어 요코하마 우치코와시를 정당화하는 의식을 확인할 수 있다. 이와 같은 지향성은 이 잇키를 자세하게 견문한 한 지식인이 "그것은 짊어질 수 없는 무거운 짐으로, 그저 그것을 행하려는 자의 가련한 성품인가"[106]라고 비평한 바와 같지만 민중투쟁이 국가적인 차

---

103 『集成』 6권 681, 697, 713, 714쪽. 『武州世直し一揆史料』, 160쪽.

104 「奥州信夫郡伊達郡之御百姓衆一揆之次第」 『集成』 6권 753쪽.

105 『武州世直し一揆史料』, 161쪽.

106 「冑山防戰記」 『集成』 6권 692쪽.

원에서 문제설정을 하기 시작하고 있다는 점은 이 시기의 중요한 특징일 것이다. 민중이 국가적인 보편성을 통해 구제받지 않으면 안 된다고 하는 의식은 1867년의 '에에쟈 나이카'에 있어서도 "일본국에는 신神이 내린다 / 중국인 저택에는 돌石이 내린다 / 에에쟈 나이카, 에에쟈 나이카", "일본 국의 재건은 에에쟈 나이카 / 풍년 춤사위는 경사스럽다"[107] 등의 가요가 전해지고 있다.

잇키 사료에 표현된 '미륵의 세상'이라는 관념은 위와 같은 사례보다도 세계상으로서의 자립성이 훨씬 취약한 것이다. 그 하나는 1723년 나가토 로長瀞소동에 즈음해서 저당 잡힌 전답을 되찾겠다는 확신에 찬 농민이 "금 년이야말로 미륵의 해가 찾아 올 것"이라 기뻐하고 "가요와 샤미센이 중심 인 소박한 가요제를 멋대로 개최해서…천하의 축제라고 이름 붙인 현수막 을 걸어놓고 주야에 걸쳐 하루 종일 기다렸다. 그 위에 전당포 주인을 저주 하며 부적인 고마胡魔를 태웠다"고 한다.[108] 여기에서는 막번권력이 저당물 의 소유변경을 막는 유질流質금지령을 내린 것이 덕정德政의 시행으로 해석 되고 저당인 전답을 되찾는 것이 미륵세계의 도래처럼 의식되고 있다. 이 밖에 1853년 에치고노쿠니 토치오栃尾 마을의 우치코와시와 1866년 신타 츠잇키에 즈음해서도 '미륵의 세상'이나 '미륵ミロク의 세상'이라는 표현과 "잇키에서는 마실 것과 먹을 것은 물론 입는 것까지도 부족함이 없는 진정 한 미륵의 세상"[109]이라는 환상에서 알 수 있듯이 우치코와시가 발생했을 때에 음식이나 의류 등의 향응을 받은 민중의 욕구가 그들이 추구하는 마 음까지 충족된 것을 의미하고 있었다. 어느 경우도 민중은 일종의 근원적

---

107 山口吉一, 『阿波えゝぢゃないか』, 96, 98쪽.

108 『出羽百姓一揆録』, 32~33쪽.

109 「奥州信夫郡伊達郡之御百姓衆一揆之次第」『集成』 6권 754쪽.

인 해방감을 맛본 것이지만, 미륵의 세상과 막번제 지배가 기묘하게도 일치할 수 있었던 것은 미륵의 세상이라는 전통적 관념에 입각한 것이었기 때문이며, 토속적인 용어법에서 보면, 원래부터 후지신앙의 계보에서는 이 관념이 보다 사상화된 경우에도 그러한 전통적 성격을 벗어나는 일은 없었다. 예를 들면, 미륵의 다스림에 대한 열렬한 희구가 간파쿠關白에게 제출되기도 하고, 에도막부의 고위관료인 로쥬老中나 오메츠케大目付에 제출된 것도 미륵의 세상이라는 해방환상이 막번제 사회의 봉건지배에서 거의 자립해 있지 않았던 것을 나타내고 있다. 근세 후기의 후지도不二道의 지도자였던 고타니 산시의 어록에 보이는 미륵의 세상도 막번제적 지배체제라는 세계의 큰 틀을 수용하고 그 위에 통속도덕형의 노력에 의해 미륵의 세상을 실현하려고 하는 것이었다.[110] 1859년 미나미야마잇키의 지도자 나카하라 치부우에몽이 후지도의 열렬한 신자였던 것은 이미 서술했다. 하지만 그의 일기에 보이는 "휘몰아칠 때의 세상 바람의 삭막함도 이윽고 부드러워지는 미륵시대의 풍성한 가을"[111]이 도래한다는 도가道歌도 봉건압제의 주범인 다이칸 무카와 츄베에를 제거한 후에 민중의 노력에 의한 통속도덕형의 미륵세상이 열린다는 환상일 것이다.

요나오시의 신도, 미륵의 세상도 그 구체적인 내용이 무엇이든 민중이 보다 근원적으로 해방된 세계를 추구하여 독자적 표현에 도달할 수 있었음을 얘기해 주고 있다. 하지만 그 경우에서조차 요나오시의 신도, 미륵의 세상도 막번제 사회와 별개의 것이 아닌 것은 이미 위의 여러 사례에도 제시되어 있는 바와 같고, 민중의 보다 근원적인 해방세계가 막번제 지배와 병립할 수 없는 것이라는 사실도 예측되지 않았다는 것을 지적해 두자. 많은

---

110 이 책 제3장 166쪽 참조.
111 「日記」, 1쪽, 『伊那史料叢書』 12권.

잇키 기록은 잇키가 진압된 이후에 태평국가가 되었다거나, 잇키는 일시의 재난으로 이윽고 상하가 화목한 태평성세가 되었다거나, "상하가 안연하게 눈썹을 열었다"라는 기록들로 매듭짓고 있지만 압도적 다수의 민중은 권위주의적인 막번권력에 의해 억압적인 인정이데올로기 세계를 재차 수용하지 않을 수 없었다. 이리하여 특정한 악역을 제거한 다음에는 기존의 지배체제가 재차 민중을 지배하게 되지만, 일단 기성의 지배체제를 수용하게 되면 봉기한 집단에 체현되고 있었던 민중의 권위와 위력은 순식간에 소멸하지 않을 수 없었다. 대규모의 농민잇키는 소농민경영의 재생산까지 파괴하는 가혹한 수탈을 철회하게 하는 경우가 많고, 그런 의미에서 잇키의 성과는 결코 작은 것이 아니었다. 하지만 농민잇키는 막번제적 수탈이 농민성립이라는 큰 틀을 넘지 못하도록 하는 결과를 가져왔다. 그 결과 대다수의 민중을 막번제적 인정이데올로기 세계 속에 머물게 하는 기능을 할 수밖에 없었다. 그리고 실제로 그렇게 되면 또다시 있을 한계상황이 찾아오지 않는 한, 일찍이 봉기했던 집단에 체현되고 있었던 것과 같은 권위와 위력이 민중 자신의 것이 되는 일은 없을 것이다.

"대중이 마음 속에 갖고 있는 원한을 이용하면 3일은 견딜 수 있다"(F·파농). 하지만 원한이 풀리면 금세 종언한다. 농민잇키도 2, 3일부터 며칠 간은 위대한 고양을 보이지만, 그 고양을 지속시키는 것은 매우 어렵다. 그 이유는 복잡하지만 기본적으로는 보다 고도의 조직성과 목표를 향해 대중을 이끄는 활동성과 그 위력에 규정된다고 생각한다. 증오나 원한에 의해 폭발적으로 분출하는 대중의 자연발생적 활동성은 틀림없이 위대한 것이긴 하지만 증오나 원한을 푸는 것에 의해 순식간에 다 타버리는 것이 현실이기 때문이다. 농민잇키가 독자적 세계상의 프로그램을 제기할 수 없는 이상, 연소한 다음 단계에서는 특정한 악역을 제거하는 것으로서 기존의 지배체제를 수용할 수밖에 없을 것이다. 이러한 사정은 막번제 사회의 권력지배 계층에서 보면 지금까지 수탈정책의 책임을 특정한 악역과 결부시켜 농민의 공격 방향을 막번권력의 그 자체로부터 비켜가게 하는 것도 가능하게 된다. 실제로 착한 사람의 역할을 하는 가로家老나 중간관리郡奉行 등이 봉기한 민중 앞에 나타나서 여태까지의 악정 책임을 특정 악역한테 떠넘기면서 농민의 요구를 승인한다든가, 자신이 책임지고 처리하겠다는 약속을 하여 잇키의 수습을 도모하는 것이 잇키진압의 상투적인 수단이었다. 이와 같은 경우에 약속은 나중에 번복되는 일이 많았기 때문에 농민들이 가로 등의 서명과 날인을 요구하거나 속지 말라고 외치기도 해 약속이행의 보증을 요구하기도 했지만, 특정의 악역 조정은 다른 한편에선 선인 역할에 대한 의존이나 기대에 이어지기 쉬웠기 때문에 이러한 수단이 유효한 적이 많았다. 예를 들어, 1747년 가미노야마번上山藩 잇키에서는 번정권력측이 농민의 공격목표가 된 두 가신家臣에 대해서 "농민들이 와타나베渡辺와 가네코金子 양가에 덤벼들더라도 대항하지 말아야 한다. 제멋대로 자행하도록 방기할 것을 권유하는 취지를 전하면, 이로 인해 무사들은 각자 철수"하게 되었고, 선인 역할의 세 명의 관리가 농민의 요구를 모두 승인한다고 전하자 농민들은 "감격의 눈물을 흘리면서" 귀촌했다고 한다.[112] 1749년 무츠노쿠니陸奥国의 막부령 고오리桑折 잇키에서도 선인 역할의 관리가 등장했던 때의 상황이 "납거미 떼거리와 같았던 도당들이 일반인들에게 평복하고, 미우에몽님三右衛門様의 도움과 고마움을 표현하는 소리가 원근에 울려 퍼지고, 일제히 해산하는 모습이 잠깐 사이에 만조의 갯벌이 되는 것과 같았다. 한 사람도 남지 않고 물러갔다. 이상하리만치"[113]라고 전해지고 있다. 다만 지

---

112 「奧海道五色」『集成』6권 132, 137쪽.
113 「伊信騷動記」『東北諸藩』, 350쪽.

배권력 쪽에서 농민의 요구를 인정한다고 해도 여태까지 수탈정책과 결탁하고 있던 호농상에 대한 우치코와시가 계속해서 이루어지는 경우도 적지 않았다. 그렇다 해도 우치코와시에 의해 격분과 증오와 원한을 푼 다음에는 선인 관리에 의해 실현될 어진정치仁政적 세계가 수용되고, 봉기한 집단에 체현되어 있었던 권위와 위력이 막번제적 인정이데올로기에 대한 기대로 수렴되면서 종언하게 되는 것은 변함이 없었다.

앞서 서술한 바와 같이 봉기가 끝난 이후에도 사람들은 여전히 무례하고 세상의 전도된 상황이 지속되는 경우도 있었다. 하지만 그것도 마침내 권력지배의 하부에 재차 편입되고, "농민 사회의 풍속도 좋아지며 정밀하게 다스려지고"[114], "요즈음에는 주군의 위풍도 중후해"지고, 이번에는 농민 쪽을 문초한다는 소문에 "아랫사람들이 수근거리며 두려워"[115]하는 상황이 되지 않을 수 없었다. 이러한 상황을 발생시킨 직접적인 힘은 막부나 번국의 군사력이지만 1866년 요나오시잇키와 같이 그것이 호농들의 자위군에게 요구되는 경우도 있고, 메이지 초기의 잇키에서는 특히 중앙정부의 서양식의 신군대였다. 예를 들어, 1866년 무사시의 요나오시잇키에서는 봉기 이후에도 요나오시적인 분위기가 이어졌다. 하지만 호농들은 쌀과 돈의 시혜, 저당물품의 무료 반환, 차용증서 제출의 청원서나 벽보를 무효라 하고 "악한 무리가 말하는 것을 이용해 시혜를 하는 것도 일체 안된다…촌락 차원에서 힘써 방어하고 만약 여유가 있다면 쳐 죽이고 잘라 죽여도 괜찮다"[116]고 규정했다. 그리고 마을관리 계층을 중심으로 한 자위군을 편성해서 요나오시적 상황을 극복해가는 것이다. 메이지 초기의 잇

---

114 「那谷寺通夜物語」『集成』 6권 77쪽.
115 「奧海道五色」『集成』 6권 148쪽.
116 『武州世直し一揆史料』, 64쪽.

키에서는 유신정권의 지방지배기구가 일시적 붕괴상황에 이르는 경우도 있었지만 최종적으로는 서양식 군대가 파견되어 "마을과 도시가 숙연, 전율, 도순逃循할 곳을 모른다. 이런 상황은 완전히 군대병력의 위세가 그렇게 만든 결과로 결국 항거하는 사람이 한 명도 없게…"[117]되어, '인민공포 人民恐怖'[118]라고 할 정도의 상황이 재현된 것이었다. 그렇지만 이와 같이 해서 권력적 지배가 재구축되더라도 한계상황을 넘을 것 같았던 수탈정책이 시정되는 범위에서는 대부분의 민중에게 그것은 역시 어진정치가 통용되는 인정仁政적 세계였을 것이다. 그 의미에서 잇키 후의 풍자시인 낙수落首에 "물밀듯이 밀려오나 잘 분별해서 다스리면 천하는 태평하고 국토는 풍년이다. 작황이 나쁜 것은 작년의 일이요. 이 이후는 풍요로운 국가에서 편히 사는 만민"[119]이라 표현된 세계상이 대부분의 민중에게는 수용하기 쉬웠을 것이다.

일반적으로 봉건사회 후기의 소생산자인 민중이 스스로 권력을 조직해서 유효하게 운용한다는 것은 있을 수 없고, 그들이 무엇인가 일관성 있는 세계상을 갖고자 한다면 필시 강력한 권위와 권력에 대한 숭배와 의거는 피할 수 없는 것이었다. 그것을 역사적으로 환언하면 이 시기의 소생산자 대중이 진정 해방될 가능성은 아직 없었다는 것을 의미하는 표현이다. 하지만 그렇다고 민중이 현존하는 지배 권력에 권위적 숭배를 하면서 스스로의 해방을 의탁하는 것은 필연적인 것이 아니었다. 비교사적으로 보더라도 가짜 차르나 옥황대제玉皇大帝와 진명천자眞命天子처럼 다양한 종교적 예언자가 등장해서 민중을 현재의 곤궁한 세계에서 새로운 해방된 세계로 이

---

117 『集成』13권 730쪽.
118 『明治初年農民騷擾錄』, 626쪽.
119 「天保五年騷動軍記」『集成』13권 63, 66쪽.

끌어 준다는 믿음을 주고 그러한 관념들과 농민투쟁이 결합한 수많은 사례를 들 수 있다. 가짜 차르나 옥황대제와 진명천자처럼 다양한 천년왕국설과 같은 종교사상은 농민잇키의 요나오시 신보다도 훨씬 정성들여 완성된 과대망상이라고도 말할 수 있다. 그러한 관점에서 일본의 농민잇키는 그러한 환상에 흔들리지 않는 리얼한 눈을 가진 것이라고도 말할 수 있다. 하지만 다른 한편에선 이러한 해방적 환상을 키우는 것을 통해 해당 사회를 지배하고 있는 정치적 권위와 정신적인 권위로부터 민중이 해방되어 가는 것도 인정하지 않으면 안 된다. 그 점에서는 농민잇키가 기존의 지배체제 속에서 특정의 악역을 제거하는 성격의 것이었기 때문에 일본민중이 지배계급이 공급하는 세계상으로부터 스스로의 민중적 세계상을 분립시키는 것이 곤란했다.

보다 넓은 시야에서 보면 민중적인 세계상이 막번제적 인정이데올로기의 세계상으로부터 명확하게 분리할 수 없었다. 그 이유는 다양하다. 우선 봉건사회의 구조적인 성격에서 말하면, 막번체제 하의 민중은 끊임없이 봉건적인 소농민이나 도시민으로서 재생산되고 있어서 이 지배적인 사회관계로부터 탈락한 신분계층이 명확하게 형성되어 있지 않았던 점을 들 수 있다. 이것을 민중투쟁의 측면에서 환언하면 농민전쟁형의 대봉기가 존재하는 곳에 독자적인 민중적 세계상이 형성될 가능성이 존재하지만 일본에서는 농민전쟁형의 대봉기의 역사를 갖지 않았다. 그리고 보다 특수한 것은 근세봉건사회에 있어서 권력의 그물망을 벗어나 자유롭게 방랑하는 사람들이나 그들이 활동할 수 있는 비밀결사나 자유도시가 결여하고 있어 개인적으로 자유로운 변경이나 망명의 가능성도 없었다는 사실이다. 따라서 사상사적으로 유력한(특히 종교적인) 이단사상이 결여하는 특징은 당연한 결과라고도 말할 수 있을 것이다.

이와 같은 특유한 사정으로 근세일본이 확립한 막번제적 인정이데올로기 세계상의 큰 틀은 변혁될 수밖에 없었다. 현실세계에서 그것은 권위주의를 내세운 노골적 수탈세계임에 다름 아니다. 따라서 그런 수탈세계에서 벗어나기 위해 민중은 현실적 체험을 바탕으로 새로운 사상형성을 도모하지 않을 수 없는 지점에서 새로운 사상형성의 가능성이 있었다. 그 가능성은 매우 다양한 것이었겠지만, 여기에서는 농민투쟁에 깊이 관계한 호농계층 사람들의 사상형성을 하야시 하치우에몽, 미우라 메이스케, 간노 하치로 등의 구체적인 사례를 통해 지적할 수 있을 것이다.

예를 들면, 「권농교훈록勸農教訓錄」의 저자 하야시 하치우에몽이 "상하는 부자와 같다"고 하는 어진 정치를 표방한 인정적 관념을 믿고 필사적으로 분주해도 결국은 영구투옥으로서 보답할 수밖에 없고 그 결과 격식과 권위를 중시하는 무사계급과의 접촉을 피하고 "무슨 일이든 자유롭게 되는…보통 농민"이 가장 좋다고 말하게 된 사정은 앞서 서술한 대로이다. 이 경우 보통농민으로서의 하치우에몽은 외견상 막번제 사회의 권력지배를 수용했지만 신념과 긍지를 갖고 행동해온 인간으로서 내심 무사들을 믿지 않고 오히려 "대저 사람은 바로 천하의 영혼이라고 아마테라스 코타이진天照皇大神도 말씀하셨다. 그렇다면 위의 한 사람부터 아래 만인에 이르기까지 사람은 사람으로서, 사람이라고 하는 글자에 분별은 없어야 할 것이다. 무엇보다도 귀천상하의 차별이 있다 해도 이것은 정사의 도구로서 천하를 평정하기 위한 것이어야만"[120] 한다는 내면적인 평등주의자가 되었던 것이다. 1866년 신타츠잇키의 지도자에 의탁된 간노 하치로도 "도쇼구타이진군東照宮太神君이 계시는 까닭에 천하가 태평하게 다스려지고, 만민풍락

---

120 『集成』6권 423쪽.

의 시대에 태어나 생활하면서 (도쇼구타이진군을) 신심하지 않는 자가 있어서는 안 될 것이다. 그 신심의 방법을 말하면 첫째, 부모에게 효를 다하고, 주인이 있는 몸은 충을 다하고, 가업에 힘써서 연공과 부역들을 지장 없이 완수……"하도록 하는 막번제적 인정이데올로기의 세계를 그대로 수용하고 있고, 거기에는 무조건적 공손하고 온순함의 자세가 농후하다. 하지만 곧바로 "잠시라도 사람을 속이고, 아첨하는 일을 하지 않고, 이비선악을 잘 분별하고, 약자를 돕고, 강자를 제어하는 취지를 함축하고, 조금이라도 삐뚤어진 마음을 내지 않고, 정직을 □□(원문 그대로— 역자)로 해서 신의를 지킴에는 목숨도 아까워하지 말 것"[121]이라 역설하듯이 그는 극기주의적인 긴장에 차 있었다. 그 때문에 그는 "요즈음 안락의 신체로 무슨 일을 이룰 수 있을까"[122]라고 힐책받는 영적靈的 꿈을 꾸기도 하면서 결단하고 행동하는 실천자가 되어 악덕한 관리나 특권상인을 격렬히 규탄하고, 이윽고 메이지 유신에 즈음해서도 동북지방의 여러 번국이나 신정부에 대해서 민중적인 입장에서 예리한 비판을 했던 것이다. 이러한 사례들은 막번제적 인정이데올로기의 세계상과 크게 다르지 않다. 하지만 막번제 사회의 현실에 대해서는 비판적 신념에 찬 주체적 자세가 엿보인다. 요컨대 즉 전자인 인정이데올로기에 대해서는 체념한 듯한 방관적 자세, 후자인 막번체제의 현실적 모순에 대해서는 강렬한 비판을 가하는 실천적인 자세가 구조적으로 성립하고 있음을 확인할 수 있다. 다나카 쇼조田中正造가 자신이 나누시로서 경험한 영주 롯카쿠가六角家와의 투쟁을 회고해 "영주의 이름 아래 봉건적 위엄을 가미시키므로 형성되는 절대무한의 권능(본래 불쌍히 여겨야만 할 어리석은 백성에 대해서)을 휘둘러 자기 가문에 이익이 되지 않는 자의 수족을 꺾어 한

---

121 「あめの夜の夢咄し」『民衆運動の思想』, 92쪽.
122 같은 책, 93쪽, 그리고 칸노 하치로의 사상에 대해선 같은 책, 졸고 참조.

발자국도 움직이지 못하게 함은 실로 영문을 모를 일이다. 이 한 가지 일은 내게 끝까지 잊을 수 없는 것으로, 지금 기억나는 대로 당시 불평을 조금만 늘어놓아도 이렇다"[123]고 하는 것은 훗날의 기술이지만 유사의 사례라고 말할 수 있을 것이다. 어느 사례나 막번제적 인정이데올로기의 세계상 속에 살면서, 그것이 사실은 권위적·권력적인 억압원리에 관철된 것이었음에 통분해서 잠재적으로 보다 인간답게 살 수 있는 세계를 강하게 희구하는 미래지향을 의식하고 또 제시하고 있다. 비록 막번제적 인정이데올로기 세계상의 큰 틀이 무너져 있지 않은 상황이지만 보다 인간적인 새로운 세계상을 제공받는다면 그것이 발전해서 수용될 가능성도 또한 시사되고 있다고 할 수 있다. 긴 안목에서 보면 호농계층에 의한 민권사상의 수용을 전망하는 것이 가능하지만, 역시 그들도 비합법적 폭력투쟁으로서의 농민잇키를 전면적으로 긍정하는 것은 없을 것이다. 봉기한 민중의 엄청난 활동성이나 거기에 나타난 민중 자신의 권위와 위력의 대부분이 비일상적인 폭발로서 역사의 어두운 부분으로 폐쇄되어간 그 역사 위에 일본의 근대사회가 전개했을 것이다.

---

123 『義人全集 自叙伝書簡集』, 32쪽.

5장

민중봉기의 의식과정
농민잇키의 사상사적 의미 2

시작하며

일상적인 민중은 그 누구보다도 충실한 생활자다. 따라서 그들은 무엇인가의 의미에 대해서 깊이 사고하는 전문가가 아니다. 민중의 일상의식은 노동과 생활상의 여러 과정에 대응한 습관이나 일상적인 이해타산이나 잡다한 종교적 관념의 복합체로서 성립되어 있어, 이 세계의 전체성에 대해서는 관습적 통념을 애매모호한 채로 수용하고 있었을 것이다. 사회체제나 지배구조와 관련되는 여러 문제들과 그 의미를 근원적으로 탐구하는 것은 일상적 생활자한테는 어려운 영역이다. 따라서 이러한 제반문제에 대해 사람들은 정치권력의 지배신화를 애매하게 수용함과 동시에 이단적인 의미부여에 관한 가능성이 강력하게 저지되고 있음도, 스스로 의식하기 이전에 이미 알고 있을 것이다. 이러한 사정 아래에서 가령 현실생활에 각종 재액災厄이나 고통이 존재하고 있다할지라도 민중들이 항상 반항하기 위한 자세를 취하고 있었던 것은 아니다. 생활자로서의 이해와 지배에 관한 신화의 수용, 이단자나 반항자가 되는 것이 강력하게 저지되고 있는 사실 등이 현실에서 반항은 불가능한 것이므로 민중은 그러한 것을 추구하지 않은 것이다.

농민잇키가 특정한 악역을 조정하여 사람들의 불행과 재액의 근거가 되는 절대 악으로서 제거해야만 한다해도(이 책 제4장) 거기에 위와 같은 민중의 일상적인 존재양식이 완전히 소실하는 것은 아닐 것이다. 하지만 민중이 살아가는 이 세계의 전체성이 특정한 악역과 봉기한 집단을 극단적으로 명백한 선과 악의 이원적 대항으로 구조화되면 사람들이 공동체적 생활의식이나 일상적 이해관심이나 권력에 대한 두려움과 공포가 이러한 이원론적 대항구조 속에 주입되고 변용되면서 새로운 의미를 갖게 될 것이다. 예를 들어, 농민잇키에 즈음해서 마을 단위의 강제참여가 행해지는 것, 부화뇌동적 분자가 많은 것, 집단적 음주와 그것에 매개된 폭력행위(우치코와시)가 이루어지는 것 등은 모두 공동체적인 것을 기반으로 한 그 위에 이원적 대항구조의 성립을 위해 불가결한 계기였다. 그리고 성립한 봉기집단을 매개로 해서 민중의 욕구나 분격은, 일상의식에 근거한 것이면서도 생각지도 못할 정도로 경신되어 활동적인 것이 되어 갔다.

　보통은 일상적 생활자일 수밖에 없는 민중이 일시적으로 한정된 기간이라 해도 이 세계의 전체성을 명백한 선과 악의 이원적 대항으로 구조화해서 파악하고, 스스로가 그 일극을 담당해서 악을 제거하지 않으면 안된다는 생각과 더불어 제거할 수 있다고 확신한다. 그 점에서 민중이 권위와 위력에 찬 집단을 구성한다는 것은 무엇보다 놀랄만한 역사적 사실이다.[1] 어떠한 사회도 제각기 그 사회를 고유의 환상적 공동성의 세계로서 의식하는 것은 사실이지만, 막번제 사회에서 인정(仁政)적 세계로서 의식되고 있던 것이 이러한 선과 악의 이원적 대항구조의 성립단서라고는 말할 수 없을 것이다. 하지만 막번제 사회에서 어진 정치를 베푼다는 인정이란 영주 권력에 의해 권력적·권위주의적으로 실현되어야만 할 것이었

1　농민잇키에 즈음한 봉기민중의 입장을 이 세계의 전체성이 선과 악의 이원적 대응으로 구조화된 것이라는 파악은 잇키사료 검토의 귀결이지만, 또 J·F·사르트르의 『변증법적 이성비판』에서 말하는 마니교주의(主義) 개념에서 시사받은 것으로 양해를 얻을 것까지 없을지도 모른다. 후술하는 〈타자〉=적이라는 파악도 같은 책에서 빌린 것이다.

기 때문에 민중 자신이 선善을 일원적으로 담당하고 악惡을 제거하는 권위와 위력을 갖는다는 잇키의 원리는 서로 받아들일 수 없는 것임은 말할 필요도 없다. 도리어 이 이원적 대항구조는 반항으로의 길을 저지하고 있는 일상의 생활과 의식 사이에서 사람들이 몸바쳐 만들어낸 창조물과 같은 것이며, 그런 까닭에 또한 확실한 것조차도 지속적이지 못했다. 오히려 민중은 일상에서 반항이 불가능하기 때문에 단념이나 체념이나 원념의 대부분을 언어로 성립되기도 이전에 속으로 삼켜버려 의식 아래의 세계에 감추었다. 그리고 불가능한 일은 추구하지 않고 협조나 순응이나 인종忍從을 자신들의 생활방식으로 삼고 있었다. 그렇지만 재액이나 불행이 겹쳐질 때, 이러한 협조나 순응이나 인종을 표상하는 저변에는 아직도 언어나 행동으로 적절한 표현을 얻지 못한 욕구나 분격이 쌓이고 표현하기 애매한 무엇인가로 축적되었다. 그것이 마침내 명백한 선악의 이원적 대항구조 속에서 명쾌하고 생생한 의미를 갖게 되고, 거기에 활동적인 싸움집단이 구성되는 것이다. 하지만 그것 역시 권력주의적·억압적인 사회 한복판에서 일상적 생활자로서 존재하면서 간신히 실현되어 갔던 것이었다. 이 장의 과제는 주로 이와 같은 활동적 집단이 봉건적 지배구조 속에서 어떻게 성립했는지를 묻는 것이며, 또 이 집단의 집단형태나 의식형태의 특질을 생각하는 것이다. 아오키 코지青木虹二의 『농민잇키 종합연표』에는 1590년부터 1877년까지의 잇키로서 3,711건이 기록되어 있다. 이 중 비교적 대규모의 강소, 폭동, 우치코와시 등이 현저하게 발생한 것은 18세기 초반부터의 일이다. 이 장에서는 비교적 저명하고 사료도 풍부한 것 중에서 이러한 형태의 잇키에 소재를 탐구해 위와 같은 과제에 접근해 보고 싶다.

그런데 뛰어난 잇키 기록이 공통으로 전하고 있는 것처럼 농민잇키의 직접적 원인은 노골적인 수탈정책에 의한 민중생활의 궁핍화에 있으며, 그러한 수탈정책이 강행된다면 잇키는 거의 자연사적 필연성을 갖고 발생하는 것이었다. 그런 의미에서 몇 개의 잇키 기록 속에 잇키는 "자연 천생의 도리"라든가,[2] "곤베에權兵衛가 파종을 하면 까마귀가 날아 온다 / 농민을 못살게 굴면 잇키가 일어난다"[3]라고 전해진다. 또 "한 사람이 탐욕하면 한 나라에 난리가 난다"(『대학』), "그 근본[本]을 어지럽히며 지엽[末]을 다스리는 것은 불가능하다"(『대학』), "사해가 곤궁하면 하늘이 내린 복록도 영원히 끊어진다(『논어』)"는 고전의 말들은 어느 정도 서적에 친숙한 사람에는 지극히 대중적인 것이며, 잇키가 일어나는 근거와 그 파괴적인 의미를 단적으로 가르치고 있는 것이라 생각되었다. 이와 같은 잇키관은 한마디로 말하면 소농민경영의 재생산의 조건을 파괴하는 수탈정책에 잇키의 원인을 찾고, 소농민 경영의 유지 및 재생산을 위한 어진 정치인 인정仁政을 요구하는 것이었다고 말할 수 있다.

이와 같은 사고방식은 지방의 사정을 생생하게 인식하는 안목을 갖고 있던 사상가, 예를 들어 다나카 규구田中丘隅나 모토오리 노리나가本居宣長 등에게도 공통적인 것이었다. 즉 그들도 잇키의 원인을 "도저히 그곳에서 살 수 없을 정도"의 "말로 표현할 수 없는 무도非道"(『민간성요民間省要』)에서 찾고 "도저히 참기 어려운 상황에 이르지 않으면 이런 일은 일어나지 않는다"(『비본 타마쿠시게秘密玉くしげ』)라고 했지만 그러한 수탈정책이 시행되면 잇키는 은밀함을 내던지고 어떠한 방비대책을 강구해도 막아낼 수 없다고 여겨졌다. 그리고 일단 봉기가 시작되면 그것은 군사력만으로는 쉽게 진압할 수 없을 정도의 위력을 발휘하는 것이며, 지금 당장은 작은 사건처럼 보여도

---

2 「天狗騒動實錄」『集成』6권 217쪽.
3 「雜記後車の戒」『集成』12권 19쪽.

긴 안목에서 보면 영주 권력의 존망과 관련되는 것이라 생각되었다. 소농민경영의 재생산 조건을 파괴하는 노골적인 수탈정책의 강행은 이윽고 잇키의 맹위에 의해 좌절하지 않을 수 없는 것으로 권력적 억압정책만으로는 방지할 수 없을 정도의 필연성과 맹위를 떨치는 까닭에 잇키 "이것은 인간이 만드는 것만이 아니다"(규구), "사람이 이루는 것이 아니"(노라나가)라고 간주되었던 것이다. 잇키의 필연성이 그 나름대로 올바르게 통찰됨과 더불어 봉기과정과 거기에 발휘되는 민중의 위력은 불가사의한 세계로서 그들의 구체적인 인식대상으로부터 분리되어 갔다.

물론 사실적인 문제로서 소농민 경영의 성립을 위협하는 상황이 발생하면 어디에서든 반드시 잇키가 일어난다고 할 수는 없다. 근세 후기에는 강권적인 수탈 때문에 쇠퇴하여 황폐해진 많은 마을이 있었고, 기근 때에는 허망한 죽음으로 단절된 마을들조차 있었다. 실제로 막번제 사회에서는 다양한 수탈정책이 강행되어 광범한 민중에게 공통적 재액을 초래했다. 그 결과 독자적 통일성이 광범한 민중 속에 형성되기 쉬운 조건이 조성되었다. 이 점에 관해서는 막번체제 아래의 민중이 그 일상생활에서 공간적·제도적으로도 영주의 권력으로부터 분리된 독자적인 통합체를 갖고, 그 통합체에 부응한 독자적인 이해와 나름대로의 표현방식을 갖고 있었다는 사실에 주의할 필요가 있다. 이 통합체라는 것은 각자의 영주권에 규정된 공통의 경제적 영역에서 농민들이 영주계급과 분리된 공간인 마을에 살고, 또 마을단위의 농민공동체惣百姓로서의 법적·제도적 통일성을 갖고 있었다는 것이다. 이와 같은 마을은 생산과 생활의 공동성을 갖는 장소이면서 동시에 마을단위로 청부받는 촌락으로서 지배체제의 일환까지 구성하고 있었다. 따라서 마을공동체의 기능에 부응해서 농민들은 마을(및 그 집단으로서의 조직, 향촌 등)의 모임寄合을 통해서 그 독자적 이해를 표현해 가는 것이 가능했다.[4] 이러한 특질이 재지영주在地領主가 일상적 그리고 전인격적으로 농민을 지배하면서 할거割據 형태로 군림하고, 무사와 농민의 신분적 구별도 애매하고 유동적이었던 중세사회와 대비할 때 지극히 특징적인 것임은 말할 필요도 없다. 실제로 막번제 사회에서 마을은 농민공동체로서의 통일적 이해가 존재하고, 또 그것에 의해 독자적 표현을 취해 갔다. 하지만 그 사실이 곧바로 농민잇키를 성립시켰다는 것은 아니었다. 농민들의 영주 이해는 일상적인 합법적 소원을 통해서 표현해 가는 것이지만, 일상적 마을공동체는 농민잇키에 대해서 억압적인 성격을 갖고 있었다. 그렇기 때문에 막번제 아래의 민중이 영주 권력과 분리된 공간인 마을에 살면서 농민공동체로서의 통일성과 그것에 부응하는 독자적 이해상황을 갖고 있는 것은 다수의 민중을 봉기에 결집시키는 전제조건이기도 했다. 하지만 봉기의 현실화를 위해서는 마을에 일정한 전환이 생기지 않으면 안된다. 이 전환을 구체적으로 명확하게 규명하는 작업이 봉기의 현실화와 봉기한 집단의 특질을 알기 위한 하나의 열쇠라고 생각한다. 이 과제를 이 장에서는 봉기를 주도하는 마을에 입각해서(제1절), 또 봉기의 대중적인 동원과정에 입각해서(제2절) 거론해 볼 것이다. 그리고 이러한 분석을 근거로 해서 봉기한 집단에서 사람들의 욕구와 분격이 실현되는 방식의 특질(제3절)과 막부말기에서 메이지明治시기에 걸쳐 전개된 새로운 가능의식(제4절)에 대해서도 관련지어 설명할 것이다.

4　深谷克己,「農民一揆の思想」『思想』, 1973년 2월호, 나중에「農民一揆の意識構造」로 개제해서 深谷,『農民一揆の歴史的構造』수록.

1. 악역惡을 조정措定하는 것

1

이미 서술했듯이 농민잇키를 일으키는 직접적 원인은 많은 경우 소농민경영의 재생산의 조건을 파괴하는 것과 같은 격심한 수탈정책에 있었다. 물론 이와 같은 수탈정책도 개인의 자의에서 생겼다기보다는 막번제 사회의 구조적 모순에서 생긴 것이었지만, 막번제 사회의 구조적 모순 와중에 일련의 수탈정책이 선택되고 그 강력한 추진자가 원성과 탄식의 표적이 된다는 상황이 농민잇키 발생의 일반적 조건이었다. 이러한 수탈정책이 얼마나 처참한 것이었는 지를 알기 위해서 1786년부터 다음 해까지 이어진 후쿠야마번 잇키의 경우를 들어보자.

이 잇키의 원인은 종교관청宗門方 하급관리의 아들로 성장한 수탈파의 전형 엔도 엔조遠藤円藏의 가혹한 정책에 있었다. 그는 특권적 상업자본과 결탁해서 광범한 수탈정책을 추진했는데, 예를 들어, 8월 중에 올벼의 상납을 명령하고서는 마을관리를 인질로 억류하고, 마을에 파발을 보내 독촉하고, 그 독촉료를 "한 번에 2몽메匁, 4몽메씩 할 때마다 배로 올려 착취"한다든가, 지불한 쌀을 매입할 것을 강제하고 그 대금을 "시세보다 10몽메씩 올리고 그 위에 5일마다 5몽메씩 올리는 것"과 같은 가혹한 것이었다.[5] 이와 같은 수탈정책은 소농민 경영의 재생산을 불가능하게 하는 성격의 것이었기 때문에 거기에 농민들의 강한 불안과 원한이 생기고 다양한 알력과 갈등이 거의 자연발생적으로 생겨 났을 것이다.

---

5 「安部野童子問」『集成』 6권 349쪽.

그렇지만 일상적인 생활자로서의 민중에게는 이러한 수탈정책의 부당성을 공공연하게 주장하는 길은 폐쇄되어 있었고, 그 원한에 대해 노골적으로 얘기하는 것조차 금지되어 있었을 것이다. 도당을 지어 강소하는 것은 그 시비와 관계없이 금지, 제압한다는 권력주의적 억압원리 하에서 민중은 오랫동안 체념이나 단념으로 살아왔다. 그것에 대해 유효한 항의의 불가능성이 민중의 재액과 불행을 수동적으로 받아들이게 하는 방법을 규정하고 있었던 것이다. 이와 같은 사정 아래 대부분의 민중은 기존의 지배체제에 스스로 복종하고 있는 것도 아니지만 반항하려고 준비하고 있는 것도 아니었고, 불안 속에서 달리 어찌 할 수 없어 복종한 것이라 생각한다. 하지만 위의 사례와 같은 노골적인 수탈정책을 공통적으로 함께 당하는 민중은 그 재액과 불안에 수동적인 통일성을 구성하게 된 것이며 긴장과 반응하기 쉬운 예민함이 고조되었을 것이다. 그 때문에 예를 들어, 수탈파의 관리가 수탈이나 주색에 빠져 있거나, 마을관리 등에 의해 무도한 처사를 받았다거나, 기후불순은 지배자의 악정과 악덕의 탓이라고 하는 소문이나, 옛날 잇키의 전승이나 잇키를 예고하는 것 같은 괴이한 이야기들이 순식간에 사람들의 사이에 퍼졌을 것이다. 공통적인 재액에 의해 초래되는 수동적인 통일성이 봉기가 일어나기 위한 최초의 전제였을 것이다. 위와 같은 상황의 특질은 광범한 민중 속에서 원한이나 불만이나 부분적 알력 등이 강력해져 오긴 했다. 하지만 민중은 지배받는 자로서의 수동성을 잃고 있지 않았다는 것이다. 거기에서 민중의 재액과 불행의 근거는 누구나 공통으로 느끼고 있었다. 하지만 그것을 공공연히 조정해서 유효하게 제거해 가는 방법이 아직 명시되어 있지 않은 것이다. 잇키의 지도자 혹은 발기인은 이러한 울적하고 답답한 상황을 타개하기 위한 존재이며 그 일을 통해서 광범한 민중의 활동성을 그 주위에 결집시키는 것이 잇키의 핵심이다.

농민잇키에 즈음해서 재판公事의 명인[6]이나 재판공로자인 나그네[7]가 투쟁 방침을 가르쳐주어 고소장 작성에 협력하거나, 낭인들처럼 유랑하는 연극배우, 글자 연습과 노래를 가르치던 사람, 역술을 생각하는 사람 등이 회람장이나 고소장 작성에 진력하는 경우가 있었다.[8] 이와 같은 인물은 사람들에게 경험적 지식을 공급하는 민중적 지식인이라 말할 수 있는데, 하지만 그들도 지역사회에 있어서는 외부인에 한정되며 결코 농민잇키의 지도자가 아니었다. 농민잇키의 지도자는 농민의 공동체적 세계의 내부에서 출발해서 공동체적 세계의 공통의 〈적〉을 조정하는 것이며 그 주위에 광범한 민중으로 구성되는 활동적인 집단이 형성되는 것이었다.

1761년 우에다번上田藩 잇키는 우라노구미 오카미浦野組夫神 마을에서 시작되어 순식간에 전체 우에다번령을 휩쓴 전형적인 전번全藩 잇키이다. 이 잇키의 두목은 오카미 마을의 조장 아사노 죠淺之丞와 농민 한페이半平였다. 하지만 이 두 사람은 오카미 마을의 쇼야 다로베에太郎兵衛와 다자와田沢 마을의 쇼야 긴지로金次郎에게 부탁받아 두목 의뢰를 승낙한 것으로 한페이는 "대장부다운 사람으로 향리에 소문"난 남자였다고 한다.[9] 오카미 마을은 다자와 마을과 이리나라모토入奈良本 마을과 같이 현재의 오카타군小県郡 아오키青木 마을을 구성하고 있는데, 흥미로운 일은 이 아오키 마을에서 다섯 번의 농민잇키가 발생했고, 지금도 "소나기와 소동은 아오키 마을에서"라는 말이 전승되고 있다고 한다.[10] 우에다번은 번별 잇키 건수 19위로 미곡수확량을 고려하면 잇키 최다 발생 번국의 하나이지만, 그 중에서도 이 지역은

6   『烏山町文化財史料』제2집 38쪽.
7   「蒲原岩船両郡騒動実記」『集成』6권 406쪽.
8   『集成』6권 90, 164, 567쪽.
9   横山十四男, 『上田藩農民騒動史』, 동명 『義民』에 의함.
10   『義民』, 164쪽.

우에다번에서 잇키 최다 발생 지역임과 더불어 1761년과 1869년에 두 번에 걸쳐 발생한 전번적 대잇키는 모두 이 지역을 진원지로 하고 있었다. 아오키 마을은 마츠모토松本와 우에다上田를 잇는 지선 가도에 연변해 있는데 치구마가와千曲川 서쪽의 산간부에 있어 평야부의 마을과 비교해 토지소유 규모가 현저하게 영세한 빈촌이었다.[11] 이와 같은 마을은 유통관계를 포함해 막번제 사회의 모순을 가장 집중적으로 겪기 쉬운 마을이며 실제로 농민잇키는 산간부의 빈촌에서 일어나는 사례가 많았다. 이 사례에서 봉기는 오카미 마을(인접해 있는 다자와 마을이나 이리나라모토 마을과도 사전에 협의하고 있었을지도 모르지만)에서 마을 전체의 결의로 결정되고, 그 외의 마을들은 오카미 마을에서 시작된 잇키 기세에 의해 마을마다의 참여가 강제되는 형태로 봉기에 가담했던 것이다. 오카미 마을이나 이리나라모토 마을에는 필시 다른 마을과 다른 봉기를 긍정하는 전통이 있었을 것이다. 이 점에서 특히 흥미로운 것은 초기의 대표적 월소형越訴型[12]이었던 투쟁에 활약했던 지도자들이 이들 마을에서 '요헤에 오가미与兵衛大神', '요헤에 묘진与兵衛明神', '신시치이나리新七稲荷'로 받들어 모셔지게 된 것이다. 시기상으로는 그들이 실제로 활약했던 월소사건 훨씬 뒤인 1759년이나 1766년인데, 그것은 바로 1761년 대잇키의 전후에 해당되는 것이다. 또 이 지역에서 일어난 5건의 잇키 중 초기 두 개의 월소를 제외하면, 1761년, 1809년, 그리고 60년이 지난 1869년과 같이 모두 뱀띠 해에 일어난 것도 단순한 우연이 아니라, 잇키의 발기 마을에 특유한 어떤 전승이 있었던 것을 나타내는 것이 아닐까 하고 생각한다.[13] 그리고 1869년 잇키가 위와 같이 1761년 전후의 잇키 전통을

---

11 『上田藩農民騷動史』, 305쪽.

12 하급 관아를 거치지 아니하고 바로 직접 상급 관아에 소송을 내던 일.(역자주)

13 『義民』, 186쪽.

토대로 한 것은 잇키기록에서 엿볼 수 있다. "마을마다 혈기 넘친 젊은이들은 말할 것도 없이 어린 남녀에 이르기까지 크게 놀라 뛰어나와 발생한 대소동으로 이어진다. 이것이야말로 옛날 소동이 지금에야 문안인사를 온 것이라 하고, 당황해서 허둥지둥하며 소란을 피우는 것도 당연한 도리理"[14]라는 표현이 그것이다. 뿐만 아니라 봉기에 앞서 행해진 조직과정의 실태를 상세하고 솔직하게 기록한 경우도 있는데, 「이가모노伊賀者」가 남긴 상세한 탐색 기록은 대표적인 사례이다.

1771년 시노야마번篠山藩 잇키[15]에서는 계획의 중심에 야시로矢代 마을의 기모이리肝煎가 있었다. 기모이리는 쇼야나 나누시의 별칭으로 마을의 관리계층이다. 당시의 야시로 마을에는 3인의 기모이리가 있었지만, 그 중의 두 사람 야스케弥助와 츄우베에忠兵衛가 잇키에 앞서 1개월 정도 전인 10월 중순에 마을사람에게 농사일을 멈추게 하고 잇키를 계획하게 했다. 농민 도쿠우에몽德右衛門과 이치자에몽市左衛門도 "주요인물'로 그것에 가담했지만 도쿠우에몽은 37석 남짓(마을 내 2위), 이치자에몽은 9석9두 남짓을 소유한 농민으로 모두 야시로 마을의 유력농민이었을 것이다. 남은 다른 한 명의 기모이리 분우에몽文右衛門은 계획에 반대했지만 야스케들이 "물러나지 않고 욕을 하며 꾸짖어 어쩔 수 없이 같은 마음"이 되었다고 한다. 그리고 이러한 기모이리 계층의 동향과는 별도로 농민 리우에몽利右衛門이 있는 곳에 다른 마을로부터의 선동이 있었던 듯 야스케는 그것을 "다른 마을에도 직소의 기도가 있다는 취지"로 받아들이고 그러한 동향을 그들의 계획 속에 편성하려고 했다. 그런데 야시로 마을에서는 11월 5일에 "마을 내의 미야노바바宮之馬場"에서 "농민을 불러 모은 회합"을 가졌는데, 이 시점에

---

14   「上田騷動右物語」,『集成』13권 499쪽.

15   이하 岡光夫,『近世農民一揆の展開』, 21~28쪽에 의함.

마을의 의지는 결정되어 있었던 것이라 생각한다. 그리고 이 의지 결정에 기초해 주요인물을 중심으로 다른 마을에 가담을 호소하는 권유가 이루어졌다. 즉 야스케는 다테쿠이立杭 마을에 이치자에몽은 세이자에몽淸左衛門을 데리고 오노하라小野原 마을과 이마다今田 마을 쪽으로, 도쿠우에몽은 기하치喜八를 데리고 아지마味間 마을과 오야마大山 마을, 쵸안지長安寺 마을, 미야다宮田 마을 쪽으로, 분우에몽은 사쿠베에作兵衛와 마고타유孫太夫를 데리고 하치우에八上 마을 쪽으로 외출해서, 같은 달 16일 시노야마篠山 성의 근처인 가타모노가와라堅物河原에 운집해서 강소를 도모할 것을 권유하고, 그 권유를 받아들이지 않는 마을에는 "여럿이 몰려가서 식사를" 할 것이라 알리기도 했다. 하지만 당초부터 잇키에 찬성하지 않았던 분우에몽은 이 기획을 "좋지 않은 의례라고 생각"하고 있었지만 일동이 결정한 것을 아주 저버리는 것은 원한을 살 것이라 생각해 사쿠베에와 마고타유에게 "모두에게 알리는 셈으로 가담하여 신사참배라도 하고 돌아가도록" 하라고 명령하고 자신은 나가지 않았다. 그 때문에 분우에몽의 담당이 되어있던 하치우에 마을 방면은 첫 강소에 참여하지 않았다. 하지만 전체로서는 야스케들의 계획대로 진전해서 11월 16일부터 18일에 걸쳐 시노야마번 전역에 걸친 대잇키가 일어났고, 번정 권력은 농민의 요구를 전면적으로 받아들이는 것으로 사태를 수습했다. 이리하여 이 잇키는 야시로 마을의 기모이리 계층 농민의 계획에서 야시로 마을 공동체로서의 의지 결정을 거쳐 다른 마을에 대한 연계호소와 참여강제로서 조직되었던 것이다. 야시로 마을에서 봉기를 계획한 야스케의 지도성이 일관해 있고 잇키 후의 처벌도 야스케를 사형시키는 것을 비롯하여 주로 야시로 마을 사람들이 주로 처벌되었다. 시노야마번령이 비교적 좁은 탓도 있어 대부분의 마을은 사전에 이 계획이 알려져서 마을 전체가 참여 결의를 하고 있었다고 생각되지만, 거기에는 이해의 공통성이나 마을 내의 상호의존성이 위로부터 행해진 참여강제가 결정적 계기로 작용하고 있었다. 오쇼야大庄屋 계층은 이러한 동향을 사전에 알고 있었던 것 같지만 이것을 억제하는 것이 불가능한 채 오히려 잇키세력의 우치코와시 세례를 받았다.

1896년 도도번藤堂藩 잇키[16]는 이치시군一志郡 오야마토고小倭郷의 아홉 개 마을을 지배하는 오쇼야大庄屋의 합법적 소원이 받아들여지지 않고 오히려 근신처분에 처해지는 상황에서 일어났다. 잇키를 계획한 것은 같은 오쇼야 지배하에 있는 야마다노山田野 마을의 18명의 5인조 우두머리와 사타이후佐太夫라는 농민이었다. 그들을 중심으로 야마다노 마을 공동체의 의지결정으로서 봉기가 결의되었던 것이다. 그리고 그들 중에서 5인조의 우두머리 곤기치權吉는 북쪽 인근의 핫타이노八對野 마을로, 츄스케忠助와 농민 진우에몽甚右衛門은 오무라大村의 덴쿠로伝九郎라는 사람에게, 사타이후는 가와구치川口 마을에, 리하치利八는 장사 길에 나서 미나미데南出 마을과 나카노中ノ 마을과 사다佐田 마을 등 "마음 편히 얘기할 수 있는 마을"에 출타해서 조직적인 활동을 추진했다. 그들은 "핫타이노에서는 당해 연말의 연공상납에 어려움이 있습니다. 다른 마을에서는 이것을 걱정하는 곳은 없는가, 이와 같은 취지의 상소를 계획하는 사람은 없는가"라고 설문했다고 한다. 이 경우 곤기치가 중간에서 매개역할을 담당했으며, 농민인 사타이후도 "수완가로서 언제든지 5인조 우두머리들도 납득할 수 없는 일이 생기면 사타이후에게 상담해 왔던 바입니다. 이번의 이야기도 사타이후가 나와 전적으로 중개했을 정도"의 인물이었던 것에 주의할 필요가 있다. 중간다리 역할을 하면서 수완가로 해석되는 중개인口利き이란 민중적 세계

---

16 이하 深谷克己, 『寛政期の藤堂藩』, 260~265쪽에 의함.

에서 경험적 지식의 숙련자이며, 지역사회의 분쟁을 중개해서 진정시키는 설득력이 풍부한 세간의 사범이며 어떤 사건이 발생하면 의지할 수 있는 인물이다.[17] 이와 같은 인물이 봉기의 준비과정에서 두각을 나타내고 전적으로 중개를 통해 봉기하는 쪽으로 공동체의 의지결정이 이루어진 것이다. 하지만 봉기에 앞서 이와 같은 조직적 활동의 대상이 되었던 것은 이치시군과 같은 산간지방의 마을들에 한정되어 있었던 같고, 그 밖의 대부분의 마을은 봉기과정에서 가담하지 않는 마을을 불태워버리겠다는 참여강제를 매개로해서 가담했던 것이었다. 앞의 시노야마번의 사례와 같이 봉기에 앞서 영내 대부분의 마을에 참여를 종용하는 것은 거대한 번의 전체 규모의 잇키로서는 불가능한 것이며 이 잇키에서도 보이는 바와 같이 대부분의 마을은 봉기의 확대과정에서 우치고와시打毀し(때려 부수기) 또는 야키하라이燒き払い(불태워 버리기)라는 참여강제를 매개로 해서 비로소 가담해 갔던 것이다.

이상의 사례는 농민잇키가 특정한 마을에서 추진된 봉기결의와 봉기주체의 확정, 즉 무엇보다 곤란한 역할을 분담하는 것부터 시작된 것임을 잘 나타내고 있다. 그것은 봉기에 앞선 조직과정을 어느 정도 알 수 있는 다른 사례에서도 엿볼수 있다. 즉 1853년의 난부 모리오카번 잇키, 1814년의 에치고노쿠니의 간바라蒲原와 이와부네岩船 양 군의 잇키, 1761년 엣츄

---

17 중개인인 구치기키(口利)가 마을관리인 경우도 있을 것이다. 가문의 품격이나 재산이 중요한 자격요건이 되는 마을관리와는 별도의 성질로, 그 인격과 풍부한 설득력이 불가분의 관계로 지역사회에서 얼굴이 통하고, 사람들에게 의지가 되었던 것이다. 구치기키가 잇키의 지도자였던 사례는 1836년 미카와노쿠니의 가모잇키와 1755년의 군죠(郡上)잇키 등 몇 개를 지적할 수 있다. (『集成』 6권 511쪽, 三島栄太郎, 『濃北宝暦義民録』 10권 15쪽). 후자인 경우 구치기키가 어느 마을의 누군가가 불온하다고 말하면 "젊은이들은 모두 그 일은 우리들에게 맡기라"고 말하며 우치코와시에 나서기도 한 것(앞의 책, 10쪽)은 구치기키와 와카모노구미가 잇키에서 어떤 역할 관계에 있었는지를 보여준다는 점에서 흥미롭다.

노쿠니의 죠하나城端소동, 1866년 츠야마번津山藩 잇키, 1833년 시모츠케노쿠니下野国의 가라스야마烏山 영내 잇키 등의 경우도 각각 다노하타田野畑 마을, 스가타菅田 마을, 유키시게行重 마을, 고기스小木須 마을과 같은 중심촌락이 있고, 그 마을에서 주요 지도자를 배출하고 있다.

이미 서술했듯이 봉기에 앞서 광범한 민중들 사이에는 재액이나 불안을 공유하는 수동적 통일성이 형성되어 있었고, 거기에서 민중의 재액과 불안의 근거는 자명한 것이었다. 그렇지만 그 근거를 공공연히 얘기하는 것은 허용되지 않았고 사람들은 그 진짜 근거를 자신에 대해서도 타인에 대해서도 확실히 하는 것을 저지당한 채로 애매하고 울적한 불안 속에 있었던 것이다. 그런데 이와 같은 상황에 특정 마을에서 봉기가 결정되어 특정 인물이 그 우두머리로 뽑혔을 때 그 진원 마을과 우두머리는 관계지역의 전 민중의 공동체적 의존관계 속에서 가장 곤란한 역할을 자진해서 맡았음을 의미했던 것이다. 그 역할이라는 것은 특히 잇키를 일으킨 것에 의한 죄목으로서 받아야 할 처분을 스스로 떠맡는 것과 맞바꾸는 형태로 사람들의 재액과 불행의 근거를 당해 사회의 공적 공간으로 끌어내 공공연히 그 제거를 압박하는 것이다. 이 역할은 다양한 희생, 특히 우두머리가 죽음의 각오 없이는 불가능한 것이었다. 하지만 이러한 역할을 떠맡는 인물이 출현하여 비로소 막번체제 사회의 권위주의적·억압적 원리가 부분적으로 돌파되어 민중 쪽에 공적 가치와 정통성이 획득되었다. 그리고 이러한 역할을 떠맡았기 때문에 그 지역의 공동체적인 사회관계 속에서 일정의 권위와 권능을 갖게 되는 것이다. 농민잇키에서 참여강제가 이루어진 것은 이러한 권위와 권능에서 연유되었던 것이다. 지역사회에는 이러한 권위와 권능을 인정하지 않고 참여강제를 글자 그대로의 폭력적 강제로 받아들인 것도 있었지만, 재액과 불안을 공유하고 있는 민중에게 이러한 권위와 권능은 도리어 그들을 대변하는 것이며, 오히려 죽음을 각오한 우두머리에게 위탁된 것이었다.

2

물론 잇키 지도자는 위와 같은 역할분담에 어울리는 인물이 아니면 안 되었다. 왜냐하면 지역사회의 사정에 정통하고 총명한 인물이며, 달변의 재능과 인격에서 나오는 설득력을 가진 사람이며, 죽음도 고문도 두려워하지 않는 격렬한 근성을 가진 인물이 아니면 안 된다는 것이다. 잇키의 지도자가 격심한 고문을 코웃음치고 "고금에 둘도 없는 대담한 자"[18]와 견줄 수 있는 무사들을 감동시키거나, "세 명의 농민들은 모두 달변이어서 농민에게는 보통 인물로 보이지 않았"[19]다고 조사한 관리들을 감동시킨 일은 그 한 가지 사례다. 그들은 몸집도 크고 연령도 삼십대 이후로 사회적 체험이 풍부한 인물인 경우가 많았다. 다음과 같은 인용은 아마도 전형적인 지도자의 모습일 것이다.

평하길 니키 나오키치로仁木直吉郎, 금년 55세로 신장은 5척3촌. 살이 쪘고 이마는 좁다. 구렛나루는 상대하기 거북하다 할지라도 말주변은 매우 좋다. 강심장이라고 말하지만 태생이 유순해서 한번 이 사람과 얘기해서 굴복하지 않은 일이 없다. 근래 드문 인물이다. 하라다 헤이로쿠로原田平六郎는 금년 30세, 신장은 5척6촌. 번드레하고 두터운 상투에 구렛나루가 있다. 변론은 만인을 능가하며, 믿음직스럽고 용맹하며 강하다고하지

---

18 「奧海道五色」『集成』 6권 149쪽.

19 「三閉伊通百姓一揆録」『集成』 6권 590쪽.

만 세상살이를 근본으로 해서 옳고 그름이 분명하다. 일기당천(한 사람의 기병으로 천 명의 적을 상대할 수 있음)이라 말해야 할 것이다.[20]

대장부라 할 정도이고 유순하지만 강심장이며, 변론의 재능을 갖고 있는 것이 그의 특징이다. "옳고 그름이 분명하다"는 것도 유의하기 바란다. 1847년의 난부 모리오카번 잇키의 지도자 야고베에弥五兵衛에 대해서 "금년 67세, 기골이 장대하고 변론에 능하다. 농민에게는 이래서 특이한 인물, 얼마나 대담한 놈인지 괘씸할 정도로 엄청난 악인强惡人"[21]이라는 표현도 그와 유사한 지도자상일 것이다. 그렇지만 중요한 것은 이러한 자질 위에 봉기의 지도자들은 자신의 생명을 버릴 각오로 "예나 지금이나 견줄 사람이 없는 대담한 사람"이다. 잇키의 지도자들에게 일상적 생활자로서의 자기를 부정(=죽을 각오)한다는 것은 그가 살아있는 공동성의 세계 전체에 대해 책임을 떠맡는 것이며, 무엇이 정의이며 무엇이 패악인가에 대해서, 개인적 차원의 두려움을 떨쳐버리고 자유롭게 말하는 사람이 된 것이었다. 그 경우 농민잇키나 그 지도자도 막번체제와 다른 사회질서를 마음속에 그리는 것이 아니었기 때문에 그는 지배계급이나 피지배계급에게도 공통으로 승인되지 않으면 안 되는 공적인 정통성 원리를 요구하고 있는 것이라고 믿었다. 그렇기 때문에 그들은 "첫째는 나라를 위해서, 둘째는 군주를 위해서 빨리 생각을 정해 고소해야만 한다"[22]고 주장하는 것이 가능했고, "위를 위하고 아래를 위해 걱정하고 정직한 소원을 제출"[23]하는 것이라고 믿었다. 악인 관리들이 실권을 잡고 막번제적 어진정치仁政의 이념이 망각되고 방

---

20 「改政一乱」『集成』13권 309쪽.

21 「三閉伊通百姓一揆録」『集成』6권 574쪽.

22 「安部野童子問」『集成』6권 358쪽.

23 『美作国鶴田藩農民騒動史料』上권 17쪽.

기되고 있기 때문에 그들은 어쩔 수 없이 공적 정통성을 일시적으로 대표하는 것이며, 그런 까닭에 관리들에 대해서도 확신에 찬 당당한 태도를 취하는 것이다. 그래서 봉기의 소용돌이 속에 잇키 지도자야말로 누구나가 인정하는 착한 사람善人[24]이며, 그의 지시에 따라서 봉기한 민중이야말로 "올바른 지역주민"이며, 그들을 도적과 같은 옥사에 감금하는 것은 "필경 분별 없는 조치"[25]였다.

잇키의 지도자들이 이윽고 체포되더라도 고문을 견뎌내고 봉기의 책임을 떠맡으면서 주저하지 않았던 이유는 기본적으로 위의 고찰에서 이해가 가능할 것이라 생각한다. 근세의 고문이 얼마나 처절했는지는 서술할 필요도 없지만, 그렇더라도 어떤 것은 "예를 들어, 손이 잘리고 능지처참てざき八ざき을 명받아도 말씀드릴 것은 없습니다. 또 이제까지 얘기한 뜻을 되풀이하지 말라고 위압적 태도로 말씀하시고", 또는 "이 자들은 꿈쩍도 하지 않고 사적인 일을 도모하기 때문에 고마운 일이라 생각"하고 있다며, 또는 어떤 사람은 "황송하게도 상부에서는 말씀드리는 것을 듣지 않으시고 성사될 수 없는 것을 거듭해서 명령합니다. 황송하지만 상부를 중히 여기는 까닭에 가슴 속에 담지 않고 있는 그대로를 말씀드리려고 용기를 내서 말씀"드렸다. 그 중에는 격심한 고문에 "그간의 견책으로 어느 정도 뻐근했던 어깨가 좀 나아졌다"고 조소하는 사람도 있고 고문을 포기한 관리들이 울며 매달리는 전술로 나오는 경우조차 있었다.[26] 1749년 고오리桑折의 막부영내 잇키의 지도자 히코우치彦内는 고문을 가해도 "그와 같은 가벼운 것은 괴롭다고 생각하지 않으니 방법을 바꿔 극도의 중한 고문

---

24 앞의 책, 16쪽.

25 「破地士等窠」『集成』 13권 102쪽.

26 「奥海道五色」『集成』 6권 144~148쪽. 이 문헌은 잇키에 즈음해서 체포된 농민에 대한 고문과 옥중투쟁을 생생하게 전하는 사료로서 뛰어난 자료다.

을 명령"하라고 거만하게 말하고, 격렬한 고문으로 숨이 끊어질 것 같아지면 마침내 자백하겠다고 말했다. 또 잇키의 공격대상이 된 2명의 악인 관리에 대해서 "장본인은 가미야마 사부로 자에몽神山三郎左衛門, ㄱ에 가담한 자는 츠치야 케이스케土屋惠助라고 하는 자입니다. 이 두 사람을 다시는 그러지 못하게 엄하게 처단을 해야 마땅한 것"이라 진술했다. 이 히코우치가 행한 옥중투쟁의 격렬함에 관리들 쪽이 "기분이 나빠져" 결국 고문을 그만두게 되었다.[27] 잇키의 원인이 지배계급의 책임자에게 있는 것을 오만하게 말하는 것은 많은 잇키 지도자의 옥중투쟁에서 보이는 것으로 가모의 소란의 우두머리 마쓰히라 신조松平辰蔵가 "잇키 진압군 본영本營에서 있는 자는 거두어들이고 없는 자는 쓰러져도 자비심조차 베풀지 않았다", "지나치게 사람의 목을 조르는 자가 평소 양심의 가책을 느끼지 않는다면 황천 길이 평탄지 않을 것"이라 말하고, 노여워하는 관리를 향해 한마디 덧붙여 "이봐, 위가 비뚤어지면 아래도 역시 비뚤어"진다고 말한 것[28]도 같은 사례다. 1866년 오사카의 우치코와시 사건 때도 체포된 사람들이 주모자를 취조하는 관리에게 쵸슈長州정벌을 위해 서쪽으로 내려가는 도쿠가와 쇼군을 지칭해서 "그 주모자라 하면 바로 성안에서 나오는 일도 있으니 성안에서 취조하시도록 말씀"드리고 싶지만 "방법이 없어 상신"할 수 없는 상황[29]이었다는 것을 볼 때 쇼군조차도 똑같이 비판받을 수 있었음을 보여주고 있다. 그들은 체포되어 격심한 고문마저 받고 있지만, 사실은 그런 연유로 오히려 죽음의 결의와 맞바꾸는 형태가 된 공적 정의를 떠맡아 무엇이 악행이고 무엇이 정의인가를 두려움 없이 솔직하게 얘기하는 것이다. 그런

---

27 「寛延伊信騷動記」『東北諸藩』, 359~360쪽.

28 「鴨の騷立」『集成』 6권 528쪽.

29 小寺玉晁, 『丙寅連城漫筆』 제1권 22~23쪽.

의미에서 그들이야말로 봉건적 억압의 한복판 속에서 가장 자유로운 인간이었다.[30]

그렇지만 위와 같은 잇키 지도자의 자유自由에서 그의 주장이 옳다고 해서 석방되거나 그에 버금가는 처우를 받거나 한 것은 아니었다. 막번체제하에 한편에서는 어진 정치仁政와 같은 지배계급도 피지배계급도 다 같이 인정하는 도리가 실현되지 않으면 안 된다고 되어 있지만, 다른 한편에선 영주의 권력적 의지가 무엇보다 그러한 도리에 우선했다. 에도막부가 무사들의 행동강령을 규정한 〈무가제법도〉에서 "법으로서 도리를 부술지언정 도리로서 법을 부술 수 없다."[31]고 한 것도 이런 의미로 영주 권력의 의

---

30 근세의 농민잇키가 막번체제와 다른 사회체제를 요구한 것이 아니라 그저 막번제적 어진정치 즉 인정(仁政)을 추구했던 것이었음은 필시 이론이 없을 것이다. 그렇지만 그것을 후카와 키요시(布川清司)나 하가 노보루(芳賀登)가 주장하는 것과 같이 민중이 그 행복을 실현하기 위한 수단으로서 지배계급의 공적 명분(タテマエ)인 인정 관념을 역수로 이용한 것이라고 설명하는 것이 올바른 이해인가? 이와 같은 주장이 잇키에 궐기하는 농민이 자신이 믿고 있지 않은 공적 원칙이라 할지라도 교묘하게 이용한 것이라는 의미라면 그것은 필시 올바른 이해가 아닐 것이다. 잇키에서 지배계급의 공적 명분을 역수로 이용한다고 일컬어지는 사례를 보다 내면적으로 관찰해 보면, 민중은 살아있는 세계의 전체성 안에서부터 몸을 바쳐 악을 조정하고 제거하는 역할을 떠맡는 것이다. 민중의 살아있는 세계의 전체성에 대한 배려는 일상적으로는 지배자의 책임인 것이지만, 잇키의 지도자와 봉기한 집단은 커다란 희생을 치르고 그 임무를 봉기한 집단 측이 탈취하려는 것이며, 그 일을 통해 이 세계의 전체성 속에서 무엇이 정의이며 무엇이 악행인가를 공공연히 얘기하고, 악을 제거하고 정의를 실현하도록 지배자들에게 강제하는 것이다. 이러한 공적 권위와 그것에 어울리는 위력이야말로 봉기한 민중이 생명을 걸고 손에 넣은 것이다. 민중이 복록수(福祿壽: 타고난 복과 녹봉과 수명)와 같은 일상적 행복을 추구하는 생활방식을 그대로 유지하면서 대상적, 도구적으로 자유자재로 이용할 수 있는 것으로서 막번제적 선정(善政)이라는 공적 명분이 있는 것이 아니다. 布川清司, 『農民騷擾の思想史的研究』, 市井三郎·布川清司, 『伝統的革新思想論』, 芳賀登, 『百姓一揆』 참조.

31 "법을 갖고 도리를 부술지언정 도리를 갖고 법을 부술 수 없다"고 규정한 문구는 1615년의 「무가제법도」에 보이는 것으로 1635년의 3대 쇼군 이에미츠에 의한 개정 이후, 이러한 노골적인 표현은 모습을 감췄다. 하지만 이러한 권력주의적 원리야말로 막번제 지배를 관통하는 가장 중요한 원리인 것이며, 이른바 어진정치를 요구하는 '인정이데올로기'도 이러한 원리를 토대로 해서 그것에 일정한 수정 내지 수식을 더한 것이라고 생각한다. 후카야 카쓰미(深谷克己)나 미야자와 세이이치(宮沢誠一) 등이 17세기 중엽 이후의 초기 번정 개혁 속에서 '인정이데올로기'가 성립했다고 하고, 그것이 막번제의 지배이데올로기라고 하는 것은, 지배이데올로기를 막번권력의 정책사에서 구체적으로 추

지인 법이 도리에 우선했던 것이다. 영주 권력에 "덤비는 것 자체"[32]가 악으로 그 내용에 어떠한 도리가 있다 해도, 아니 오히려 도리理가 명쾌하면 할수록 그는 엄벌에 처해지지 않으면 안 되었다. 그리고 도리의 여하에 관계없이 영주에게 반항해서는 안 되며, 반항해도 소용없는 것이라고 생각하고 있는 민중 속에서 감히 덤벼드는 잇키 지도자의 입장은 결코 쉬운 것도 안정된 것도 아니었을 것이다. 잇키의 지도자에 천하의 강심장無雙强情者이 영입되는 경우가 있었다는 것은 위와 같은 관점에서 보아 매우 흥미로운 사실이다.

1859년 시나노노쿠니의 미나미야마는 처음 미나미야마의 36개 마을이 일치단결하여 전개한 합법적 소원으로, 곤다시모구미今田下組의 쇼야 계층에 속하는 오기소 이헤에小木曽猪兵衛가 그 지도자였다.[33] 이 이헤에도 이단적인 유학자 마츠오 쿄안松尾享庵에게서 배우고 젊을 때 에도에 유학한 경험이 있으며, 사쿠라 소고로佐倉宗五郎를 숭경해서 후에 소고신사宗吾神社를 만들었을 정도의 인물이었다. 하지만 그는 봉기의 국면에서 우두머리로서 당시 마을을 떠나 있던 한스케伴助를 불러들였다. 한스케는 미나미

출해냈다는 점에서는 높이 평가하지 않으면 안 된다. 하지만 그들이 말하는 '인정'이데 올로기라는 것도 사실은 막번권력의 강권적 지배의 원리가 직면했던 여러 모순 속에서의 일정한 궤도수정으로서 성립한 것은 아니었을 것이다. 지배이데올로기라는 개념의 파악 방법에 따른 것이기도 하지만 그것이 아무리 기묘한 것이라 할지라도 초기 막번제 사회 속에서 지배의 원리를 발견해 거기에서 문제를 풀어가야만 할 것이다. 深谷克己,「幕藩制における村請制の特質と農民闘争」(歴史学研究別冊,『歴史認識における人民闘争の視点』所収). 宮沢誠一,「幕藩制イデオロギーの成立と構造」(歴史学研究別冊,『歴史における民族と民主主義』所収) 참조.

32 반항을 하다 또는 덤벼든다는 의미의 "방패를 찌르다(盾を突く)"는 이야마(飯山)소동으로 투옥된 니시하라 구헤에(西原九兵衛)의 옥중서간에서 따온 것이다. 구헤에는 소동을 지도한 혐의로 체포되어 그 부당성을 항변했지만 인정받지 못하고 "영주님과 대항하는 모양새가 되어버린 일은 결코 좋은 결과도 없"다는 서간을 가족들에게 계속해서 보냈다.(西原三郎,『実説·信州飯山騒動』, 101, 100, 105쪽).

33 이하 미나미야마 소동과 한스케에 대해서는 平沢清人,『百姓一揆の展開』, 174~197쪽에 의함.

야마 36개 마을의 하나인 요네가와米川 마을 출신으로 젊은 시절부터 도박을 해 마을 내에서 몇 번이나 분쟁을 일으켜 "몸가짐이 좋지 않고" "무도하고 거리낌 없는 마음가짐, 마치 발광한 사람과 같은 악인으로서 마을 전체에 큰 폐를 끼치고 있다"고, 요네가와 마을로부터 지배관청에 제소 당했던 인물이다. 더 이상 마을에 머물 수 없어 당시 오가타군小県郡 와다주쿠和田宿에 살고 있었다. 그는 계산관념이 부족하며 착실히 노동하기보다는 도박이나 분쟁을 좋아하는, 촌락 질서로부터 이탈한 사람으로 "살아 있는 말의 눈을 뽑아내는 천하의 강심장"이었다. 한스케가 이와 같은 인물이었기 때문에 요네가와 마을의 마을관리들은 한스케를 우두머리로 삼는 것에 반대했지만, 이헤에는 "지금까지 잇키의 우두머리統領가 되어 처형되지 않았던 자는 없다. 한스케에게는 안 된 일이지만 사형에 처해질 것이다. 그리된다면 지역의 마을 관리들에게도 폐가 되지는 않을 것"이라고 설득했다고 한다. 이리하여 한스케는 자신은 토지를 소유하고 있지 않아 이 투쟁에서 어떤 이익을 얻을 수 있는 것도 아니며, 또 십수 년의 타향살이로 지역 실정도 잘 몰랐다. 그러나 "한번 이야기를 들었고, 무엇보다 무학문맹으로 청원서도 다른 사람이 읽는 것을 들었을 뿐이지만 곧바로 납득하고 한 목숨을 버린다고 말하는, 자신을 돌아보지 않는" 인간으로서 봉기의 우두머리가 되었다. 봉기 국면에서 또 다른 우두머리였던 마츠오 준자에몽松尾順左衛門도 "고집스러우며 제멋대로로 일단 결심하면 뒤로 물러서지 않는 기질"의 인물이었다. 이헤에는 이 두 사람 주위에 한 자루의 칼을 찬 심복을 배치하고 그들이 지나친 행동을 취하지 않도록 배려했다고 한다. 그리고 한스케는 이 잇키가 승리로 끝난 후에 잇키의 성과를 소작인들에게도 균점하도록 할 것을 요구하는 영세농민小前소동을 일으키려다 실패하여 영구투옥에 처해졌다. 이후 출옥을 한 것은 1870년으로

75세의 일이었다.

　이렇게 한스케는 봉기 이전에 이미 촌락 질서로부터 낙오자이고 지역사회로부터 기피자였는데, 이러한 위치는 봉기 이후에도 역시 똑같았다. 봉기의 소용돌이 속에서 "천하의 강심장"으로 불리며 사람들의 기대를 모았지만 일상의 생활 질서 속에서는 제멋대로인 무뢰한으로 간주되고 있었다. 근세 후기부터 메이지 초기에 걸쳐 발생한 잇키에서는 도박 등을 일삼는 인물, 즉 지역사회가 주지하는 난봉꾼이 우두머리가 되는 경우가 많았지만 한스케도 그러한 인물의 한 사람이었던 것이다. 미나미야마잇키의 경우는 장기간의 다양한 투쟁 속에서 극히 일부분인 봉기 국면에 한스케 등이 우두머리로 추대되었지만 투쟁의 전체과정에서는 이헤에 등의 쇼야 계층의 지도성이 일관하고 있었다. 그리고 이 투쟁 자체는 지역사회의 사람들에게 기념해야만 할 사건이었기 때문에 투쟁이 승리하자, 그 투쟁기록을 위패를 모신 상자와 같은 주자厨子에 넣어 소고宗吾신사에 봉납하고 매년 소고다이묘진宗吾大明神으로 제사하는 것을 쇼야들의 모임에서 결정하였고, 투쟁비용도 토지비율로 배분해 관련 마을로부터 모금했다. 그렇지만 그러한 잇키 후의 정세는 마을 관리들을 중핵으로 한 기성 촌락의 질서로 운영되어 목숨을 내던져 희생양이 된 한스케가 그 속에서 확실한 위치를 차지하는 것은 불가능했다. 거기서 그는 그를 압박하고 있는 질서에 반항해서 영세농민小前소동을 일으키지만, 그 결과 한스케는 역시 무뢰한이라는 지역사회의 평가를 재확인하게 되었고, 그는 영구투옥에 처해졌던 것이다. 그럼에도 불구하고 천하의 강심장인 그는 굴복의 소지를 보이지도 않고 너무나도 졸렬한 오자와 탈자 투성이의 편지를 써서 자신이 출옥하지 못하는 것은 요네가와 마을의 관리들이 반대하고 있기 때문이라고 호소했다. 또 사실이 그런 것이라면 "마을사람들에게 성가신 일"을 일으키지 않을 수 없다고 말하고 "내가 감옥을 빠져나가는 것쯤은 아주 쉬운 일"이라며 객기를 보이기도 했다.

> 한 마디 올립니다. 그렇다면 내 편의 정의는 버려야 할 쓰레기 정도로 생각하실지 모르겠지만, 스스로도 버림받은 이상 말씀드리고 싶은 것이 있습니다. 무엇보다 마을사람들이 이번에 말씀드린 것에 대한 행동을 보면 달리 특별한 것도 없습니다. 하지만 흐르는 세월에 뜨거운 피를 하천변에 흘려 흐름을 정리한 일은 말씀드리고 싶습니다. 요네가와 마을을 생각해서 용서해주시길………

그는 자신을 "버려야할 쓰레기 정도"로 생각하고 한 목숨을 버린다는 각오로 잇키의 우두머리가 되었다. 그러한 각오를 한 자신으로서 말할 근거가 있는 것이다. 그러나 그것을 어떻게 표현하면 지역사회에서 정당화되는 것인지는 명확한 것이 아니다. 뜨거운 피를 흘리듯이 보복하려는 생각에 충동되기도 했지만 결국은 사람들을 위해 한 목숨을 내던진 그가 지역사회에서 기피자, 불량배로밖에 존재할 수 없는 상황을 돌파하는 것은 불가능한 것이다.

농민잇키의 지도자들이 그 투쟁 후에 자기희생에 어울리는 숭경을 받았다면 잇키의 역사는 지역사회의 변혁적 전통이 되어 계승되었을 것이며, 그렇게 되면 잇키 지도자가 앞서 말한 것과 같은 자유로운 비판정신도 지역사회에 계승되었을 것이다. 하지만 잇키의 다음에는 일상적인 생활자로서의 민중이 그 기억을 오히려 금기시하는 경우가 적지 않았다고 여겨진다. 특히 잇키가 폭력적으로 진압되고 지도자가 엄격히 밝혀진 경우의 정세 아래 잇키에 원래부터 호의적이지 않았던 마을관리 계층이 잇키를 혐오할 뿐만 아니라, 일반 민중에게도 잇키의 기억은 꺼림칙하고 잊고 싶은 것이며, 더 이상의 관련을 피하고 싶은 과거였다고 해도 이상한 것이 아니다. 잇키 지도자들이 그 후에 "이제까지 마을사람들을 혼잡스럽게 한" 인물로서 따돌림을 받았던 사례[34]도 요나오시적 잇키에서는 그다지 이상한 것이 아니며, 직접 제소하는 중심인물이 오히려 마을사람들에 의해 죽창으로 살해된 사례[35]가 발생한 것은, 비합법적인 투쟁에 대한 사람들의 공포를 나타내고 있다. 또 전체상황이 농민 측에 불리해지면서 심한 탄압을 받게 되는 주모 마을에서는 더 비참한 상황을 피할 수 없었을 것이다. 1726년의 미마사카노쿠니美作国 츠야마번의 야마나카山中잇키는 우두머리 도쿠우에몽이 농민에게 충분한 도리가 있다 해도 잇키는 일으키지 마라 "결국에는 개별적인 책형에 처해집니다. 각자 내가 사죄의 표본이 돼야 합니다"[36]라는 비통한 유언을 남긴 잇키였으며, 70~80명이 넘는 농민이 사형에 처해졌는데, 그 중의 20명이 마니와군真庭郡 니시가야베西茅部 마을 사람들이었다고 한다. 이러한 사실은 이 마을 사람들의 마음 속에 깊고 오랜 상흔을 남겼다고 생각되며, 특히 처형자가 많았던 다부田部부락에 대해 "교호亨保잇키가 희생자를 많이 냈기 때문인지 다부의 부락 사람들은 최근까지 성격이 다른 마을에 비해 편파적인 지역이라고 불려 왔다"고 요코야마 토시오横山十四男는 보고하고 있다.[37] 잇키의 중핵이 된 마을에 이러한 비참한 상황이 있었다고 한다면 그 외의 대부분의 마을에서는 사람들이 잇키에의 가담은 것은 강제되어 어쩔 수 없이 한 것이었다는 변명이 자신에 대해서도, 타인에 대해서도 중요한 의미를 가졌을 것이다. 처형된 잇키 지도자가 원령怨霊이 되

---

34 小寺鉄之助,『宮崎県百姓一揆史料』, 120쪽.

35 宮本常一,『川内国滝畑左近熊太翁旧事談』, 54~55쪽.

36 吉備地方史研究会,『美作国山中一揆史料』, 58쪽.

37 横山,『義民』, 156쪽.

는 경우가 많았던 것도 잇키를 둘러싼 사람들의 내적 갈등을 나타내는 것으로 주의해야만 할 것이라 생각한다.

　우선 잇키 지도자는 개인적으로 죽음을 결의하여 봉기의 지도자가 된 것으로 처형에 대해서도 그의 개인적 유집을 남기는 것이 거의 없었다고 말해도 좋다. 도리어 미련 없고 대담한 것이 그의 활동을 지탱하는 긍지였다. 봉기의 주모자가 될 때, 주모자는 사형이라는 결말을 충분히 알고 있던 것으로, "한 사람만 능지처참에" 처하라고 말하며 죄를 홀로 담당한 경우가 많았다. 일신의 죽음에 대해 이 담백한 결의를 지탱하는 것은 불교, 특히 정토교 계통의 신앙이었던 듯하다. 예를 들어, 위의 "한 사람만 능지처참에" 처하라고 말한 1747년 가미야마번上山藩 잇키의 우두머리 진자에몽仁左衛門의 최후 경지는 수갑을 찬 손에 수주數珠를 걸치고 "한 마음으로 염원하여 죄를 모두 제거하고 염불을 게을리 하지 않는 생활을 하며, 정말로 귀신이 염불하는, 대진경大津經과 비슷하다"[38]고 했다. 1761년 우에다번 잇키의 우두머리 한페이半平와 센노스케淺之丞의 최후 경지도 그 사세가辭世歌에서 "오래 산다는 것[長生]은 사바세계의 희롱이라 할지라도 오늘은 빠르기만 하다. 덧없는 세상살이 와중에도 봄날에 떠오르는 아침 해가, 끝내 가야만 할 곳은 서쪽 하늘인데, 먼저 앞서 가서 길이라도 알아두고자 한다"[39]에 표현되는 바와 같은 것이었다. 어떤 근거도 없이 이야마飯山소동의 지도자로 추대된 니시하라 구헤에西原九兵衛가 "참으로 세상살이 일들은 거짓으로라도 끝낼 수 있는 것이라 생각하고 그와 같은 무고의 죄로 죽음을 맞이합니다. 미래의 일은 거짓으로 처리해서는 안 될 것입니다. 그러므

38　「奧海道五色」『集成』6권 150쪽.
39　「上田騷動實記」『集成』6권 181쪽.

로 영원한 미래에서 뵙겠습니다"[40]라고 애절한 이별의 감정을 피력한 것도 역시 정토교계 불교신앙에 지탱되어 가능했던 것이다.[41] 근세의 일본불교는 잇코一向잇키와 불수불시파가 패퇴한 이래 정치적 비판정신을 상실하고 사람들에게 체념과 인종을 역설하는 세속종교로 후퇴했다. 이러한 극한적 상황 아래 민중들이 마음을 의지할 매개체로서, 또 막번권력의 손이 미치지 않는 민중들의 마음 속 세계를 구성함에 큰 역할을 했던 것이라 생각된다.[42] 그렇지만 잇키 지도자가 그의 생명의 대가에 응당한 보답을 받지 못하는 경우에는 저주신祟り神이 되어 재액을 초래한다고 여겨졌다. 예를 들어, 1686년의 마츠모토번松本藩 강소의 지도자 다다 가스케多田嘉助는 "5할 할인 쌀 두 말 다섯 되"를 요구해 처형되었는데 그 목적은 달성하지 못했다. 그 때문에 가스케의 원령이 영주 미즈노가水野家를 저주하여 마침내 미즈노가는 면직되었다고 한다.[43] 1749년 고오리桑折막부령내 잇키

---

40 『実説·信州飯山騒動』, 105쪽.

41 정토진종의 신앙에 지탱된 "죽음을 두려워 하지 않는" 태도가 잇키의 원인이라 간주되는 경우도 있었다. "히다(飛騨)노쿠니 농민들의 소동의 정체를 생각할 때 진종 문도는 공의를 두려워 하지 않고 접촉한다. 상부를 두려워 하지 않는 것은 죽음을 두려워하지 않음을 말한다. 근원을 말하면 한 나라가 모두 일향종(一向宗)으로 한결같이 진종의 문도인 까닭이다. 특히 근년 후루카와 마을의 엔코지(圓光寺) 주지인 쿄묘(淨明)라는 승려가 여러 가지 비사법문(祕事法文)을 준비해 나라 안에 권장한 까닭에 한 나라가 마침내 외고집에 빠져", "그 올바르지 못한 행위는 그리스도교 신자와 똑같이 죽음을 마다하지 않는 것처럼 보인다. 이번 나라 안의 소동도 이와 같다고 할 것"(「夢物語」, 菱村正文, 『大原騒動의 研究』, 89쪽에 의함)이다. 이것은 1773년 오하라 소동(大原騒動)에 대해서 서술한 것이지만 잇키가 진종의 신앙과 결부되고, 게다가 비사법문과 결부되어 있는 점에서 매우 흥미롭다. 하지만 잇키의 지도자에 대해서는 그렇다 해도 봉기하는 일반민중의 의식에 대해서도 정토진종의 신앙과의 결부가 중요한 것인지는 지금의 나로서는 알 수 없다.

42 폭넓고 오랜 역사적 시야에서 생각하면 막번제 국가는 비종교적인 법도지배로서 전개했기 때문에 권력이 민중의 내세관이나 신앙의 내용에까지 파고들어 지배하는 것은 불가능했던 것이라 생각된다. 막번제 사회의 동요에 따라 이 점에서 강한 불안을 느끼고, 민중의 내세관이나 신앙세계까지 장악할 수 있을 것 같은 새로운 이데올로기의 구축을 시도했던 것이 미토학(水戸學)이나 후기국학에서 전개된 천황제국가주의였다고 생각할 수 있을 것이다.

43 宮田登, 『生き神信仰』, 28~29쪽.

의 지도자 히코우치彦內의 원령은 악정을 펼친 다이칸代官인 가미야마 사부로베에神山三郎兵衛를 저주하여 끝내 괴로워하다 죽게 하였다.[44] 1745년 무사시노쿠니의 아라이주쿠新井宿의 월소로 처형된 여섯 명의 원령은 밀고한 자의 집안과 영주 기무라가木村家를 저주하여 그들의 가문에서 사고사나 불구자가 끊이지 않았다[45]고 한다. 농민의 원령이 쥐가 되어 번주를 물어 죽이는 경우도 있었다.[46] 잇키가 끝난 후에 지도자가 처형되고 그 투쟁이 패배로 끝난 경우에서조차 민중은 이러한 원령담을 통해 투쟁의 일단을 계승하고 악정을 비판하면서 봉건적 선정善政을 요구하는 것이 가능했다고 할 수 있다.

하지만 처형된 잇키 지도자가 원령이 되는 것은 폭정을 시행한 영주를 저주하는 경우만 있는 것은 아니었다. 일신을 바쳐 지역사회를 위해 진력한 지도자가 그것에 어울리는 공양을 받지 못했을 경우에도 지역사회를 저주하여 재액을 불러들였다. 예를 들어, 1782년 아와지시마 잇키淡路島一揆는 지도자 사이조才藏가 체포되어 기둥에 묶여 창으로 찔러 죽이던 형벌에 처해졌다. 하지만 마을 사람들은 연루되는 것을 두려워해 공양을 소홀히 했기 때문에, 사이조의 원념이 사이조 벌레라는 벼의 해충이 되어 사람들을 괴롭혔다. 그렇지만 마을 사람들이 사이조 지장보살地藏菩薩을 만들어 공양하자 저주가 없어지고 사이조 지장은 벌레막이의 지장보살로서 이웃마을로부터도 신앙되게 되었다.[47] 처형된 잇키 지도자가 그 처형 다음날부

---

44 「五穀太平記」,「寬延伊信騷動記」『東北諸藩』, 333~364쪽.

45 橫山,『義民』, 136쪽.

46 「雨中の鑵子」『集成』6권 290쪽.

47 宮田登,『ミロク信仰の硏究』, 268쪽. 같은 쪽에 아주 유사한 사례로서 '平吉神靈'의 경우가 기록되어 있다.

터 사람들이 서로 밀칠 만큼 군집하여 제사를 받는 경우도 있었지만,[48] 의민전승義民傳承은 종종 위의 지장보살의 경우와 매우 닮았다. 처음에는 저주하는 원령이었던 것이 이윽고 사람들에게 받들어지는 원령이 되어 농작의 풍요나 질병치료의 복신이 되는 패턴의 형태다.[49] 처형된 잇키의 지도자는 잇키 후의 지역사회 사람들에 의해 한편에선 감사하고 숭경해야만 할 대상임과 동시에 다른 한편에서는 연관되고 싶지 않은 터부이기도 했다. 이러한 민중의 불균형이 잇키 지도자의 자기희생에 걸맞게 공양받지 못해 저주하는 주체로서 원령을 만들어냈던 것이라 생각한다. 그리고 잇키 후에 꽤 세월이 경과되어 마음을 담은 공양을 받았을 때, 민중은 불균형을 해소하고, 잇키 지도자는 그 지역사회의 공적 정의를 위해 순직한 인물로서 지위를 회복하는 것이다.

처형된 잇키 지도자가 원령이 되는 사례가 많은 것은 생명과 맞바꾸면서 조정한 공적 정의가 잇키 해체 후에도 어떠한 형태로든 계속 살아 있음을 의미하고 있다. 하지만 그러한 정의가 처형된 지도자의 원령이라는 특수한 형태를 통해서 주장되는 것은 사회적 현실과 정의 사이에 커다란 갈등이 있고, 민중은 무력한 수동성에 있어 이 갈등에 노출되었음을 의미하고 있다. 이와 같이 생각한다면 잇키 지도자가 원령이 되는 경우가 많은 것은 잇키 지도자가 조정한 공적 정의가 그의 생명과 맞바꾸는 형태로 제시되고 있지만 공적으로 인정된 것이 아님을 보여주고 있다. 봉기 직후 민중에게 처형된 잇키 지도자는 그들에게 봉기라는 위험한 실천을 독려하고 현재의 억압상황을 초래한 근원이었다. 그리고 사람들은 그의 처형과 맞바꾸는 형태로 겨우 처벌을 면했던 것(과태료가 있었다 할지라도)이다. 그런데 잇키를

48 「名西郡高原村騷動実録」『集成』 6권 166쪽.

49 『生き神信仰』, 29쪽.

지역사회의 과거 사건으로 여기는 시기가 오면, 그 잇키 지도자는 현실의 민중에게 봉기라는 위험한 도박을 압박하는 것이 아니라 봉기 결과로서 삼엄한 억압상황에 처하게 되지도 않아 살신성인殺身成仁식의 의민이 된다. 그래서 잇키 지도자의 유집遺執에서 독기와 위험물이 제거되고, 그는 지배계급이나 피지배계급으로부터도 받들어 모셔지는 지역사회의 수호신이 되는 것이 가능하다. 유집이 큰 원령으로서 위력이 있었던 것은 그에 걸맞게 받들어져 일본적 원령和靈이 되었을 때 사람들의 불안이나 꺼림칙함을 해소하여 지역사회의 수호신으로서 그 위력을 발휘한 것이다.

어떠한 민중투쟁에도 그 지도자의 희생이 동반된다고는 하지만 근세의 농민잇키에서는 잇키의 요구가 받아들여진 경우를 포함해서 우두머리의 처형이 거의 확실하게 예정된 것이었음을 생각해보면 기묘한 일이다. 거기에 우두머리의 처형과 악정의 정지가 교환되고 있으며, 권력은 특정의 악역을 제거하고 악정을 정지한다는 타협과 잇키 지도자의 처형이라는 권력지배의 관철이 서로 맞물리는 형태로 기성의 지배체제를 유지하는 것이다. 잇키가 그 지도자를 처벌하지 않을 것을 요구하는 경우도 많았고, 실제로 크게 처벌하지 않은 경우도 있었지만, 잇키 지도자가 자신의 죽음에 대해 당당한 것이 잇키가 성립하기 위한 중요한 계기였음은 틀림없다고 생각한다. 그리고 죽은 잇키 지도자가 원령이 되는 것은 그의 개인적 죽음을 원망해서가 아니라 그의 희생에도 불구하고 악정이 폐지되지 않았던 경우나 그의 희생에 걸맞게 지역 민중에게 받들어지지 않았던 경우나, 처분이 그의 개인적 희생을 넘어 어린 아이들까지 처형에 이르러 자손이 멸망하는 것과 같은 경우(소고로 전설宗五郎伝説) 등이었다. 그리고 그 개인은 죽음이 확실히 예정되어 아무것도 무서워하지 않는 자유와 활달함으로 악정惡政을 규탄했던 것이다. 하지만 잇키가 끝나고 그가 죽으면 해당 지역사회에는 막번제

사회의 권력주의적·억압적 원리가 되돌아와 원령담을 후세에 남겨 그러한 자유는 상실하게 되었다. 이와 같은 죽음과 교환하는 자유를 생각해보면 권력에 반항하는 일, 특히 폭력적으로 반항하는 것은 금지된 것으로 좋지 않은 것이다. 하지만 이러한 금제禁制를 범해서라도 규탄하지 않으면 안되는 보다 지독한 악惡이 있기 때문에 그러한 금제를 범하는 것도 비상수단으로 어쩔 수 없는 것이라는 마음心意이 있는 것처럼 생각된다. 이와 같은 마음은 잇키 그 자체, 특히 그 대중적 반달리즘vandalism을 정당화해가는 것의 곤란함을 표현하고 있는 것으로 스스로 죽음이라는 대가를 치룬 지도자의 자기희생적 행위를 어떻게 해서든 정당화하는 것이라고 생각한다. 농민잇키의 전통이 일상적인 민중의식에 있어 대중적 폭동의 전통으로서 전승되고 내면화되기보다는 처형된 지도자에 대한 의민담으로서 전승되는 것은 위와 같은 사정 때문이다. 그리고 처형된 지도자들조차 잇키 직후 지역사회가 공인하는 의민이 되기 어려웠던 것은 막번체제 하의 억압적인 상황을 증명하는 하나의 사례. 하지만 농민잇키라고 하는 전체성 속에서 "자신을 희생하여 인의를 이루는 살신성인"[50]식의 의민담이 생겨나고 '순교martyrdom'(『학문의 권장』)의 전통으로서 마침내 후쿠자와 유키치福澤諭吉에게서도 칭찬받게 되었다.

---

50 살신성인(殺身成仁)이란 말은 시라토리 켄(白鳥健)의 『佐倉宗吾』에서 따왔다. 사쿠라 소고로(佐倉宗五郎)에 대해 본격적으로 연구한 최초의 작품이라 해도 좋을 이 책은 그 권두에 메이지천황의 '의(義)'라는 제목의 "자신은 뒤돌아보지 않고 타인을 위해서 / 최선을 다하자 인간의 본분을"이라는 노래와 '살신성인'이라는 토야마 미츠루(頭山滿)의 저서와 나무로 만든 소고영상(宗吾靈像)의 사진을 싣고 있다. 농민잇키에 대해서 최초의 본격적 연구로서 저명한 고무로 신스케(小室信介)의 『東洋民權百家傳』이 잇키를 자유민권의 선구자='어진사람 의로운 인사(仁人義士)'의 활동으로서 파악하고 있듯이 잇키를 의민담으로서 파악하는 전통에는 뿌리 깊은 것이 있다. 그리고 이것들의 용어는 『논어』 위령공(衛靈公)의 문구 "子曰, 仁人義士, 無求生以害仁, 有殺身以成仁"에 기초한 것이다.

2. 결집양식

1

이미 서술한 바와 같이 농민잇키에의 가담은 마을을 단위로 이루어졌다. 그리고 일본의 근세 촌락은 영주계급으로부터 공간적으로 분리된 농민만의 공동체이며 거기서 농민들의 독자적 회합寄合과 토의申合가 이루어진 것이었다. 근세 촌락의 이와 같은 성질은 그 자체가 이미 도당화의 계기라고 말할 수 있지만, 다른 한편에서 마을은 도당을 지어 강소하는 것을 엄격히 금지하는 금제를 내면화하고 있는 것이었다. 이와 같은 마을이 봉기로 나아가기 위해서는 다양한 알력과 장벽, 그리고 극복이 있었을 것이다. 투쟁을 결단하려고 하는 공동체의 내부에 반대자가 있는 경우에는 공동체적 규제에 의한 참여강제가 이루어졌다. 이 때문에 마을 안에서는 투쟁에 반대하는 마을 관리가 "오히려 질책을 받고 매도"되어 동의하게 되는 경우나 (앞에서 서술), 구타, 방화, 타산打散(쳐서 흩어버림) 등으로 반대파가 위협받는 경우도 있었다.[51] 마을 안에서 한 사람이라도 받아들이지 못하는 일이 있을 때는 투쟁에 참여하지 않은 사람한테 "그대의 쌀을 아끼지 말라"[52]라든가 "여기 같은 서명에 연명連名으로 도장을 찍지 않은 자가 있을 때에는 그 자들의 전답을 탈취해서 술값으로 사용"[53]한 경우도 있었다. 공동체의 내부에서 엄격한 제재수단이 취해지고 있는 것이다. 또 마을 내의 "원만한 교류관계"를 들어 강제하고 "충분히 납득하지 못한 사람까지 남김없이 하나의 무

---

51 『東北諸藩』, 490쪽.

52 같은 책, 491쪽.

53 「長瀞騷動記」, 山形県経済部, 『出羽百姓一揆録』, 29쪽.

리"로 편성해버리는 경우나[54], 투쟁에 반대하는 농민대표를 "회합에서 빼거나", "동일인물의 농업을 돕지 못하도록" 규정하는 경우나[55], 도당에 가담하지 않는 사람에게 "향후 말을 나누지 못하도록 하거나, 마을 내 교류에서 빼는 처분"을 하는 경우도 있었다.[56] 마을에서 공동체의 집단 따돌림은 공동체적 강제수단으로서 중요했던 것이다.

뿐만 아니라 이러한 공동체적 강제가 보다 넓은 지역사회에서 전개되는 경우도 있었다. 1859년 시나노노쿠니 미나미야마 잇키의 중심이 되었던 것은 곤다今田 마을 시모구미下組였지만 초기에는 곤다 마을 안에서도 가미구미上組는 "마을 내의 일치된 의견은 어렵다"며 참여를 거절했다. 이것에 대해서 시모구미와 나카구미中組로부터는 가미구미의 마을관리에 대해서 지금까지는 이와 같은 경우에 곤다 마을과 일치하여 행동해 왔는데, 이번에 참여하지 않겠다는 것은 "무슨 꿍꿍이속"이 있는 것인가, "이번에 함께하지 않는 것은 인정人情 없는 일"이라 하여 위협하는 듯한 태도로 설득하였다. 하지만 그래도 동의하려 하지 않자 가미구미가 제소청원에 참여하지 않은 새로 간척한 논이 있어 "각별히 조심하는 게 좋겠다는 생각" 때문이니 관청에 제소하겠다고 위협했다. 그 결과 가미구미는 "거사담화에 빠진 것은 변명할 도리가 없는 일"이라 말하고 투쟁에 가담하게 되었다.[57] 곤다 마을은 상·중·하 세 개 집합체로 구성되어, 삼조三組는 각기 쇼야를 가진 큰 조직으로 곤다 마을은 세 개의 조합촌락의 성격을 갖고 있었다. 하지만, 위에서 말한 사례에서는 이러한 조합공동체 상호 간에 공동체적

---

54 小寺鉄之助, 『宮崎県百姓一揆史料』, 263쪽.
55 「蒲原岩船両郡騒動実記」『集成』, 6권 406~407쪽.
56 『美作国鶴田藩農民騒動史料』 상권 23쪽.
57 「嘆願日記」『伊那史料叢書』 10권 5~6쪽.

강제가 작동했던 것이다. 그런데 이 투쟁은 처음 쇼야 계층의 주도권 아래 미나미야마 마을南山郷 전체의 합법적 소원투쟁으로서 전개했던 것이다. 그런데 미나미야마 마을 전체는 36개 마을로 구성되어 있는데, 그 중에 히라노 마을의 쇼야 히라노 쇼자에몽平野庄左衛門은 막부관리인 다이칸과 결탁한 미곡상인으로 이 투쟁의 주요목표의 하나인 토지세石代直段 인상에 관여하고 있었다. 그 때문에 히라노 마을만은 투쟁에 참여하지 않았는데, 그 일에 격분한 이헤에猪兵衛 등이 쇼자에몽에 대해 "미나미야마 일동의 교류에 결코 참여시키지 말 것"을 결정했다. 그리고 친척이나 자식을 통해 여러 압력을 가한 결과, 마침내 쇼자에몽은 "이 이후에 관청의 직책은 되돌려 주고 퇴직"했고 그의 아들로부터 "미나미야마 마을 전체가 서로 상정한 일에 우리 한 마을만 빠지게 된 것은 진정 불성실한 잘못된 것으로 지금 그 잘못을 후회"한다는 사죄의 글이 "미나미야마 35개 마을의 관리들"에게 제출되고, 히라노 마을도 투쟁에 가담하게 되었다.[58] 이 투쟁이 미나미야마 36개 마을의 일치된 행동이며 투쟁자금을 나누어 모금한 일처럼 엄밀한 계획성에 기초해 전개한 것은 투쟁의 중심이 쇼야 계층에게 지도받은 합법적 제소청원에 근거한 것이었다. 하지만 그와 같은 경우에도 지역의 마을 사이에서 공동체적 강제가 한 역할이 중요했던 것이다. 1747년의 가미야마 번上山藩의 잇키에서 "만일 초하루의 회합에 빠지는 마을들은 영구히 제외시켜야 한다"[59]고 마을 단위의 교류폐쇄가 이루어진 것도 똑같은 사례일 것이다.

위의 미나미야마 잇키의 사례에서 투쟁에 가담하지 않은 것은 "인정이 없는 일"이며 불성실의 상징이었다. 투쟁에 가담하는 사람은 희생을 치르

---

58 위와 같은 『伊那史料叢書』 11권 5~6쪽.

59 「奥海道五色」 『集成』 6권 131쪽.

고 지역사회의 이익을 지키는 것이기 때문에 그 지역사회의 이익을 대변하는 역할을 떠맡았던 것이다. 따라서 강제수단을 사용해 반대파를 위협하는 것에도 공적인 정통성이 있는 것이다. 하지만 마을관리 계층인 쇼야들이 주도한 위의 투쟁은 합법적인 제소청원이었기 때문에 강제참여도 그만큼 유효했다고 할 수 있다. 강소나 폭동형의 투쟁에서 쇼야 계층이 투쟁의 주체가 되는 경우는 거의 없었다. 위의 사례에서도 투쟁이 대중적 강소로 발전하면 쇼야들은 봉기한 민중에 수종으로 따라가 어떻게 해서든 원만하게 수습하려고 노력했다. 우치코와시나 야키하라이燒拂를 통해 강제된 쇼야나 나누시가 "어쩔 수 없이 마을 전체에 알리고 필요 인원과 물자를 제공"[60]한 사례는 일반적이었지만 쇼야 계층이 강소나 폭동에 적극적으로 가담했다면 그것은 특정한 마을에서만 보이는 사태였다. 대부분의 마을에서는 강소나 폭동형 투쟁에의 참여는 강제된 것이나 영세농민들의 '회합'에서 결정된 것이었다. 1821년 고즈케노쿠니 나하군 히가시 젠요지東善養寺 마을에서는 나누시인 하야시 하치우에몽八右衛門이 마을장로의 입장에서 연공감면에 필사적으로 분주하게 활동하고 있었다. 그 사이에 마을 사람들은 에도에 강소하려는 다른 마을로부터 권유를 받아 구미組의 우두머리 규우에몽粂右衛門의 집에서 협의하고 결국 "동지의 부름이라 가지 않으면 나중에 귀찮은 일이 있을 것이다. 어쩔 수 없이 짚신을 신고 나갔다"고 한다. 하지만 이 일을 하치우에몽에게 알리는 자가 있어 그는 마을 사람들을 설득해 청원서류의 제출을 자신이 떠맡는 것으로 이해시키고, 마을사람들을 돌려보냈다.[61] 1868년 쇼도지마小豆島의 우치코와시에서는

---

60 『出羽百姓一揆録』 127쪽.

61 「勧農教訓録」 『集成』 6권 435쪽.

참여의 가부가 "마을 내 사당에서 영세농민 일동이 회합"[62]하고 거기서 결정되었다. 쇼야와 촌민은 강소나 폭동에 가담할 것인지의 가부에 대해 다른 입장이었기에 봉기민중은 마을관리 계층과는 별도로 그들만의 집회를 가졌던 것이다.

이와 같이 해서 특정 마을을 비롯한 광범위한 마을에서 투쟁결의가 이루어지고, 그 결과로서 수천 내지 수만의 민중이 결집한 농민잇키의 직접적 근거는 광범위한 지역에서 마을단위의 참여강제가 이루어졌기 때문이었다. 그러한 참여강제의 일반적 형식은 봉기에 즈음해서 천구 회람장부나 와라다わらだ 회람장부라 불리는 마을연계의 회람장부가 돌려지면서 마을단위의 참여강요가 추진되었던 것이다. 그러한 회람을 하나 들어보자.

오늘밤 순회행사로 나타那谷 마을의 숙소에서 열리는 면제청원에, 농민들은 한 사람도 빠지지 말고 나와야 한다. 그렇게 하기 위해서는 첫째, 수확하는 농사일을 중단해야 한다. 결정에 부응하는 마을도 부응하지 않는 마을도 빠짐없이 나타에서 모여야 한다. 만일 모이지 않는 마을이 있다면 후일 방화로 보복을 할 것이니 나중에 원망하는 일이 없을 지어다.[63]

이 사례에서 잇키 참여는 마을단위라는 것이 자명하고, 강제수단은 방화위협焼き込み이다. 와라다 회람장부라는 것은 볏짚 덮개 즉 짚으로 만든 둥근 형태의 뚜껑 같은 것으로 원을 중심으로 가장자리에 참여 마을 이름을 기입한 것으로 잇키의 결집양식이 마을단위였음을 잘 나타내주는 것이

---

62 『集成』 13권 362쪽.
63 「那谷寺通夜物語」 『集成』 6권 39쪽.

다.[64] 우치코와시 때의 회람이나 벽보는 지극히 치졸한 경우도 보이지만[65], 그것까지도 그 결집양식은 마을단위의 참여강제에 의한 것이었다. 강제수단은 모조리 태워버리는 야기하라이나 닥치는 내로 쳐부수는 우치코와시가 일반적인 사례지만, 드물게 불참자는 '쳐죽이'[66]거나 '구타'하거나 식사를 강요하며 "눌러앉아 폐해를 감수해야만 하는"[67] 경우도 있었다. 회람은 쇼야와 나누시에게 보내지는 것이기 때문(1756년 아와노쿠니阿波国 묘자이군名西郡의 경우는 마을사원에)에, 그런 의미에서 기존의 촌락조직을 이용해 마을 전체의 동원이 행해졌던 것이다. 하지만 이와 같은 경우에 참여를 강요당한 마을들의 쇼야와 나누시 등이 적극적으로 봉기에 호응하는 것은 있을 수 없으며 그들은 가능하면 마을사람의 참여를 만류하려 했던 사람이라 생각한다. 이를 위해 실제로 불참 마을이 있으면 다수의 농민이 몰려가 쇼야와 나누시의 가옥을 쳐부수었으며, 이리하여 "참으로 앞의 비위가 나중에 후회를 하게 만듭니다. 일례로 불참은 궤멸시키는 일을 당해도 이의제기를 할 수 없는 상황"[68]이라 봉기에 참여했던 것이다. 사료의 문맥에서는 방화공격인 야키하라이나 폭력적 수단인 우치코와시가 불참한 마을 전체에 가해진 것처럼 읽히지만 실제로는 그 마을들의 관리계층인 쇼야나 나누시 등이 이 우치코와시를 당하고, 또 쇼야와 나누시에 대한 우치코와시가 시작되면 그 마을은 곧 잇키에 참여하는 것이 통례였다.

쇼야와 나누시 계층은 마을사람들의 잇키 참여에 대해서 최종적 책임

---

64 원형의 내부에 봉기한 취지를 쓰고, 주위에 참여해야 할 마을 이름을 쓴 전형적인 것이 庄司·林·安丸, 『民衆運動の思想』의 권두에 사진이 실려 있다.

65 지극히 치졸한 게시방의 사례에 대해서는 小野武夫, 『日本近世飢饉志』, 218, 222~223쪽 참조.

66 『東北諸藩』 421쪽. 근세촌락사연구회, 『武州世直し一揆史料』, 37쪽 등.

67 「三閉伊通百姓一揆録」 『集成』 6권 578쪽. 岡 『近世農民一揆の展開』, 21쪽 등.

68 「武上騷動記」 『集成』 6권 226쪽.

을 추궁받는 입장이었으므로 그들은 가능하면 마을사람들의 봉기 가담을 만류하려고 했다. 그렇기 때문에 마을 관리들은 "우선 이 무렵부터 찾아와서 시의에 맞춰 소동을 진정시키는 방법도 있을 것"[69]이라 생각하거나 잇키 세력의 참여강제에 의해 어쩔 수 없이 마을사람을 참여시키는 경우에도 "나중의 나중에라도 반드시 거론해야만 할 것"이라는 다짐의 말을 하여 숙지시켰다.[70] 사전에 참여강제를 요구받은 경우 대책으로서 "그렇게 된 이상 무엇보다 사람들의 뜻을 모아 혼란을 막고, 우선 마을 내부에서 마을 전체가 하나가 된 다음, 그 마을에 들어간 이후 곧바로 뿔뿔이 흩어져 해산해야만 한다"[71]고 규정했다. 그래서 일단 참여했던 마을 사람이 "용무에 뒤섞여 신마치쥬쿠新町宿에 닿기 전에 차례차례 도망치게 한"[72] 경우도 있었다. 또 영세농민이 집안이 망하는 것이 두려워 참여하려 하지만 마을 관리가 이것을 말려 봉기에 가담하지 않은 경우나, "나누시 마고베名主孫兵衛는 마을 입구의 큰 길을 가로막고 마을사람들은 누구도 나갈 필요가 없다. 만일 나간다면 우선 우리들을 죽이고 나가야만 할 것이다. 이로 인해 이 마을만은 한 사람도 나가는 자가 없게" 된 경우도 있었다.[73] 이와 같은 마을은 잇키가 진정된 이후에 지배자로부터 표창받는 경우도 적지 않았다. 그렇지만 회람장부가 마을 관리들에게 전달되면 우치코와시와 야키하라이를 두려워한 그들도 "어쩔 수 없이 마을 전체에 알릴 인력을 제공"하고 일반 촌민은 "모두가 중심적 역할을 한 사람일지라도 전언"에 따라 참여한 경우도 있었다.[74]

---

69 『集成』 13권 612쪽.

70 『武州世直し一揆史料』, 111쪽.

71 같은 책, 137쪽.

72 같은 책, 146쪽.

73 『烏山町文化財史料』 제2집 10쪽.

74 『出羽百姓一揆録』, 127 143쪽.

1866년 츠야마번 잇키에서는 잇키 세력이 츠야마 거리에 들어서자 서너 사람이 선도해서 "나왔는가, 나왔는가, 자 나와, 나와, 안 나오면 부숴버릴 것"이라고 외치며 돌아다니자 우치코와시를 두려워한 마을사람들도 히인들에게 도롱이簑衣를 입혀 잇키에 참여하는 시늉을 하도록 문밖에 세워 두었다. 그리고 "나왔는가 하고 말하면 나왔다고 대답하고, 나와라하고 말하면 나간다고 대답하게 하여 그것으로 난입을 방어하도록 했다".[75] 잇키 세력 속에는 이와 같이 강요받아 어쩔 수 없이 참여한 자도 포함되어 있었고, 또 도중에 도망쳐 돌아오는 자도 있었다. 그 때문에 잇키 세력도 "모두가 빠져 돌아가면" 새로 우치코와시를 하는 경우도 있지만[76] 사전에 미리 "사람들이 분산되지 않도록" 계책을 세워두기도 했다.[77]

그렇지만 강제되어 참여했던 사람이나 부화뇌동적인 사람이 있었던 것은 오히려 봉기한 집단이 봉기의 와중에 그 지역사회에서 압도적인 권위와 위력을 가질 수 있었음을 보여주는 것이라고 생각한다. 참여강제가 이루어진 것에 대해 사람들이 납득하지 않은 채 가담했다는 증거로 삼는 것은 불가능하다. 참여강제는 무엇보다 사람들의 봉기를 저지하고 있는 직접적 규제 세력인 쇼야를 대상으로 하고 있어 그들의 촌락 공동체에 대한 규제력을 외부에서 제거해 주는 것이었다. 그 위에 잇키 세력이 밀려오는 것은 잇키가 그 지역의 대세적 흐름이 되어 있고 잇키에 가담하는 것이 그 지역사회 전체의 공동체적 결부라는 측면에서 보아도 당연하게 생각되는 정세가 되었던 것을 얘기해 주고 있다. 그리고 사람들은 참여강제를 요구받은 것에 의해 봉기에 가담하는 것의 책임의 태반을 타인에게 맡기는 것이 가능

75 「津山藩領民騒擾見聞録」『集成』13권 327쪽.
76 「改政一乱記」『集成』13권 301쪽.
77 「蒲原岩船両郡騒動実記」『集成』6권 402쪽.

했다. 사실 잇키가 끝난 후에 관리한테 추궁받게 된 경우에도 강제되어 할 수 없이 참여했던 것이라는 변명이 이루어졌다. 이리해서 잇키에 가담했던 대다수의 사람들은 그 참여의 책임을 첫째로는 강제된 사실에, 둘째로는 잇키에 참여하는 것이 대세였던 사실에, 셋째로 마을공동체에 귀결시키는 것이 가능하고 개인으로서 책임을 지는 경우는 거의 없었다. 따라서 참여강제는 사람들이 쉽게 잇키에 참여하는 방식이었다. 그 때문에 종종 이러한 강제는 선호되어 참여강제를 요구받은 사람들은 "물 건너는 배 안으로 상호 끌어들여 마치 운무처럼 모여들었다".[78] 그 중에는 "그 악인들을 정벌하는 것을 듣고 여기에서 오랫동안 기다린" 사람들과[79] "실은 내심 때가 되었는가 하고, 생각하고 있던 것이 어떻게든 되지 않을까, 사실은 꾀어내준 것을 다행으로 여기며 내심으로는 확실하게 무엇인가 해낼 수 있을 것" 같이 생각한 마을들과, "그 때 그들의 권유에 따라 신속하게 나오는 일이 있어선 안 된다"며 대기하고 있던 마을과 "또 무지하게 밀려온다. 어떡하든 밀어내야만 한다면서 진짜 약속한 장소에서 기다리는 마을들"도 있었다.[80] 이와 같은 경우 강제란 사람들의 봉기로 희망이나 의욕에 탄력을 붙여 줄 매개성을 의미하는 것이었다. 강제는 찾아온 호기이며, 사람들의 기대였다. 봉기한 민중 속에 이러한 강제에 매개된 것이 많았다는 것을 가지고 자주성이나 주체성의 결여를 말하는 사람이 있다고 한다면 그것은 근대인의 기묘한 편견이라 말하지 않을 수 없다. 근세 민중의 능동성이나 수동성의 압도적인 부분은 공동체적 규제와 여러 관계의 매개 속에 살아 있는 것으로 위와 같은 강제에 매개되는 것은 그들의 능동성과 활동성의 구체적인 존재

---

78 「野沢蛍」『集成』13권 52쪽.

79 「破地士等窠」『集成』13권 102쪽.

80 「三閉伊通百姓一揆録」『集成』6권 560, 578쪽.

형태였을 것이다.

　그런데 봉기한 민중은 도롱이와 삿갓을 쓰고, 짐 가마니를 지고, 괭이, 낫, 쇠갈고리, 막대 봉을 들고, ㅣ가을 불며 송이횃불을 밝히고 마을마다 조직을 만들어 행동했다. 죽창과 철포 등의 무기를 휴대하기도 했지만 이 무기들이 중요한 의미를 갖는 것은 메이지 초기의 투쟁에서였다. 죽창이나 철포는 원래 잇키를 진압하는 측이 사용한 것으로 투쟁의 격화와 더불어 농민측에서도 사용하게 되었던 것이라 할 수 있을 것이다. 근세의 잇키에서는 사람을 상해하는 도구는 휴대하지 않는 것이 많고 오히려 우치코와시를 위한 도구로서 "허무는 도구와 삼베로 꼰 줄", "이십팔 관쯤되는 쇠지팡이", 도르래와 같은 활차滑車 등을 갖춘 경우도 있었다.[81] 또 괭이나 낫을 갖고 성 아래로 들어오지 말라는 관리들에 대해서 "농민들은 소리 높여 농민이 얻을 수 있는 도구는 괭이와 낫 외엔 없다. 논밭으로 나가든 성 아래로 나가든 잠시도 손에서 놓지 않았다. 그리고 더욱 높이 들어 당당하게 휴대"[82]하겠다든가, 짐 가마니에 "농민들의 영혼"[83]이라는 상정적인 의미가 붙게 된 것은 봉기한 민중의 농민적 공동성의 이념을 표현한 것으로서 흥미가 있다. 조직형태가 마을 단위로 된 것은 참여요청과 동원이 촌락단위로 이루진 것에서도 당연하지만 도시에서도 "일정一町마다 모여 마을 이름을 기록한 종이깃발을 내세우며"[84] 행동했다. 이것에 대해 예를 들어, 1749년의 고리桑折 막부령내 잇키의 경우에 5인을 한 조로 해서 5조 25명에게 "작은 우두머리"를 두고 125명에, "큰 우두머리"를 두고 625명으로 한 개 부대를 두었다

81　「因伯民乱太平記」, 「天狗騒動実録」『集成』 6권 104, 218쪽.

82　「因伯民乱太平記」『集成』 6권 109쪽.

83　「安部野童子問」『集成』 6권 362쪽.

84　『集成』 13권 198쪽.

는 것은[85], 너무나 정연해서 사실과 다를 것이다. 조직통제의 수단으로 마을 이름을 기록한 작은 깃발을 세우기도 하고 대열과 초롱에 마을마다의 표식을 한 경우도 있었다. 그렇지만 마을 단위로 한 잇키 세력의 중핵에는 반드시 지도부가 있어 마을 단위의 잇키 세력은 이 지도부의 통제 하에 있었다. 이러한 조직성을 가장 명료하게 살필 수 있는 1853년 난부 모리오카번 잇키의 경우 곤란하다는 의미인 '고마루小○'라 쓰인 큰 깃발을 가진 깃발 부대와 본진의 조직이 있었다. 그것은 네 명의 흰 복장의 수의白裝束經帷子를 입은 사람, 흰 어깨띠와 빨간 어깨띠를 두른 약 50명의 사람, 그리고 보통사람 천 명 정도로 구성되어 있었다. 여기서 다른 사람들은 인원수의 많고 적음과 관계없이 일촌일조一村一組로 중핵부대의 지령에 따라 행동했다.[86] 1786년 후쿠야마번의 잇키에서도 "통상의 재향 농민으로 보이지 않는"[87] 10명 정도의 지도자가 있었고, 1866년 신타츠잇키에서도 갑옷을 입고 겉에 하오리를 걸친 20명 정도의 "우두머리 집단"이 있어 사람들은 그들의 지령에 의해 마을단위로 모여서 행동했다.[88]

이러한 지도부를 구성했던 것은 많게는 주모 마을發頭村의 사람들이며, 막말유신기의 요나오시잇키에서는 종종 주모자가 된 야쿠자계의 사람들이었다. 그리고 잇키의 발전과정에서 지도자들은 종종 초인적 능력을 가진 인물인 것처럼 표상되어 가고, 그러한 풍문이 형성되어 갔다. 1764년 덴바伝馬소동의 지도자가 실제로 야마가타 다이니山県大弐(1767년 체포됨)였다고 여겨진 것[89]도 잇키가 진정되고 꽤 오랜 세월이 흘러 생긴 풍문이겠지만, "신

---

85 「五穀太平記」『東北諸藩』, 329쪽.

86 「三閉伊通百姓一揆録」『集成』 6권 578, 580, 581쪽.

87 「安部野童子問」『集成』 6권 364쪽.

88 「信達慶応騒動実記」『集成』 6권 759쪽.

89 「尚風録」『集成』 6권 244쪽.

장은 6척 4, 5촌 정도 되고, 머리에 희한한 모자를 쓰고 팔八자의 문양이 있는 검은 비단 하오리를 입고, 나막신을 신고, 커다란 창을 지니고", "하루 동안 곳곳에서 나타나는 일이 일심분체로 보이는 듯"한 이인異人이 잇키를 소직했다고 여겨지는 경우도 있었다.[90] 민중은 잇키의 지도자를 초인적인 카리스마로 떠받들어 잇키의 위력을 집약적으로 표현했으며, 이러한 카리스마성에 매개되어 자신을 일상의 지배질서에서 분리해갔다. 위의 이인에 대해 기술한 다음 바로 봉기한 그 자체가 "신령의 변화에 의한 것으로 어떻게 하든 인간의 힘으로는 이룰 수 없는 것"[91]으로 기록하고 있는 것도 그러한 기이한 능력의 표현일 것이다. 흰 복장의 수의, 갑옷, 하오리 등의 특이한 옷차림을 한 사실도 잇키 지도자의 카리스마화와 잇키 그 자체가 일상적 질서로부터의 탈출을 상징하는 것이다. 지도자의 특이한 치장은 요나오시적 성격이 현저한 잇키로서 1866년 무라야마村山소동에서는 3인의 지도자들이 "모두 삿갓을 쓰고 탁발한 모습에, 흰 어깨띠와 작은 하의 차림을 하고 목에는 염주를 걸치고"[92] 있었다. 같은 해 무사시武藏잇키에서도 "우두머리 역할을 하는 약 30명 정도의 사람들은 각자 풀솜을 머리에 쓰고 그 위를 붉은 목면으로 동여매고"[93] 있었다. 1869년 엣츄노쿠니의 반도리 소동에서 농민들은 지도자 츄지로를 가마에 태워 '츄지로 타이묘진'이라 쓴 대나무 기발을 세워 행동했다.[94] 수의복장, 수주, ××타이묘진이라 칭하여지는 것들이 죽음의 결의를 의미했던 것이며, 지도자의 그러한 죽음의 결의를 집단

---

90 「雲国民乱治政記」『新修島根検県史』, 史料編(近世上), 776쪽.

91 같은 책.

92 『集成』 13권 203쪽.

93 『武州世直し一揆史料』 302쪽. 요나오시적 잇키와 잇키세력이 특이한 장식을 한 것에 대해서는 제3절 참조.

94 鎌田久明, 『日本近代産業の成立』, 197쪽.

의 중핵에서 민중의 비일상적인 격렬한 고양이 전개된 것이라는 말이 이해
될 것이다.

또 잇키 지도자의 주위에는 종종 활동적인 중핵부대가 있었다. 이 부대
의 중심은 종종 주모 마을이나 그 주변 마을의 와카모노구미若者組였던 것
처럼 생각된다. 잇키의 지도자는 삼십대 이상의 경험이 풍부한 인물이 통
례였지만 그들의 손발이 되어 잇키의 가장 활동적인 요소에 와카모노구미
의 역할이 중요했음을 거의 확언할 수 있다. 그들은 별동대를 만들어 기습
에 대비하거나 여러 마을에 가서 동원강제를 종용하거나 우치코와시의 선
두에 서기도 했다.[95] 1872년의 미야자키현 사도하라잇키佐土原一揆에서 "붉
은 깃발 부대라 칭하는 강장조强壯組"가 있어 '숙민肅民 제일의 정병'이었다[96]
라는 것도 유사한 사례일 것이다. 그리고 잇키에 참여하는 것은 원칙적으
로 성인남자였다. 연령이 명시되는 경우에는 반드시 15세이상 60세 이하
의 남자이며, 같은 연령대의 남자 전원 또는 한 집에서 1명이 동원되었다.
1853년 난부 모리오카번 잇키 때에 "아주 늙은 사람과 젊은 아녀자"[97]까지
도 가담했다는 것은 이 잇키가 센다이번 영내로 도주하는 성격을 갖고 있
었기 때문일 것이다. 잇키 지도자가 여성이었다는 사례는 아마 사실이 아
닐 것이다.[98] 하지만 도시부의 우치코와시에서 여성과 어린이가 중요한 역
할을 한 경우도 많았다. 1866년 에도와 오사카의 우치코와시가 그렇다. 예
를 들어, 에도의 우치코와시에서는 "모두 앞머리가 있는 자 혹은 한마디로
연령을 얘기하지 않는 소아가 섞여" 있어 "남녀노소의 차별"이 없었다고

---

95 『東北諸藩』, 329, 723쪽. 『集成』 6권 498쪽. 『集成』, 13, 299, 302쪽.
96 『宮崎県百姓一揆史料』, 109쪽.
97 「三閉伊通百姓一揆録」 『集成』 6권 581쪽.
98 橫山, 『義民』, 60쪽.

한다.[99] 에도에서는 이 해 5월과 9월에 우치코와시가 있었는데, 후자와 관련된 인물로 우에노 부근을 지나가던 이인夷人에게 "이인 도래에 의해 여러 가지 물건 가격이 인상"되었다고 돌을 던져 호위하는 자와 난투하는 사건이 있었지만 그 주체도 "가난한 남녀와 어린이"였다.[100] 이 해의 오사카의 우치코와시에서도 "보자기 또는 자루와 나무통을 지참"한 "남녀, 어린아이 차별 없이 많은" 참여자가 몰렸다.[101] 에도와 오사카의 우치코와시는 농촌부의 그것과는 좀 성격이 달라 폭동이라기보다는 오히려 빈민들에 의한 음식물의 강요였기 때문에 아녀자도 중요한 역할을 다했을 것이다. 또 여성과 어린이라면 체포되어도 무거운 처벌을 받지 않을 거라는 배려도 있었을 것이다. 1858년 가나자와번金澤藩에서는 가나자와를 비롯해 각 도시에서 쌀값 폭등에 견딜 수 없었던 빈민투쟁이 있었지만 그 중심은 오히려 여자들이었던 것 같고, 밤마다 여성들이 울부짖으며 "남녀 교대로 방앗간搗屋에 찾아갔고 동시에 부자 집 문을 두드리거나 혹은 부수었다."[102] 1878년 도야마현富山県 이미즈군射水郡 호죠즈 후시키放生津伏木에서도 여성을 중심으로 한 쌀값 인하 투쟁이 있었다.[103] 후년의 쌀 소동=여보잇키女房一揆는 근세 말기에서 메이지 초기에 걸친 투쟁의 전통에 입각한 것이었다. 농촌부에서 여성과 어린이가 봉기에 참여하는 것은 거의 있을 수 없었다고 생각되지만, 광범위하게 굶주린 빈민 여성과 어린이에 의한 지지는 요나오시잇키의 중요한 조건이었다. 요나오시잇키는 호농상에 격렬한 우치코와시를 감행해 곡물이나 금전을 뿌리고 살포했다. 그 때 거기에 빈민 여성과 어린이가

---

99 『集成』 13권 179~180쪽.

100 小寺玉晁, 『丙寅連城漫筆』 제1권 355쪽.

101 같은 책, 22쪽.

102 『越中史料』 3권 640쪽. 鎌田, 『日本近代産業の成立』, 189~190쪽.

103 土屋喬雄·小野道生, 『明治初年農民騒動録』, 239쪽.

모여들어 뿌려진 곡물이나 금전을 줍는 경우가 종종 보이고, 잇키 세력이 "여성과 어린이에게 나누어주는" 경우도 있었다.[104] 요나오시잇키는 원래 "궁민을 서로 돕기 위한" 것으로 굶주린 가난한 여성과 어린이에게 있어서 조금도 두려운 것이 아니었다. 그들은 오히려 잇키 세력에 기대했기에 "곳곳의 부녀, 아동은 나쁜 사람이 아니다. 우치코와시의 모습"이라 말하는 경우도 있었고, 잇키 세력 쪽에서도 "떡을 찧어 근처의 가난한 집에 가져가 위문하는 것이 하루종일"이라는 경우도 있었다.[105] 요나오시잇키가 참여하지 않은 민중으로부터도 지지를 받았던 직접적 이유는 곡물을 싸게 팔도록 강제한 것과 뿌린 금전과 곡물을 빈민이 자유롭게 줍는 것이 가능한 것에 있었을 것이다. 근본적으로는 그것이 민중의 소원과 희망을 체현한 '요나오시世直し'였기 때문일 것이다.

2

이상의 기술은 봉기한 집단 속에는 강제되어 참여한 사람, 촌락 공동체의 일원으로서 수행한 것에 지나지 않는 사람, 부화뇌동으로 참여했던 사람 등 많이 포함되어 있음을 나타내고 있다. 하지만 봉기한 집단에 대해서 무엇보다 중요한 진실은 봉기한 집단의 위와 같은 성질에도 불구하고 그것이 생각하기 어려울 정도의 격렬한 활동성을 발휘한 것이다. 봉기했던 집단의 활동성은 우선 수천수만 민중의 재빠른 결집에서 나타났다. 그런 양상은 예를 들어, "이때의 회합은 이상하다. 평소 상담을 위해 모이는 50인, 70인의 회합의 모습에는 이것저것 내세워 불참자가 반드시 있다. 그런

---

104 『武州世直し一揆史料』, 20, 9, 171쪽. 『集成』 6권 750쪽.
105 「慶応二丙寅年秩父領飢渇一揆」 『集成』 6권 683, 688쪽.

데 이번에는 지각하거나 불참하는 일 없이 시간을 지켜 엄청난 인원이 모인 것은 어찌 된 일인가. 이것은 오로지 천마天魔의 소행에 의한 것"[106]인가, "(불구의 노인과 병인을 제외하고) 그 밖에 노인과 젊은이가 다 같이 나와 모여드는 것은 전적으로 일시적 발기에 실로 천마의 희망, 파순波旬의 소행이라 해야 할 것이다. 가령 6일 정오 무렵부터 어떤 형태로 전달하였는지는 몰라도 한 군내의 여러 마을의 거리가 먼데 눈 깜짝할 사이에 군내의 촌민으로 남자들이 모두 모여든 일은 정말 이상하다. 참으로 희대의 일이라고 사람들은 말"[107]할 정도의 모습이었다. 두 개의 인용이 천마의 소행인가라고 기술하고 있는 것은 반드시 우연의 일치가 아니고 또 어떤 비유도 아니었다. 봉기집단이 구성되기 시작하자마자 거기에는 일상적인 생활자로서의 민중은 상상하기 어려운 활동성이 용출해 민중 자신을 포함해 누구도 자유롭게 통제하는 것이 불가능한 집단적 위력이 성립한 것이었다. 이러한 누구의 손에 의해서도 제압될 수 없는 위력과 활동성이 존재하는 연유로 잇키는 천마, 천마귀신, 천구, 파순 등의 소행이라고 표현되는 일이 많았던 것이다.

　봉기한 집단의 위력과 활동성은 진압에 나선 관리에 대해서도, 호농상에 대한 우치코와시를 행할 때에도 발휘되었다. 사람들은 관리들을 매도하고, 큰소리로 비웃고, 잡담이 지나쳐 때로는 철포에도 맞지 않는다, 이 성을 공격해서 함락시키는 것은 쉽다는 등의 말을 하였다. 사람들은 활기에 차 밝았고 봉기한 집단의 권위와 위력은 지역사회를 압도했다.[108] 그 때 주의해야 할 것은 이와 같은 활동성을 발휘하는 것은 봉기한 집단 전체로서

---

106 「尚風録」『集成』 6권 244쪽.
107 「那谷寺通夜物語」『集成』 6권 51쪽.
108 이 책 제4장 263~264쪽. 번역서 ????????

의 특징인 것이다. 따라서 그 속에는 강제되어 참여했던 사람이나 부화뇌동으로 참여했던 사람도 포함되어 있었다는 것이다. 참여의 계기가 강제였다 할지라도 봉기한 집단과 일체가 될 때 사람들은 생각지도 못할 정도의 고양된 감정을 맛보고 잇키의 권위와 위력을 스스로 자기 것으로 여기고 살았다. 이리하여 "우치코와시 또는 음식 등을 마을로부터 차출하거나, 마을관리들이 상하로 하카마 등의 정장을 입고 서로 사죄하는 것을 재미있어 하고, 도당에 가담해 약탈행위를 하며 보행한다. 도당에 가담하지 않은 사람도 이미 같은 마음이 되거나,"[109] 강제되어 참여했던 사람들이 "막대기를 휴대하고 또는 도시락을 나르는 사람이 되어 함께 보행하는 중에 자연히 사람들의 기세에 빠져들어 재미"[110]있게 되기도 했다.

이름도 모르는 영웅이 등장한 것도 이러한 고양의 일환으로서였다. 특히 진압에 나선 무사집단과 잇키 세력과의 대결이 긴박해진 상황 가운데 잇키 세력 속에서 무명의 영웅이 등장해 중요한 역할을 한 것들이 주목될 것이다. 예를 들어, 창을 휘둘러 민중을 위협하는 관리를 향해 "오랫동안 죽음을 못 보았다. 아랫 마을의 가헤이嘉平가 한번 해 보라고 가슴을 자연스럽게" 내미는 사람이나[111], "군중이 큰소리로 비웃거나 욕하고 심지어는 난간에 올라 가슴을 드러내고 사격수를 향해 여기를 쏘아 보라"고 하는 사람도 출현했다.[112] 1846년 하마마츠번 잇키에서는 관리가 칼을 뽑아 달려들자, 그로 인해 잇키 세력이 도망치려 할 때 "그 중에 혈기왕성한 젊은이 한 사람이 수건을 동여매고 가뿐한 몸으로 나서 두더지うぐろもちさし를 겨드랑

109 「蒲原岩船両郡騒動実記」『集成』 6권 402쪽.
110 『武州世直し一揆史料』, 242, 296쪽.
111 「上田縞崩格子」『集成』 6권 188, 그리고 174쪽.
112 「津山藩領民騒擾見聞録」『集成』 13권 326쪽.

에 끼고 춤추듯 뛰어나가 오랜 세월 이 곳을 가렴주구하며 도적질한 쥐새 끼들, 무엇이 두려운가? 지금 나는 목숨을 버리고 너희들을 명부로 동행하 여 이끌려 한다. 두더지를 앞세워 달려들었고,"[113] 이것을 경계로 정세는 잇 키 세력에 유리하게 전개되었다. 목숨 아까운 줄 모르는 영웅이 출현하여 집단의 사기를 고양시켜 잇키 세력을 재정비했다. 이렇게 되자 관리들은 겨우 목숨만을 부지한 채 도망치는 경우가 많았다. 이러한 영웅에 혈기왕 성한 젊은이가 많았고 그들은 굉장한 투혼을 발휘하는 것이 통례였다. "농 민들 중에서 열여덟, 아홉의 젊은이가 나와, 상의를 벗고 곧장 나아가, 큰 소리로 잘못을 꾸짖어 순식간에 기세를 올리며 나온다. …그가 맨 앞에 나 가자 그 젊은이를 공격하였으나, 힘이 미약했던지 한 방으로 쓰러지지 않 았다. 오히려 이 자는 얼마나 담이 큰 젊은이인지 앞서 나와 가슴을 들이대 며 여기를 치라고 큰소리를 쳤다. 이때 또 한 방이 그 젊은이를 맞추었지만 여전히 쓰러지지 않는다. 또 여기를 치라며 이마를 쓸어 올렸을 때, 또 한 방을 맞아 겨우 그 젊은이가 쓰러졌다"[114]는 처절한 경우도 있었다. 이러한 영웅이 처음부터 봉기한 집단의 중핵을 이루고 있었던 사람들 중의 한 사 람이었는지, 아니면 나중에 합세해온 사람인지는 알 수 없다. 하지만 어느 쪽이든 이러한 영웅의 탄생은 봉기집단 그 자체의 영웅화에 다름 아니었 다. 이렇게 해서 권위와 위력이 있는 봉기집단의 일원이라 믿고, 철포도 맞 추지 못하는 진압군 병사는 두렵지 않다고 믿음이 가능했다. 잇키가 집단 으로서 규율이 있었던 것도 집단으로서의 이러한 고양의 일환으로 파악해 야만 할 것이다(규율에 대해서는 우치코와시와 관련하여 후술).

이미 서술한 바와 같이 농민 잇키는 민중이 살아가는 환상적 공동성 세

---

113 「破地士等窠」『集成』 13권 101쪽.
114 「三閉伊通百姓一揆録」『集成』 6권 607쪽.

계의 총체성 속에서 민중의 재액과 불행의 근거를 특정 악역으로서 조정하고 그것을 제거하려는 것이었다. 원래 막번권력의 역할로서 민중은 일상적으로는 그러한 역할을 막번권력에 대해 은혜를 입고 있었기 때문에, 지금의 민중은 그 역할을 스스로 떠안은 것이다. 따라서 스스로 떠안기에 가치 있는 사람으로서 홀연히 변용시키는 것이다. 물론 그와 같은 변용을 민중 개개인이 자각하고 있다거나 목적의식적으로 수행하고 있다거나 하는 것이 아니다. 봉기한 집단의 일원이 되는 것에 의해 사람들은 거의 필연적으로 봉기한 집단의 위와 같은 떠안기를 스스로 정한 것이며 일상의 생활자로서 사는 방식을 넘어버린 것이다. 평소 완력을 자랑하는 사람, 대단히 거친 사람, 완고한 인물과 같은 개인의 자질도 봉기의 소용돌이에서는 봉기한 집단의 역할과 활동성의 구체적 계기가 되어 생생하고 새로운 의미를 갖게 되었다. 무명의 영웅이 나타난다거나 절도에 대해서 엄격한 규율이 집단의 규범이 된다거나 사람들이 관리들에 대해서 잡담과 실언을 하고 크게 웃는 것과 같은 사실도 위에서 말한 집단의 역할과 활동성에 사람들의 일체화가 나타난 것이었다. 개개인은 봉기한 집단 속에 용해되고 융화되어 공동적 인격이라고까지 할 정도로 집단의 권위와 위력을 일상성으로부터 격렬하게 전환하여 스스로 생각지도 않은 가능성으로서 살아가는 것이다. 이미 서술한 바와 같이 이러한 고양의 최고치에서 "농민만큼 강한 것은 없다", "본보기가 좋지 않으면 연공은 상납하지 않는다." "이 성 하나쯤은 짓밟아버린다"는 정도로 믿어졌다 해도 민중이 실제로 막번제와는 다른 사회질서를 구상하고 있던 것은 아니었다(이 책 제4장). 하지만 농민이며 촌락 공동체를 구성하는 사람으로서 민중이 막번체제라는 기성의 질서형식 속에서 훨씬 자유롭고 자신에 차 보다 근원적 해방에 대한 원망願望과 능동성을 포함하고 있었다. 그렇기 때문에 농민잇키가 막번체제를 대신하는 세계상을 아무것도 갖고 있지 않다고 해도 봉기가 쭉 지속되고, 그것과 병행하여 봉기의 소용돌이 속에서 발휘된 민중의 활동성이 일상적인 훈련이나 생활태도로서 정착하고, 그 원망이 일상의 요구로서 정착해 간다면 거기에는 전혀 새로운 정신사적 조건이 형성되었을 것이다. 발생하지 않은 것의 가능성을 구체적으로 생각해서 묘사하는 것은 어렵다. 하지만 어느 정도는 가능하다. 봉기가 전면적으로 승리한 경우에는 잇키가 끝난 이후에도 아래에서 위를 범하는 제멋대로의 풍조가 남아 있었고, 새로운 분위기가 지역사회를 지배하는 경우도 있었고[115], 또 잇키가 만인을 위한 것으로 훔치는 것이 엄격히 금지되었던 일도 있었다. 따라서 농민잇키의 봉기과정에서 어느 정도의 가능성을 전망하려는 공상은 허용될 것이다. 민중투쟁의 고양이 민중의 정열적인 자기변혁 과정을 동반한 새로운 인간유형의 형성 과정에 한정될 수밖에 없었던 것은 동서고금의 많은 증언이 일치해서 얘기하는 바이다.[116]

---

115 원서 제4장 284~285쪽. 이 책의 258~289쪽.

116 좀 당돌할지 모르지만 각기 전혀 다른 역사적 조건 속에서 마음에 남았던 두세 사례를 원용해보자. 우선 태평천국혁명에 대한 린들리(A·F·Lindley)의 관찰이다. 린들리에 의하면, "태평군은 영리하고 솔직하고 무용에 뛰어난 사람들이며, 그들이 갖고 있는 특징은 도저히 표현할 수 없는 자유로운 풍격이 독특한 매력"이었다. 그들은 "인격 전체가 육체적으로도 정신적으로도 다 같이 놀랄 만큼 우수성을 나타내고" 있고, "얼굴 표정까지도 개선된 듯이 생각"되었다. 그는 "아시아의 각지를 방문했지만 일생 동안 아니 나의 동포 중에서조차도 태평군한테 받은 친절과 환대와 진지한 표정은 경험해본 적이 없다(リンドレー, 増井経夫・今村与志 訳, 『太平天国 李秀成の幕下にありて』 1권 87~89쪽)." 태평군에 참여하는 것으로 사람들은 이러한 새로운 매력적인 인간으로 자기를 형성했던 것이다. 다음으로 운동의 고양이 새로운 민중도덕의 고양을 불러일으킨 것에 대해서는 1919년에 뉴기니아의 파푸아령 카루후지방에서 일어난 천년왕국설적인 카고컬트(cargo cult)에 대한 기술을 들어보자. "나아가 운동 전체가 조직뿐만 아니라 일종의 윤리적 영향을 미치기 시작하고 이른바 개인의 내면적 규제력으로서 작용했다. 그것은 종래 파푸아인의 생활윤리를 변화시키는 것으로 적극적인 금욕, 절도와 난교의 금지, 죄를 지은 경우 고해와 같은 방면까지 이르렀다. 과오를 범한 사람은 공적인 제제를 받아 돼지를 제공하여 과료변상(科料辨償)을 하지 않으면 안 되게 되었다. 범죄의 고백을 부정하는 것은 어떠한 경우에도 허위행동으로 간주되며, 범죄는 이 운동의 지도자에 의해 폭로되는 것이 많았다(青木保, 「千年王国論とラジカリズムの伝統」『中央公論』,

그렇지만 농민잇키에서 집단적 고양은 이삼일에서 기껏해야 수일 정도의 기간밖에 지속되지 않았다. 이미 서술한 바와 같이 농민잇키는 막번제라는 사회질서 그 자체를 자명한 전제로 그것에서 특정의 악역을 조정하여 제거하려고 하는 것이었다. 그렇기 때문에 그러한 특정의 악역이 제거된 상태의 막번제 지배는 쉽게 재차 수용되어 봉기했던 집단을 순식간에 해체해 버렸다. 사실 문제는 봉기했던 민중이 생각지 않은 위력에 허둥지둥한 막번권력이 어쩔 수 없이 농민이 요구한 주요 부분을 승인한다고 하자, 농민은 순식간에 집단을 해체해 귀촌하는 경우가 많았다. 이와 같은 약속은 나중에 번복되는 경우가 많았기 때문에 농민들은 날인의 형식으로 정리한 문서에 의한 약속을 요구하는 경우도 있었지만, 선량한 관리奉行가 등장해서 농민의 요구를 인정한다고 전하자 "농민들은 삼가 머리를 땅바닥에 납작 엎드려 조아리고 그런데, 그런데 참으로 고마운 일이다. 영주님의 자비심은 수미산須弥山보다도 더 높다고 기뻐 뛰고, 한 차례 함성을 지르고, 21일 정오 무렵 모두 집합소에서 철수했다. 마치 썰물이 밀려가듯이 흔적조차 없어지고"[117], "희열의 함성을 지르고 각자 용맹스럽게 앞 다투어 마을로 철수하여 일시적인 평온이 찾아오고"[118], 금세 해체하는 일이 많았다. 필시 많은 농민은 일시적이긴 해도 잇키 세력의 요구를 받아들이는 계

1969년 1월호 40쪽)." 투쟁 속에서 민중에 어울리는 새로운 이상이 제시되자 '열광주의적 정열'을 가진 학습이 이루어진 것도 이러한 고양의 일환이었다. 1918~19년의 스페인의 아나키즘적 농민운동에서 농민들은 "누구나가 항상 읽고 있었다. 그들의 호기심은 샘물처럼 마를 날이 없었고, 또 배우는 것에 대한 갈망은 결코 충분히 치유되는 일이 없었다. 승마할 때조차도 말 위에서 고삐를 놓고, 고삐를 당기면서 읽었다"고 기록되어 있다.(E·J·ホブズボーム, 青木保 訳,『反抗の原初形態』, 80쪽.) 위의 몇 가지 원용한 사례에는 민중투쟁이 민중의 일상적 생활요구의 단순한 연장선상에 있는 것이 아니라 격한 감동적인 인간변혁의 과정에 다름 아니라는 보편사적 진실이 멋지게 소개되고 있다고 생각한다.

117 『東北諸藩』, 503~504쪽.
118 「那谷寺通夜物語」『集成』 6권 49쪽.

기가 없으면 쉽게 진정되기 어려웠다. 하지만 많은 경우 그 요구가 일정 부분 받아들여져 이삼일에서 수일정도의 고양을 경과한 후 잇키는 막부나 번국의 진압대에 의해 쉽게 진압되었다. 진압에 나선 관리가 칼과 창, 그리고 철포를 등에 들이대자 점점 격양되어 봉기한 집단의식이 고양되었고, 농민들이 그 무기들을 빼앗아 무사들을 공격하여 패주시키는 경우도 많았다. 하지만 그들의 무기, 특히 철포가 본격적으로 사용되자 농민들은 흐트러져 패주하는 것밖에 방법이 없었다. 그리고 이와 같이 일단 패주를 시작하게 되면 민중은 금세 무력해져 수동적인 개별분자로 분해되지 않을 수 없었다.

> 이 상황에 이르러 어쩔 수 없이 철포를 쏘지 않으면 안 된다. 소리를 듣고 공포를 느낄 것이다. 쏠테면 쏴 보라고 가슴을 두드리면서 좀처럼 물러서지 않는다. 한밤중 동녘에 구름이 생길 무렵, 활과 철포를 하늘로 쏘니 산산이 빗물처럼 날아 갔다. 떨어지는 총알과 화살에 맞아 그 자리에서 부상자 30여 명이 쓰러지고 체포되었다. 노상강도들이 두려워서 흩어져 도망가는 것을 봉으로 두들겨 패서 사로잡았다. 그 밖에 쇠갈고리 공격에 걸려 넘어져 생포된 자가 있었고, 등 뒤에 화살을 맞고 도망가는 자도 있다. 잠깐 사이에 노상강도는 모두 흩어져 도망갔다.[119]

인용은 철포로 위협받자 민중은 도리어 격양되었다. 하지만 실제로 무기가 사용되자 금세 패주하고, 잇키 세력이 해체되었음을 잘 전하고 있다고 생각한다. 「가모의 소란」도 "건방지다. 이 죽창은 무엇에 쓰는 것인가. 요나오시 신을 향해서 필시 쓰는 일은 없을 것"이라거나, 철포는 맞지 않는다고 잡담과 실언을 한 잇키 세력이 실제로 그 무기들이 사용되자 "도당

---

119 「天保太平記」『集成』 6권 492쪽.

에 참여한 자, 이 기세를 보고 지금까지 잡담을 했던 입술이 아직 마르기도 전에 목숨 아까운 줄 알고 뿔뿔이 도망치기 시작"[120]했다고 기록되어 있다. 이와 같은 해체방식은 잇키의 종언에 즈음해서 일반적으로 보이는 일로 이와 같은 경우에 사람들은 개인으로서도 또는 조직으로서도 버티는 것이 불가능했고, 그곳에서 도망쳐 나와 새로운 투쟁을 위한 근거지를 갖지도 못했다.

여기서 농민 잇키의 경우 사람들이 도망쳐 돌아가는 곳은 자기 마을로, 요새로 둘러싸인 근거지나 성채가 아니었던 것과 그 마을은 일상적으로 막번제 사회의 지배체계의 일환이었던 것에 유의할 필요가 있다. 사람들의 의식고양은 봉기한 집단 속에서 그것을 자기 것으로 한다는 범위에서 그 고양은 틀림없이 그들의 휘하에 현실적으로 존재했지만, 집단이 해체되어 패주하는 사람들에게는 무력한 상태에서 쫓기는 자로서의 공포와 불안이야 말로 현실이었다. 마을에 돌아간 농민들은 권력의 추급에 떨면서 막번제적 지배단위인 촌락의 구성원으로서 무력하고 수동적인 생활자로 되돌아갈 수밖에 없었다. 잇키가 승리해서 잇키의 소용돌이 속에서의 고양이 그 후의 지역사회에 반입되는 경우도 있었다. 하지만 그러한 경우에도 끝내 막번권력의 억압적 지배가 부활해서 "요즈음에는 윗사람의 위풍이 무겁고", 이번에는 농민 측이 "아랫사람들은 수군거리며 두려워하는 상황"이 되었다.[121]

그런데 전술한 바와 같이 쇼야와 나누시 계층이 폭동형의 대규모의 농민 잇키에 참여하는 것은 일반적이지 않았다고 생각해도 좋을 것이다. 그들은 잇키를 막고 합법적 제소청원에 의해 문제를 해결하려고 노력하는 것이 통례였다. 그들이 잇키를 만류하려고 한 것은 많은 사료가 전하고 있

---

120 「鴨の騷立」『集成』6권 520쪽.
121 원서 제4장 292쪽 참조. 이 책의 266쪽.

고, 우치코와시를 당해도 잇키에 나가지 말라고 마을 사람들을 저지했던 쇼야 등이 후에 영주의 표창을 받는 일도 적지 않았다(전술). 그리고 이와 같은 쇼야와 나누시 계층의 동향은 잇키의 종언에 즈음해서 중요한 의미를 갖는다고 생각한다. 그것은 그들 자신의 집이 우치코와시를 당하더라도 마을 사람들을 잇키에 참여시키지 않고, 음식물로 잇키를 향응하지 않는다고 규정한 것이 잇키의 종언에 커다란 계기가 될 수 있기 때문이다. 이러한 사례는 근세의 대표적인 대규모 잇키에도 보이는 것이다. 예를 들어, 1764년 덴바소동에서는 나누시의 회합에서 지금까지는 자신의 집이 우치코와시 당하는 것이 두려워 잇키 세력의 강제동원에 부응했기 때문에 잇키가 강성하게 되었던 것이라 하여 "이후 집을 제공하는 일에 대해 지배층 농민은 제공하지 말 것"[122]을 서로 약속하였다. 1786년 말의 후쿠야마번의 잇키에서도 종교정책의 최상위 관리인 지샤부교寺社奉行의 명령으로 쇼야들이 우치코와시를 당해도 음식을 내지 않고, 마을 사람들한테 잇키에 참여하지 않을 것을 맹세하게 하여 인장印形을 만들도록 하여 잇키의 종언에 중요한 역할을 다했다.[123] 게다가 쇼야와 나누시 등의 주도 아래 죽창과 철포를 가진 마을자위대가 조직되는 경우도 있었다. 특히 1866년 무사시의 요나오시잇키와 같은 해에 발생한 무라야마잇키에서는 이러한 자위책에 의해 잇키가 토벌되었다. 우치코와시를 당할 것 같은 도시사람町人들이 자위대를 조직하는 경우도 많았다.[124] 덴바소동에서는 농민들의 최대 증오대상이었던 가와다야川田谷 마을의 진자에몽甚左衛門이 "아타치足達, 오키가와桶川, 코노스鴻巢 근방의 불량배들"을 "1,600~1,700명" 모아 지붕 위

122 「武上騷動記」 『集成』 6권 233쪽.

123 「安部野童子問」 『集成』 6권 377쪽.

124 1764년 덴바소동(『集成』 6권 203, 223쪽), 1868년 고오리야마(郡上) 주변의 우치코와시(『集成』 13권 473쪽), 1871년 오미치(尾道) 마을의 우치코와시(『集成』 13권 622쪽).

에 장작, 돌, 재 등을 쌓아올려 잇키 세력을 막고, "70~80명이 칼을 빼들고 나가 베어" 잇키 세력은 사망자 130여 명, 부상자 780여 명, 생포 7명을 남기고 패주했다고 되어 있다.[125] 1866년 무사시의 요나오시잇키도 호농들의 자위군에 의해 진압되었다. 이 두 건의 잇키가 근세 최대의 잇키였던 만큼 특별히 주의해야만 한다. 사람을 살상하기 위한 무기를 갖지 않는 잇키 세력은 이러한 조직된 폭력에 제대로 대응하는 것이 불가능했다. 농민잇키는 농민들에게 공동성의 세계 내부에 있어서 자명한 악역惡을 제거하는 행위이며 따라서 자명한 정통성을 갖고 있지만 그런 까닭에 또한 농민전쟁이 아니었다. 군사력이 잇키 세력을 향하는 경우, 낫이나 괭이 등의 농기구를 가진 마을농민의 집단이며 군사조직이 아닌 잇키 세력은 금세 패주하지 않을 수 없었다. 무기를 갖지 못했던 것과, 조직적으로도 그러했던 것은 민중의 정신사적 전통으로서 조금도 불명예스런 것은 아닐 것이다. 하지만 조직된 군사력, 특히 철포를 갖춘 그러한 군사력에 오랜 기간에 걸쳐 저항한 것은 농민잇키에서 거의 불가능한 것이며, 따라서 봉기했던 집단의 고양도 며칠 가지 못하고 이러한 군사력에 의해 억압되지 않을 수 없는 성격의 것이었다.

농민투쟁이 마을 공동체를 기반으로 해서 조직된다는 사실 그 자체는 봉건사회의 농민투쟁에 대해 보편적인 역사적 사실일 것이다. 예를 들어, 중국에서도 명나라 말기 이후의 농민투쟁에서는 전호佃戶(소작농)들이 마을을 단위로 결집하고, 또 그 연합조직을 만들어 싸웠다고 한다.[126] 그렇지만

---

125 「武上騷動記」, 「天狗騷動実録」 『集成』 6권 236~237, 214쪽.

126 여기에서는 비교의 지표를 주로 중국사에서 따왔다. 중국의 농민전쟁에 대한 나의 이해는 田中正俊, 「民変·抗租奴変」, 小島晋治, 「太平天国」(이상 『世界の歴史11 ゆらぐ中華帝国』 수록), 谷川規矩雄, 「明代の農民反乱」, 安野省三, 「清代の農民反乱」(이상 『岩波講座 世界歴史12』 수록). 佐々木正哉, 『清末の秘密結社』, 窪徳忠·西順蔵, 『中国文化叢書 6 宗教』, 鈴木中正, 『中国史における革命と宗教』 등이 있다.

일반농민들이 마을단위로 조직되었다 할지라도 그 투쟁이 산채 등을 만들어서 특정근거지를 갖는다거나, 그 근거지 주변에는 평상적으로 권력지배가 충분히 침투해 있지 않았다거나, 두로회斗栳會나 가로회哥老會와 같은 다양한 회당會堂이나 이단적 종교결사와 같은 비밀조직이 항상 존재하고 있었다거나, 의적이 평소부터 커다란 세력을 가진 변경지대가 있어 농민투쟁의 진원지가 되기 쉽다거나 하는 여러 조건이 있으면 투쟁을 비밀리에 준비하는 것이 매우 좋은 상황이다. 일단 패배하더라도 근거지로 도망쳐 돌아가 재기를 도모하거나, 패배를 최소한도로 하면서 우선 권력지배의 취약한 변경지대나 산악지대로 퇴각하는 전술적 방법도 가능하고, 투쟁의 지도자를 권력의 소추에서 지키는 것도 가능할 것이다. 그리고 이와 같은 조건들 속에서 투쟁이 보다 지속적(종종 수년가 지속되는)이고 보다 조직적(지방정권과 같은 것이 형성되어 ××왕이라 칭하거나 원호를 제정하는 경우도 있다)으로 행하여지게 되면 전술적·정치적으로도 현저한 발전이 보이고 농민투쟁에 대응하는 고유의 세계관도 반드시 일정한 체계성을 갖게 되어 갈 것이다. 그렇지만 막번제체 하의 농민잇키에는 위와 같은 조건들이 완전히 결여해 있었다. 잇키는 막번제 지배하에 있는 마을에서 준비되고, 그와 같은 마을을 단위로 해서 동원되어 조직되었다. 잇키가 패배하면 사람들은 자기 마을에 도망쳐 돌아갔는데, 마을에 돌아간 농민은 이미 잇키의 집단을 완전하게 해체한 막번제적 마을 공동체의 주민이다. 막번제적 마을은 막번제 지배의 하부 기구이기도 했기 때문에 이와 같은 마을주민에게 막번권력은 무력한 수동성을 갖고 수용될 수밖에 없었을 것이다. 막번제 하의 마을에서도 농민들의 생산과 생활을 위한 공동체가 존재하는 범위에서 지배계급에 대한 대항성을 원초적으로 감추고 있었지만, 그 대항성이 명확한 형태를 이루어 지속적인 발전을 한다는 것이 현저하게 곤란한 상황이었을 것이다. 농민잇키가 그 봉기의 소용돌이 속에서 놀랄만한 권위와 위력을 가지면서 봉기한 집단은 기껏 며칠 정도 밖에 유지하지 못하고 봉기한 집단의 해체와 더불어 그 권위와 위력을 순식간에 상실하는 특질을 갖고 있었다. 따라서 사회사적 기반은 우선 잇키가 막번제적 마을을 기반으로 마을단위로서 조직되는 것이라면, 이러한 마을공동체를 넘어서 막번체제에 대항하는 이단적 의미를 갖춘 집단과 사유를 육성하는 항구적인 사회적 기반을, 봉기하는 민중의 주변에서 발견하기 어려웠다는 것에서 찾아야 할 것이다. 그리고 이러한 사정 때문에 많은 농민잇키는 애당초 그들에게 재액을 초래했던 악인을 제거하는 것에 그 놀랄만한 활동성을 발휘했지만 마침내 이 특정 악역이 제거되면 한편에서는 기성의 막번제적 지배를 수용하고 다른 한편에선 그 활동성의 대부분을 종종 오지ORGY(먹고 마시며 노는 난잡한 잔치)적 만족 속에 소비하고 종언했다고 말할 수 있다.

3. 우치코와시와 오지ORGY

1

농민잇키가 대규모화되고, 요나오시적인 성격이 더욱 강해지자 부화뇌동적인 참여자나 투쟁목적을 확실히 알지 못하는 참여자가 점차로 많아졌다. 요나오시적 잇키에서는 잇키의 발전에 따라 다양한 형태의 악당이나 거지, 도적도 가세했고, 마을 단위로 한 조직통제가 유효성을 잃고, 지도부의 통제가 운동의 주변부에서 밭이랑 물결처럼 붕괴해가는 것이 통례였다. 농민잇키의 이러한 방향 전개는 호농상층에 대한 우치코와시의 발전에 따라 현저히 나타난다. 우치코와시는 잇키가 대규모화되고 폭동적 성격을 갖게 되는 18세기 초 이래 많은 잇키에서 불가분의 전환이었지만 근세 후기에 진전된 계급 분해에 따라 점차로 그 비중이 늘어나고 막말의 요나오시잇키에서는 그것이 투쟁의 주요내용이 되었다. 우치코와시는 영주에 대한 투쟁과는 구별되어 도적의 소행이라 간주되는 경우가 많았다. 하지만 말할 나위 없이 우치코와시는 민중에 적대적인 기성의 부유층과 거기에 표현되어 있는 권위의 파괴를 의미하는 것으로서 훔친다는 절도를 의미하는 것이 아니었다. 그러한 파괴로서 "여러 도구나 창문은 말할 것도 없이 의류를 조각조각 찢어 내버리는 모습은 가을 삭풍에 날려 떨어지는 나뭇잎과 다르지 않다. 금은전金銀錢과 미곡이 각 마을마다 모래처럼 뿌려지고"[127], "구석구석까지 모두 다 찾아내 커다란 가재도구는 물론 밥그릇까지도 때려 부수는"[128] 모습이라 전해질 정도로 철저했다. 하지만 때려 부수는 우치코와시와 훔치는 절도와는 확실히 구별되어 있었다. 오히려 우치코와시는 절도와 다르다는 의식이 우치코와시를 더 격렬히 하게 했다고도 말할 수 있다.

우치코와시는 "향후의 본보기"[129]를 위한 것이며, "농민들만의 취지로 세상의 본보기로 착하지 않은 자를 징계"[130]하는 것으로 지역사회의 정의를 대표한 징악 행위였다. 수많은 재화를 눈앞에 두고 훔치지 않는 것은 봉기한 집단이 이러한 공적 권위성을 증명하는 것이었기 때문에, 농민잇키의 규율로서는 우치코와시를 할 때 훔치는 행위의 금지는 특히 중요한 것

---

127 「天保太平記」『集成』 6권 490쪽.
128 「奧州信夫郡伊達郡之御百姓衆一揆之次第」『集成』 6권 753쪽.
129 「奧海道五色」『集成』 6권 127쪽.
130 「慶応二丙寅年秩父領飢渴一揆」『集成』 6권 638쪽.

이었다. 그러한 규율로서는 「오슈 시노부군 다테군의 농민들 잇키의 경위
奧州信夫郡伊達郡之御百姓衆一揆の次第」에서 우두머리의 지시가 주지하는 바이지
만, 예를 들어, 1739년 돗토리번 잇키에서 우두머리의 지시도 그것과 유사
한 것으로 "목표지에 접근하면 규정을 정해야 할 것이다. 달리 허물이 없으
면 특별히 파손하지 말라. 불조심 해야 한다. 담배도 그 장소에서 피워선 안
된다. 의류 기물에 이르기까지 취하거나 벗어던지는 자의적 행동을 하거나
좋은 도구라 해서 자기 것으로 하는 것은 절도범이다. 모두 조사해서 때려
죽일 것[打殺]"[131]이라고 규정했다. 이러한 규율은 결코 표면적 명분론에 그
치지 않았다. 봉기의 와중에서도 의류 등을 훔치는 자가 있으면 "관계자들
을 찾아내 그가 누구든지 의류를 지참하게 한다. 훔친 것이 있으면 때려죽
이라 명령하든지, 곧바로 불 속에 던져 넣어 태우라"[132] 하고, 잇키 세력 중
에는 "사소한 물건이라도 결코 숙소에 가지고 돌아가지 않도록 지시하기
에 이른 것"[133]도 있었다. 인용에도 보이듯이 절도를 죽음과 연계하여 금지
하는 점에서 봉기집단의 내적 규약이 갖는 중요성을 말해주고 있다. 사실
절도가 있다 해도 그것은 결코 대규모적인 것이 아니다. 「가모의 소란」에
의하면, 괭이 한 자루, 옷감 한 필을 훔친 자도 마을 관리에 맡겨졌다.[134] "훔
칠 마음이 없는 사람은 가져가는 사람을 보고 어찌하여 칼이나 괭이를 취
하는가라고 말하면, 우리들이 가져온 부러진 갈고리 대신이야, 또는 우리
의 낫과 칼이 부서진 대신이야라고 대답"[135]했다는 것은 봉기의 고양에 비
해 얼마나 조신하고 소심한 '절도'였는지 말해준다.

---

131 「因伯民乱太平記」『集成』 6권 99쪽.

132 「武上騒動記」『集成』 6권 228쪽.

133 『東北諸藩』, 178쪽.

134 「鴨の騒立」『集成』 6권 514, 517쪽.

135 「那谷寺通夜物語」『集成』 6권 59쪽.

근세 후기의 요나오시적 성격의 잇키에서 봉기했던 집단 주변부에 광범한 빈민이나 악당들이 집결해 오면 그들이 물건을 훔치는 경우도 있었다고 생각한다. 하지만 그들은 「주산방전기靑山防戰記」의 저자가 저확하게 서술하고 있듯이 잇키의 본진부대와는 다른 부화뇌동적인 분자였다. 잇키의 본진부대가 금욕적이면서 불조심하는 규율적인 부대였던 것은 잇키 진압에 나섰던 저자도 인정하는 것이다. 이러한 부화뇌동적 궁민에 의한 절도가 많을 때 "강소한 사람에게는 이런 일이 없었고 아무래도 강도"[136]에 의한 것이라 간주되었지만, 잇키의 후반기에는 그러한 경향이 강했던 것을 많은 사료가 전하고 있다. 하지만 그러한 상황을

> 이 부근에 나오는 잇키의 한 사람은 참으로 도적과 같은 행태로 집집마다 들러 행패를 부리고 상점에 들어서는 수건 밑에 허리띠처럼 매는 담배주머니는 물론 비녀, 연지, 백분 등의 물건까지 내놓게 해서 마음대로 고르고, 그 중에는 하체를 가리는 시타오비下帶를 세 가지나 두르고 돌아가는 자도 있었다. 그 밖에 도로가의 집마다 들러 짚신은 물론 술과 음식 외에 우비 등 물건을 모두 가져가는 일.[137]

이라 서술하고 있는 것은, 거의 절도라고 해야 하지 않을까? 잇키는 음식 강요와 열렬한 향응대접을 동반했음을 생각하면 인용 부분은 그러한 음식 강요와 유사한 것이며, 그렇기 때문에 백주에 당당하게 "멋대로 물건을 가져가는" 것이 가능했을 것이다. 많은 사료가 절도로서 전하는 사실도 그 많은 것이 봉기한 사람들에게 있어서는 전혀 다른 의미를 가진 것이었다고 생각된다.

---

136 『集成』 13권 332쪽.
137 『集成』 6권 462쪽.

이와 같은 우치코와시의 발전이 근세 후기의 농촌과 도시에서 다양한 형태로 남아 있었던 광범한 기아에 허덕이는 빈민의 존재를 배경으로 한 것이었음은 말할 나위가 없을 것이다. 일상의 사회생활에 있어서도 이러한 빈민의 동향은, 혹은 촌락단위의 마을소동이나 다양한 분쟁을 통해서, 혹은 절도와 도박과 음주와 결부되어 기성사회의 질서를 동요시키고 있었다. 특히 1780년대의 동북지방은 이러한 질서가 황폐해진 전형으로 절도와 강도, 방화와 살인이 횡행하면서 기성질서는 사실상 붕괴해 가고 있었다. 기근 시에 방화나 살인이 많은 사례는 절도 때문에 일어난 것이며, 살인은 또한 절도에 대한 징계로서 된 것이기도 하다. "사기꾼처럼 얘기하는 것은 차치하고 손버릇이 나빠지고" 게다가 "잘못을 추궁한다 해도 배가 고파서 한 것이라 하여 부끄러워 하지 않고 잘못이라고도 말하지 않는" 상황이었다.[138] "요즈음은 여러 지방에서 이십 리나 삼십 리 정도도 혼자 걷기 어렵습니다. 그리고 밤중에는 이웃집에도 얼굴을 내밀기 어렵습니다. 또 곳곳에서 말을 훔치는 사람이 주야를 가리지 않고 있어 잠시도 눈을 떼기 어려운 일"[139]이다. 사람을 잡아먹는 일도 때때로 이루어져 인간적인 감성을 상실한 것에 더해 "부모자식간도 몰라보는 세상"이 되었다.[140] 극심한 기근으로 한 마을의 향촌에서도 서로 주의하고 평소 친한 이웃집과 친구 사이에도 출입을 멈추고, 사람의 마음도 변하는 시절[141]이 되었으며, 사람들은 생존을 걸고 처절하게 동물적으로 투쟁했던 것이다.

1780년대의 동북지방만큼의 참상은 아니더라도 잇키에 앞서 "너나 할

---

138 「天明癸卯救荒録」『集成』7권 344, 342쪽.

139 「天明癸卯年所々騒動留書」『集成』7권 281쪽.

140 「飢饉考」『集成』7권 468쪽.

141 「飢饉凌鑑」, 森喜兵衛, 『旧南部藩における百姓一揆の研究』, 72쪽.

것 없이 밤중에 훔치러 부자 집에 여럿이 난입하고 금은과 재물보화를 탈취한다는 소문 때문에 이와부네군岩船郡의 구석구석까지 모두 안심하지 못하고, 밤마다 침입하는 자도 없는데 마을마다 여럿이 불침번을 선"[142] 경우나, "도적이 횡행하고 각지에서 불덩이를 흩어던진"다는 유언비어가 성행하는 경우도 많았다.[143] 오시오大塩의 난이 종결된 직후의 오사카에서는 "금은의 대차는 하나같이 덕정德政을 실시하여 지금이라도 군사를 일으키지 않도록 하자는 풍문"이 자자하고 "카가카가라는 멜로디의 수상한 노래가 크게 유행"하여 금지하였는데, 그 무렵 "도적, 소매치기 등이 크게 세력을 떨치고, 스미요시住吉가도와 텐노지天王寺 부근은 말할 것도 없이, 시중에서 왕래하는 자들도 백주에 소지품을 빼앗기지 않으려고 마치 옆에 사람이 없는 것 같이 행동하는 지독한 상황"이며 "공적 권력이 없는 것과 같다"고 일컬어졌다. 박치기 무리頭突連中라는 것이 있어 "여럿이 도당을 만들어 사람에게 머리를 들이대는 싸움을 건 다음 사람들을 크게 협박하여 금은을 탈취"하였다. 절도나 노상강도와 같은 것은 별도로 하고 "건장한 젊은이 10명이나 15명이 한 무리가 되어 부자 집에 가 공복으로 견디기 어렵소. 먹을 것을 주시오"라고 말한다. 이 자들을 함부로 대하면 금세 큰 일로 번지는 상황이 되기도 했다. 어느 쪽이든 밥을 주고 돈을 주어 거슬리지 않도록 한다"거나 "악당인 진짜 거지는 떡이나 만두를 장사하는 가게에 들러, 열 명 정도가 한 무리가 되어 떡과 만두를 빼어 먹고 돈을 내지 않고 꼼짝없이 얻어맞을 경우도 각오하고 달려들고" 왕래하는 사람의 손에 들린 보자기를 탈취하는 일이 일상적으로 일어났다.[144] 아마가사키尼崎에서도 "아마가사키

---

142 「蒲原岩船両郡騒動実記」『集成』6권 389쪽.

143 『明治初年農民騒擾録』, 242쪽.

144 「浮世の有様」『集成』11권 289, 470~471, 553쪽.

히가시마치東町의 영세농민들이 여럿이 모여 쌀값의 폭등에 즈음해 채소가게에 가서 채소를 가져가고 과일가게에 가서는 다 먹어치우는데, 점점 사람들의 숫자가 증가"[145]하는 상황이었다. 에도에서도 1840년경에 실시된 덴포개혁의 전야에는 백주의 붐비는 사람들 틈에 품안의 물건이나 보자기를 빼앗아가는 사건이 속출하였다.[146]

그렇지만 절도, 강도, 갈취는 기근과 쌀값 폭등이라는 극한 상황의 시기에서 보이는 것만은 아니었다. 오히려 근세 후기에서 메이지 초기에 농촌에서는 지역과 시기에 의해 다르다고는 하지만 절도와 도박이 많고, 요나오시적 상황이라 일컬어질 정도로 불안정한 양상을 드러내고 있었다. 다치바나 모리베橘守部의 「대문잡기待問雜記」는 이러한 요나오시적 상황에 의해 위협받고 있는 호농상층이 주도한 경계심에 대해 서술한 저작으로서 주목하기에 충분한 것이라 생각한다. 그 경계심이란 예를 들어, 노복을 많이 부리는 집의 주인은 가신과 고용인이 잠든 이후에 노래와 글을 즐기고, 축시 (오전 2시)를 지나 잠들고, 장남 부부는 반대로 빨리 잠자리에 들어 인묘寅卯 시에는 이미 일어나라, 그리하면 노복의 밤놀이를 비롯한 나쁜 일이나 화재와 도난을 막을 수 있다, 도둑이나 화재에 대비해 잘 때 베개를 귀에서 떼고, 침구를 목까지 덮지 않도록 하라, 상대방을 공격할 수 있는 무기인 모래나 재, 혹은 뜨거운 물을 준비하라는 등 강도와 절도에 대한 조바심과 대비가 커다란 비중을 차지하고 있었다. 그 위에 타인으로부터 원한이나 질투를 받지 않도록 하는 수단을 모리베는 이상할 정도로 그럴듯한 리얼리티를

145 『西宮市史』 제2권 58쪽.

146 南和男, 『江戸の社会構造』, 95, 99쪽. 1770년대 에도에서도 "부내의 에타(穢多)와 히닌 (非人)들이 구걸하는 체하면서 청원 방까지 들어와 근년에 좋지 않은 일이 너무 많다. 관청 문 밖에서는 대수롭지 않은 얘기를 크게 외치면 시비를 걸며 여럿이 소란을 피우고, 그 틈에 닥치는 대로 물건을 훔치는" 상황이 발생했다(같은 책, 81쪽).

갖고 서술했다. 모리베에 의하면, 고용인들의 잘못은 바로 질책해서는 안 된다고 하고, 하찮은 의견도 잘 들어주지 않으면 안 된다. 의사를 소개하는 것은 병자가 죽은 경우에 원한을 갖기 때문에 그만두는 쪽이 좋다. "사람의 원한만큼 무서운 것도 없다"고 하고, "사람의 마음은 결코 빼앗아서는 안 되는" 것이다.[147] 모리베의 활동기반이 되어 있었던 북부 간토關東에서는 강도질暴儉, 노상강도草賊, 노름패奕徒, 망나니들暴徒의 들이닥침은 일상적으로 호농상층을 위협하고 있었고, 그것들에 대한 구체적인 방어책과 더불어 그러한 위해를 받지 않기 위해서는 평소부터 사람들의 원한이나 질투를 받지 않도록 세심한 주의를 할 필요가 있었다. 모리베에 의하면, "일신을 세우려는 사람은 일에 노력하는 것보다도 사람의 마음을 얻음"[148]에 있으며, 사람의 마음을 리얼하게 보는 국학의 주정주의主情主義는 그 때문에 더할 나위없는 최상의 방법이었다. 절도가 많다는 것은 굶은 빈민이 많은 막부말기 사회에서는 필연적인 것이었고, 그들의 눈은 항상 호농상의 재화에 쏠려 있었을 것이다. 이러한 사태 속에서 호농상층이 조심성 있는 생활태도를 취한 것은 가훈으로부터도 엿볼 수 있지만 히라오 쟈이슈平尾在修의 어머니가 시집간 이후 한 번도 낮잠을 잔 적이 없었다는 것도 그 하나의 사례일 것이다. 다시 말해, 그녀는 "그 시절은 지금과 달라 거지나 염치없는 사람이 하루에 찾아오는 수가 다섯이나 여덟 명뿐만이 아니다. 특히 집이 길 옆에 있으면 빨래도 위험하다. 그런 연유로 낮잠 시간에 실을 뽑거나 삼베를 삼는 것을 해서 온 집안을 감시하고 있었다."[149] 미야모토 츠네이치宮本常一의 『가와치노쿠니 다키하타 사콘유타 옹 구사담河內國滝畑左近熊太翁旧事談』에도 막

---

147 芳賀登·松本三之介, 『国学運動の思想』, 60~61쪽, 64~65쪽, 121, 99쪽.

148 위의 같은 책, 77쪽.

149 『但馬偉人平尾在修』, 116쪽.

부 말기에서 메이지 초기에 걸쳐 절도범과 도박꾼들이 많았다는 증언이 있다. "옛날에는 도박한 자가 많았다. 또 도둑도 많았으므로 야간경비夜番를 했다. …그러한 도둑이나 도박꾼들이 많았던 것은 막부 말기에서 메이지 10년경에 걸친 것이었다. …야간경비는 세상이 안정된 이후에는 뜸해지다가 시미즈에 주재소가 만들어진 이후 완전히 멈췄다." 사콘 유타左近熊太에 의하면 처음에 경찰은 낙태와 도박만을 단속했다. 또 다키하타滝畑는 진언종의 본산이 있는 고야산高野山으로 가는 여정의 길목에 위치하고 있었으므로 가난한 방랑자가 찾아와서 굶어죽는 일이 많았다. "그러한 사람들은 자신이 가난으로 죽어가는 것을 부끄러워해 대개는 산으로 들어가 사람이 보이지 않는 곳에서 굶어 죽었다."[150] 천황제 국가의 확립과 더불어 절도와 도박, 낙태와 아사자가 지역사회의 일상생활에서 마침내 과거의 것이 되었던 것이다.[151]

위에서 말한 바와 같은 기성질서의 붕괴 과정에서 도박꾼 패들과 와카모노구미若者組와 민속종교적인 봉축동료奉賀仲間들이 독자적인 역할을 수행했을 것이라 생각한다. 그 중에서도 와카모노구미의 역할은 특히 주의할 필요가 있다. 와카모노구미가 제례행사나 마을연극제 등을 단속했던 것은 말할 것까지 없지만, 그들은 마을과 거리에서 전통적으로 승인돼온 역할을 통해서 부호집안에 대한 봉축행사나 마을관리에 대해 마을규정의 휴일을 요구하고, 그것이 인정되지 않으면 다양한 방법으로 앙갚음을 하는

---

150 宮本常一,『河内国滝畑左近熊太翁旧事談』, 62, 69, 60쪽.

151 이와 같이 관찰한 사콘 유타(左近熊太)에게 천황제국가의 지배가 수용된 것도 당연한 것이었다. "(쥐참외를 먹는 가난한 생활을 말하고) 그렇게 생활하던 몸도 이제는 쌀밥을 조금씩 먹게 되고, 등나무 섬유옷에서 목면 옷을 입게 되었기 때문에 참으로 과분한 일로, 나는 무슨 일을 하든 바로 잠드는 일은 없다. 천황님을 비롯한 수많은 신들에게 배례하고 나서 자고 있다. 이런 시대가 된 것도 모두 천황님의 덕분이다"(위의 같은 책, 218쪽).

것도 가능했다. 와카노모구미에는 젊은이들의 도리道理나 젊은이들의 명분理屈이 있었다.[152] 그것은 호농층=마을관리 계층이 지배하는 촌락질서와는 이질적인 것이었다. 예를 들어, 비젠노쿠니備前国 와케군和気郡에서는 19세기 후반부터 제례와 기도, 기우제와 토공土公제 등의 명목으로 와카모노구미가 멋대로 휴일을 제정하고, 그것을 마을별로 실시하는 경향이 강해졌다. 그 때문에 "점차로 휴일이 연연이 많아져" 연간 30일이 넘는 마을도 있었다. 그리고 이러한 휴일에 반대하는 인물은 "욕심 많고 인정 없는 사람"이라 불려 원한을 샀다.[153] 초망草莽의 국학자 가츠라 다카시게桂誉重가 "젊은이들은 8월 15일 봉오도리와 정월 16일에는 지옥의 솥뚜껑도 휜하다고 서로 말하며 제멋대로 행동하고 법외 활동에도 죄를 묻지 않고 스스로 허용하는 것이 상식이 되었다. …상황은 점점 심해져 핑계 휴일과 억지 휴일을 만들고, 여러 가지 나쁜 놀이…, 한 집안의 가장이면서도 습성에 빠진 자"[154]가 많다는 것도 그러한 와카모노구미의 동향에 대한 우려였을 것이다. 젊은이들이 수박을 훔친다는 것은 근년까지 거의 공공연히 이루어진 것이지만, 오히려 그들은 원한을 갚는다며 작물의 묘목을 뽑아버리거나, 집문 앞에 거름을 뿌리기도 하고, 심한 경우는 처마나 건물 뒷쪽에 불쏘시개를 걸어놓기도 했다. 그리고 이와 같은 와카모노구미의 배후에는 마을 내의 불만분자가 있는 것이 통례로 "마을 내의 마음가짐이 좋지 않은 자는 이것을 이용해 젊은이를 부추겨 마을사람들에게 해를 입히는 것을 일상으로 하고 있었다." 이 "마을 내 마음가짐이 좋지 않은 자"는 또 도박꾼들과도 결부되

---

152 櫻井徳太郎, 『講集団成立過程の研究』, 326쪽 참조.
153 柴田一, 『近世豪農の学問と思想』, 186~187쪽.
154 「済生要略」『国学運動の思想』, 282쪽.

는 자였을 것이다.[155]

막부 말기의 요나오시잇키가 순식간에 대규모화되고, 격렬한 우치코와시를 동반했던 것은 전술한 바와 같이 굶주린 지역사회의 기성질서로부터 탈락될 지경에 이른 광범한 사람들이 참여했기 때문이었다. 예를 들어, 1736년 군나이소동郡內騷動에서는 처음부터 "곳곳에서 곤궁한 족속들은 말할 것도 없고, 도박하는 망나니들, 가짜 낭인, 그 밖에 구경하러 나온 젊은이들이 한결같이 어떠한 준비도 없이 마을마다 서로 가세"해서 "헤아릴 수 없는" 많은 사람이 모여들어 통제선도 무너졌다.[156] 1866년 신타츠잇키에서도 "여러 나라의 낭인무사 혹은 도적, 사기꾼, 심부름꾼 부류, 또는 무숙자, 거지, 피차별민인 히닌非人에 이르기까지 서로 뒤섞여" "악인들로 가득 찬 세계"가 되었다.[157] 요나오시잇키는 이러한 사람들을 순식간에

---

155 『但馬偉人平尾在修』, 38쪽. 그리고 본문에서 서술한 바와 같이 호농이나 마을관리를 중심으로 하는 마을 질서와 와카모노구미 관계는 근세 후기에 들어 때때로 대립하는 양상을 보인다. 때문에 요나오시 상황을 극복하여 새로운 촌락 질서를 편성하기 위해서는 촌락 차원에서 와카모노구미의 재편성이 지극히 중요한 과제였다. 와카모노구미의 제한이나 금지는 18세기 이후에 때때로 보였지만 막부 말기와 유신 초기에 촌락질서를 개편한 이후 천하의 모범촌이 된 마을에서는 지배적 지위에 있는 호농계층에 의해 와카모노구미의 장악과 재편성이 선진적으로 추진되었고 와카모노구미를 대신한 야학교(夜學校) 등이 만들어졌다(히라오 쟈이슈와 가타히라 노부아키 등의 경우). 이전에는 젊은이들의 자유로운 활동 시기였던 밤과 휴일이 "마을장로들이 휴일마다 젊은이들을 불러 모아 신도 학습을 교도"(桂誉重, 「済生要略」 『国学運動の思想』, 282쪽)하는 교화시간으로 재편성되어 상부로부터의 이데올로기적 장악의 기회가 되어 갔다. 그리고 메이지 20년대부터 메이지 말년에 걸친 시기에 와카모노구미는 청년회, 또는 청년단으로 개편되어 국가주의 이데올로기를 민중 차원에서 수용하는 과정에 커다란 역할을 하게 되었다. 근세에서 근대로의 이데올로기 구조의 전환을 생각하기 위해서는 이 와카모노구미에서 청년단으로의 전환이 갖는 의미가 크다. 이 전환에 대해서 야나키다 쿠니오의 적확한 비평을 인용해 두자. 국가주의적 이데올로기를 수용하기 이전의 마을 생활에서는 "이런 젊은 사람들이 사상의 중견이었던" 것이지만, "온 세상이 바뀌어 무엇인가 조그맣게 진보적 기운이 일어날 무렵에는 어느 마을의 청년회 등이 그 이름을 바꾸고 교장이나 군장에게 그 사상 열쇠를 맡겨버리기 때문에, 젊은이들 특히 자유주의자 등을 말하던 시기에는 좀처럼 상상도 하기 어려운 것이다"(「祭礼と世間」 『定本柳田国男集』 10권 423, 425쪽).

156 「甲斐国騒動実録」 『集成』 6권 497~498쪽.

157 「奥州信夫郡伊達郡之御百姓衆一揆之次第」 『集成』 6권 755쪽.

끌어들이는 것에 의해 격렬한 활동성을 발휘하여 지역사회를 놀라게 하는 것이 가능했던 것이다. 그렇지만 굶주린 반질서적인 사람들이 광범하게 존재하고 그들이 일상적으로도 음식물의 강요나 작은 절도 등을 빈발하게 하고 있는 상황이라 해도 그것은 요나오시잇키의 조건으로 잇키 그 자체도 그 맹아도 아니었다. 이미 서술한 바와 같이 요나오시잇키는 지역 공동성의 세계를 대변하는 징악 행위이며, 그 의미에서 공적인 정당성을 갖고 있었다. 우치코와시가 격렬하고 공공연한 것이었음은 그 때문이다. 우치코와시에 즈음해서는 얼굴을 감추거나 다른 마을의 사람이 선두에 서는 경우도 있었지만 백주에 공공연히 이루어지고 구경꾼도 많았던 경우도 적지 않았다. "구경꾼이 우리들보다 앞서 모여들어" 주위에서 함성을 질러 실제로 우치코와시를 행한 것은 그 백분의 일 정도의 인원에 불과한 경우도 있었다. 거기에는 "평소 밉다고 생각하는 사람들의 마음이 여기에서 일치해 보이기도" 하는 상황이 엿보이며,[158] 특정한(종종 우치코와시를 해야만 할 대상은 잇키의 지도자가 새삼스레 장부에 기록하고 있었던) 지역사회의 공통의 적이 대중의 면전에서 공공연히 응징되었다. 요나오시잇키의 위와 같은 성격 때문에 잇키세력이 부호자에 의한 시혜금전施金을 거부하고 "명심할 것은 이번 일은 오히려 도움을 사정하며 구걸하는 것이 아니다. 윗사람에게 아첨해서 여러 가지 신법을 추진하고, 아랫사람을 괴롭혀 자기 번영을 도모하는 자의 죄를 추궁하는 것이다. 많은 금전을 받는다는 것은 많은 사람들을 동원해서 압수하는 것과 같은 방법이 되지 않는가"[159]라는 경우도 있었고, 또 "영세농민들의 주의사항에는 이번 우치코와시를 하는 자는 손해배상에 관한 형벌"이 있기 때문에 우치코와시에 의해 분실한 전당물은 전당대금

---

158 「破地士等竄」『集成』13권 102쪽.
159 「改政一乱記」『集成』13권 314쪽.

의 4배로 변상하라는 경우도 있었다.[160] 게다가 1798년의 다카다高田번 시라카와藩白川 분령分領인 아사카와浅川의 우치코와시에서는 농민들의 어려움에 대해서 소원의 역할을 다하지 않았던 오쇼야大庄屋 계층을 우치코와시 하는 것에 대해 지방관청의 승인을 요구하자 지방관리가 "마음대로 할 것, 그 밖에 주변 사람들脇方에게 지장을 주지 말아야 한다. 그리고 또 지방관청御陳屋에는 조금도 손을 대서는 안 될 것"이라는 명령을 내리고 있다.[161] 1786년 도도번藤堂藩의 잇키에서도 감찰관리目付의 주택에 대한 우치코와시가 군부교郡奉行에 의해 허가되었다.[162] 1868년 쇼토지마小豆島잇키처럼 "고보치こぼち라는 인물은 상부에 대항하는 일도 없이 하부에서 발생한 사건과 관련되었다는 이유로 진상규명도 없이 마무리하는 것"[163]에 대한 이의제기를 통해 우치코와시에 참여한 사실을 요구한 경우도 있었다. 사실적 문제로서는 일단 우치코와시가 시작되면 영주권력의 손을 넘어서는 것이 보통이며 거기에 호농상층의 봉건권력에 대한 불신과 새로운 집권국가를 추구하는 원망願望이 생기는 것이지만(후술), 우치코와시라는 징악행위가 봉건권력도 뭐라 말 할 수 없는 지역사회의 공적 정통성의 표현일 수 있다는 것이 이해될 것이다.

2

그런데 봉기한 집단에서 나타나는 특유의 고양성과 활동성의 해방은 잇키 과정 전체를 특징짓는 것이지만, 자유롭게 활동하게 하는 우치코와시에

---

160 『東北諸藩』, 419~420쪽.

161 같은 책, 626쪽.

162 深谷, 『寛政期の藤堂藩』, 249쪽.

163 『集成』 13권 367쪽.

서 무엇보다 현저했다. 이와 같은 이상한 고양성과 활동성의 해방을 이해하기 위해서 「오슈 시노부군 다테군의 백성들 잇키의 경위」의 주지하는 곳을 참조해 보자.

세평이 이렇다. 이것은 이상한 일이다. 단순한 일이 아니다. 이 우치코와시를 하는 사람들 마음속에 천마귀신天魔鬼神과 같은 것이 침투한 듯이 보인다. 그런 까닭인가 이 사람들은 서로 합세하여 야차나찰夜叉羅刹(무섭게 생긴 귀신)과 같이 힘차고, 그 우치코와시를 하는 빠른 기술은 원숭이와 사자가 나무 끝에 오르는 것과 같다. 그리하여 거대 세력이 되어 아래로부터 위까지 우치코와시를 감행하지만, 부상당하는 일도 없이, 또 구석구석까지 샅샅이 찾아내, 커다란 도구는 물론 밥그릇까지도 깨부수는 일이 능숙하다. 밤낮이 바뀌어도 피로감도 보이지 않고 재미있는 일이라 생각하고 뛰어다니는 모습, 참으로 평범한 사람으로는 보이지 않고 아수라왕阿修羅王(인도 신화의 인간과 신의 혼혈인 반신)이 나타난 것과 같다.[164]

"이 우치코와시를 하는 사람들의 마음속에 천마귀신과 같은 것이 침투한 듯이 보인다"는 것은 우치코와시의 집단을 구성하는 민중이 일상적인 생활자와는 완전히 다른 무엇인가로 환생한 것이다. 그리고 천마귀신, 야차나찰, 아수라왕에 비유되고 있는 것은 일상적 생활자로서의 민중으로부터는 상상하기조차 어려운 이상한 위력이 발휘된 것을 서술한 것이다. 잇키가 천마파순이나 천구에 비유되는 것은 지극히 평범한 일이었지만, 거기에서 단순 비유를 보려 한다면 완전히 실수를 하게 될 것이다. 이러한 표현은 그저 봉기집단을 구성하는 민중은 일상적 생활자인 민중으로부터는 상상조차하기 어려운 활동성을 발휘하는 악마들로서 환생했다는 것을 애

---

164 「奧州信夫郡伊達郡之御百姓衆一揆之次第」『集成』6권 753쪽.

기해주고 있다. 인용문이 말해주듯이 그들은 원숭이나 사자와 같이 재빠르고 부상당하는 실수도 하지 않고 주야로 날뛰어도 피로감도 보이지 않는 "평범한 사람으로는 보이지 않았던" 것이다. 일상의 생활적인 실제와는 다른 위력을 신적神的이라 한다면 그것은 신적이라 말할 수밖에 없는 것이었다.[165]

평소에는 사람들을 억압하고 있는 호농상층의 재화를 맹렬히 파괴하는 일, 격렬한 음주와 포식, 기성질서와 권위가 전도해서 호농상층이 가미시모裃나 하카마를 입고 사죄하는 것은 그것 자체만으로도 이미 민중의 육체와 정신을 해방했다. 사람들은 함성을 지르고 창호지나 도구 등을 때려 부수고, 쌀가마니를 풀어 쌀을 흩뿌리고, 차용증서를 태우고, 술과 간장의 양조통의 테두리를 빼서 흘러내리게 내버려 두었다. 철저하게 파괴한다는 행위 그 자체가 사람들을 열광시켜 활동적으로 만들었다. 또 이러한 우치코와시 형태의 봉기는 예외 없이 만만치 않은 음주를 수반하고 있었다. 그리고 만만치 않은 음주는 사람들을 일상적인 생활방식에서 해방시켰다. "농민들 중에서 우수한 젊은이들이 모두 같이 탁주에 힘을 얻어" 진압에 나선 무사를 쳐부수어 패주시키는 경우도 있고,[166] "아무튼 많은 사람들이 뜻밖에도 모두가 많은 술을 마시고 광기의 몸이 되어⋯모두가 과음하여 전후를 망각해 곳곳에서 난동에 이르게 되고",[167] "술주정 위에 진짜 난동"[168]과 같은 상황이 우치코와시를 고양시키는 커다란 요소였다. "그 시기에는 어느 곳이든 곳곳에서 술을 베푸는 각별한 상황으로, 태연스런 사람은 한

---

165 「奧州信夫郡伊達郡之御百姓衆一揆之次第」의 위 인용 부분에 대해서는 松永伍一, 『一揆論』, 57쪽에 훌륭한 기술이 있다.

166 「野沢蛍」『集成』13권 54쪽.

167 『集成』13권 349쪽.

168 『集成』13권 469쪽.

사람도 없고, 참으로 광기와 같은 모습"[169]이라는 표현도 반드시 과장이 아니었을 것이며, 게다가 "모인 사람들이 모두 이 술을 손으로 떠서 마실 정도로 취해 쓰러지고 귀가 긴에는 통로에서 쓰러져 눈길을 주기도 힘든 모습"[170]이라는 상태에까지 이르렀다. 체포된 자 중에는 이렇게 취해 쓰러져 도망치지 못한 자가 많았다. 이와 같은 열광적 모습은 강제라는 형태로 참여했던 사람까지 모두 끌어들였다기보다 오히려 그러한 사람들에게 현저한 것이었다고 생각한다. 강제되어 참여한 사람들도 "자연스레 인심에 이끌려 재미있어지고 또는 술을 대접 받고 취한 나머지 중심인물들의 지시에 맞춰"[171] 우치코와시에 가세하였다. 혹은 "(잇키의) 출장소에서 전후사정도 가리지 않고" 봉기에 참여했던 사람들도 "악한 무리들과 같은 훼손방식이 충분히 이루어지고 의류, 금전을 탈취하는 일이 하나같이 마음에 들고 재미"[172]있게 되어 자진해서 우치코와시를 수행하게 되었기 때문이다.

그래서 우치코와시에 즈음해 광범한 사람들 속에서 집단행동의 특유한 "성격구조의 집합적 변용"[173]이 발생했다. 지금까지 억압되고 금제되어 온 사람들의 충동과 원망이 우치코와시 속에서 해방되어 사회적 지평에 처음으로 그 모습을 나타냈다. 그 충동과 원망이란 지금까지 하부의식의 세계에 봉쇄되어 있었던 것이었기 때문에 그 해방에는 민중 자신도 예측할 수 없고 통제되지 않는 격렬함과 분방함이 있었다. 그리고 우치코와시는 하부의 의식적인 충동과 원망의 해방이라는 이 특질 때문에 전통적인 축제와 그것에 동반한 집단적 음주의 오지ORGY에 근사한 성격을 갖게 되었다.

---

169 『集成』 13권 355쪽.

170 「武上騒動記」 『集成』 6권 228쪽.

171 「武上騒動記」 『集成』 6권 228쪽.

172 『東北諸藩』, 425쪽.

173 H·H·ガーズ, C·W·ミルズ著, 古城利明·杉森創吉 訳, 『性格と社会構造』, 89쪽.

우치코와시가 축제적 성격을 갖는 것에 대해서는 미야타 노부루宮田登가 지적하듯이[174] 「가모의 소란」에 "여러 사람을 구하기 위해서 큰 집을 목표로 축제를 하기 시작한다." '세간의 요나오시 축제'라는 표현이 보이고 또 우치코와시의 일을 "축제 음악을 한번 공연하여 여러 사람을 도와…"라고 말하고 있다.[175] 또 가재도구 등을 격렬히 파괴해 "아아! 경사라고 함성을 지른"[176]다거나, 우치코와시가 "축제장에 춤추러 나갔다고는 말할 수 없는 정도의 모습"[177]이라거나, 우치코와시에 즈음해 음식에 대해 "축제에서 처음으로 쌀밥"[178]이라고 서술된 것에서도 축제의 표현이 보일지도 모른다. 하지만 이러한 표현보다도 더욱 중요한 것은 사람들의 울적한 공격성이 해방됨과 더불어 그 과정에서 음식이나 의류에 대한 사람들의 욕구가 마음 가는데까지 충족되어 사람들이 철저하게 일종의 충족감을 맛보았다는 사실이다. 「오슈 시노부군 다테군 농민들 잇키의 경위」에서는 이러한 충족감에 대해 "잇키 세력은 모두 마실 것과 먹을 것은 물론 입는 것까지도 부족함이 없고, 참으로 미륵의 세상"[179]이라 여겨지고 있었다는 것은 이미 서술했다. 미륵의 세상이란 잇키 사료 속에서는 음식물이나 의류에 대한 사람들의 욕구가 마음 가는 곳까지 충족된다고 하여 철저히 느낀 해방성이었다. 1814년의 에치고노구니 간바라 이와부네 양군의 잇키에 대해서 "소란을 피우는 자들은 모두 갑자기 다카라산에 올라 나무에 매달린 모란

---

174 宮田登, 「『世直し』研究と民俗学」 『日本思想大系 月報 3』.

175 「鴨の騒立」 『集成』 6권 527, 514쪽.

176 「尚風禄」 『集成』 6권 243쪽.

177 庄司吉之助, 「解説 奥州信夫郡伊達郡之御百姓衆一揆之次第」, (『民衆運動の思想』, 487쪽)에 의함.

178 「国家の控はしら」 『集成』 13권 625쪽.

179 「奥州信夫郡伊達郡之御百姓衆一揆之次第」 『集成』 6권 754쪽.

떡이 된 마음이야말로 재미있다"[180]고 하는 것도 비슷한 의미일 것이다. 그리고 이러한 해방성이 도달한 곳에 방자한 욕구충족이 자기목적화하여 봉기한 본래의 목적을 망각하게 될 것이다. 완전히 취해 쓰러진 자가 직지 않았던 점에서도 주목되지만, "혈기왕성한 젊은이들은 모두 청원의 목적은 제쳐놓고 파는 물건을 남김없이 확인하는 것을 행복이라 하고, 찌부러트리고…짓밟거나 먹거나 하는 등 참으로 눈뜨고 볼 수 없는 형편"[181]과 같은 상황이 종종 보였다. 때로는 "사람들은 샤미센"을 꺼내서 연주하거나,[182] "잇키의 농민들이 충분히 포만감을 느낄 때까지 먹고 마셔 마침내 기세를 얻어,…그중에도 젊은 농민 20여 명은 약속한 듯이, 대광주리상자簞筍長持에서 꺼낸 의류를 골라 집는다. 각자 기모노를 갈아입은 그들은 그대로 니시3정목의 찻집으로 들이닥쳐, 제멋대로 난입해 술과 안주를 내놓게 하고, 배부를 때까지 먹고 마시고, 게다가 무리한 요구를 하여 직업여성女郎을 부르게 하여 희롱하며 노는"[183] 경우조차 있었다. 샤미센을 연주하고 여성과 희롱하는 것은 필시 예외적인 현상일 것이다. 하지만 울적하게 저지당하고 있던 광범한 민중의 욕구가 격렬히 해방되고 충족되는 과정에서 사람들은 엄청난 활동성을 발휘했던 것이며, 따라서 "충분히 배부를 때까지 먹고 마시고 마침내 기세를 얻는다"고 하는 오지orgy적 상황이야말로 대규모로 발전한 요나오시적 잇키가 활동할 수 있는 기반이었던 것이다.

그리고 이러한 축제적 성격의 일단으로서 우치코와시에 참여한 민중이 화려한 옷차림을 하는 경우가 있었다. 예를 들어, 1866년 신타츠잇키에서

---

180 「蒲原岩船両郡騒動実記」『集成』6권 390쪽.

181 「上田騒動右物語」『集成』13권 501쪽.

182 「周長乱実記」『集成』6권 449쪽.

183 「天保太平記」『集成』6권 491쪽.

는 "위의 소동에 참여한 많은 사람이 의복을 고쳐 입고 기이한 행장을 준비해서 화려하게 장식"[184]했다고 하고, 같은 해의 부슈잇키에서도 "폭도는 각자 꾸미는 일에 착수해 어깨띠와 머리띠, 그리고 허리띠에 울금鬱金이나 복숭아 색깔, 하얀 무명 등의 포목을 마음대로 잘라내, 그중에서도 도둑놈 심보가 있는 자는 5색 비단을 맞춰 약 3미터의 어깨띠를 만들고, 공단 저고리貢緞繻子와 우단羽緞, 혹은 부녀자의 기모노 띠를 허리띠로 하였다"[185]는 매우 흥미로운 현상도 보였다. 같은 부슈잇키에 대해서 "조직마다 우두머리가 있어 출발시에 아름다운 부채들 들고 진퇴를 지휘하는 일은 무엇보다 그럴싸하다. 모든 사람들이 빨간 띠를 두르는"[186] 것도 똑같이 화려한 장식에 대한 기술일지도 모른다. 우치코와시에 즈음해서 의류가 탈취되는 경우가 있었던 것은 술과 음식의 향응과 동일하게 축제적·오지적 충족을 위한 것이라는 측면이 있어 단순한 절도와는 구별하지 않으면 안된다. 그리고 화려한 의복을 갖추고 분장하는 모습은, 때로는 농민잇키에 대한 우리들의 이미지를 거의 전도시킬 정도로 열광적인 축제의 성격을 표현하는 것이었다. 다시 말해, 위의 신타츠잇키에서 "잇키의 참여자들이 기타한다北半田에서 거둬들인 자색 비단, 붉은 비단과 백청 등의 명주옷小袖 등을 사용하여 여성차림으로 분장하고, 혹은 연극배우를 흉내내는 자도 있고, 갑옷을 입고 무사 흉내를 연출하기도 하는 다양한 무대 속으로…, 축제의 춤마당에 나왔다고밖에 말할 수 없는 모습"이었지만, 특히 잇키에 참여했던 한 농민이 다이칸의 조사에 대해 다음과 같은 흥미로운 진술을 했다고 한다.

---

184 『集成』 6권 747쪽.

185 『武州世直し一揆史料』, 173쪽.

186 「慶応二丙寅年秩父領飢渇一揆」 『集成』 6권 684쪽.

예예, 저는 순순히 말씀드립니다. 지난 6월 17일 사오만 명이 모여들어 곳곳에서 돈 많은 집을 쳐부수는 일에 재미삼아 동료들과 어울려 야나가와梁川를 우치코와시 하고, 연이어 이카자와五十沢, 오쿠보大久保, 한다半田, 메시사카飯坂에서 후쿠시마 등으로 완력으로 밀고 들어가 쳐부순 것은, 그 재미가 어떤 것에도 비유할 수 없고, 그 중에서도 덴노스케傳之助의 주택을 쳐부술 때는 다양한 물건들을 산과 같이 빼앗은 까닭에 나도 다른 사람과 똑같이 흰 옷과 약간의 붉은 옷, 상의에는 전체 무늬가 있는 붉은 비단, 중국식 명주의 둥근 띠를 둘렀습니다. 주변을 둘러보고, 처녀머리 장식의 아름다운 관모를 쓰고 샤미센을 연주하면서 그 집을 나오자, 뒤로부터 14~15명이 같은 차림裝束을 하고 피리와 북 장단에 맞춰 춤추며 나왔습니다. 그때에 나의 마음은 천상계에 태어난 것 같고, 한평생 있을 수 없다고 생각되는 즐거움을 느꼈습니다. 이제는 이 세상에 바람이 없습니다. 마음이 당기는 것도 없습니다. 즉시 목을 내놓겠습니다. 머리를 자르든 무엇이든 좋을 대로 처분을 내려주셔도 조금도 마다하지 않겠습니다.[187]

위의 인용에서 보이는 화려한 여성 장식을 하고 열광적으로 춤추는 모습은 오카게 마이리おかげまいり와 에에쟈 나이카ええじゃないか의 일정 국면을 방불케 하는 것이다. 즉 오카게 마이리에 즈음에서는 이세신궁을 참배하는 사람이나 그것을 시행하는 사람들이 종종 화려한 분장을 하고 또 남녀가 각기 여장을 하거나 남장을 해서 "크게 신나고 들떴다." 그것은 지극히 열광적인 것으로 "지금처럼 젊은이와 어린이들은 이것施行을 진기하고 희한한 것이라 생각하고, 머리를 윤기 있게 장식하고 연지로 화려하게 장식을 해 즐거운 기분으로 유행하는 우마카타부시馬方節(말을 몰면서 부르는 노래)를 계속해서 부른다. 참으로 괴이한 누케 마이리 참배자들을 태우고 스쳐지나간

---

187 庄司, 「解説 奥州信夫郡伊達郡之御百姓衆一揆之次第」(『民衆運動の思想』, 487쪽)에 의함.

다"[188], "이 마을의 모든 남자는 여자 모습이 되고 여자는 남자 모습이 되어 붉은 비단의 명주 가미시모裃 차림으로 이세신궁 참배인을 가마에 태워 뛰어다니고, 높게 세운 두 기의 깃발에 오카게 마이리お陰参り의 수행 표시를 하고, 가마의 전후에 많은 사람들이 이세지방 음악의 박자에 맞춰 신명을 돋우며 매우 신나 들떠"[189]있었다. 그 위에 1830년의 오카게 마이리는 그 해 가을부터 다음 해 8월경까지 셋츠摂津, 가와치河內, 야마토大和, 이세伊勢 등 여러 지방에 휘몰아친 오카게 오도리お陰踊り로 전화했다. 오카게 오도리는 오카게 마이리가 사람들에게 유행했기 때문에 풍작이 되었던 것이라면서 화려한 분장을 하고 열광적으로 춤춘 것이었지만, 그 때 사람들은 "연공 상납은 조금도 개의치 않고 들떠 돌아다니거나", "부잣집마다 찾아가서 춤추며" 술과 안주를 강요했다. 영주권력과 마을관리에 의한 제지는 무시되고, 제지하는 자는 신벌神罰을 받는다고 여겨졌다. 그리고 연공에 대해서도 한 석一石당 세 말의 감면을 요구해 한 말의 감면을 획득하거나, 또 분기별 결산을 거부하기도 했다.[190] 이른바 집단을 이루어 신위神威를 매개로 한 열광적인 춤사위가 요나오시적 성격을 수반하고 있던 것으로 에에자 나이카와 흡사한 성격을 갖고 있었음이 이해 될 것이다.

그렇지만 요나오시적 원망을 담은 열광적인 춤은 오카게 마이리와 에에자 나이카만의 특징은 아니었다. 예를 들어, 1614년 닥쳐오는 오사카의 전쟁大阪陣에 의한 재액을 예감해 "천하태평, 국토안온"을 원망한 이세 오도리가 이세와 오우미近江, 교토京都와 도사土佐 등에 급속하게 파급되었지만 유사한 오도리는 그 이후에도 몇 번이나 발생했다. 1683년에는 에도에서 "이

---

188 本居大平, 「おかけまうての日記」『神宮参拝記集成』, 435쪽.

189 「浮世の有様」『集成』11권 95쪽.

190 같은 책, 106, 107쪽.

세는 어슴푸레, 스루가駿河는 흐림, 꽃의 에도江戶는 어둠이 되고, 닛코日光의 일은 괜찮은가, 오사카大阪는 괜찮아"라고 막부의 몰락을 암시하는 가사로 된 노래를 부르면서 매일 밤 수백 명이 춤추었다고 한다.[191] 또 1727년의 에도에서 오스기 다이묘진大杉大明神의 유행도 1730년 전후의 사회불안을 배경으로 "안바安葉 오스기 다이묘진이 악마를 쫓아버려서 좋다, 세상이 좋다, 좋다니까, 좋다니까"라고 요나오시적 원망을 담은 열광적인 춤을 동반한 것이었다.[192] 1780년대의 덴메이天明 기근에 즈음해서도 에도 근교의 노파들이 춤춘 "오타스케お助け 오도리"가 유행했다. 1839년 교토에서 발생한 "풍년豊年오도리"는 다음과 같이 '오카게 마이리'와 '에에쟈 나이카'의 일정 국면을 방불케 하는 것이었다.

> 교토 일원의 시내도 유곽도 하나같이 들떠 있고, 화려한 의류장식에 진력하고, 라사羅紗(두꺼운 모직물), 진홍 비단猩猩緋, 우단天鵝絨(벨벳) 등의 의류로 갖추어 장식하고, 남녀가 뒤섞여 귀천의 차별 없이 주야를 춤추며 돌아다니고, 백 명, 이백 명이 한 무리가 되어 크게 도리를 말할 것도 없다. 보지도 알지도 못하는 사람의 집에 사양인사도 없이 흙발로 뛰어 들어가 무법으로 춤추는 모습, 모두가 미친 사람과 같다.[193]

또 18세기말부터 19세기에 걸쳐 빈번하게 열린 오사카의 모래 나르기 砂持행사도 화려한 의상과 열광적인 춤을 동반한 것이었고, 그 와중에서 분기별 결산이 거부되는 것과 병행해서 "풍년, 세상이 좋아지는 번영"을 기원하는 것, 즉 곡물의 풍요와 안온한 세계를 대망하는 관념이 내포되어 있었다. 야마토大和에서는 1849년 서로 맞잡고 춤추는 '갓푸리かっぷり 오도

---

191 林基,『享保と寛政』, 98쪽.

192 宮田登,『近世の流行神』, 180쪽.

193 「浮世の有様」『集成』11권 539쪽.

리'가 유행하고, 1851년에는 농경신인 이나리에 의탁한 '이나리稲荷 오도리'가 유행하였다.[194] 유사한 '이나리 오도리'가 1866년 하리마播磨에서 발생하고, 단바丹波의 시노야마번까지 미쳤다. 이것도 "상의는 어린이의 빨간 비단, 가운데는 색깔 있는 비단, 하의는 주홍색의 지팡繻絆"을 입고 농사 일을 제쳐두고 열광적으로 춤추는 것이었다. 하지만 그 가사에는 "춤추지 않는 자는 요강과 베개 맡에서 의사를 맞이하여, 장수하세요, 쵸슈長州여 지지마라"라고 되어 있어, 두 번에 걸친 쵸슈정벌의 시기에 반막부적인 기분도 담겨져 있었다.[195] 또 단바 쿠니오丹羽邦男에 의하면, 1878년 6월 기후현岐阜県 이케다군池田郡의 마을에서는 '괭이 축제'라고 부르며 가마를 메고 신기神器(신령스런 도구)를 가진 사람들이 술에 취해 부잣집에 흙발로 들어가 큰 소리를 지르며 교대로 춤추는 사건이 있었다.[196] 이러한 요나오시 원망을 품은 열광적인 춤의 전통을 역사적으로 소급하면 그것은 645년 다이카 개신大和改新[197] 직전의 도코요노카미常世神 신앙이 유행하고, 고대 말기의 사회불안을 반영한 시다라신志多羅神의 신앙이 945년경에 유행하고, 1100년 무렵 유행했던 시라카와白河 원정기의 「영장대전악永長大田楽」[198] 등의 계보에 이어질 것이다.[199]

'오카게 오도리'는 니시가키 세이지西垣晴次가 말하고 있듯이 마을을 단위로 해서 거행되고, 근린의 마을들을 순회하며 춤을 추는 형식으로 확대

---

194 西垣晴次, 『ええじゃないか』, 245쪽.

195 小寺玉晃, 『連城紀聞』 제1권 420쪽. 岡 『近世農民一揆の展開』, 151~152쪽.

196 丹羽邦男, 「50年間書き続けたある地主の『日記』」 『朝日新聞』, 1971년 5월 7일 석간.

197 7세기 중엽 천황제를 중심으로 중앙집권적 정치기구를 만들려고 시작한 정치개혁.

198 1096년 여름에 교토(京都)에서 발생한 전악 즉 덴가쿠(田楽)의 유행.

199 예를 들어 西垣, 『ええじゃないか』 제3장 참조. 최근 성과로서 河音能平, 「やすらい祭の成立」(『日本史研究』 137, 138호)도 참조.

되는 것이 보통이었다. 이와 같은 공동체의 역할은 '오카게 마이리'에도 보인 것으로 참배나 시행은 종종 정촌町村의 마을공동체를 단위로 해서 이루어졌다. 오카게 마이리에는 (신에게 기원해 죄나 부정을 깨끗이 털어버리는) 오하라에 祓除(재앙을 물리침— 역자)를 마을의 씨족신氏神에 봉납하고 춤춘다는 성격이 있다. 춤의 에마繪馬(신사나 사찰에 기원을 하고 기원이 이루어졌을 때 그 사례로서 봉납하는 그림이 그려진 현판— 역자)가 씨족신사에 봉납되는 것도 오카게 오도리에서 마을의 역할을 생각하는 것에 더해 흥미로운 것이다. 그리고 이러한 춤들은 닥쳐올 기근이나 사회적 동란을 예측해서 그것들의 재액을 제거하고, 풍요롭고 안온한 세상의 도래를 미리 축하하려고 하는 것이었다.[200]

　　그렇지만 이렇게 재액을 없애주는 것을 사전에 축하하는 오지적 축제는 마을공동체의 민속행사에 근거를 갖고 있음을 민속학자들이 가르쳐주고 있다. 특히 이러한 관점에서 호리 이치로堀一郎의 「일본의 민속종교에 나타난 불제정화祓淨 의례와 집단적 오지에 대해서」[201]는 집단적 오지의 민속적 전통을 다양한 계절 축제 속에서 탐구하여 집단적 오지와 역사 변혁의 관련성을 설명하려고 한 시험작품으로 시사적이다. 호리에 의하면, 일본에서 집단적 오지의 민속적 전통은 연말의 부엌정화, 구걸物吉, 방문구걸, 피차별민 쓰루소메ツルソメ 등의 불제정화를 위한 하급 종교자의 방문이나 정월 보름의 귀신 쫓기追儺와 그것에 이은 여러 행사, 칠석축제와 그 밖의 8월 우라본의 행사의 그 흔적이 남아 있어 그 때에 금전이나 물품의 강요가 당연시되는 일이 많았다. 이러한 행사들이 집단적 오지로서 갖는 특징은 현실인 근세사회에서는 현저하게 보잘 것 없어져 어린이의 행사가 되거나 다른 의미를 가진 행사와 절충하여 흔적을 남기고 있을 뿐이다. 하지

200　西垣, 같은 책, 제5장 참조.
201　堀一郎, 『民間信仰史の諸問題』 수록.

만 민속행사인 계절축제 속에는 그런 요소가 널리 보이는데, 여기에서 신위神威를 매개한 집단적 오지의 전통이 일본민중에게 보편적인 의미를 갖고 있었던 것이 추정된다는 것이다. 또 이러한 오지적인 축제 속에는 난폭한 축제나 욕설 축제와 같은 것이 포함된 것도 주목된다. 예를 들어, 정월 15일 미야기현의 시오가마 신사塩釜神社에서 신사의례로서 행해지고 있는 '잣토나ザットナ'는 어린이들이 토지의 유력자에게 큰소리로 욕설을 퍼붓는 욕설 축제였지만, 치바千葉에서도 "마을사람들이 각자 가면을 쓰고 마을 지배계층인 지토와 마을장로의 바르지 못함을 비롯하여 평소 사람들의 좋지 못한 행실을 기탄없이 비판"하는 '치바와라이千葉笑い'라는 신사의례가 있었고, 에도 북쪽 근교인 센주千住에도 연회석상에서 사람의 비행을 매도하는 습관이 있었다고 한다.[202] 마치 중세 유럽의 권력자에 대해 자유롭게 욕설을 퍼붓는 축제인 '광기의 제전fête de folie'을 상기시킨다. 그리고 좀 더 가까운 신변에서는 축제의례의 미코시 즉 신여靈輿(가마)를 생각해도 좋다. 미코시는 특별한 날인 하레ハレ에 신위를 매개로 집단적 열광의 형태를 취하면서 공동체의 일상생활에서는 불가능할 것 같은 대중적 비판을 거행하는 것으로 평소에 증오받던 집안이나 욕심쟁이 집안이 피해를 입었다.

이와 같이 정리해보면 우치코와시에서의 집단적 고양과 오카게 오도리를 비롯한 그 밖의 열광적 오도리 사이에는 일종의 공통점이 보인다. 뿐만 아니라 그 기반에는 보다 토속적인 공동체 축제의 전통이 있는 것을 지

---

202 柳田国男,「祭礼と世間」『定本柳田国男集』 제10권 402~403쪽. 그리고 야나기타는 본문의 잣토나 등과 마츠리의 가마를 연속선상에서 파악하여 거기에 나타난 민중의 심중에 대해 "마을 사람의 치졸한 수사로 단순히 이것을 재미있다는 단어로 표현하려 한다. 재미있다는 단어는 건국신화의 아메노이와도(天の磐戸) 이래의 오랜 언어이다. 신과 인간의 신인융화(神人融和)라고 하는 것은 필시 이와 같은 경애를 의미한 단어일 것"(위의 같은 책, 420쪽)이라 기술하고 있다. 잇키에 참여한 민중도 우치코와시의 발전과정에서 우치코와시 그 자체를 재미있다고 한 것과 더불어 생각해야만 할 것이다.

적할 수 있다. 그렇지만 집단적 오지의 다양한 여러 형태 중에 촌락공동체의 생활양식 속에 제도화되어 있는 계절 축제는 근세일본에서는 이미 현저하게 미미해져 사람들의 억압받은 욕구나 원망을 거의 흡수하지 못하고 요나오시적인 공동성을 되돌리는 것으로서는 흔적만 남아 있었다. 그리고 이러한 계절 축제의 쇠락에 대응하여 다양한 유행신과 유행, 오카게 마이리와 에에쟈 나이카, 다양한 요나오시적 군무의 새로운 발전이 이해될 것이다. 마을 공동체를 기반으로 하면서도 그 틀을 넘어선 보다 보편적인 구제신이나 수호신이 등장해 민중의 억압받은 원망이나 욕구를 직관적 표현으로 가져왔던 것이다. 이러한 사례들이 집단적 오지에서 희구되었다는 구체적 이미지는 지극히 막연하지만 적어도 안온하고 곡물이 풍요로운 공동성 세계의 도래였다고 말할 수 있다. 다만 그러한 공동성 세계는 마을공동체를 넘어선 보다 보편적인 것으로서 이미지화될 수밖에 없는 단계에 도달해 있었던 사례도 있다. 1614년의 이세 오도리에서도 아마테라스오가미天照大神에게 수호받은 결과로서의 천하태평이나 국토안온이라는 관념이 명료하게 보이고, 그것을 더욱 구체적으로 말하면 곡물의 풍양과 전란이 없는 안온함이 국가적 보편성을 갖고 추구되었다고 말할 수 있을 것이다. 많은 유행신이 유사한 희구에 보답했던 것은 미야다 노보루宮田登의 『근세의 유행신』에 기술된 많은 사실에서 밝혀졌으며, 에에쟈 나이카가 국가적인 보편성을 갖춘 요나오시를 추구하고 있었던 것은 그 가요에서도 엿볼 수 있을 것이다.

오카게 오도리는 악마를 쫓아내는 곳, 풍년 신이 충고하신다.
이세의 천신님이 춤추라고 하신다, 춤추는 중에 세상이 잘 고쳐진다.[203]

---

203 西垣, 『ええじゃないか』, 243쪽.

정직하게 신을 받드는 사람은 자손이 번창하여 에에쟈 나이카.

나라마다 널리 내리신 불제정화 의례는 성세盛世도 나아질 징조로 에에쟈 나이카

충분한 오곡이 결실하는 토끼의 해도 넘어 경사스런 용띠의 해도 에에쟈 나이카.[204]

일본국에는 신이 강림하고 중국인 가옥에는 돌이 내린다. 에에쟈 나이카, 에에쟈 나이카.

일본국의 요나오시 에에쟈 나이카, 풍년을 기원하는 춤은 경사스럽다. 오카게 마이리 하면 에에쟈 나이카.[205]

오지적 축제는 전근대 사회에서는 널리 존재하는 것이었다. 거기에서는 일상생활자로서 자신을 내던져버린 사람들이 열광하는 집단과 융합해 일상의 사회제도나 규범 밖으로 일탈하게 된다. 그 때에 일상적으로 억압받아 굴절되어 있었던 욕구나 감성이 폭발적으로 표현되어 그것이 요나오시적인 의미를 잉태할 수 있는 것이다. 그렇게 일단 집단적 열광이 시작되면 누구도 거스를 수 없는 것은 매우 흥미로운 사실이다. 전근대 사회의 민중은 일상생활의 답답하고 눌린 억압상황의 극단적 지점에서 위와 같은 오지적 형태를 통한 공동성을 회복하는 것이며, 그것은 독특한 세론世論을 형성해 지배계급까지 제약했던 것이기도 했다. 그뿐만이 아니다. 그것은 종종 공동체의 축제로서 기존의 사회제도 속에 편입되어 사회적으로는 무해한 것으로 전화되었던 것이다.[206] 후자의 의미에서 오지적인 것은

---

204 같은 책, 273쪽.

205 山口吉一, 『阿波ええじゃないか』, 96, 98쪽.

206 집단적 오지의 이러한 성격은 인류사를 관철하는 것이라 생각된다. 여기에서는 알제리 민족해방투쟁 과정에서 연마된 F·파논(Frantz Omar Fanon)의 분석을 원용해보고 싶다. 프랑스의 식민지 지배체제 하에 있었던 알제리에서는 극도의 억압성이 증대하는 과정에서 원주민의 감정은 일촉즉발의 상태로 고양되어 가고, 유럽인의 정신병리학자에

억눌린 욕망이나 분노를 해소시키거나 혹은 거기서 느끼는 카타르시스이
며, 그 의미에서 사회체제를 유지해가기 위한 안전망이었을 것이다. 이것
과 대비해서 전술한 에에쟈 나이카의 가요는, 막번체제라는 집권적 국가
와 민족적 통일성의 발전에 규정되어 제한적이었던 민중의 해방이 사실상
국가적 차원에서 추구되지 않을 수 없는 시대가 도래한 것이었다. 그리고
그러한 성격을 함축한 오지적 축제만이 광범한 민중의 열광과 욕구를 실
제로 끌어낼 수 있는 것이었음을 말해 주고 있다. 이러한 의미에서 에에쟈
나이카는 요나오시적인 춤이나 다양한 유행신을 포함해 막번제의 동요 속
에서 생성된 민중의 원망願望과 불안을 표출하기에 어울리는 새로운 집단
적 오지 형태의 창조였다. 그런 까닭에 기성질서와 제도권 밖의 광범한 민
중이 생각지도 못할 정도로 고양된 에너지를 결집해 지배계급을 당황하게
만든 것이 가능했다.

　이러한 요나오시적 오도리와 우치코와시가 서로 다른 것은 후자가 민
중의 공동성 세계에 있어서의 공통의 〈적〉을 명시한 투쟁이었던 것에 비
해 전자는 그것이 아무리 활동적이었다고 하더라도 기본적으로는 민중의
억압된 정신과 육체의 카타르시스로서의 축제였다고 하는 것이다. 요나오

게 원주민은 히스테리라고 불리게 되는 상황이 벌어졌다. 그러한 긴장상태가 춤과 빙의
를 통해 일시적으로 해소된다고 파논은 말하고 있다. 춤은 "무엇이든 허용되는 자유로
운 모임"이며, 거기서 "축적된 리비도(성적 욕망), 방해받은 공격성"이 해소된다. "남자
건 여자건 갈 때는 안절부절 조심스런 발걸음으로, '바짝 긴장해' 있다. 그렇지만 돌아
가는 길에 마을에 다시 찾아오는 것은 안정감이며, 평화이며, 부동성이다." 하지만 파논
에 의하면, 해방투쟁의 발전 과정에서 사람들이 스스로 해방투쟁을 실천적으로 추진하
게 되면, 이러한 행위들에 기대는 민중의 애착은 "기묘하게 상실해 가는" 것이다（F·ファ
ノン著, 鈴木道彦・浦野衣子 訳, 『地に呪われたる者』, 35~36쪽）. 식민지체제의 억압성
은 "축적된 리비도, 방해받은 공격성"이라는 민중의 정신과 육체적 현실로서 존재하고,
이것이 춤이나 빙의(파논은 동포에의 공격성을 들고 있다)를 통해 주기적으로 해결하는
긴장해소와 대극을 이루고 있는 것이다. 다만 이런 정신분석학적 구조의 현실 근거는
프랑스의 식민지 지배체제라는 알제리 사회의 객관적 구조에 다름 아닌 것이다. 정신분
석학적 방법과 사회과학적 방법을 결부시킨 파논의 집단적 오지(orgy)의 파악은 지극히
시사적이다.

시적 오도리도 부잣집에 음식과 금전을 요구하기도 하고 흙발로 방안에 들어가서 춤추거나, 연공상납이나 분기결산을 일시적으로 포기한다는 점에서 요나오시적 잇키에 가까운 성격을 갖고 있었다. 또 우치코와시가 반드시 술과 음식의 향응을 동반하는 것이나 때로는 전술한 바와 같은 축제적인 오지를 수반한 점에서 요나오시적 오도리와 유사했다. 하지만 요나오시적 오도리에서 음식과 금전의 강요는 이세신궁을 비롯하여 신위를 매개로 한 축제적 오지로서 지역사회의 모든 사람들에게 용인된 것에 대비되는 것이다. 잇키는 민중의 환상적 공동성의 세계적 전체성 속에서 상대=〈적〉을 명시해서 징악하고 또 제거하려는 것이었다. 우치코와시에 즈음해서 음식을 융숭히 대접받고 의류나 도구가 처참히 부서지고 파괴될 때, 그러한 행위 자체가 민중을 도취시킨다. 그러한 육체적 경험은 그 자체가 자기 행위를 목적화하는 경향도 있었는데, 그러한 우치코와시 과정의 오지적 열광은 특히 근세 후기의 요나오시적 잇키의 활동성의 기반이기도 했다. 하지만 이러한 활동성도 〈적〉을 명시하고 징악하고 제거한다는 잇키의 전체적 구조 속에서 제대로 발휘되었다. 즉 민중의 열광적인 활동성이 전통적인 공동체의 축제 속에 있어서가 아니고, 또 새로운 형태의 축제적 오지 속에 있어서만도 아니고, 이러한 적대적 계급관계를 공개적으로 표시해서 우치코와시라는 투쟁을 수행하는 과정에서 발휘되었던 것에 주의할 필요가 있다. 요나오시적 오도리와 잇키의 일정 측면이 축제적인 성격에서 유사함을 지적하는 것은 민중운동과 그 의식의 통일적인 파악을 위해 꼭 필요하지만, 잇키의 축제성의 강조가 투쟁적인 측면까지 함축하면서 전개하는 잇키의 전체상을 간과하는 것이 되어서는 안 된다. 농민잇키도 요나오시적 오도리나 공동체적 축제도 이 세계가 갖고 있는 공동성의 비일상적인 회복이며, 그 중에는 공동성에 적대적인 것에 대한 응징이라는 의미도 담겨 있었다. 그렇기 때문에 집단적인 열광이 그러한 회복과 응징을 가능하게 하고 있었다. 하지만 잇키는 이 세계가 갖는 적대성을 사람들에게 공개적으로 개시한다는 점에서 축제적, 오지적인 어러 형태와는 달랐고, 그런 연유로 지배질서의 입장에서는 결코 용인할 수 없는 것이었다. 그와 같은 잇키가 지닌 한 측면으로 집단적 오지의 민속적 전통과, 그 새로운 여러 형태가 연계하는 성격을 갖고 있었던 것은 잇키의 활동성이 얼마나 깊이 민중의 존재양식에 뿌리박힌 것이었는지를 가르쳐주는 것이다.

4. 새로운 가능의식에 대해서

1

막번체제의 동요와 민중투쟁의 전개 속에서 막번제적 세계상의 자명했던 정통성이 흔들리고, 통일정권을 향한 지향이나 요나오시 다이묘진世直し大明神에 의한 구제원망이 생성되기 시작한 것에 대해서는 이미 서술하였다. 이미 잘 알려진 바와 같이 잇키가 통일정권을 지향한 사례로는 1712년 다이세이지번大聖寺藩의 잇키 기록인 「나타지 밤샘이야기那谷寺通夜物語」에 "교토 임금님의 농민이 되려고 최선을 다한 사람"이라는 내용도 있다. 요나오시 다이묘진에 대해서는 다누마 오키토모田沼意知를 암살한 사노 젠쟈에몽佐野善左衛門이 요나오시 다이묘진이라 여겨진 1780년대 무렵에는 그것이 민중의 변혁원망을 응집하는 상징적 관념으로 성장하고 있었다고 생각한다. 농민 투쟁이 교토의 조정과 공가세력을 이용하려고 한 사례도 난부 모리오카번 잇키의 미우라 메이스케三浦命助의 경우 외에도 1773년 히다노쿠니 오하라大原소동과 1837년 신슈 이야마飯山소동에서도 확인할 수 있다. 그뿐만이 아니다.

예를 들면, 1830년대 긴키近畿지방에서는 민중적인 입장에서 막연하나마 에도막부에 대항하려는 반막부 의식이 꽤 다양한 형태로 전개되고 있었다. 그 구체적인 대표사례로 오사카에서 난을 일으킨 오시오 츄사이大塩中斎의 격문이 "중국의 요순시대와 아마테라스 오카미의 신화시대로 복귀"를 이상으로 내건 것도 주목해야 한다. 하지만 나아가 오시오의 난의 영향을 받은 노세能勢잇키가 "이번 가을 설령 풍작이라 해도 대차를 변제하면 끝이라면서 덕정령德政令을 내려줄 것"을 요구하고, 그것이 "무엇보다 각별한 인덕仁德을 갖고 있는 천제天帝로부터 지방관리地頭들에게 명령을 내려주도록" 요구한 것도 주목할 필요가 있다.[207] 노세잇키에 앞서 1837년 오사카의 거리마다 "오시오 헤이하치로大塩平八郎의 은밀한 이야기도 채용되지 않고" 쌀값을 끌어올렸다 하여 부잣집을 방화해 공격하겠다는 벽보가 붙었다. 거기에는 "부교奉行가 나와 해결해 주면 그대로 있을 것이다. 무섭다고 생각하면 신속히 에도성이 있는 간토關東로 물러가야 할 것이다. 만약 이 벽보를 뜯을 시 그 마을을 가장 먼저 방화할 것이다. 어느 쪽이든 오사카성을 목표로 해서 좁혀갈 예정이다. 뜻을 같이하는 사람들은 이마미야모리今宮森에 집합할 것"[208]이 적혀 있었다고 한다. 오시오 헤이하치로의 반란은 그의 자결과 더불어 진압되었다. 하지만 그의 영웅담과 전설은 남았다. 오시오는 죽지 않았다는 소문이 끊임없이 나돌았고, 오시오의 난을 소재로 한 연극(『기효석만간其曉汐満干』)이 시모노세키下関와 구마모토熊本 등에서 큰 인기를

---

207 「浮世の有様」『集成』 11권 398쪽. 『豊中市史』 사료편 3권 314쪽.
208 「浮世の有様」『集成』 11권 357쪽.

끌었던 일, 오시오의 원령이 사람의 얼굴을 한 벌레가 되어 나타났던 일, 에도에서도 "낭인 이십육, 칠 명이 비밀리에 도당을 만들어 오시오 헤이하치로와 같은 생각을 하였다"고 하여 체포된 일, 오사카의 고도몬젠御堂門前에 "오시오 헤이하치로 여기에 계신다"는 벽보가 붙은 것, 오시오는 그리스도교의 요술을 부리기 때문에 체포되지 않는 것[209]이 그것인데, 이와 같은 오시오 전설의 확산은 민중의 변혁대망의 징표로서도 매우 흥미로운 사실이다. 또 가가번加賀藩의 번정개혁이 "금은대차金銀貸借 하나같이 덕정"이라는 소문이 퍼져, '카가, 카가'라는 괴상한 노래가 유행했다거나(전출), 쇼군이 요즘은 검약이 중요하기 때문에 세 개의 아오이葵(도쿠가와가의 가문家紋)는 필요없다, 하나의 아오이로 하고, 두 개는 상인에게 팔라고 했다는 통렬한 블랙유머가 교토와 오사카 지방에서 유행한 것[210]이나 도적조차 "공의가 없는 것 같"(전출)다고 막부관리를 매도했다는 점에서 복잡하게 굴절한 형태로 막번 권력을 비판한 사례로서 그 나름대로의 의미가 있다.

그렇지만 오사카와 그 주변부의 이른바 긴키近畿선진지대의 특색은 이러한 비판의식을 다양한 형태로 키우면서도 대규모 농민잇키나 폭동형의 도시都市우치코와시로는 쉽게 전개되지 않았다는 점이다. 이러한 사태의 사회경제사적인 근거는 이 지역이 막번체제의 전체구조 속에서 차지하는 특수한 위치에 의한 것이지만, 그것만으로도 대규모의 잇키나 우치코와시로 전개하지 않은 민중들이 미묘하게 발효醱酵시킨 사회의식을 고찰할 수 있다. 다양한 낙수落首나 벽보, 전술한 모래 나르기砂持공양이나 몇 개의 요나오시적 오도리踊 등도 그러한 관점에서 주의 깊게 검토해야 한다. 「잡기후차의 훈계雜記後車の戒」에 의하면, 1830년대 오사카의 쌀값 폭등은 도지마

---

209 같은 책, 494, 509, 678쪽.『西宮市史』 제6권 59쪽.
210 「浮世の有様」『集成』 11권 510~511쪽.

堂島의 미곡상인과 오사카에 쌀을 집적하는 서일본西國 다이묘들이 결탁해서 쌀값을 끌어올렸기 때문이라고 생각하지만, 여러 번 붙여진 우치코와시 벽보나 천구 이나리 등의 "오사카가 모두 새까만 대지"가 될 것이라는 예언[211]에도 넓은 시야에 선 인식이 포함되어 있었다. 1835년 정월 교토에서는 후시미이나리의 여우가 "금년은 풍년으로 엽전 백몽에 쌀 세 되를 팔도록 하셨다"는 계시와 더불어 춤을 추었고, 그로 인해 교토 후시미 일대는 "모두가 들떠있는 참배자 무리"를 이루었다. 하지만 그 소란은 월말에 오사카에 전파되어 다마즈쿠리 이나리玉造稲荷가 똑같은 예언을 고지하여 여우가 춤을 추었다고 한다.[212] 이것은 신위神威와 춤추는 행위 속에 쌀값 인하의 소원이 담긴 사례지만 좀 더 개인적으로 보면 광기의 형태를 띠는 것도 있었다. 예를 들어, 덴포天保개혁 때문에 큰 손해를 본 종이가게 주인이 발광하여 "맨 몸이 되어 아랫도리 띠도 하지 않은 채" 주위를 뛰어다니며 "큰 손해를 보았다고 막부公儀를 비방하고, 이쪽은 에도에 내려가 무사가 되어 어떻게 해서든 이번의 취의趣意를 개혁하고 여러 사람을 위한 것이 되도록 방법을 강구해야만 한다고 말했다. 그리고 오사카 죠다이城代와 마치부교町奉行 등의 사안을 격렬히 매도하며 돌아다니는"[213] 경우나, 덴포개혁에 즈음해서 교토 니시로쿠죠西六条의 불단 가게 주인이 닥친 곤궁과 여러 사람의 어려움이 없도록 하라고 교토 관청인 마치부교쇼町奉行所에 청원하였다가 미친 사람亂心者으로 구류처분을 받았다. 하지만 탈출해 "목숨을 내던지고" 에도 마치부교에게 청원하는 경우도 있었다.[214] 광기는 가장 고립된 형

211 『集成』12권 67, 68쪽.
212 「雜記後車の戒」『集成』12권 59쪽.
213 「浮世の有様」『集成』11권 631쪽.
214 같은 책, 799쪽.

태로 기성사회규범으로부터의 탈출과 자유로운 비판이었던 것이다. 또 위의 사례에서도 보이듯이 덴포개혁은 민중의 불안과 불만을 현저하게 높인 것이다. 오사카에서는 오시오도 불운한 사람이다. 좀 더 건너서 "이 시점에서 일을 벌이면 모두가 아군이 되어 3만에서 5만의 사람들을 곧바로 집결시켜 화려하게 성사시킬 수 있었을텐데 애석한 일"[215]이라는 소문도 있었다고 한다. 그리고 에도에서는 미즈노 다다쿠니가 처벌되자 미즈노 저택의 문 앞에 온갖 사람들이 모여들어 심하게 욕설을 퍼붓고, 저택을 파괴하려 하고, 대문에 소변을 보는 일도 있었고, 사전에 서백 내의 불건 반출을 시도했지만 고용인부가 되는 사람이 없었다고 한다.[216]

이상의 사례에는 다양한 형태의 민중의 불안과 동요가 표현되어 있고, 거기에는 반막부적 기분의 고양과, 그것과 대응관계를 이루며 조정에 대한 기대도 생성되기 시작한 것을 알 수 있다. 하지만 그렇더라도 막번체제라는 총체적 질서(세계)와 완전히 별개의 질서(세계)로 환생하는 것이라는 의식은 거의 명확하지 않았다고 말할 수 있다. 그렇지만 이와 같은 막번제적 질서의 안정성과 절대성은 페리 내항 이후에 급속하게 붕괴되어 갔다. 그 하나의 요인은 경제적인 것으로 외국무역의 전개와 금은 대비 가격 변동에 의한 국내 경제의 혼란, 쵸슈의 원정토벌, 그 밖에 병행되는 민중의 여러 부담의 증대가 점차 현저해졌고, 물가의 급속한 상승과 민중생활의 궁핍화가 심화되었다. 지금 또 다른 하나의 요인은 정치적인 것으로 페리 내항과 개국의 강요는 막번 권력보다도 더욱 강대한 힘이 존재한 것을 사람들에게 의식시킴과 더불어 초미의 문제들을 처리하는 막번 권력의 담당자들이 유능하지도 않으며 힘도 강하지 않다는 사실이 사람들에게 폭로되었다. 다만

---

215 같은 책, 858쪽.
216 같은 책, 845쪽.

페리 내항 이래의 이러한 동향이 곧바로 민중의 사회의식을 반막번제적인 것으로 변형시켜 간 것은 아니었다. 하지만 권력지배의 유지를 위해 발버둥치고 있는 현실의 막부와 환상적 권위성으로서의 막번제가 대비되어 현실의 막부권력으로부터의 민심 이탈이 순식간에 현저해져갔다.

페리 내항 직후의 속요 「쵸보쿠레ちょぼくれ」의 한 사례는 이러한 의식의 전개를 제시하는 것으로 매우 흥미롭다. 다시 말해, 그것은 "시세의 모습, 이국은 차치하고, 자국이 큰일이다. 지금이라도 유사시에 어찌될지 모르는 유동적 세상인가"를 시작으로 "애당초 천하태평이 되어야 권력權만으로 억압해서 끝내지만, 유사시에는 인덕德으로 따르게 하는 천하가 아니면 중화衆和로는 갈 수 없다. 중화가 아니면 군사행위軍는 불가능"하다. 그렇지만 지금은 "천하의 토민이 제멋대로 결집했던 아마쿠사의 난 때와 같이 벼룩 한 마리가 이곳저곳에서 흥성"하려 하고 있다. "서투르게 대처하여 지나친 폐를 끼치게 되면 내란이 더욱 일어날 것"이라고, 막번체제 그 자체에 체제적 위기가 닥치고 있음을 지적하고, 나아가 "무릇 사해의 사람 마음 속에 원한이 있을 때, 하늘의 분노로서 각종 재해가 일어나는 것은 자연스러운 이치다. 그것을 외면하며 조금도 정신을 차리지 않는다면, 요컨대 만약에 천하의 혁명이 일어난다며 (누구나) 멋대로 내지르는 시절로 확 바뀐다면 어찌할 셈인가"라고 호소했던 것이다.[217] 인용에도 보이듯이 이 「쵸보쿠레」 자체는 막번제적 선정을 요구하는 전통주의적 관념에 입각하고 있었다. 하지만 페리 내항이라는 밖으로부터의 충격으로 막번체제의 내적 모순이 급격히 생성하는 것을 적확하게 파악하고, 민중적인 입장에서 "어질고 의로운 솜처럼 온순한 대도의 정사政事"를 강력히 요구하였다. 그 자

---

217 桜木章, 『側面観幕末史』, 87~94쪽.

체는 반막번제적인 성격이 아니었음에도 불구하고 사실은 민중생활의 안온이나 행복이야말로 그 목적이라 여겨졌고, 그러한 가치가 자립해온 현실의 막부권력에 대해 비판적인 의미를 가진 원리가 형성되어가는 것에 주목해야 한다.

그리하여 이러한 관점이 점차로 자립성을 높여가게 되면 예를 들어, 그 이상이 『측면관막말사側面觀幕末史』에 게재된 몇 개의 라쿠가키落書와 「쵸보쿠레」 등이 기술하고 있다. "모두 신화시대의 고풍에 입각해서 법률과 정의에 주야로 복종"한다거나 "첫째, 사악한 기운을 털어버려 정로충의正路忠義로서 강을 부수어 약을 돕고, 가호력加護力을 떨어버려 무사를 봉양하며 백성을 연민하고, 세상을 다스려 천하의 후계자를 조사하여 황국의 비원悲願을 성사시키고, 어진 정치를 시행하여 이국인의 활동을 막고, 대인 소인의 나쁜 기운을 물리치고, 한쪽에 편향됨이 없이 곧바로 가는 길을 보충하는 일, 진실로서 신과 함께…"[218]와 같은 평범한 것이며, 막번제와의 단절 측면이 조금도 명확하지 않다 해도 민중의 안온과 행복에 힘쓴 관점의 범위에서는 새로운 세계관의 맹아가 있었다고 말할 수 있다. 그리고 이러한 관점을 고집할 때, 페리 내항 이후의 정세는 "아래의 어려움을 모르는 척하며 지극히 부실한 관리들이 금년 내내 이대로 있다가는 큰일이 일어날 것"이다. "아래의 아픔에 대해 이웃 얘기……정치의 도리가 바르지 않다면 이미 난세가 되었음을…"[219] 등으로 큰일, 난세의 도래가 절박하게 전망되었던 것이다.

이와 같은 의식은 1860년대 이후 막부말기의 정치정세 속에서 한편에서는 개인 차원의 막부각료 당사자를 넘어 쇼군과 막부 그 자체에 대한 적

---

218 같은 책, 277쪽.
219 같은 책, 362, 489쪽.

의가 되었고, 다른 한편에선 이것에 대응해서 존왕양이파와 쵸슈번에 대한 호의나 기대가 고양되어 갔다. 존왕양이파의 천주天誅론 벽보가 개항에 수반된 무역이나 물가폭등과 결부되어 무역상인에 대한 공격의 초점이 모인 것도 위와 같은 정세 속에서 현실적 근거가 있는 방책이었으며 신츄구미眞忠組[220]의 거짓 관군 사건에도 틀림없는 사회적 기반이 있었다고 말할 수 있다. 특히 두 번에 걸친 쵸슈정토長州征討는 그 때문에 병량매점이나 여러 부담의 증대를 동반했기 때문에 물가폭등에 박차를 가하고 반막부적=친쵸슈번적인 의식을 발생시켰다. 그러한 의식은 예를 들어, 1866년의 우치코와시에 즈음해서 쇼군이야말로 소송제기인이라고 관청奉行所에서 공언하며 두려워하지 않았던 일, 죽은 쵸슈 번사의 석비가 안타깝다는 의미로 잔넨산殘念山이라 칭해지기도 하고, 쵸슈번 저택의 터 앞에 있던 버드나무가 원통함을 함축한 무념버들無念柳이라 칭해지며 민중이 군집해서 참배한 일, 기병대가 "부호에게 돈을 강압적으로 빌려 빈민을 돕고" 있다는 소문이 유포된 일에 나타나 있었다.[221] 1864년 9월의 오사카 니혼바시의 벽보에도 "현재의 막부는 만민의 원수"라고 쓰여 있었으며,[222] 예를 들어 다음과 같은 '곤궁한 국가'의 비유도 '대도시의 제왕'=쇼군과 마치부교, 나아가 특권상인에게 '곤궁한 국가'의 원흉을 희구했던 것은 흥미 있을 것이다.

최근 여러 물건 값이 이전 해보다 비싼 해가 계속되는데, 여기에 대도회大都会 내에 곤궁국이라는 말국末國이 있다. 나라 주인을 오부교사마御奉行

---

220 막부말기 보소 반도(房総半島)·구쥬쿠리하마 가타가이(九十九里浜片貝) 지방에서 봉기한 양이파(攘夷派)의 민간 단체.(역자주)

221 拙稿, 「『世直し状況』下の民衆意識」(『日本民衆の歴史』 제5권 수록) 참조.

222 小寺玉晁, 『甲子雑録』 제2권 157쪽.

樣라 부르고 대도회의 제왕으로부터 명을 받아 지위에 올랐다고 한다. 하지만 시중의 인민에 대해서 계책을 갖고 비도非道를 행하고 간사한 지혜로 대도회 제왕에게 아첨하고, 여차하면 순식간에 폐위되는 연유로, 시기에 따라 오늘 지위에 올랐다고 생각하는 바 다음날 사면에 이르는 일도 간혹 있다. 그리고 또 이 곤궁국에 의식주의 궁宮이라는 지극히 고귀한 사당祠이 있다. 그런데 이 신神이 최근 높은 가격을 발령한 연유로 시중의 인민이 두려워 떠는……[223]

위의 인용은 1867년의 봄 무렵의 일로 추정되지만, 이러한 쇼군과 마치부교에 대한 적의의 고양이 쵸슈번에 대한 기대감을 높이는 것임은 쉽게 상상될 것이다. 그런 의미에서 같은 해 11월에 쵸슈번병이 교토 오사카 지방에 도착하자 '에에쟈 나이카'로 열광하던 민중이 "쵸슈정벌 전후부터 이미 쵸슈는 호걸이다. 쵸슈가 안 나오면 세상이 다스려지지 않는다. 세상 사람들이 기대와 호평이 있었던 터라, 모두가 그 숙소로 춤추며 들어가 병사들을 맞이해 함께 무리가 되어 춤"을 추었다는 현상까지 보였던 것이다.[224]

이렇게 막번체제라는 사회질서는 자명한 정당성과 절대성을 상실해가고 있었다. 하지만 그렇다고 해서 새로운 사회질서에 대해 무언가 명료함을 가진 이미지가 민중에게 있었던 것은 아니었다. 막번제라는 세계의 자명성 붕괴는 사람들을 불안하게 만들기도 했지만 희망도 주었을 것이다. 세상이 바뀐다고 하면 개별적 봉건공조封建貢租에 대해 개별영주와 교섭해 보아도 어쩔 수 없는 것이었다. 세상이 바뀌는 것은 일본국의 체제변혁을

---

223 小寺玉晁, 『丁卯雜拾録』 제1권 27쪽.

224 『西宮史市』 제6권 70쪽. 또 에에쟈 나이카의 가요에도 "일본국의 방비는 에에쟈 나이카. 동쪽 종말에 서쪽의 쵸슈, 일본의 기둥으로 에에쟈 나이카"(『阿波えゝぢゃないか』, 98쪽)라는 내용이 있다.

의미하는 것이며, 거기에서 민중은 봉건적 여러 부담으로부터도 상업 고리대 자본의 수탈로부터도 한꺼번에 도망칠 수 있는지도 몰랐고, 또 반대로 지금까지 예상하지 못했던 근원적인 재액이 시작되는 것인지도 몰랐다. 1866년의 요나오시잇키에서 다음해의 '에에쟈 나이카'를 거쳐 메이지 초기의 여러 투쟁에 이르는 과정은 이러한 체제변혁으로 가는 예감 속에서 전개되었다. 여러 투쟁은 민중의 생활이라는 현실적인 문제와 사회체제의 전환 문제에 의해 결실을 맺게 되었고 그런 연유로 민중의 보다 근원적인 해방으로의 희구를 표현하는 것이 가능하게 되었다.

이러한 관점에서 우선 주목해야 할 것은 1866년의 부슈잇키가 '제국태평'과 '일본 궁민의 구제를 위한 것'[225]이었던 점이다. 요나오시잇키는 원래 개별영주의 영역을 넘어 발생하는 것으로 궁민이 서로 돕는 만인을 위한 것이었고 이것이 국가적인 보편성을 가진 이념으로 발전해 갔던 것이다. 그리고 이 잇키에서는 요코하마의 외국무역이 물가상승, 즉 만인곤궁의 원인이라 간주되어 요코하마 상인이 표적이 되었다. 잇키세력은 "나카센도中山道를 통해 요코하마에 이르러 세상을 위해 몸을 망치고, 분노를 터뜨려" 요코하마 상가의 상인을 응징하는 것 즉 "국가의 질병을 뿌리채 자르는 것이 만민안온"의 근본이라고 여기고 있었던 같다.[226] 물론 잇키는 나카센도에서 에도를 거쳐 요코하마에 난입한다는 목적을 이루지 못했다. 하지만 중소의 여러 번국이나 하타모토旗本영지나 막부직할지인 천령天領이 복잡하게 얽혀있는 부슈武州 일대에서는 기존의 봉건적 군사력이 이러한 대규모의 농민잇키를 진압할 때 그다지 유효하지 않다는 것이 폭로되었다. 이렇게 해서 잇키세력이 가와고에川越성을 앞에 두고 "이 성 하나 정도 함

225 『集成』 6권 697, 713, 714쪽.
226 「靑山防戰記」 『集成』 6권 692쪽. 『武州世直し一揆史料』, 161쪽.

락시키는 것은 마음먹기에 달려있지만 …우리들이 손쓰지 않더라도, 무자비하고 무도한 그들은 자연스레 자멸하는 흔적을 남길 것"이라 과시하는 상황이 지역사회를 압도하고 있었다. 다른 한편에선 정인들이 잇키를 진압할 수 없는 영주 권력에 불만을 표하고 파괴된 관청의 재건에 반대하며 "재차 세우는 일에 있어서는 남김없이 쳐 죽여야 할 것이라고 입을 모았다"라거나 영주에 의한 진압대의 파견을 정촌의 마을 관리들이 거절하는 사태가 벌어지고, 우치코와시의 대상이 된 호농상층도 또 영주 권력에 노골적인 불신을 표명하는 상황이 발생하여 "태평이 계속되어 나태로 흐른 번사는 도움이 되지 못하는 바, 모두 이와 같다"고 여겨졌다.[227] 사실 이 잇키 진압에 중요한 역할을 다한 것은 기성의 영주권력이 아니라 호농상층을 중핵으로 조직한 농민대나 정촌의 자위대로, 그 진압과정은 때때로 지극히 잔혹한 것이었다.

그리고 메이지 초기의 요나오시잇키에서는 민중의 원망이 사회적 대항관계 속에서 보다 명확하게 진술되어 갔다. 이 시기의 잇키는 1868년 10월의 아이즈會津번령과 에치고노쿠니 간바라군 잇키의 경우에 전형적으로 제시되고 있듯이 종종 봉건권력의 공백상황이나 현저한 약체화 속에서 일어났다. 그 때문에 막번제 국가의 자명과 부동을 전제로 하고 있던 근세 잇키와 비교해보면 민중의 근원적인 원망이 보다 선명하게 표현되었던 것이다. 그 원망은 대충 세 가지로 요약할 수 있을 것이다. 첫째는 영주권력에 대한 것으로 절반의 연공, 또는 완전 면제된 무연공의 요구다. 이 요구는 1868년 1월에 내려진 연공 반감령의 "지금까지 막부령의 연공은 모두 당분간 조세 반감을 명령하셨다. 작년의 미납연공도 동일하게 해야 할 것"에서 촉발된

227 「慶応二丙寅年秩父領飢渇一揆」『集成』 6권 683, 688쪽. 『武州世直し一揆史料』, 158~159, 175쪽.

것으로 에치고노쿠니 간바라군에서는 "3년간의 무연공"[228], 무츠노쿠니陸奧国 미나미 아이즈군南会津郡에서는 당해 1년, 또는 3개년 무연공[229], 미마사카노쿠니美作国 츠루다번鶴田藩에서는 "당년 반액감면. 지난해 미납 분도 그대로 할"[230] 것이 요구되었다(미나미 아이즈군에서는 절반 납입이 인정되었다). 흉작이 두드러졌던 특정년도의 연공을 반액감면이나 전액감면을 요구하는 투쟁은 막번제 하에서도 보였지만, 여기의 무연공이나 반연공의 요구에는 봉건적 토지소유로부터 해방되고자 하는 갈망을 읽을 수 있을 것이다. 봉건적 토지소유로부터의 해방 희구는 근세 잇키에서도 아주 드물지만 있었다. 예를 들어, 「나타지 밤샘이야기」가 기술하고 있듯이 봉기가 고양하는 정점에서 "(연공은) 쌀이 있는 대로 1부나 2부라도 마음대로 도모하도록"이라고 표현된 것이 있었지만 무연공이나 반연공이 당초부터 주요 요구의 하나로서 주장된 곳에 농민투쟁의 새로운 단계가 있었다. 메이지시대에 들어서면 유사사례가 얼마간 지적이 가능하고 1868년 오키隱岐소동에서도 "당해년도 분으로서 연공 반납半納의 처분"[231]이 결정되었고, 1871년의 오카야마현岡山縣 아카사카군赤坂郡 잇키에서는 "지사복직과 연공의 10분의 1의 감손"[232]이 요구되고, 이듬해의 니이가타현新潟縣 오카와츠大川津소동에서는 잇키세력이 "금년부터 3년간 연공 반납을 명령"한다고 시달하고, 또 이세 신메이伊勢神明신사의 영지가 되었다고 하는 게시방高札도 붙었다.[233] 1873년의 가호嘉穗소동에서도 "7개년간 연공 반액"이 요구되고, 그 해의 연공 전액감면

---

228 『越後佐渡農民騷動』, 470, 459쪽.

229 庄司吉之助, 『世直し一揆の研究』(구판), 149, 179쪽.

230 『美作国鶴田藩農民騷動史料』 상권 3쪽.

231 『集成』 13권 390쪽.

232 『明治初年農民騷擾録』, 331쪽.

233 「歲旬漫筆」 『集成』 12권, 242, 243쪽.

과 더불어 잇키를 진정시키기 위한 수단이기는 하지만 일시적으로 승인되었다고,[234] 1876년의 이세소동伊勢騷動에서도 감옥에서 '일시해방'된 하세가와 우사부로長谷川卯三郎라는 사람이 "농민들 구조를 위해 3개년 무세금"을 탄원하려고 제소하여 청원하였다.[235] 근세 잇키에 보이는 특수한 흉작에 의한 연공의 전액감면 내지 반액감면이 아니라 풍흉을 알 수 없는 장래의 3년 내지 7년의 전액 또는 반액 면제를 요구하고 있는 것이 주목된다.

두 번째로 상업적 고리대자본의 수탈을 차단하기 위한 것으로 전당물이나 저당 토지를 청원해서 돌려받고, 대금의 무이자, 10개년 할부 내지 5개년 할부가 그 내용이었다. 물론 고리대자본의 수탈을 덕정德政령에 의해 끊으려고 하는 요구는 오랜 전통이 있었던 것으로 이미 1722, 3년에 일어난 저당토지소동에서도 토지의 청원반환=덕정이라는 의식이 보였으며, 1739년 돗토리번의 잇키에서도 덕정이 요구되고, 또 인바쿠因伯의 진퇴를 저울처럼 소중히 받들 것이 요구되었다.[236] 덕정이라는 단어에는 요나오시와 미륵의 세상과 같이 매혹적인 느낌이 있을 것이다. 많은 농민잇키의 중요한 요소였던 우치코와시의 목적 중 하나는 우치코와시를 통해서 차용증서를 파기하고 기성의 대차관계로부터 벗어나는 것이었지만 이와 같은 성격은 잇키가 요나오시적 성격을 강화함에 따라 현저해져 갔다고 생각한다.

그 점에서 주의해야만 할 잇키는 1866년의 부슈잇키로 거기에서는 금전을 베푸는 것 외에 "저당물을 돌려주어야 한다. 사채대금과 소작대금은 달리 재간이 없다. 지면 액수에서 남김 없이 원금으로 상환해야만 한다".

---

234 「福岡県党民秘録」『集成』 13권 786, 787쪽.

235 『伊勢暴動顛末記』, 74쪽.

236 因伯民乱太平記」『集成』 6권 104, 107쪽. 몸값(身代)을 산정(斗掛)"한다는 구체적인 내용은 "상중하 모두에 소홀함이 없도록 한 조치"라고도 여겨졌다(위의 같은 책, 107쪽).

"지금까지 예치해온 저당물은 예치 주인에서 돌려주고 달리 여러 장부와 증서는 태워버릴"[237] 것이 요구되었다. 별도의 사료에서는 "한 냥 이하는 원금이 필요 없다. 한 냥 이상은 원금의 반을 지참하고 이 저당물을 빨리 돌려받아야 할 것"[238]이라고도 기록되어 있다. 어느 쪽이나 모두 대차관계의 파기 내지 저당물이나 저당토지의 반환이 이 잇키의 주요 내용의 하나였다고 생각한다. 같은 해의 신타츠잇키에서도 저당물의 반환이 요구되고, 우치코와시가 두려워 저당물 창고의 문을 열자 "저당물 주인이 제멋대로 반출"하고 그 와중에 분실한 저당물에 대해서는 저당물 주인으로부터 "4배가 증액된 금전"이 청구되었다.[239] 이러한 대차관계 파기의 요구가 메이지 원년인 1868년과 다음 해의 잇키에서는 이른바 「요나오시 강령」으로서 처음 명시되었으며, 그 내용은 잇키가 일어난 지역과 배경이 다름에도 불구하고 매우 흡사한 것이었다. 다시 말해, 1868년 무츠노쿠니 미나미 아이즈군에서는 "저당 토지에 관한 것은 각별히, 그 밖의 물품은 당해인 용 띠해부터 무이자 5개년 할부, 물품은 용 띠해인 금년 내에 찾아가기로 서로 약정하고 토지는 5인조별로 상담 여하에 따라" "대출금에 관해서는 용 띠 해인 금년부터 무이자 10개년 할부, 단 증서의 유무, 금액의 대소는 기입한 금액에 의거하지 않고 평의(서로 의견을 나누어─ 역자)해서 하나로 결정"되었다.[240] 같은 해 데와노쿠니出羽国 에자시군江刺郡의 잇키에서는 "하나, 이자가 붙은 대차물은 고리가 붙어 어려움을 겪습니다. 덕정을 내려주시길 바라는 일/ 하나,

---

237 『武州世直し一揆史料』 15권, 96쪽 등. 같은 책에 수록된 사료를 통독해 보면, 저당물은 "대가없이 되돌려주고" 저당토지는 "원금상환"이 일반적인 요구였던 것처럼 생각된다. (같은 책, 8, 12, 15, 64, 96, 215 쪽 등).

238 「慶応二丙寅年秩父領飢渇一揆」 『集成』 6권 683쪽.

239 『東北諸藩』, 420쪽.

240 『世直し一揆の研究』, 167쪽.

토지 문서는 본래 단위와 같이 해주시길 바라는 일 / 하나, 증서에 관해서는 영주님이 거두어 주실 것을 바라는 일"[241] 등이 요구되었다. 에치고노쿠니 히가시 간바라군에서는 "개인 대금은 덕정이라 칭하여 반환하지 않을 것", "각 마을의 기모이리가 소지하는 토지대장水帳은 태워 파기하고 토지를 평균으로 소유할 것"을 요구한 잇키세력이 "덕정德政"이라는 두 글자를 크게 쓴 대나무 깃발을 세우고, 대출금 증서를 불태워버렸다.[242] 코즈케노쿠니上野國에서는 "천조天朝로부터의 명령"으로 "큰 금액은 무이자로 5개년 할부, 삭은 금액은 절반으로 반환한다. 또 한 냥 이하의 저당물은 호의로 반환해야만 한다"[243]는 투쟁이 있었고 (거짓 관군인가), 1869년 휴가노쿠니日向國 우스키군臼杵郡의 잇키도 빌린 금전의 "10개년간 무이자"[244], 1869년 시노야마번 잇키는 "저당물의 원금으로 돌려받고," "차용한 은전 20년 할부"[245], 같은 해 기후현의 고오리야마군郡上郡의 잇키는 "신용차금의 1개년 이상에 걸친 것은 장부삭제", "증서 차입금은 무이자 할부변제"[246]를 요구했다. 이와 같은 동향이 상업적 고리대자본(=호농)층이 지배하는 농촌의 계급관계를 근저에서 동요시켰던 것은 말할 나위 없을 것이다. 그렇기 때문에 이러한 요구가 일시적으로 실현되었다 해도 봉기의 고양이 끝나면, 순식간에 "나쁜 사례에 대해서는 쓰지 않는다. 역시 지금까지처럼 저당물을 돌려받을 때에는 원래 이자를 내도록 말했을 것"이라 규정하기도 했다.[247] 그리고 호

241 「郡中嘆願風聞記」『集成』13권 485쪽.

242 『越後佐渡農民騒』, 471쪽.

243 「歳旬漫筆」『集成』12권 226쪽.

244 『宮崎県百姓一揆史料』, 81쪽.

245 『集成』13권 560쪽.

246 『明治初年農民騒擾録』, 122쪽.

247 『武州世直し一揆史料』, 116쪽.

농들은 한편에서는 1866년의 부슈잇키나 무라야마잇키의 경우와 같이 강력한 자위군을 편성해 직접 잇키를 진압함과 더불어 다른 한편에선 요나오시잇키를 두려워하지 않고 끝낼 수 있도록 강력한 권력을 추구했다. 그들에게 있어 공포의 표적은 권력의 공백상태에 있었기 때문에 관군이 유력하다고 보면 순식간에 그것을 지지하고 "간신히 관군님의 보호 아래 들어가서 이제 한숨 돌릴 수 있게 되었다"[248]는 상황도 볼 수 있다.

셋째로 마을관리의 교체와 공선公選의 요구다. 마을관리의 부정을 규탄하고 그 교체를 요구하는 것은 마을단위로 전개된 무라카타村方소동의 오랜 역사 속에서 중심적 과제였음은 더 말할 나위도 없다. 하지만 메이지 초기의 투쟁에서는 특정한 부정을 저지른 마을 관리가 규탄되었을 뿐만 아니라, 그들의 전원교체惣立替와 공개선출이 요구되고, 또 몇 개 지역에서 실현되었다(무츠노쿠니 히가시 시라카와군과 아이즈군, 에치고노쿠니 간바라군, 시나노노쿠니 우에다번, 이요노쿠니 요시다번 등). 우에다번의 경우에는 "연령이 20세를 채우지 못한 자, 논밭이 없는 자, 서류계산이 서투른 자"에게는 선거권이 없었다고 한다.[249] 츠루다번의 경우와 같이 연공 반액감면의 요구는 무리라 보고 쇼야 정벌庄屋征伐에 그 투쟁목적을 전환하는 사례도 있었다. 하지만 이러한 공동체의 민주화는 마침내 권력의 탄압에 의해, 혹은 선출된 마을 관리의 무능력을 이유로 중도에 단절되고 이전의 마을관리 계층을 부활시켰다. 에치고노쿠니 미나미 간바라군 시모다下田 마을에서 공선의 마을관리가 마을 정치를 담당한 것은 1868년 9월 2일부터 5일까지 4일에 지나지 않았던 것을 "4일천하"라고 칭하여졌지만,[250] 아이즈에서는 1870년까

---

248 「郡山町戊辰実見録」『集成』13권 468쪽.
249 「上田騒動右物語」『集成』13권 509쪽.
250 『越後佐渡農民騒』, 467~468쪽.

지 이어졌다. 하지만 후자의 경우에는 처음 새로운 기모이리를 지지했던 사람들이 나중에는 구제도인 기모이리의 부활을 요구했다. 그것이 전통의 기모이리가 부활하는 요인의 하나였던 점에 유의할 필요가 있다.[251] 그리고 마을관리에 대한 투쟁이 우치코와시 형태를 띠는 경우에는 반드시 공사의 서류를 태워버리거나 파기가 수반되어, "해당 관리에 넘겨야 할 서류가 없고", "받아 넘겨줄 것도 없다"[252]는 상황이 되었다. 서류의 파기라는 행동 속에 그 서류가 표현하고 있던 지배관계로부터 탈출하기 원하는 원망을 민중이 거의 본능적으로 표현하는 것이라 말할 수 있다. 그 의미에서 메이지 초기의 요나오시잇키가 "나누시의 원래 장부 기록과 이전 기록, 그리고 증서는 모두 압수"[253]하고, "각 마을의 기모이리가 소지한 토지대장水帳을 태워 파기하고, 토지를 평균으로 소유하는 것"(전출)과 같은 요구를 당초부터 그 요구항목의 하나로서 내걸었다. 이 점에 유의할 때 기성의 지배체계로부터 자유로움을 추구하는 원망이 보다 자각적으로 되어온 것이 이해될 것이다.

메이지 원년과 2년의 투쟁에 한정해 보아도 이상의 서술 외에 상품유통의 자유, 물가의 인하, 가짜 지폐 문제가 잇키의 요구사항이 되고, 모두 중요한 의미를 갖고 있다. 하지만 잇키의 요구에 표현되는 농민의식의 발전에 대한 시각에서 볼 때, 이상의 세 가지 점에 우선 실마리를 부여하고자 한다. 그 근거로서 우리들은 농민의 진정한 요구, 다시 말해 봉건권력, 상업적 고리대자본, 기성의 촌락지배로부터도 자유롭고 싶다는 원망, 요컨대 소생산자 농민으로서의 자유와 자립에 대한 뜨거운 희구를 읽어내는 것이 가능

---

251 『世直し一揆の研究』, 144쪽.
252 『集成』 13권 517, 518쪽.
253 『世直し一揆の研究』, 167쪽.

하기 때문이다. 물론 연공 감면에 3년이나 7년의 기한을 두고 있다거나, 저당물은 반드시 무상 반환이 아니라거나, 그 위에 또 이러한 요구에 어울리는 권력구상이 결여하고 있는 한계를 지적하는 것은 매우 쉽다. 하지만 우리들이 지금 관찰하고 확인한 것은 사회체제의 근본적인 전환이 예측되는 바와 같은 조건 아래에서 소생산자 농민의 자유와 자립이 민중의 가능의식의 방향이었다는 사실이다. 이 자유와 자립에 대한 희구는 근세 잇키가 발생했을 때에도 봉기의 고양 과정에서 잇키의 관찰자는 물론 농민 자신까지 경악시키는 예리함과 격렬함으로 표현되는 경우가 있었다. 하지만 그것은 봉기한 집단의 고양 과정에서만 역사의 표층에 모습을 보였던 사람들의 감추어진 희구의 도화선으로 현저하게 非정착적인 것이었다. 그렇지만 막번체제라는 자명한 절대성을 갖고 있던 기성의 세계 그 자체가 붕괴할 때, 사람들은 흉작, 전란, 물가폭등이라는 사회사적 조건의 격동에 휘둘리면서 그것들을 의식형성의 스프링보드로서 봉건공조封建貢租, 대차관계, 마을관리의 지배로부터도 자유로운 존재가 되기를 거의 필연적으로 원망하는 것이며, 그 원망이 「요나오시 강령」으로서 일정한 정착성을 가졌던 것이다.

일반적으로 말하면, 일상적인 생활자로서의 민중은 다양하고 무거운 사실성에 둘러싸여 살고 있고, 그러한 사실성을 수용해서 살아갈 수밖에 없다고 생각한다. 통상의 인간의 경우 불가능한 것은 사전에 단념하며 살기 때문에 그들의 일상적 현실과는 완전히 다른 세계를 어떤 지속성을 갖고 추구하는 것은, 사고하고 상상하는 전문인이 아닌 한 불가능할 것이다. 그 의미에서 막번체제라는 두드러지고 고정적이며 안정적인 질서 아래에서 민중의 가능의식 폭은 현저하게 한정된 것일 수밖에 없었다고 생각한다. 그런데 사회체제의 변혁기가 찾아오면, 지금까지 수용할 수밖에 없었던 사회적 여러 제도와 권력과 질서원리의 문제에 대해 기성적 의미가 붕괴됨과 동시에, 민중 자신의 의식을 납득할 수 있는 새로운 의미를 추구하게 될 것이다. 그 때에 사람들은 그 일상적 원망에 새로운 의미와 내용을 담아 발전시키고, 각자의 계급적 존재로서 가능의식의 최대치를 향해서 새로운 사회적 규약이나 세계상을 만들어 가게 될 것이다. 이와 같은 가능의식의 발전은 사회체제의 변혁기에는 매우 급속한 것이었다고 생각한다.

이와 같은 사태에서는 다양한 환상이나 소문이 퍼지고, 어떤 의미에서는 황당무계한 환상이나 소문에 일상적·생활적인 사실성을 넘어서는 민중의 원망이나 의식이 표현되어, 거기에서 오히려 역사적 진실이 개시될 것이다. 이와 같은 해방적 환상의 발전은 예를 들자면, 「우고 민정록羽後民情錄」과 같은 보수적 저서에서조차 자유자재의 나라를 희구하는 유토피아가 기록되었다. 즉 자유자재의 나라란 "남단부주염부제南胆部州閻浮堤"에 있어 "온 나라에 다이묘도 없고 국왕도 없다. 온 나라는 모두 하나의 국가로서 모든 사람들의 것"이며, "볼만한 곳은 사람과 가문이 하나같이 대소 갑을로도 보이지 않고 곤궁한 것 같은 집도 보이지 않고, 모두가 풍부하고 풍요로운 국풍과 인체", "장자도 없고 곤궁한 사람도 없이, 한 나라가 평등한 친자 형제 가내家內를 조사한 것이다. 그렇다면 싸움과 언쟁은 만대까지 없을 나라"라고 적혀 있다. 그리고 이 나라에서는 공복이면 어느 찻집에서 식사를 하든 공짜이며, 필요한 것은 모두 돈 없이 손에 넣을 수 있다고 한다.[254] 스가하라 겐파치菅原源八와 같은 완고한 보수파조차 막말유신기의 여러 계급적 대립으로부터 완전히 벗어난 자유자재의 유토피아가 연상될 때에 그것은 필시 소생산자들의 독실한 근로 위에 구축되었을 "일국, 평등, 친자, 형제, 가내"와 같이 서로 화목한 공동체적 사회라고 간주되었다. 너무나

---

254 菅原源八, 「羽後民情錄」 『日本農民史料聚粹』 제8권 상, 324~325쪽.

도 소생산자의 유토피아에 어울리는 것이었다. 같은 「우고민정록」에는 또 1869년 이후 되풀이해서 농민의 토지소유 면적이 6석으로 균일하게 된다는 풍문이 기록되어 있다.[255] 이 풍문의 성립에는 1869년의 녹제祿制개혁(녹미祿米 삭감)의 영향이 컸을 것으로 생각되지만, 같은 해 히로시마번에서도 "전답 빈부 평균의 덕정"이라는 소문이 돌아, 번정부는 그것이 근거없는 유언비어임을 법령으로서 포고하고 있다.[256]

유신변혁이라 하는 사회체제의 전환이 토지소유의 문제로서 의식되고 있던 것이 주목된다. 스가하라 겐파치 자신은 이 풍문에 화를 내는 상황이지만, 일반 민중에게 그것은 그들을 고무하는 해방환상도 가능했을 것이다. 1870년에 리쿠젠노쿠니 도미군登米郡의 신직神職 시치로사쿠七郎作라는 자가 "전년도에 매도한 토지를 이번 왕정복고의 일신정치에 기초하여 무상으로 되찾는 것도 괜찮다. 등등"이라고 말해, 저당토지로 날려버린 땅을 되찾을 것을 선동한 사건이나,[257] 요리타 데츠노스케依田鐵之助의 토지 국유화 청원 등은,[258] 그것 자체로서는 고립된 사건이라 할지라도 그 저류에는 뿌리 깊은 것이 있었다고 생각한다. 물론 이와 같은 동향을 파악해 막말유신기에 부르주아 민주주의혁명의 가능성이나 맹아가 있었다거나, 소생산자 농민에게 현실적인 해방의 조건이나 가능성이 있었다라고 주장하는 것은 이 장의 입장이 아니다. 그것은 정치사적인 거대 상황의 역사적 파악의 문제로서, 정치사적으로 말하면 그와 같은 가능성은 전혀 없었다고 말하지

---

255 같은 책, 494쪽.

256 賴祺一, 「『世直し』情勢下の『支配』の特質と諸階層の動向」(佐々木潤之介 編, 『村方騷動と世直し』下 수록), 90~91쪽.

257 田村栄太郎, 『世直し』, 222쪽.

258 依田熹家, 『日本近代國家の成立と革命情勢』, 445쪽.

않을 수 없다.[259] 나는 단지 지금 소생산자 농민의 사회의식이 막번체제를 자명한 전제로 한 것은 차치하고, 소생산자 농민의 자의식으로서 자립하기 시작한 사회의식의 모습과, 막말유신이라는 하나의 변혁기 도래에 의해 아직은 맹아적이지만, 광범한 민중의 가능의식의 자유로운 비상이 가능하게 되었음을 확인하고 싶은 것이다. 그 때 민중의 해방환상이 비로소 유신정권에 대한 환상적 기대와 결부되기 쉬웠던 것은 거의 필연적인 것이었다고 생각한다. 그리고 그와 같은 관점으로부터 "에에쟈 나이카"의 와중에 있었던 민중의 의식, 즉 민중이 상경하는 쵸슈번 병사를 맞이해 함께 춤을 추었다거나(전술), 잇키 지도자가 삿츠마, 쵸슈, 도사번에 들어가 청원을 하고, "도사土佐번의 관저 현관에서 사쿠라 소고로左倉宗五郎의 강석講釈을 청문했다"[260]거나, 잇키의 지도자가 "우리들은 모두 천자의 보물"(엣츄노쿠니 반도리소동의 지도자 츄지로의 말[261])이라고 말한 것에서도 사소한 에피소드라는 수준을 넘어 그 이상의 의미가 있다. 새로운 권력의 성립과정에서 민중은 그 권력에 대한 민중적인 이미지를 키우는 것이며, 그 때 민중의 보다 본원적인 희구와 가능성이 그 이미지 속에 담겨지는 것이다.

2

그렇지만 말할 것도 없이 현실의 유신정부는 연공반감령을 금세 철회하고 요나오시잇키를 억압해서 호농상층의 이해에 부합하는 절대주의 권력

---

259 사회체제 변혁기에 있어서 발효된 민중의 가능의식 문제와 정치사적 차원에서 제시된 객관적인 가능성의 문제를 혼동해서, 막말유신기에 부르주아 민주주의 혁명이나 토지혁명의 가능성을 상정한다면, 그것은 이상하리만치 주관적인 역사 파악일 것이다. 依田憙家,『日本近代国家の成立と革命情勢』 참조.

260 『烏山町文化財資料』 제2집 55쪽.

261 鎌田久明,『日本近代産業の成立』, 126쪽.

이었다. 막번제 아래에서는 지방 관리들의 복잡한 절충 속에서 실현되었을지도 모르는 지역의 실정에 부응한 공조의 감면도 유신정권에서는 불가능한 경우가 적지 않았다. 사실 유신정권의 공조징수는 종종 막번제 하의 그것보다 엄격한 것으로 "현재 신속히 납입하기 어려운 자는 가재와 농기구, 전답을 팔고, 그 위에 처자를 봉공에 내보내거나 팔고, 60세 이상의 노인은 소강(적은 양의 쌀겨)을 먹여도 나쁘지 않다. 빠른 시일 내 상납해야 한다고 엄하게 명령하고, 도망자를 체포하기 위해 관리를 파견하여 집집마다 가재 등을 새롭게…"[262] 조사하는 경우도 있었다. 폐번치현이 실행된 1871년을 중심으로 번주의 상경을 만류하거나, 이전 번국체제로의 복귀를 요구하는 잇키가 빈발한 것도 "현실 정치가 도리가 아닌 것으로 보고 구번舊藩을 따르는 사람들의 기운이 발생"[263]했기 때문이었다. 하지만 유신정부가 사람들의 원성의 표적이 된 것은 그것이 봉건공조를 계승했기 때문만이 아니라 그 위에 새로운 여러 정책을 추진해서 민중의 생활을 곤궁에 빠트리고 농락했기 때문이었다. 불환지폐의 남발과 개항무역을 수반한 물가폭등, 학제와 징병제 그리고 태양력과 지조개정 등의 여러 정책들이 민중에게 지금까지 체험한 적이 없던 커다란 불안과 의혹을 불러 일으켰다.

막번체제 하의 영주 권력은 때때로 매우 가혹한 것이었다 할지라도 민중의 전통적 세계의식의 범위 안에 존재하는 것이며, 그런 까닭에 민중도 이해하고 은뢰恩賴할 수 있었던 것이다. 그런데 유신정부는 양이攘夷의 슬로건은 재빨리 버리고 민중의 전통의식으로부터 이해하기 어려운 여러 정책을 차례차례 실시해 가는, 정체를 알 수 없는 초월적 권력이었다. 그 때문에 민중은 지금으로서는 전통적인, 잘 이해된 세계에서 미지의 세계로 내던져

---

262 『集成』 13권 576쪽.
263 같은 책.

져 근원적으로 〈타자〉적이며 적대적인 거대한 힘에 의해 그 존재를 심부로부터 위협받고 있음을 의식하지 않을 수 없었다. 그리고 막말유신의 역사 과정이 이인異人, 이국異國에 의해 밖으로부터 강제되면서 전개했다는 사실과, 그 위에 성립한 유신정부가 그 당사자인 이인과 이국을 모방한 여러 정책들을 추진하고 있다는 사실이 함께 결부되어 민중을 위협하고 있는 적대적인 〈타자〉에 관한 이미지가 형성되었다. 악의에 찬, 정체를 알 수 없는, 거대한 힘과 서로 마주했던 것, 기분 나쁜 불안과 의혹의 거대함을 정확하게 이해할 필요가 있다. 특히 이른바 신정반대 잇키新政反對一揆는 이러한 불안과 공포로부터 생겨난 것으로 거기에는 민중을 위협하고 있는 신정부의 중추는 이인이라 여기고, 그러한 이인을 배제하는 곳에 민중의 행복과 안녕이 있다는 의식이 있었다. 이러한 의식은 민중종교인 덴리교나 마루야마교의 유신정권을 바라보는 세계관에도 보였지만, 또 에에쟈 나이카에서 보인 소박한 내셔널리즘에도 연계되는 측면이 있을 것이다.

이른바 신정부 반대 잇키에 있어서는 예를 들어, 호적제도는 젊은 여성의 피를 짜서 마시기 위한 조사라거나 어린아이의 기름을 짜기 위한 조사라고 여겨지기도 하고, 징병령은 사람의 생피를 착취하기 위한 것이고, 콜레라를 피하기 위한 병원의 설치가 독약을 마시게 해서 생간을 꺼내기 위한 것이라고 간주되는 등 이른바 황당무계한 유언이 커다란 역할을 한 것은 주지하는 사실이다. 옛 주군이었던 구 번주의 상경만류를 요구하는 잇키나 정토진종 지대의 호교護敎잇키에도 유사한 유언비어에 기초한 것이 많았다. 그리고 이러한 전혀 근거가 없다 해도 좋을 기묘한 유언비어가 매우 커다란 역할을 다한 근거는 위에 서술한 바와 같은 광범한 민중의 근원적인 불안과 공포로부터만 정확하게 파악할 수 있는 것이라 말할 수 있을 것이다.

예를 들어, 1871년의 히로시마번의 잇키는 구 번주의 도쿄 이주에 반대한 잇키로서 주지하는 바이지만, 그 사실은 구 번국의 폐절廢絶과 유신정권의 새로운 지배가 민중에게 준 정체도 확실하지 않는 불안과 공포에 근거한 것이었다. 그러한 불안과 공포의 실태를 알기 위해 대규모 잇키의 원인이 된 유언에 대해서 장문을 인용해 보자.

하나, 영주는 도쿄東京로 이주하시고, 일반적으로 칼을 차는 대도는 금지되고, 종전과 같이 에타穢多(천한 신분의 사람)가 비상을 경계하는 일은 중지되고, 따라서 도적은 백주에 횡행하기에 이르렀다. 세상은 암흑이 된 것과 같고, 청장년들은 멀리 나가서, 변사에 대처하기 위해 집집마다 죽창을 준비하고, 여기에 짚신 한 켤레를 준비해 눈에 띄기 쉬운 곳에 놓아둔다. 또 도둑을 잡아 징벌하는 곳으로서 야산에 깊은 굴을 파는 준비를 한다.

하나, 전별금淚金이라 하여 삼천 냥이나 농민들에게 은혜를 내려주셨으나, 그것을 중개하는 와리모토 쇼야割庄屋의 수중에 들어가 아래로는 지급되지 않았다는 등의 소문.

하나, 위로부터 와리모토 쇼야 등에게 오동나무상자가 내려져 숙소에서 소지하게 하였다. 그 안에 야소종耶蘇宗의 비밀스런 부처가 납입되어 있다. 쇼야들은 완전히 태정관의 앞잡이가 되었다는 등의 의미를 담은 소문.

하나, 지금부터 연공징수의 됫박은, 한 말 두 되짜리로 세 번씩 징수하게 되어, 가는 곳마다 징수하게 되었다는 등의 소문.

하나, 15세부터 20세까지의 여자와 소몰이 목동은 이인에게 팔아버린다. 은밀히 와리모토 쇼야 등에게 명령이 내려와 있다는 취지를 담은 소문.

하나, 소유하는 전답은 이후 8묘 단위로 연공을 징수하게 된다는 소문.

하나, 태정관은 이국인異國人이 정사를 시행하는 곳으로서 이인異人은 여자의 피를 짜서 마시고, 쇠고기를 먹고, 항상 원숭이처럼 기모노를 입고 있다는 취지와, 이미 여기저기 수명의 서양인毛唐이 와서 현재도 피를 마시면서 살고 있는 곳을 본 자가 있었다는 등의 소문.

하나, 주조업, 장유조업, 기름집, 마구노역 등의 영업세 및 부역에 관한 고충을 제기하는 것이 좋다는 등의 소문.[264]

위의 사료는 봉기 동인의 하나로 연공 관련 부담의 증대(제4, 6, 8항)와 와리모토 쇼야의 부정(제2항) 등의 경제문제에 있었던 것을 얘기해주고 있다. 그렇지만 치안의 문란(제1항)이나 이국인과 신정부 및 와리모토 쇼야의 결부(제3, 5, 7항)에 대한 황당무계한 소문도 결코 경제문제보다도 작은 비중의 것이었다고 할 수 없다. 하지만 보다 중요한 것은 이것들은 모두 사실무근의 유언비어이며, 게다가 그러한 유언비어에 기초한 것이야말로 이 지방에서 역사상 최대규모의 봉기가 일어날 수 있었던 힘(원동력)이었다. 사실무근의 유언비어가 현실의 구체적 수탈보다 훨씬 커다란 의미를 갖고 엄청난 기세로 민중을 사로잡은 것은 왜일까? 그것은 민중이 살아온 현실세계가 붕괴하고 사악한 의지를 가진 강력한 〈타자〉가 침입해 와서 민중이 살고 있는 현실세계를 근저에서 위협하고 있다는 것이 민중에게는 눈앞의 현실(민중의 관념에 비친 것으로서의 현실)이었기 때문이다. 다만 거기에서 현실적 착취가 곧바로 문제가 된 것은 아니었다. 그보다도 정체를 알 수 없는 강력하고 부정적인 힘이 압박하고, 그것이 광범한 사람들에게 확실히 느껴졌다. 거기에서 불안과 공포의 공유상태가 널리 성립했고, 그러한 상태 아래서 하찮은 소문도 순식간에 꼬리를 물면서 확신과 더불어 전파되어 간 것이다. 그 경우 와리모토 쇼야의 휘하에 야소교(그리스도교)의 비밀부처가 있다든가, 태정관은 이국인에게 지배되고 있다는 것과 같이, 신정부와 와리모토 쇼야에 대한 적대성도 '이인'과 결부시켜 의식되고 있는 것에 주의할 필요가 있다.

---

264 『集成』 13권 617~618쪽.

홍미로운 것으로 정토진종 지대에서 일어난 호교잇키에서는 신불분리와 사원폐합과 삼조의 교헌三条の教憲[265]에 의한 교화가 야소교, 즉 기독교의 강제라고 받아들여졌다. 예를 들어, 1871년의 미카와노쿠니 오하마大浜소동에서는 국학 내지 국가신도설적인 입장에서의 하늘天에 대한 배례와 해日에 대한 배례, 그리고 신전에서 축사를 읽는 것, 불교사원 폐합과 같은 세 행사가 야소교의 강제라고 간주되었다.[266] 그리고 봉기한 민중은 진압작업에 나선 관리를 보자 예수가 나왔다며 순식간에 소란해진 상황 속에서 죽창으로 잔학하게 살해했다.[267] 야소=〈타자〉라고 하는 것이 잔학한 살해와 결부되어 있는 것이다. 이는 근세의 잇키에서는 인간을 살상하는 것이 매우 드물었다는 사실과 대비시켜야 할 것이다. 1873년의 에치젠越前잇키도 반 폐불훼석反 廢佛毀釋의 호교잇키라고 간주되고 있는데, 그 본질은 유신정부가 실시한 새로운 정책 전체가 민중과 친숙해진 기존 세계를 위협해 정체를 알 수 없는 불안과 공포를 불러일으키고, 그러한 불안과 공포가 급속히 증폭해서 사람들의 마음을 사로잡은 것이었다. 거기에서도 유신정부의 정책은 야소교와 결부되고, 삼조의 교헌조차 야소교의 가르침이라고 여겨졌다. "완민頑民(완고한 백성– 역자)들은 야소교를 거절할 것, 정토진종의 설법을 재흥할 것, 학교에서 서양 글洋文을 폐할 것, 이상과 같은 삼조를 완민들이 주창하는 배경에는, 조정은 야소교를 좋아하고, 단발 양복은 야소의 풍속이다. 삼조의 교칙은 야소의 가르침이다. 학교의 서양 글은 야소의 글이

---

265 메이지 5년 이래 문부성, 교육부성이 권장하는 '3조의 교헌'에서 따온 것이다. 3조의 교헌이란, 제1조, 경신(敬神) 애국(愛國)의 취지를 명심할 것, 제2조, 천리인도를 밝혀야 할 것, 제3조, 천황을 봉대하고 조지(朝旨)를 준수할 것이라고 하였다.(역자주)

266 田中長嶺,「明治辛未殉教絵史」附録,『集成』13권 660쪽. 같은 책, 684쪽 등에는 본문과는 조금 다른 3항목이 있다.

267 같은 책, 657쪽.

라는 현실인식이 있었다. 그 밖의 지권地卷은 버리고 여러 장부 서책을 불태워 재로 만들고, 새로운 태양력을 받들지 않고 그저 옛 태음력을 고수하며, 떠들썩하게 허망한 유언비어浮說妄誕를 주창하고, 어째든 구태의연을 벗이나지 못했다.”[268] “머리의 산발 및 양복, 양건을 착용하는 것을 보면 야소교의 신도라고 호칭하며 욕하고, 꾸짖고, 비방했다. 혹은 그들이 종래 신앙하는 곳의 불교사원과 승려도 뜻하지 않게 교도敎導직에 보임되어, 삼조의 취의로서 설교하는 것을 보면 금세 서양의 가르침에 물들어 그 종교의 신도에게 광적으로 권유한다고 외치면서, 그들을 원수 보듯이 거절하기에 이른다.”[269] 인용에 명확한 것처럼 유신정권 그 자체가 전체로서 적대적인 〈타자〉라고 간주된 것이며, 따라서 그 여러 정책의 전체가 공격 대상이 되었다. 이리해서 정토진종을 지키겠다는 호교잇키는 사실상 신정반대 잇키였던 것으로 서양식의 학교제도, 지권, 태양력 등이 공격받아 “오노마치大野町의 지권 관청을 방화하고…후쿠이 지청福井支廳으로 습격해오는 세력”[270]이라 불려지는 정세가 되어 있었다. 적대적인 〈타자〉로부터의 공격에 노출되고, 정체를 알 수 없는 불안과 공포 아래에서는, 기괴하고 비합리적인 유언비어도 순식간에 증폭되어 광범한 사람들을 봉기에 나서도록 부추길 수 있었던 것이다.

　　메이지 초기의 신정반대 잇키는 개별적 잇키의 직접적 원인이나 요구가 무엇이었든, 그 본질에서는 신정부의 정책 전체에 대한 반대라는 성격을 갖고 있었다. 잇키의 직접적 원인이 예를 들어, 징병령, 폐불훼석, 학제제정, 콜레라 예방에 있었다 하더라도 이것들의 개별적 신정책이 민중이 살아가는

---

268 『集成』13권 727쪽.

269 같은 책, 729쪽.

270 같은 책, 733쪽.

세계의 전체성을 위협하는 징후로서 받아들여졌다. 그런 까닭에 개별적 신정책에 대한 반대가 순식간에 새로운 정책 전체에 대한 반대로 발전했던 것이다. 지조개정 반대 잇키의 경우도 대중적인 폭동으로 전화한 시점에서는 거의 같은 양상으로, 1876년의 이세 폭동에서도 "그 약속을 살피는 바, 사람을 상해하고 가옥을 태우는 것을 경계한다. 무릇 관청의 명의가 있는 자는 반드시 이것을 찢어 태우고, 따라서 현시점에서 피해를 입은 자로, 지청支庁(교통이 불편한 곳에 둔 하급관청), 지구 재판소, 경찰 출장소, 대소 취급소(지역 사무소), 학교, 우체국, 조정시설權衡捌所, 전신국, 전선주, 교도소 관련 관리, 호구장区戸長[271] 관계자, 학교교장 등의 저택이 적잖이 방화되고 훼손되었다."[272] 학교와 우체국 등 지조개정과는 직접적으로 관계가 없는 건물도 잇키 세력이 지나간 길에 예외 없이 훼손되었다고 해도 좋다. 1873년의 후쿠오카현福岡縣의 가호嘉穗소동은 미곡 상인들이 모닥불을 피워 신호를 주고받으면서 쌀값의 폭등을 획책하고 있다는 풍문으로부터 일어난 것이다. 따라서 잇키 세력의 공격은 당연히 미곡상인에게 향하였다. 하지만 일단 봉기가 시작되면 그 주요 공격대상은 다음과 같이 유신정부의 새로운 정책과 관련 있는 모든 것으로 확산되었다.

치쿠젠筑前일국 안에서 흉악한 무리가 파손한 항목들

하나, 현청 및 여러 관사, 구장区長, 정호장正戸長, 부호장副戸長 등 모두 공용을 취급하는 가옥.
　　(단 정호장, 부호장 등 공용서류를 정리하여 흔쾌히 흉악한 무리에게 넘겨

---

271 7·8개 촌을 '구'로 불리는 단위로 편성하여 호적을 관리하기로 하였는데, 구·정·촌에 설치된 행정사무의 책임자.(역자주)
272 『伊勢暴動顛末記』, 56쪽.

준 것은 훼손시키지 않았다고 한다).

하나, 전신기 표본 및 구리선,

하나, 게시장 시설.

하나, 정과 촌의 게시판.

하나, 소학교.

하나, 미곡 가격의 결정에 관계하는 상인.

하나, 많은 사람들에게 미움 받는 자의 가옥.

하나, 맞서 대항한 자 및 흉악한 무리의 생각에 따르지 않는 자의 가옥.

하나, 사민四民을 논하지 않는 이인관異人館에 유사한 집이 만든 것.

하나, 현청부터 하카다까지 연속되는 가도의 유리 등.

하나, 증기선의 기계.

하나, 현청 및 여러 관사, 구호장 등에게 있는 일체의 공용 서류.

　　(단 현청 내에 있는 것 외에는 구 번정에 관련된 서류만은 제외해 태우지 않

　　았다고 한다.)

하나, 게시 및 지권 증서 등 모두 참사參事의 성명이 있는 서류. (단 길옆의

　　게시물은 세세하게 뜯어 찢어버린 것도 많다고.)

하나, 원래 □□(원문 그대로— 역자)의 가옥.

이상.[273]

이와 같이 메이지 초기의 잇키에서는 근세의 농민 잇키와 같이 민중이
살아있는 현실세계의 전체성 속에서 특정의 악역이 반가치反價値라고 조정
되고 제거된 것이 아니라, 유신정권 및 여러 정책의 전체가, 민중이 살아있
는 현실세계를 위협하는 〈타자〉이며 적대자이며 반가치라고 간주되었다.
그 때에 유신정권과 그 정책들이 이인異人 또는 야소교와 결부되어 의식된

273「福岡県党民秘録」『集成』13권 788쪽. 그리고 이 잇키가 신정반대의 성격인 것에 대해
　　서는 「党民強訴ノ大意」(같은 책, 786쪽) 참조.

것은 중요하다. 이인이란 민중의 환상적 공동성의 세계 범주에서 보면, 원래 〈밖의 사람=타자〉이며 그런 연유로 그의 존재 자체가 민중의 공동체적 세계를 위협하는 절대적인 〈타자〉였다. 그것은 민중의 익숙해지고 친숙해진 공동성의 세계에 존재하지 않을 것 같은 괴이한 마술적 위력과 사악한 의지를 갖고, 민중의 전통적 공동성의 세계를 엿보고 있었다. 그렇기 때문에 민중은 지금 당장 이해도, 통제도 할 수 없는 적의에 찬 위력 앞에 거의 벌거벗은 몸을 드러내고 있는 것이다. 이와 같은 공포스러운 패닉이 막번제 하의 민중에게 보이지 않는 것은 막번제 사회에는 익숙해진 하나의 환상적 공동성이 성립하고 있었다. 그리고 권력이 가능한 선에서 다양한 〈타자〉=적을 강력하게 배제하는 역할을 떠맡고 있었고, 민중은 그와 같은 권력에 은뢰하고 있었기 때문일 것이다. 이 가능한 선에서 다양한 〈타자〉=적을 강력하게 배제하고 있다는 원리가 권력의 정통성을 받쳐주는 근거의 하나인 것이며, 그와 같은 권력을 수용하는 것이 일상적인 차원에서 자각되지 않아도 권력에 대한 민중의 근본적 태도였다고 생각한다.

일상적 차원에 어떤 형태로든 의식되었다고 해도, 막번제 사회는 이적, 이단(그리스도교도, 불수불시파, 가쿠레 염불[274]), 자연재액, 도적, 또 어느 정도까지는 천민賤民 등을 〈타자〉로서 조정하며 강력하게 배제하는 지배체제를 구축하고 있었다. 그 의미에서는 막번제란 〈타자〉를 향해 편성된 강력한 권력에 다름 아니고, 강력한 권력의 기반에는 〈타자〉에 대한 민중의 은근한 공포가 있었다고 생각한다. 막번제 하의 민중은 정체를 알 수 없는 강대한 〈타자〉에 의해 끊임없이 위협받고 있었지만, 개별적 민중을 보면 원래 그들이 생산과 생활의 공동성을 갖는 장으로서의 마을공동체도 그러한 〈타자〉의 조

---

274 금지된 정토진종의 신앙을 권력의 눈을 피해 신앙하는 신도나 집단.(역자주)

정과 배제를 막번권력에 위임하고 있었다. 민중의 〈타자〉에 대한 공포에서 전화된 권력에 대한 은뢰에는 물론 현실적인 근거도 있었을 것이다. 전란의 중세에서는 언제 집이 불태워지고 가재가 약탈당하고 여자들이 능욕당하고 결실한 벼가 적군의 손에 추수될지 알 수 없었다. 그리고 영주에 의한 수탈도 자의적이었던 탓에 대해 평화를 확보하고 소농 유지 정책을 추진하는 막번권력은 훨씬 은뢰에 값어치 있는 것으로 보였을 것이기 때문이다. 하지만 민중의 은밀한 공포의 대부분은 환상상의 것이었다. 왜냐하면 민중이 경험에 의해 구체적으로 알고 있는 것은 공간적으로는 마을공동체와 그 집합으로서의 지역사회를 벗어나지 않고, 시간적으로는 기껏해야 2, 3세대 이전부터의 일에 지나지 않았다. 그리고 이 경험 밖에는 지극히 방대한 정체를 알 수 없는 불가시 또는 불가촉의 세계가 있고, 그러한 경험 지식 밖의 세계는 기능적으로 끊임없이 공포의 대상이었다고 생각되기 때문이다. 마을 공동체와 그 주민은 그들 세계의 약소성과 협애성 때문에 의식의 근저에 〈타자〉에 대한 은근한 공포를 감추고 있고 그런 까닭으로 강대한 권력에 은뢰하려고 했다.

　　그런데 유신변혁에 의해 새로운 권력이 성립하고, 그 권력이 민중에게는 생각지도 않은 새로운 정책(폐번치현, 학제, 태양력, 징병제 등)을 강권적으로 실시하기 시작하자 민중은 위와 같은 은뢰의 세계로부터 정체를 알 수 없는 불안과 공포에 찬 미지의 세계로 거의 맨 몸으로 무력함과 더불어 내던져지게 된 것이다. 물론 새로운 정책이 충분한 계몽 위에 실시된다든가 신정부 아래서 민중의 생활이 안정되어 간다는 조건이 있으면 사태의 진전에 다른 방향도 있었을 것이다. 하지만 개항 이래 경제적 혼란에 신정부에 의한 불환지폐의 발행 정책에 박차가 가해지는 상황 아래에서 〈이적〉으로부터 배운 신정책이 강권적으로 수행될 때, 민중은 정체를 모르는 강력한 〈타자〉에 대한 공포로 일촉즉발의 상태에 놓이게 되었다 해도 이상하지 않다. 이리하여 세상은 암흑이 되었다며 "집집마다 죽창을 준비하고 거기에 짚신 한 켤레를 더 준비"해서 (전출 히로시마변의 경우) 민중이 스스로 비상시에 대비한다는 불안한 상황이 성립했다. 민중생활의 약소성과 협애성의 연유로 일단 권력에 대한 은뢰가 상실하자 불안이 불안을 부르고 공포가 공포를 불러 얼핏 보면 지극히 불합리적인 불안과 공포가 공명하는 상황이 성립했다. 이러한 불안과 공포의 비합리성을 별거 아니라고 여기는 사람은 자신은 낯익은 일상성의 세계에서만 살고, 그 세계의 밖에까지 이르는 자유로운 상상력을 결여하고 있는 것을 고백하고 있음에 지나지 않는다. 오히려 이러한 불안과 공포가 공명하는 상황에서는 호적제도가 젊은 여성의 피를 짜서 마시기 위한 조사라거나 어린아이의 기름을 짜기 위한 조사이며, 징병령이 사람의 생피를 착취하기 위한 것이며, 콜레라를 피하기 위한 병원설치가 독약을 먹여서 생간을 취하기 위한 것이라거나 뇌수를 빼앗기 위한 것으로 의식되었다 해도 이상하지 않다. 징병령 반대 잇키는 기간基幹 노동력을 빼앗기는 것에 반대했던 것이라거나, 학제 반대 잇키는 학교비용 부담과 어린이 노동력을 잃는 것에 반대한 것이라 규정하는 것은 사실의 한 측면을 지적한 알기 쉬운 설명이긴 하지만, 결코 충분한 것이 아니다. 어린아이의 기름을 짠다든가 생피를 착취한다는 것과 같은 기괴한 소문이 기이하면 기이할수록 순식간에 광범한 민중에게 공포의 전파를 불러일으킬 수 있는 것이었음을 이해할 때 이러한 잇키에 대한 리얼리티에 다가갈 수 있는 것이다.

그런데 위와 같이 유신정부와 그 정책의 전체성이 불안과 공포의 항상적 원천인 것 같은 상황에서는 유신정부의 지방조직을 담당하고 있는 관리나 경관, 정촌장, 부호장 등은 민중의 눈앞에 존재하고 있는 악의에 찬 〈타자)=적으로 의식되지 않을 수 없었다. 특히 이국인의 복장을 하고 있는 관리나 경관은 근세일본의 번정관리들과 달리 끊임없이 민중을 위협하고 있는 정체를 알 수 없는 밖의 사람으로서 민중의 눈에 비치고 있었다. 이러한 사정 아래 관리는 그 자체만으로도 증오와 공격의 대상이 되고, 관원이라 추궁했을 뿐인데 그 자체로 관원은 쳐 죽여야 할 살해대상이 되고, 실제로 잔학하게 살해되기도 했다.[275] 현청과 지청 등 지방행정기관도 많은 경우 격렬한 공격과 파괴의 대상이 되고 책임자가 도망가는 사례도 적지 않았다. 이미 서술한 바와 같이 근세의 잇키에서는 사람을 살상하는 무기인 죽창은 그다지 사용되지 않았고, 죽창까지 휴대했다해도 낫, 괭이, 봉, 도끼가 우치코와시를 실행하기 위한 도구였다는 것이 훨씬 중요했다. 그런데 메이지 초기의 잇키는 진압대와 격렬히 싸우고, 죽창을 중심으로 무장한 무기에 의해 잔인한 살인도 이루어졌던 것이다. 그것은 근세보다도 투쟁이 격화했기 때문일 뿐만 아니라 투쟁의 격화가 사실은 정치권력 그 자체와 그것을 구성하는 관리 등 모든 것을 절대적인 적대자로서 조정하는 것까지 의미했기 때문이었다.

흥미롭게도, 낯선 양복을 입은 관원이 나타나자 금세 공포의 패닉을 불러일으키는 경우도 있었다. 1873년 돗토리현 아이미군會見郡 잇키는 징병령을 생피를 착취당하는 것이라고 믿어 일어난 징병령 반대 잇키의 하나이지만, 이 지방에서는 생피를 착취당하는 것은 청년뿐만이 아니라고 여겨지고 있었던 것 같다. 그 때문에 사람들은 "가족의 수를 알리지 말라고 각 문앞에 내거는 표찰을 빼가고…징병소집과 관련한 사람이 올 때는 각 마을이 서로 도우며 죽창 및 적당한 기구나 몽둥이를 갖고 대항하려" 하고

---

275 「福岡県党民秘録」『集成』 13권 772, 776쪽.

있었다. 그런데 사실은 이상한 차림을 한 나졸이 지나가자, 그것을 발견한 한 농부가 "피를 짜는 사람이라 인식하고, 집안에 늙은 아버지가 혼자 지키고 있는 것을 위험하게 생각해 달려가는 도중에 같은 마을 기사부로儀三郎라는 사람과 만나 이상한 사람이 온다. 경계하지 않으면 안 된다고 말했다. 마침 집안에 20세의 남자가 있던 기사부로는 피를 짠다는 풍설을 곧이 듣고 주야로 아픈 마음을 견딜 수 없는 지경에 이르자, 허둥지둥 당황해하다가 사람들에게 피를 짜는 사람이 온다고 외쳤다. 모든 마을이 이 말을 듣고 이웃 마을에 알리거나 혹은 사원의 종을 급히 쳐서 사람들을 소집하였다. 이리하여 인근 마을이 일시에 봉기"하는 아이미잇키가 전개됐던 것이다. 일반적인 불안과 공포 속에서 이상한 사람에 대한 농부의 오인이 순식간에 패닉 상황을 불러일으키고 전파된 것이다. 관리 등의 낯선 양복은 낯선 〈타자〉성의 상징이 되었던 것으로, 이 잇키에서는 소학교에 부임하려고 한 두 명의 교사가 잇키세력에 둘러싸여 거의 죽게 될 정도의 중상을 입기도 했다.[276]

이러한 사례들에서는 기묘하고 비합리적인 소문이 순식간에 전파되어 사람들의 마음을 사로잡는다는 공통적인 특질이 보인다. 아무런 근거도 없는 기괴한 소문의 전파가 사람들의 불안과 공포를 순식간에 증폭시켜 사람들의 불안정하고 끝이 확실하지 않은 입장이 표현되어 있는 것이다. 이러한 소문과 그것에 의한 공포의 기반에는 새롭게 성립한 중앙집권국가에 의한 강권적 수탈에 관한 예감이 있었다. 하지만 그것은 구체적이거나 경제적이거나 물질적인 형태를 취하지 않고 적의에 찬 마술적 위력에 의한 수탈과 파괴라는 기괴한 모습을 하고 있었다. 그것이 도리어 민중에게 지금

---

276 『明治初年農民騷擾録』, 463~464쪽, 456쪽에서는 두 사람의 학교 교사의 행장을 보고 생피를 착취하는 자로 오인해서 봉기가 시작되었다고 한다.

까지 경험한 적이 없는 〈타자〉적 강권에 대한 불신과 두려움을 표현하게 했다고 말할 수 있다. 그리하여 막번제 사회가 친숙한 은뢰의 세계로서 상기되는 봉건복고와 번주의 상경을 만류하는 잇키가 빈발하게 된다. 봉건복고나 번주의 체류를 요구하는 잇키는 언뜻 보면 수구적 내지 반동적인 목적을 내걸고 있는 것처럼 보이지만 사실은 민중이 기성 권력이 제시하고 있는 세계상으로부터 분리해 가는 모습이 표현되어 있다고 생각한다. 왜냐하면 봉건복고나 도쿠가와 가문의 회복이라는 슬로건 속에 민중이 담고 있는 것은 봉건제의 옹호라기보다 오히려 현존 권력에 대한 불신이며, 민중생활의 안온과 행복에 어울리는 환상적 공동성으로의 희구이기 때문이다. 이 시점에 옛 번주 계층은 신정부와 타협해서 보신술을 강구하고 있었지만, 농민 측은 신정부가 시행하는 새로운 정책 전체에 대해 반대하고 천황의 상징인 "국화문양의 깃발을 태워버리거나"[277] "성내 현관에 게양하는 국화문양의 휘장을 제거"[278]하여 현존의 국가권력 그 자체에 맞섰던 것이다. 현존하는 국가권력 그 자체와 맞서는 잇키는 막번체제 하에서는 있을 수 없었던 사실과 대비시켜야 할 것이다.

이렇게 해서 1868, 69년의 요나오시잇키과정에서 소생산자 농민으로서 해방의 가능성에 대한 자의식을 갖기 시작한 것처럼 보인 농민투쟁은 신정반대 잇키와 지조개정 반대 잇키에서 유신정권과 적대성을 보다 명확하게 의식하게 되었다. 원시자본축적 과정에 직면해서 몰락해가는 농민의 불안정한 상황을 배경으로 투쟁은 대규모화하고 격렬하고 무력적인 형태로 변해 갔다. 그리고 이와 같은 농민투쟁의 동향이야말로 메이지정부

---

277 『集成』, 576쪽.

278 「芸藩史」『集成』13권 596쪽.

가 판적봉환版籍奉還[279]과 폐번치현을 감행하여 절대주의 국가를 확립해 가는 도정을 서두른 가장 기본적인 동인이었다고 생각한다. 사실 이 투쟁들은 많은 경우 서양식 장비를 갖춘 진대鎭臺로부터 군대를 파견하여 겨우 진정되었다. 그 양상은 권력에 의한 폭력적 억압 장치의 재구축이라고 말할 수밖에 없는 것이었다. "같은 22일 이른 아침 각 마을에 돌입하여 각각 두목인 자를 포박하기에 이르는 바입니다. 연이어 병사들도 투입되어 마을과 거리가 숙연하고 전율하며 도망쳐 숨을 줄 모릅니다. 이것은 완전히 병사들의 위세에 의한 것으로 마침내 한 사람도 대항하는 자가 없고, 작금에 포박된 자가 80여 명에 이르고, 이제는 재연할 세력도 없는 형세가 되었습니다."[280] "본 현내 히노군日野郡과 아이미군会見郡 같은 경우는 가장 서쪽에 있고 완고해서 설유하지 말아야 한다. 교활해서 제어하기에 어려움이 있고, 구 번국 이래 지역郡관리가 가장 고생스러운 곳이다. 그런 까닭에 정치를 왕왕 일시적 변통으로 활용하는 자가 있다. 그런데 이 폭동 이후에 엄격한 법률로 규제하게 되면서부터 유순해져 제어하기 쉽게 된 것은 전날과 비교가 되지 않는다. 아이미군 하나만 그런 것이 아니다. 히노군이라 해도 그 밖의 부근의 완민이라 해도 이른바 본보기가 멀지 않음을 보고 시정의 방법이 크게 힘을 더는 것과 유사"[281]하다. "인민공포人民恐怖"[282]라고 하는 상황이 되었고, 민중의 자유로운 가능의식의 발효는 폭력장치의 재구축에 의해 무력한 일상성으로 되돌려 보냈던 것이다.

지조개정 반대투쟁에서 민권운동으로 성장해 가는 호농층의 동향에 대

---

279 메이지 초기에 행해진 조치로 다이묘들이 천황에게 자신들의 영지와 영민(領民) 즉 '판적'을 반환한 일.(역자주)

280 『集成』 13권 730쪽.

281 『明治初年農民騷擾録』, 465쪽.

282 같은 책, 626쪽.

해서는 따로 생각하지 않으면 안 되지만, 메이지 10년, 즉 1877년까지 농민잇키에 참여한 일반 민중에 대해 메이지정부가 행한 노골적인 폭력에 의한 억압이야말로 현실적인 모습이었던 점을 지적해 두자. 이러한 투쟁들에 대한 처벌도 매우 가혹한 것이었다. 1873년 가호소동에서는 사형 4명을 포함해서 6만 3,947명이 처벌되고 벌금 액수는 11만 5천 엔을 넘었고,[283] 1876년 이세폭동에서도 교수형 1명, 종신형 3명을 포함해서 5만 733명이 처벌되었다.[284] "거의 전국적으로 만연하게 될 비상의 정황"이라는 이유로 규칙을 생략하고 주모자를 단연 즉결로 사형에 처하는 경우도 있었다.[285] 1872년 에치고의 오코즈분수大川津分水소동에 즈음해서 "갈 때는 극락, 돌아올 때는 지옥"이라는 속담이 생겨 그 후 이 지방에서 유행했다고 한다. 봉기의 고양과정에서 부호한테 음식물을 강요하면서 전진하던 의기양양한 민중이 잇키의 붕괴과정에서는 "그 굶주림과 목마름은 참으로 일생을 통해서 도저히 잊으려 해도 잊을 수 없는 괴로움"을 맛보고 공포에 휩싸인 참담한 패주를 했던 것이다.[286]

물론 폭력적 억압만으로 봉기에 내몰려 있던 민중을 완전히 억압하는 것은 가능하지 않았을 것이다. 하물며 봉기의 사회적 기반, 그 자체를 붕괴시키는 것은 더 더욱 불가능했을 것이다. 보다 넓게, 긴 역사적 안목에서 생각한다면, 한편에서는 촌락 지배자 계층을 중핵적인 담당주체로 하는 통속도덕형通俗道德型 운동이 있었고, 다른 한편에선 위로부터의 근대화와 문명개화 정책의 일정한 성공이 있었다. 전자는 농촌에서 노동집약적인

---

283 「福岡県党民秘録」『集成』 13권 793~794쪽.

284 『伊勢暴動顛末記』, 119쪽.

285 『集成』 13권 730, 746쪽.

286 『越後佐渡農民騒』, 550쪽.

생산력 발전과 결부되어 근세 후기 이후 각지에 존재하고 있던 황폐한 마을들을 부흥시키면서 재편성해 갔다. 이 노선은 농민잇키나 마을내부村方 소동에 위협받으면서도 막말유신 시기부터 메이지 헌법체제 수립에 이르는 1890년 무렵까지 사회적 격동을 견뎌내어 점진적·개량적인 방향에서의 민중생활의 개선이 있을 수 있음을 증명했다. 그리고 그것에 의해 일본 민중이 살아가는 방식의 이념형을 제공하고 민중의 다양한 원망과 노력을 그 테두리 속에서 길어 올려, 그 속에 가두어 갔다.[287] 다른 한편에서는 위로부터의 근대화와 자본주의화의 성공 즉, 위의 노선이 정착하기 위한 보다 큰 역사적 틀이 있었고, 또 그 반대로 통속도덕형 운동의 성공이 위로부터의 근대화와 자본주의화를 민중 수준에서 지탱하는 절대조건이 되었다.그리고 이 양자가 서로 엉켜 메이지시대의 사회적 제도를 확립해가자 농민잇키는 무지하고 완고한 민중의 폭동이 되고, 요나오시잇키나 신정부 반대 잇키는 비합리적이며 우매한 것으로 간주되었다. 그렇게 되자 그러한 투쟁 속에서 움트기 시작하고 있던 다양한 가능의식은 봉기한 민중 자신에 의해서조차 내부의식의 세계에 억압되었다.

「우고 민정록羽後民情錄」의 메이지 초기 부분에는 유신정부의 여러 정책에 대한 원성과 탄식이 가득 차 있지만, 저자 스가하라 겐파치는 1873년 정월에 기묘한 첫 꿈을 꾸었다고 적고 있다. 즉 하치만신八幡さま과 같은 차림의 노인이 나타나 유신 이래 문란해진 정령에 대해서 말하길 "그 근본을 보면 야만국의 왕자가 우리 조정의 천자와 바꿔 태어나셨다. 자리를 떠남에 즈음해서는 신대神代로부터의 전승작업을 끝내고 새로운 것을 수용해서 틀림없이 외국異朝의 정도政道를 집행하시게 될 것이다. 이 이후는 더욱 다

---

287 이 책 제1장, 제2장 참조.

양한 일이 있을 것"이라 하고, 그 위에 이미 이렇게 된 이상은 어쩔 수 없다. "일천만승一天萬乘의 군주의 조서詔命, 신의 힘도 부처의 힘도 시대적 기세에는 (영향을) 미치기 어렵다. 하물며 인력이 미칠만한 것이 아니다. 역대의 다이묘들도 그저 예, 예 하며 외경하며 받들 뿐이다. 따라서 어떠한 일이 있다 해도 시세에 따라 다소곳이 있으면 몸에 재해가 오는 일은 없을 것이다. 삼가하여 빠짐이 없을 지어다"라고 말했다 한다.[288] 당시 권력에 수종하라는 것은 정말이지 호농다운 보수적 처세관이지만, 야만국의 왕의 지배에 굴복하는 것으로서의 강한 단념과 체념이 그 기조를 이루고 있다. 그리고 신정반대 잇키나 지조개정 반대 잇키에 봉기해서 마침내 폭력적으로 진압된 민중의 단념과 체념이 스가하라 겐파치의 그것보다 훨씬 깊은 것은 말할 필요가 없을 것이다.

메이지국가가 군사적 집권국가로서 군림하고 위로부터의 근대화 정책이 일정한 정착성을 갖게 되자, 일찍이 요나오시잇키나 신정반대 잇키에서

---

288 나는 더욱 확실하게 해두기 위해 소생산자(대다수는 농민)인 민중이 그들만이 자립한 세계상을 근대사회 속에서 오래 유지할 수 있다든가, 유지하지 않으면 안 된다든가, 또는 그들 스스로가 특정 국가를 구성해서 오랫동안 그것을 그들의 수중에 확보할 수 있다고 생각한 것은 아님을 부언해두자. 그러한 공상을 그리는 유토피아주의는 이 책의 입장이 아니다. 근대사회는 자본주의적 생산양식의 세계사적 지배로서 존립하는 것이다. 따라서 어느 민족이나 나름대로의 방법으로 세계자본주의의 생산구조의 일환을 재구성하고 있다. 국가권력도 또한 기본적으로는 상부구조에 다름 아니라는 것이 입론의 전제이다. 그렇지만 기본적으로는 이와 같은 근대사회 속에서 소생산자 민중의 독자적인 운동과 세계관이 어느 정도의 자립성과 발전을 획득해 갔으며, 그것이 각기 여러 민족의 근대사회가 추진한 정치적 이데올로기 편성 속에 얼마간의 비중을 차지하고 어떤 구조 속에 편입되었는가가 기본적 과제이다. 또 보다 특수하게는 해당 민족들의 근대국가 성립이 민중운동이나 의식과 어떻게 서로 관련되면서 이루어진 것인가 하는 문제는 각기 다른 민족들의 역사적 운명에 있어서 매우 중요한 규정성이라 생각한다. 이와 같은 의미에서 민중사상사라는 입장이 나름 고유한 중량감을 갖고 일본근대사회의 특질을 조사할 수 있는 중요한 시좌(視座)라고 생각한다. 특히 이러한 시좌에서 역사의 어두운 그늘에 방치해 두었던 일본민중의 사상형성에서 다양하게 시도된 망령을 불러 모아 애당초 일본의 근대화란 정말로 무엇이었는지를 묻는 설문에 대해 사상형성의 현장으로부터 증언을 탐구하고 우리들이 영위하고 있는 현재의 삶에 대한 성찰의 실마리를 얻고자 한다.

표현된 것과 같은 민중의 원망은 근대화하고 팽창해 가는 일본제국의 보호 아래에서 안온과 행복을 추구하는 방향으로 나아갔다. 그리고 오랜 잇키의 전통과 그것에서부터 생긴 가능의식은 살신성인식의 의민담義民談만이 남아 역사의 어두운 곳에 매장되어 버렸다. 잇키에 대한 탄압, 특히 메이지 초기의 잇키에 대한 집권국가의 폭력, 즉 서양식 군대에 의한 진압이 지렛대가 되어 잇키 속에 표현되고, 또 표현되려 하고 있던 원망과 가능성은 메이지국가의 공인公認이란 대의명분을 수용하는 것으로 재구성되었다. 그리고 새로운 국가의 신화가 민중의 인간적인 다양한 소원과 희망願望을 사취해서 그것을 영광스런 일본제국 발전의 에너지로 전환해 갔다. 메이지국가가 추진한 위로부터의 근대화정책이 나름대로 성공한 상황에서 이러한 국가적 신화의 계략을 간파하고 그것에 근원적인 비판을 대치하기 위해서는 지극히 좁고 불확실한 길밖에 남아있지 않았다. 마쓰카다 디플레이션 정책 하에서 일어난 치치부秩父사건[289]이나 곤민당과 활빈당의 사건들, 메이지 초기의 덴리교, 메이지 10년대 말부터 20년대 초에 걸친 마루야마교, 메이지 중기 이후의 오모토교 등의 민중적 종교운동, 기타무라 도코쿠北村透谷 등과 같이 거의 고립된 일부 지식인의 사상적 영위가 근소하게 근대화하는 일본과 그 자체에 근원적 비판을 제출하고, 이윽고 파멸해 갔다. 소생산자인 민중이 그 안온과 행복을 지배 권력으로부터 자립한 자신의 가능성으로 마음에 그리는 길은 결국 폐쇄되었고, 사람들의 진정한 원망과 인간다움은 국가와 자본의 논리에 예속되고 사취되어 그 지배를 위한 여러 계기로 변모해 갔다.

---

289 1884년 치치부 지방의 농민이 곤민당을 조직하여 자유당원과 함께 고리대금 상환 연장과 촌민세의 감면 등을 요구하며 봉기한 사건. 무장한 1만 명 가까운 농민이 고리대금업자를 습격, 군청·경찰을 점령했고, 군대의 출동에 의해 진압되었다.(역자주)

후기

1960년 6월 18일 밤부터 다음날 아침까지 나는 국회의사당 앞 길거리에서 하룻밤을 보냈다. 우리 세대에게는 잊기 어려운 60년 안보투쟁의 마지막 밤이 바로 그 때였다. 우리들은 야간버스로 그날 아침 도쿄에 도착해 데모와 집회를 거듭한 끝에 데모행렬의 해산지점인 야에스구치八重洲口에서 다시 돌아가 국회를 포위한 몇 만인지 모를 민중에 섞여 의사당 정문 앞 길거리에 주저앉아 있었다. 그날 오후 안보개정저지 국민회의가 지도하는 데모대열에 참여하고나서 우리들이 지나 갈 때 의사당을 둘러싸고 있었던 젊은이들은, 정말 싸울 의지가 있는 사람은 무력한 청원데모를 그만두고 함께 국회를 포위하자고 호소하고 있었다. 우리들은 그 호소를 각기 다른 울적한 기분으로 흘려들으면서 정해진 해산 지점까지 갔고 그곳에서 매우 흥분된 토론을 나눈 뒤, 밤이 이르러서야 되돌아와 포위하고 있는 무리에 참여하게 되었다. 우리들이 앉아서 농성했던 곳은 다양한 단체들이 섞여있는 구역으로 학생들의 모습은 거의 찾아볼 수 없었다. 의사당이 어렴풋이 하얗게 밤하늘에 떠있고, 헬리콥터가 날아다니고, 때때로 헤드라이트가 부근을 비추는 가운데 긴장된 마음으로 하룻밤을 지냈던 기억이 난다. 한밤중에 우익의 폭한에게 얻어맞았던 일도 내가 지금까지의 인생에서 경험해본 적 없는 새로운 체험이었고, 막대 봉을 가지고 있는 '무장(?)'한 학생들을 본 것도 처음이었다.

그날 밤 국회의사당 주변에는 다양한 사람들의 시선이 집중되고 있었다고 생각한다. 포위하는 민중을 지휘하고 있었던 사람은 전학련全学連(전일본학생자치회총연합)의 젊은이들이었지만, 그날 그 장소에 있기로 한 사람들 중에는 노동조합원, 공산당원, '시민주의'자도 포함되어 있었고, 무엇보다 나와 같이 애매한 정치의식을 가진 사람이 더 많았을 것이다. 다양한 세력이 각자의 방법으로 그 장소에서 같이 어우러지기로 한 것이며, 또 별도의 세력은 각자의 방법으로 그 장소에서 서로 만나지 않기로 했다. 사실은 고유의 방법으로 그 장소에서 서로 어울렸던 것이다. 일본사회의 다층적인 현실이 좋든 싫든 그곳에 응축해 있었던 것이고, 역사에는 경우에 따라서 그러한 응축된 시공이 있다고 생각한다. 국회의사당 앞의 길거리에서 포위하는 민중의 한 사람으로 하룻밤을 보냈다는 것이 아무 일도 없이 끝났기에 그저 하찮은 경험이었을 뿐이라고 말할 수도 있다. 그러나 그것은 틀림없이 나 자신의 현실경험이며, 고유하게 농축된 형태로서 일본의 현실을 맛본 전체성의 경험이었다고 생각한다. 그 후의 나는 몇 번인가 그 경험을 반추해 보며 그 무렵부터 자신의 입장을 고유한 형태의 것으로 정리하기 시작했다고 생각하게 되었다. 그렇지만 내가 강한 인상을 받았던 것은 안보투쟁 그 자체보다도 오히려 그 후의 사태추이였다고 생각한다.

안보조약의 '자연승인' 후에 등장했던 것은 이케다池田 '고도성장' 내각이었다. 이케다 내각은 '인내와 관용'을 정치의 중심으로 한다며 당면한 구호로서 당면의 정치위기를 회피함과 동시에 '소득배증'을 슬로건으로 국민의식을 사생활의 충족 → '고도성장' 하에서 소비적 만족을 추구하는 쪽으로 이끌어 갔다. 10년 동안 '소득배증!' 이것만큼 노골적으로 공리적이고 '유물론'적(?)인 목적이, 하나의 국가권력의 주요한 슬로건이 되었던 적이 이전에 있었을까? 나는 아아! 이 수인가, 이 수로 나오는 것인가 하고 생각했다. 그리고 사실 안보투쟁이 불러일으킨 정치위기는 내가 어쩌다 현장에서 확인했다고 하는 행운을 가진 그 6월 18일을 경계로 홀연히 종언했고, 국민의식의 사생활주의화가 현저해졌다. '근대화'론은 이러한 동향의 이론적인 담당주체로서 이 시기에 화려하게 등장했으며, 미국을 축으로 한 제국주의적 지배체계의 옹호와 국민의식의 사생활주의에 손을 빌려주었다. E·O·라이샤워와 W·W·로스토우, 그리고 그들의 이론을 일본에 소개하고 선전한 사람들의 일을 기억하고 있는 사람은 많을 것이다. 민중은 현존의 체제 하에서 사생활적 욕구의 충족을 추구하고 있다는 관찰을 주요근거로 하여 철저하고 강력한 전환을 이룬 저명인들의 일도 기억에 새로울 것이다.

그 무렵 나는 「일본의 근대화에 대해서의 제국주의적 역사관」(『새로운 역사학을 위해서』 81·82호, 1962년)이라는 '근대화'론 비판의 짧은 논설을 쓰고 있었다. 이 논설은 '근대화'론의 전면적 비판을 지향하는 가장 빠른 시기의 것으로 지금 다시 읽어보면 단어의 유치함에 눈이 아플 지경이지만, 거기에서 나는 '근대화'론의 이데올로기적 역할의 폭로에 머물지 않고, '근대화'론의 도전을 우리들 역사학의 내재적 혁신의 계기로 삼아야 할 것을 강조하고 있다. 학설사로 말하면 강좌파講座派와 노농파勞農派의 논쟁이며, 강좌파 내부의 견해 차이를 정리하는 상황 아래에서 나는 역사학을 배우기 시작했는데, 그러한 상황에 나는 잘 친숙해지지 못했다. 사상사라고 하는 영역을 선택한 것도 이러한 학설사에 제대로 친숙해지지 못했던 결과이며 원인이기도 했다. 그러나 마르크스주의의 역사이론을 전면적으로 비판하고 극복한 것이라 자칭하는 '근대화'론이 시대의 각광을 받고 등장하자 그것은 나의 내부에 위기감과 긴장을 만들어내고, 내가 임해야만 하는 일련의 과제를 점차로 뚜렷하게 비추기 시작했다.

　이리하여 나는 어려운 학설사보다도 귀중한 것을 손에 넣었다고 생각한다. 내가 임해야만 하는 과제란 지극히 추상적인 차원에서 다양한 구체적 차원까지 포함하고 있었지만, 나는 당장의 테마를 유신변혁을 전후한 근대화과정 중 민중의식 내지 사상변혁의 문제에서 추구했다. 이 테마를 선택한 이유 중의 하나는 그 무렵 출판된 이 방면의 두 개의 역작, 가미시마 지로神島二郎의 『근대일본의 정신구조』와 벨라Robert Neely Bellah의 『일본근대화와 종교윤리』로부터 자극을 받았고, 가미시마나 벨라와도 다른 방법으로 이 문제에 다가가고 싶다고 생각했다. 그러나 보다 근원적으로는 일본의 근대화 과정의 참된 의미를 민중의 생활방식·의식형태를 통해서 재고해보고 싶었다. 그와 같은 방향에서 생각한 것이 '근대화'론과 그 후에 전개된 새로운 국가주의적 역사관에 대한 역사의 최심부로부터의 비판이라고 생각했다. 이리하여 나는 학문세계에서도 처음에는 얼마간 엉뚱하게 보였을지도 모를 독자적인 생각을 갖게 됨과 동시에 사회나 인생에 대해서도 점차로 쉽게 양보하는 것이 불가능한 몇 가지의 논점을 갖게 된, 요컨대 나 자신이 되어 갔다. 그렇지만 그것은 내가 확고한 정치의식이나 사회의식을 갖게 되었다는 것이 아니다. 나의 정치의식과 사회의식은 그 무렵이나 지금도 애매하고 그저 사람 좋은 휴머니즘의 단편 단계를 벗어나지 못한 채, 생활인으로서 나는 전전긍긍하면서 살아온 소심한 사람에 불과하다. 그러나 그럼에도 불구하고 그와 같은 나에게도 벌써 쉽게 물러날 수 없는 자기주장이 있으며, 나의 역사학은 그러한 나의 인생에서의 입장과 상호밀접하게 서로 매개하고 있었던 것으로서 형성될 수밖에 없었다.(말할 필요도 없지만 내가 여기서 쉽게 물러나지 못하는 것이 있다고 말하는 것은 내 인생에서의 입장으로 이 책에서 전개되어 있는 역사학상의 주장을 의미하는 것이 아니다. 그 두 개는 아무리 깊이 서로 매개하고 있다 해도 별개 차원의 문제이다.)

이 책은 역사를 추진하는 근원적인 활동력은 민중 자신이라는 이해에서 입론하였다. 그런데 그 근원적인 활동력을 갖춘 민중은 역사를 추진하는 것으로 인해 자신의 내부에 오히려 새로운 과제를 떠안게 된다. 지배의 전문가들은 지배자들 사이에 전승되어 온 여러 수단·기술들을 계승하여 그간의 사정을 이용하는 것이 가능하다. 다른 한편에서는 그러한 이용에 의해 지배자들도 새로운 모순을 갖게 되지만 이렇게 역사에서 민중 문제는 단순히 의기헌양意氣軒昻(득의한 마음이 당당하여 너그럽고 인색하지 않음— 역자)하기란 불가능하다. 곤란과 고심에 찬 것일 수밖에 없다. 그렇게 곤란과 고심으로 살면서, 근원적으로는 불가사의한 명랑함을 잃지 않는 민중의 생활방식과 의식 구조를 통해서 역사의 보다 근원적인 진실에 다가가고 싶다는 것이 이 책의 저자로서의 나의 입장이다. 그리고 그것을 위해서 어떠한 방법과 소재가 설정되지 않으면 안 되는 것인가 내 나름대로의 고심이 있었다.

무엇보다 개인적인 감정으로는 그러한 곤란과 고뇌를 통해 살아온 민중 속에서 최고 양질의 부분을 이 책에서 그린 것 이상으로 편애하고 있다고 말할 수 있을지도 모른다. 나에게 민중적 사상운동의 창시자들, 민중종교의 창시자들, 농민잇키의 지도자 등은 종종 그러한 인물이다. 내가 아는 한 그들은 견뎌낸 사람에게서만 특유하게 보이는 묘한 인간적 매력이 있는 사람들이고, 끝이 없을 정도의 준엄함과 부드러움을 겸비한 사람들이다. 물론 어떤 사람은 더욱 모가 나 있고, 또 사상형성의 도중에 쓰러졌다고 해도 사상형성=인간형성의 주요방향을 그와 같은 것이라고 나는 생각한다. 만년의 모쿠지키木喰(1718~1810)가 조각한 미소부처도 내가 제시할 수 있는 하나의 증거다. 거기에는 지장이나 관음은 물론 인왕仁王 등과 같이 본래는 분

노의 형상조차도 한없이 부드러운 미소를 머금은 늙은 농민의 모습으로 조각되어 있다. 그리고 모쿠지키 자신은 90세를 넘어서도 무일푼으로 방랑한 단련된 수행자이며, 그 미소부처는 늙은 수행승의 격렬한 정력과 정열의 산물이었다. 단련된 격렬함이나 엄격함에 지탱되어 사람들의 마음속 구석까지 파고드는 듯한 온순함과 부드러움이 길러진 것이다. 그것은 근대적 인간유형과는 전혀 이질적인 것이지만 그 나름대로 수미일관하고 훌륭하고 매력적인 인간상이다. 이 책이 목적하는 하나는 이러한 인간유형에 관해 역사적인 리얼리티의 일부를 이야기하고자 하는 것인데, 이러한 시도가 이른바 근대적 인간유형이나 근대적 사유의 역사적 의의와 그 연구를 소홀히 해도 좋다는 것을 의미하지 않는 것은 여기에서 양해를 구할 것도 없다. 오히려 민중의 의식이나 사상에 대해서 고찰하는 것은 이른바 정점적 사상가(역사학의 시각으로는 그러한 사상가의 사상이 사회적으로 얼마나 영향을 미쳤고, 그 결과 사회를 얼마나 움직였는가 하는 것 – 역자)의 사상적 영위의 본래 의미를 비춰내기 위한 기초 작업의 하나이기도 하다. 현시점에서 생각해 보면, 이 책과 같은 시도가 사실은 보다 기저의 문제의식에 "도쿠가와 시대의 평민적 이상" 등을 논한 기타무라 도코쿠北村透谷, "일본은 예로부터 지금에 이르기까지 철학이 없다"고 서술하며 일본인의 "부조경박浮躁輕薄(언행이 신중하지 못하고 가벼움)의 대병근(못된 습관의 근원이 크다) – 역자)"에 대해서 분통을 터트린 나카에 쵸민中江兆民의 뜻을 은밀히 계승할 수 있는 것이 아닐까하는 생각도 하게 되었다. 도코쿠나 쵸민이 그 사상적 영위의 고투를 통해서 직관적으로 전개한 몇 가지 명제는 그 후 사상사적 계보에서 뒤돌아보는 일도 없이 내팽개쳐져 방치되어 왔던 것이 아닐까? 그것은 둘째치더라도 나카야마 미키中山みき와 데구치 나오, 농민잇키와 곤민당의 지도자 등을 염두에 두며 도코쿠나 쵸민을 논하고, 도코쿠나 쵸민을 염두에 두며 나카야마 미키 등을 논할 수 있

는 날이 오면 우리들의 사상사적 지평이 완전히 혁신되었다고 말할 수 있을 것이다.

그렇지만 이 책은 말할 것도 없이 거기까지 진입해 있지 않다. 민중의 생활방식이나 의식형태를 역사적으로 다시 파악하는 방법을 관점으로 삼아 근대화해 간 일본사회의 위선과 기만의 깊이를, 또 그 사이에 역사의 어둠 속에 내버려져 있던 사람들의 생각의 무게를 지극히 조금이지만 새로운 시각에서 조명해낼 수 있었다면 이 책의 저자로서 나는 우선 만족한다. 그리고 그 때 관찰자로서의 나의 눈이 암울한 그림자를 띠고 있다면 그 가장 큰 원인은 나의 개인적 성격이나 불안정한 건강상태 때문일지도 모른다. 보다 근원적으로는 '고도성장'의 덕택으로 황량하고 황폐한 현대 일본사회에 맞서는 나의 눈을 역사라는 무대 쪽으로 되돌려 보내야 하기 때문일 것이다.

이 책은 저자에게 어디까지나 객관적인 역사연구이며, 나로서는 이 책에 대한 비평이 그 역사연구로서의 객관성이나 그것을 진정으로 가능하게 하는 방법은 무엇인가와 같은 문제를 중심으로 하여 구체적으로 전개되기를 바란다. 그리고 가능하다면 나의 인생관이나 생활방식에 대한 비평으로 바꿔치기 하지 않을 것을 희망하는 바이다. 이 책이 나오기까지의 개인적 배경을 말하는 것이 독자의 이해를 도울 수 있을 것이라고 생각해 조금 말을 덧붙일까 한다.

이 책은 요즘 10년 남짓한 기간에 쓴 민중사상사 관련 논문 중에서 주요한 것을 골라 편집한 것이다.

이 책 제1장은 『일본사연구』 78·79(1965년)에 게재한 것으로 나의 새로운 과제로의 출발점이 되었다. 제2장은 『역사학연구』 341호(1968년)에 게재한 것으로 위의 논문을 보완하는 기분으로 썼다. 나의 처음 계획은 이 두 개의 논문을 기초로 해서 한 권의 단행본을 발표할 예정으로 그것을 위해서 약간의 사료도 모았는데, 이 계획을 실현하지 못했다. 이 계획을 실현하지 못한 것은 두세 가지의 개별적 사정을 별도로 하면 그 후 문제관심의 초점이 조금씩 이동했기 때문이다. 제3장은 히로타·마사키와의 공동연구로 『일본사연구』 85·86호(1966년)에 게재한 것이다. 내용적으로는 제1편과 제2편을 접목시켜주는 역할의 테마를 추구했던 것이라 할 수 있다. 타인과 함께한 공동연구의 성과를 개인 저작에 수록하는 것은 기묘한 일이지만, 특별히 허가를 받아 이 책에 수록했다. 히로타 씨의 호의에 깊이 감사드리며 더불어 이 장에 한해서는 앞으로도 두 사람의 공동연구 성과로서 취급해주시길 독자에게 요망한다. 제4장은 『사상』 586호(1973년)에 게재한 것이며 제5장은 이번에 처음으로 발표했다. 이 두 개는 초서의 단계에서 꽤 긴 장편논문의 하나였는데 그 일부를 『사상』 편집장의 요청에 따라 별도로 발표했던 것이다. 이것보다 먼저 쇼지 기치노스케庄司吉之助와 하야시 모토林基 두 분과 나의 공편으로 『민중운동의 사상』(이와나미서점, 1970년)이 간행되고, 거기서 나는 「민중운동의 사상」이라는 해설논문을 썼는데 이것이 농민잇키 등의 민중투쟁을 거론하며 내가 최초로 정리한 논고이다. 이 책 제2편은 이 해설논문의 거의 전반 부분을 사료를 다시 모아 이론적으로도 재검토하여 새로운 차원으로 발전시키려고 한 것이다. 최근 『일본서민생활 사료집성』을 비롯해 잇키와 관련된 우수한 사료집이 연이어 간행되었기 때문에 이 책의 제2편과 같은 분석도 마침내 가능하게 되었으며, 이러한 사료집의 편자들이나 사료 발굴자들의 학문적 은혜에 감사한다.

이상으로 이 책에 편집 수록한 논문 원고의 초출과 유래를 간단히 설명했다. 이 책에 수록하기 위해 잘못된 글자를 정정하고 극히 미세한 표현을 바꾼 것 외에는 초출시 그대로이다. 표제도 제2장과 제4장의 그것을 조금

바꾼 것 이외에는 원래 논문 그대로이다. 자신이 최초로 정리한 저작이 이 책이 될 것이라고는 전혀 생각지도 못했다. 나는 한 분의 스승에게 배운 것도 아니며 누군가의 학문체계를 계승한 것도 아니다. 나는 자신의 빈곤함을 어정쩡하게 떠안은 채 초조해하고 자기혐오를 계속하면서 자신의 길을 걸어 갈 수밖에 없었다. 그러나 비록 그와 같은 나이지만 많은 우수한 선학과 선배와 동료들에게 둘러싸여 많은 혜택을 받았다. 많은 선학과 선배와 동료들의 헤아릴 수 없을 정도로 많은 도움을 받아 마침내 이 책과 같은 구체적 성과에 이르게 되었다. 어리석고 둔하고 병약하고 나태하며 구차하게 타협하지 않고 인간 관계가 좋지 못한 나에게 모범의 본보기와 조언해주시고 격려해주시며, 비애와 고통을 덜어주신 위의 여러분께 깊이 감사드린다.

마지막으로 이 책의 출판을 추천해주신 아오키 서점의 야마이에 유타카 山家豊, 이 책의 출판을 구체적으로 추진해 주신 편집부의 시마다 이즈미島田泉 씨에게 감사드린다.

1974년 7월 17일
야스마루 요시오

헤이본샤판 후기

호쿠리쿠北陸의 농촌에서 태어나 자란 나는 대학수험을 위해 교토에 갈 때까지 가나자와金沢와 도야마富山보다 큰 도시에 가 본 적이 없었다. 가나자와와 도야마도 두세 번 갔을 뿐 일상적으로는 집에서 반경 4km 정도가 통학권이며 생활권이었다. 텔레비전이나 상업방송도 없고, 또 주간지 등의 미디어를 접할 기회도 없는 시골 고등학생이었던 나에게는 도쿄東京나 교토京都는 절대적인 거리로 격리된 다른 세계였으며 언젠가 외국에 나갈 일이 있을지 상상해 본 적도 없었다. 고교생 무렵 나는 어떻게든 도회지에 나가고 싶었지만 그것은 나보다도 젊은 세대의 사람들에게는 믿기 어려울 정도의 동떨어진 거리감각을 전제로 한 것에서의 동경이며 지금 생각해보면 굉장히 빗나간 도회지 환상에 기초한 것이었다.

교토대학京都大学에 입학한 나는 고향을 찾는 교통편으로 대개 야간열차를 이용했다. 현대의 수준과 비교하면 차량설비도 나쁘고 장시간 소요되었는데 졸기도 하고 깨기도 하면서 오가는 이 작은 여행에 나의 마음을 빼앗겼다. 덜컹덜컹 소리 내는 기차의 울림, 간혹 들리는 기적소리, 한밤중에 인기척이 없는 작은 역에서 정차하고 또 발차할 때의 차량의 흔들림이나 울림, 또 어슴푸레한 비와코琵琶湖의 호반이나 가가加賀 평야의 넓은 경치 등은 너나할 것 없이 지금 다른 세계로 여행하고 있다는 감동을 자아냈다.

18세까지 자란 고향이 마음이 편안하고 행복한 것은 아니었다. 고향 사람들은 대개 자상하고 친절했다. 그러나 그것은 또한 나의 심신을 거미줄처럼 옭아매고 있는 속박이며, 다른 한편에서 나는 무엇보다도 자신의 정신에 자립성을 획득해 인생이나 사회나 인간이 살아가는 의미 등에 대해 자유롭게 생각해 보고 싶었다. 그것을 위해서는 도회지에 나가 대학에 들어가는 것이 그 무렵의 나에게는 절대적 조건과 같이 생각되었던 것이다. 그러나 또한 그 도회지에서의 생활은 쉽게 익숙해지기 어려운 다른 세계의 체험이었다.

누구라도 인생의 여러 단계에 부응해서 새로운 환경에 적응해야만 하고, 그 기간에 반드시 약간의 위화감 없이 끝내지는 못하지만, 나의 경우에는 대학입학을 경계로 해서 결정적인 단절이 있었고 대학생활부터 그 후의 대학교수라는 학자의 길로 전개된 도회지 생활에도 결국에는 그다지 능숙하게 적응하지 못한 것 같다. 덜컹덜컹 소리를 내며 달리는 야간열차에 몸을 맡기는 것은 두 개의 이질적인 세계 사이의 경계를 넘기 위한 내 나름대로의 의식이었다. 경계를 넘은 세계에서 자신이 어떤 사람이며 어떤 사람이 되고 싶은가라며 어렴풋이 생각하는 것에 어울리는 시간이었다.

이 책의 내용을 가장 단순하게 규정하면 18세까지 지낸 고향에서 너무나 흔한 서민으로서의 생활과 대학입학 이후에 도회지의 지식인 사회라고 하는 두 개의 다른 세계에 살면서 그 어느 쪽에도 귀속하지 못한 채 다양한 경험을 계속할 수밖에 없었던, 얼마간 성질이 삐뚤어진 영혼에 의한 관찰기록이라고 말할 수 있을지도 모른다. 이 책의 제1장은 그 후 나의 연구활동의 출발점이 된 작품이지만 거기에는 내가 경험한 고향에서의 생활체험과 대학원생 시절에 접하게 된 오모토교大本敎의 개조 데구치 나오에 대한 자기 나름대로의 독해 등이 바탕이 되어 있다. 제2편은 위 논문의 발상으로는 풀 수 없는 차원의 문제를 개척하려고 한 것이며, 제2장과 제3장은 제1장과 제2편을 매개하도록 자리매김한 것이라 해도 좋다. 제1편은 1960년대 중엽부터 후반에 걸쳐서 제2편은 1970년대의 초반에 썼다. 그후의 나는 반드시 이 책의 내용을 한층 심화시키는 방향에서 연구 활동을 계속해왔다고 할 수 없지만, 어떠한 분야의 연구에서도 이 책은 바탕이 되었으며, 다른 연구자의 눈에는 어떻게 비추어지든 내 주장에서의 문제의식, 방법, 주제의 선별방식 등에서 일관된 기조를 갖고 있다고 생각하고 있다.

그렇지만 다른 한편에서 이 일관된 감각은 나의 주관적인 집념이며 사후에 만들어낸 자기방어적인 장치라고도 말할 수 있다. 실제문제로 이번에 책으로 바꾸기 위한 세밀한 작업을 추진하는 과정에서 연구사적으로도 문제의식이나 방법에 있어서도 이 책의 내용이 저술된 시대의 깊은 기억을 강하게 받고 있다고 통감할 수 밖에 없었다. 연구사적으로 예를 들어, 제2편에서 사용한 사료에 대한 사료 비판이나 새 사료의 발굴이 그 후에 크게 진전해 있고 그 점에서 이 책에서 기록하고 서술하는 데 꽤 중요한 수정 내지 보완이 요구되었다. 또 예를 들어, 일본근대사회 성립기의 민중투쟁이 대규모의 농민투쟁 형태로 되지 않았던 것을 중시하여 그 원인을 종교적 이단의 미성숙에서 찾는 점이라든가(이 책, 127쪽), 요나오시 관념이 사상적으로 미성숙한 근거를 민간신앙적인 신도설의 계보의 것이기 때문이라고 설명하고 있는 점(이 책, 208~209쪽) 등은 그 자체로서는 단순히 잘못이라 말할 수 없다 할지라도 현시점에서 더 넓은 시야에서 재검토해야 할 논점이라고 생각한다. 그렇지만 여러 결함과 한계 그리고 미숙함의 다른 측면은 단정적이며 되풀이 되는 많은 문체에 있다고 말할 수 있을 것이다. 요령이 없는 나는 학계의 상황이나 연구자에 어울리는 말투에 익숙해지지 못했고 그저 자신의 말로 가능한 만큼 명석하게 이야기하려고 했다. 거기에는 또 그것이 쓰인 시대 상황과 그것에 맞서는 나의 자세 등이 커다란 그림자를 두리우고 있다. 이 책의 저자로서 나는 민중사상이나 민중운동을 내재적으로 설명할 수 있고 설명해야만 한다고 확신하고 있다. 이러한 민중사에 대한 관심은 이 시대의 정신사적인 상황에 뿌리박은 것이며, 또한 그 시대적 상황에 휩싸였던 나 자신의 선택을 표현한 것이다.

이 책은 어떻게든 사회과학을 배운 지식인의 언어, 특히 내가 배운 일본 역사학의 용어법으로 쓰여 있고 당장은 그러한 세계의 한쪽 구석에 속해 있다. 그러나 나는 우리들에게 무엇보다 가까운 존재이며 어떤 의미에서는 우리들 자신인 민중의 생활경험이 학문의 언어로 번안되어 있지 않다는 감각을 훨씬 젊은 시절부터 갖고 있었다. 원래 민중의 생활경험을 학문의 언어로 변환한다는 것은 기약할 수 없는 것이며, 원리적으로는 불가능한 것이라고도 말할 수 있다. 그러나 학문·대학·지식인의 시스템에 제대로 적응하지 못했다는 점에서 우리들은 필시 생애를 통해서 그러한 불가능한 주제의 주변을 방황할 수 있다.

그렇다 하더라도 작품에는 작품의 운명이 있고 그것은 나 자신의 운명과는 조금 달랐다는 쪽이 바람직할 것이다. 문고판으로 책을 바꾼 것을 기회로 지금 나에게는 예상할 수 없었던 독자와 다시 만날 수 있게 되어 기쁘다.

오리엔탈리즘 비판으로서의 민중사와 야스마루 요시오

다카시 후지타니

역사의 주체

1960년대 및 70년대의 보다 광범위한 지적 동향의 하나였던 민중사 프로젝트는 역사와 정치의 추진 주체로서 '민중'을 새롭게 표상하는 것을 시도함과 동시에 민중이 역사상 언제나 수동적이며 힘없는 지배대상일 수밖에 없었다는 편견을 극복하는 것을 지향하는 것이었다. 이 책『일본의 근대화와 민중사상』은 그 기반이 된 텍스트다. 민중사의 제창자들은 사회편성의 '저변'과 그들이 부른 위치에 있는 사람들까지를 포함해서 일본의 보통 사람들의 에너지, 일상생활, 의식, 그리고 어쩌면 무엇보다 중요한 점으로서 그 역사의 추진력을 명확히 밝히고 이것에 숨결을 불어넣어 재차 표상하는 것을 선택했다. 그것은 또 '평민'을 역사전개의 배경이나 무대장치 속에서가 아니라 그 전경에 자리매김하려 한 민속학자 야나기타 구니오柳田国男의 바람을 다소라도 공유하는 지적 시도였다.

야스마루 요시오의 텍스트는 다양한 방법으로 읽는 것이 가능하고, 또 그렇게 읽어야만 한다. 그러나 나는 여기서 그것을 주로 역사의 추진력

또는 역사상의 주체의 문제와 관련되는 것으로서 이해하려고 한다. 나는 이 짧은 논설에서 민중사의 동향, 특히 야스마루의 논저가 역사의 주체=추진력으로서 민중을 회복하는 것을 중심으로 하는 일본 및 일본인에 관한 오리엔탈리즘적 지知의 비판으로서 이해되어야만 한다는 것을 명확히 하고 싶다. 그 위에 민중사의 연구가, 그중에서도 이 책이 민중의 주관성을 얼마나 엄정하고 세련된 분석에 의해 다루고 있는가, 또 문화나 권력, 주체성과 같은 문제를 시야에 둔 근대의 다양한 역사 표상에 도달하기 위한 방법을 그 연구들이 어떻게 시사해 왔는가, 그리고 왜 이 책이 오늘날도 여전히 우리들에게 중요한 텍스트로서 존속하는 것인가와 같은 점에 대해서 생각해 보고 싶다. 그리고 특히 주목해야만 할 점으로서 민중사의 움직임이 1960년 미일신안전보장조약 조인을 둘러싸고 일어난 합중국의 극동냉전정책에 대한 커다란 반대운동의 직후에 생겨난 것이라고 하는 점이며, 따라서 그것은 합중국의 정치적·문화적 제국주의에 대한 저항이 역사 표상의 무대로 반입된 것으로서도 이해될 필요가 있다는 것을 모두에 지적해 두자.

역사가만이 아니라 민속학자, 철학자, 사회학자, 정치학자와 같은 사람들까지도 끌어들인 민중연구가 보다 폭넓은 움직임 속에서는 비엘리트층의 주체가 지배의 역사적 여러 구조에서 자율적이었던 것을 너무 쉽게 강조하였다. 그러나 최근에 인도에서 피종속적 위치에 놓여있던 사람들의 역사 회복을 시도해온 서발턴subaltern 연구 그룹(하층민 소외계층— 역자)의 역사가들과 같이 민중사가 중에서도 가장 세련된 연구자들은 비엘리트층 사람들의 역사적 주체성과 저항의 궤적을 재생하는 한편 경제적 엘리트층 및 근대국민국가 지배의 취약함도 동시에 확인해 본 것이다(민중사를 최근의 서발턴 연구가의 작업과 결부시켜 논하려고 한 것으로서는 다음의 대담을 참조, 야스마루·다카시 후지타니, 「대담·지금, 민중을 얘기하는 시점이란? —민중사와 서발턴 연구를 연계하는 것」, 『세계』 663호[1999년 7월호], 287~301쪽). 틀림없이 야스마루의 역사연구 및 역사의 방법론적 성찰에는 지금까지 빛을 보지 못했던 사람들을 역사의 중심무대에 등장시키고 싶다는 낭만주의적인 자세가 있다. 그러나 그것과 동시에 민중의 해방이라는 욕망이 일본의 내외권력이나 이해관심에 의해 어떻게 분쇄되고, 또 1950년대 이후의 허무주의적이며 무도덕적인 소비주의가 생성되어 온 프로세스에 대해 예리한 비판의 눈을 돌리고 있다(야스마루 요시오, 「전후이데올로기론」, 『일본내셔널리즘의 전야』[아사히신문사, 1977년], 211~246쪽).

마르크스주의와 근대주의, 그리고 근대화론

야스마루의 초기 연구에서는 일본의 근대주의자 및 아메리카의 근대화론자와 일본에서의 그 동조자와 같은 사람들이 비판의 주요대상이 되었다. 역사가 캐롤 글럭이 지적했듯이(Carol Gluck, "The People in History: Recent Trends in Japanese Historiography," *The Journal of Asian Studies* xxxVIII[November, 1978], 25~50쪽), 민중사에서 역사의 방법론상의 〈타자〉를 이루는 이 제3자에 대해서 야스마루 이외의 민중사가도 또한 언급해왔다. 그러나 민중사가들의 목소리가 하나로 통일되어 있었던 것이 아니고, 근대주의자에 관해서는 다소 다른 자세를 취하고 있었다.

야스마루의 마르크스주의 비판은 적어도 두 가지 측면으로 되어 있다. 한편에서 야스마루는 다른 민중사가와 마찬가지로 정통파 일본마르크스주의자들의 난해한 역사논쟁의 무모함을 비판했다. 마르크스주의자들에 의한 교조적 문제에의 집착 —구체적으로는 메이지유신의 성격을 둘러싸고 몇 번이나 되풀이되는 노농파와 강좌파의 논쟁— 과 그것보다도 한층 난해한 것은 강좌파 내부의 대립을 정리하는 작업과 같은 것에 대해서 위화감을 느끼고 있었다고 이 책의 '후기'에는 기록되어 있다(407쪽). 그러나 그것보다 더욱 중요한 것은 일본의 마르크스주의자들이 '사상'을 '물질적인 힘'으로서 충분히 파악하지 않았던 것을 야스마루는 논하고 있다는 점이다(21쪽). 따라서 이 시기의 야스마루의 텍스트는 근본적인 의미에서 포스트 마르크스주의라고는 말할 수 없다. 왜냐하면 역사변혁이 단계를 거치는 것이라는 마르크스주의의 커다란 이야기나 경제적인 요소가 무엇보다 중요하다는 것, 사회적 전체성이라는 개념 등과 같은 것을 조금도 부정하고 있지 않기 때문이다. 오히려 야스마루는 사회적 전체성을 구성하는 물질적인 힘으로서 '사상'을 재차 파악하려 했다고 말할 수 있다.

마루야마 마사오丸山眞男와 오쓰카 히사오大塚久雄에 의해 대표되는 근대주의자들은 민중의 생활이나 사상, 특히 민중의 공동체를 부정적으로 보고 있었다. 이것들은 모두 기대해야만 할 일본근대의 〈타자〉이며 1930년대부터 1940년대에 이르는 일본의 병리적인 발전의 원천으로 간주되고 있었기 때문이다. 수동적이며 낙후된 아시아에 대한 능동적이며 앞선 서양이라는 고전적인 오리엔탈리즘의 아시아관 —그것은 '아시아적 사회'에 관한 마르크스주의와 막스 베버의 이론을 통해서 수용되어 있었다— 에서 분명히 영향을 받고 있던 오쓰카는 일본의 '민중'은 '근대「이전」적인 것'이라 단정했다. 민중은 그가 말하는 바의 '아시아적' 성질을 갖고 있으며 일본인은 일반적으로 "근대인에게 특별히 보유되는 내면적 자발성도 찾아볼 수 없"다고 단정되었다(오쓰카 히사오, 『근대화의 인간적 기초』, 白日서원, 1948년 7쪽).

마루야마 마사오도 일본의 부락部落공동체에서 사회관계는 정서적이며 특수주의적이다. 따라서 근대적 주체성의 발전을 방해하는 것이라고 특징짓고 있었다. 마루야마에 의하면, 부락공동체는 개별적으로 분석하는 것을 막는 것이며 억압적인 천황제를 지탱하는 '전통적 인간관계'와 '공동체적 심정'을 만들어 내는 것이라 간주되었다. 그것은 결국 개별적이며 자유롭고 책임있는 주체의— 이것도 역사 오리엔탈리즘식으로— '결여'에 의해 특징지은 것이라고 마루야마는 논했다(마루야마 마사오, 『일본의 사상』[이와나미 서점, 1961년] 속에서도 특히 「Ⅰ 일본의 사상」을 참조).

그의 저서 『일본정치사상사연구』에서 자연에 있는 세계와 주체적으로 작위되어야만 할 세계를 구별할 수 있는, 즉 게마인샤프트Gemeinschaft(혈연이나 지연 등 애정을 기초로 하는 공동사회)적인 '자연적 질서관'이 아닌 게젤샤프트 Gesellschaft(계약에 의해 이뤄진 인위적이고 이해타산적인 이익사회)적인 '작위적 질서관'의 특징을 겸비한 근대적인 '사유양식'을 일본의 사상사에서 찾아냈다고 마루야마가 서술했을 때, 그것은 민중의 정신생활에서가 아니라 오히려 18세기 초기의 오규 소라이에서 시작되고 메이지의 후쿠자와나 자유민권운동의 활동가까지 계승되는 저명한 사상가들의 계보에서 추구하고 있다. 나아가 마루야마는 일본에서 전개된 근대로의 일시적 도약에 대해 분석을 시작할 때에 중국을 끌어와 후자의 자기변혁의 가능성은 최근에 이르기까지 아무것도 없었다고 기술하고 있다. 오리엔트에서 시작해서 그리스와 로마의 단계를 거쳐 게르만 세계에 도달한다는 헤겔의 너무나도 단순한 역사발전의 공동화 —그것은 거의 대부분의 국가가 거친 단계였다고 여겨졌다— 를 한편으로 비판하면서 중국에서는 흥망을 계속하면서도 역사는 반복되고 있음에 지나지 않는다는 헤겔의 생각을 마루야마는 확실하게 받아들이고 있었다. 중국에서는 "개인은 도덕적으로 무아에 흡사한 것"이며 그와 같은 근대적 주체가 결여된 사회관계가 재생산되는 과정에서는 "그 사이 어떤 진보도 보이지 않는다. 이러한 동요는 이른바 비역사적인 역사"라고 마루야마는 헤겔을 인용해서 서술하고 있다(마루야마 마사오, 『일본정치사상사연구』, 도쿄대학출판부, 1952년, 헤겔로부터의 인용은 3~4쪽 참조).

각성한 의식을 가진 역사의 추진주체로서 민중을 회복하려고 한 야스마루의 선구적인 시도는 전쟁 종결 후, 적어도 15년간에 걸친 비판적 사회과학이나 철학사상을 능가해온 민중에 관한 '착오'에 이의를 제기하는 것이었다고 말할 수 있다. 마루야마 마사오가 개척한 '사상사'에 많은 것을 의거하고 있음을 인정하면서도 야스마루는 근대주의자가 부락공동체에 대해 품고 있었던 본질주의적·비역사적·오리엔탈리스트적인 전제를 극복하고, 17세기 후반에서 19세기까지의 거의 2백년간 민중의식 더듬기를 시도했다. 그러나 야스마루의 역사연구의 개요를 기술하기 전에 그 근대화론과의 관계에 대해서 더욱 검토해 둘 필요가 있다.

일본에 적용된 근대화론은 에드워드 사이드가 묘사한 고전적 오리엔탈리즘과는 언뜻 다른 것처럼 보인다. 후자가 오리엔트를 수동적이고 자력으로 변화할 힘도 갖지 못한 것으로 묘사하고 있는 것에 관해 근대화론에서의 일본은 자기변혁을 향해서 활발하고 탁월한 수완을 발휘했다는 점에서, 비서양세계에서 특수하게 상징되고 있었기 때문이다. 오리엔탈리스트에게 동양이 비합리적이고 신비적이며 불가해한 것이라고 한다면, 근대화론은 —그것보다도 빠른 시기의 국민성연구나 대중적인 언설, 또 냉전 후의 일본에 관한 언설 속에는 반드시 그렇다고는 말할 수 없는 사례가 있었다고 할지라도— 베버의 이론이나 사회과학을 인용해서 일본이 고도로 합리화된 사회이며 투명도가 지극히 높은 문화라는 것을 표현하려고 했다. 그러나 전쟁 중에는 동양적 전제군주의 일본판으로서, 또 자의적이며 비민주적인 지배의 상징으로서 연합군에 의해 그려져 온 천황을 건전한 자유민주주의 사회가 존경해야만 할 상징으로 변혁한다는 기적적인 작업조차 점령하는 근대화론을 달성했다.(John Whitney Hall, "A Monarch for Modern Japan," in *Political Development in Modern Japan*, ed., Robert E. Ward[Princeton University Press, 1968], 11~64쪽) 그러나 냉전 하에서 근대화론으로 수정된 이 오리엔탈리즘의 근본자세는 일본이 자유주의적이며 자본주의적인 의미에서 '서양답게' 되려고 시도한 범위에서 능동적이며 일관성이 있는 합리적인 주체로서 일본을 표상해도 좋다고 하는 것밖에 되지 않는다.

　근대화론이 서양자본주의국가에게 배우는 대상으로서 일본을 편입시키려는 냉전의 언설이며, 또 그것이 후에 나카소네 야스히로 전 수상이 아메리카의 '불침항공'이라 자부한 것으로 전후일본을 변혁한 부분은 이미 일본과 미국의 많은 논자가 지적하는 바이다. 로버트 N 벨라를 비롯해서 구와하라 다케오桑原武夫, 마스미 준노스케升味準之輔(1926~2010), 에드윈·O·라이샤워 , 사카타 요시오坂田吉雄(1906~2000), 로버트·A·스카라피노, 우메사오 타다오梅棹忠夫(1920~2010), 더 나아가서 일본문화 포럼 참가자들과의 대립점을 선명하게 논한 1962년의 야스마루 논문은 이와 같은 시각에서 이루어진 체계적 비판으로서 필시 가장 초기의 작품일 것이다(「일본근대화에 대해서의 제국주의적 역사관」(1962년), 『〈방법〉으로서의 사상사』, 아제쿠라 서방(校倉書房), 1996년 수록, 210~243쪽). 이들 논자 사이에는 다소 견해의 상위가 있는 것을 인정하면서 그 역사의 논의는 '제국주의적 역사관' 이외의 그 어떤 것도 아니라고 야스마루는 비판했다. 그들은 근대화를 공업화와 같은 의미로 간주하고 여기에서 높은 가치를 찾아냈지만 그것은 자본가의 이익에 적합한 것이었기 때문이라고 야스마루는 논하고 있다. 야스마루의 비판에 의하면, 이와 같은 근대일본사의 긍정적 평가는 당시 효력을 발휘할 수 없게 된 마르크스주의 역사학의 반대의 극점에 있는 것이며, 이 새로운 '제국주의적 역사관'은 역사에서의 민중의 역할이나 침략전쟁(그리고 자본주의와 그것의 관련)이나 계급대립과 같은 것을 경시한다. 게다가 여기에 새롭게 등장한 이론가들은 일본의 물질적 번영의 강조를 통해 과거, 그리고 필시 미래에 일본천황제의 부정적인 측면을 뒤덮어 감추려 하는 것이 아닌가 하고 야스마루는 비판했다. 근대화론을 제창하는 일본지식인이 널리 대중화된 출판물을 통해서 그 논의를 발표한 과정에서 야스마루는 그 후에도 이 책을 비롯한 작업에서 근대화론의 논리가 60년 안보투쟁 이후 일본의 많은 민중을 탈정치화하는 데에 주요한 역할을 담당했던 이데올로기의 하나였다는 자세는 무너트리지 않았다. 야스마루에게 근대화론은 정치에 등을 돌리고 '사적' 본위주의와 소비주의로 향하는 것을 재촉한 전후 이데올로기의 한 형태였다.(이 책, 405~407쪽, 및 「전후이데올로기론」, 특히 219~230쪽)

그러나 야스마루의 근대주의적 사회과학이나 근대화론에 대한 비판이 무엇보다 온전한 형태로 표현되어 있는 것은 역시 도쿠가와시대까지 거슬러 오르는 '민중'의 오랜 역사에 관한 논고에서다. 다음에 그 작업을 살펴보자.

<자기 형성적·자기 단련적> 주체

『일본의 근대화와 민중사상』에는 야스마루가 「자기형성과 자기단련」이라고 부르는 것의 민중이 주체적인 영위가 어떻게 역사적으로 형성되어 왔는가를 나타내고 있다. 야스마루에 의하면, 17세기 말기부터 18세기 초기에 걸친 어느 시기인가 민중의식에 커다란 변화가 발생한다. 에도, 교토, 오사카와 같은 대도시의 주변에서 시작된 이 변화는 이윽고 도쿠가와시대 말기에는 전국으로 퍼지고, 1880년대에는 '최저변의 민중'들 사이에도 널리 침투해 버렸다. 이 광범위하게 퍼져나간 변혁은 자기형성적이며 자기단련적인 인간주체의 무한한 가능성을 외치는 새로운 민중철학을 중심으로 하는 것이었다. 이 새로운 철학은 이시다 바이간石田梅岩, 니노미야 손토쿠二宮尊徳, 오하라 유가쿠大原幽学, 나카무라 나오조中村直三와 같은 민중적 지도자의 사상이나 후기 국학이나 구로즈미교黒住教, 곤코교金光教, 덴리교天理教, 후지도不二道, 마루야마교丸山教나 정토진종浄土真宗의 묘코닌妙好人 등에서 발견할 수 있다. 그것은 또 농민잇키나 메이지 초기의 자유민권운동에도 공통하는 것이었다고 생각된다. 그리고 이 새로운 민중사상은 일상의 '생활실천'에도 폭 넓은 변화를 가져온다. 그것은 주술의 부정에서 성생활이나 제례의 규율화, 재물탕진이나 여가오락의 제한, 음주나 도박의 단속과 같은 것을 포함한 변화였다.

야스마루에 의하면, 이 새로운 민중철학은 상업경제의 발전에 의해 초래된 경제적 곤궁을 극복하고 싶다는 일반민중의 욕구에서 생겨난 '능동성'과 '주체성'의 철학이며, 숙명적인 사상이나 도쿠가와 초기의 유교나 불교에서의 현세용인現世容認(세상을 품다)의 자세와는 현저하게 달랐다고 여겨진다. 틀림없이 민중지도자가 제창한 ─예를 들면 근면, 절약, 성실, 충의, 효행 등과 같은─ 윤리적 규범이 유교적, 통속적, 전근대적이며, 따라서 수동성을 나타내는 것으로 밖에 보이지 않는 것은 사실이다. 그러나 그것과는 정반대로 이 '통속도덕'은 일본 근대화의 인간적 기반이 되는 전혀 새로운 능동적 주체성을 구축하고 있었던 것이다.

야스마루는 이와 같이 베버가 프로테스탄트(개신교) 윤리에 대한 고찰에서 그려낸 세계관과 상통하는 것을 새로운 민중사상에서 발견하고 있었다. 유교적인 표현에 구애받지 않는 해독을 통해서 야스마루는 민중사상 속에서 베버가 유교의 특징이라 간주했던 현세적응적인 합리성이 아니라 현세의 합리적 지배에 대항하는 율동을 발견한 것이라 말할 수 있을 것이다. 후자는 베버에 의해 서양 부르주아 사회의 변혁적 퍼스낼리티로서 특징짓고, 자본주의 발전을 위한 인적 에너지를 받았다고 간주되는 것이다. 베버가 서양에 대해 논했듯이 야스마루도 또 도쿠가와시대 일본에서 자기단련은 인간의 활동을 저해하는 것이 아니라 그 대극이라고도 말할 수 있는 현세 변혁에 대한 의지에 찬 끊임없는 욕망을 발생시키고 있었다고 논한다. 민속공동체에 대해 선천적 예견에 의해 —나는 감히 여기서 '아시아적 사회'와 같은 오리엔탈리즘적인 표상에 의해서라고 말해 둔다— 시야가 좁아져 있던 근대주의자들은 이와 같은 점에 전혀 눈치를 채지 못했던 것이다.

　짓궂은 시각에서 보면, 야스마루의 작업은 로버트 N 벨라와 같은 근대화론자와 견해를 같이 하고 있었던 것 같다고 말할 수 있을 것이다. 지금은 고전이 된 『일본근대화와 종교윤리』 속에서 벨라도 또한 프로테스탄트 윤리에 상통하는 것을 도쿠가와시대 일본인의 일상적 종교에서 찾아내는 것이 가능하다고 논하고 있다(호리 이치로오·이케다 昭 역, 『일본근대화와 종교윤리』, 미래사, 1962년). 그러나 양자의 사이에는 야스마루 자신에 의해 지적되어 있는 점을 포함해서 몇 가지 중요한 차이점이 있다. 첫째로 '통속도덕' 및 그 근대화의 관계에 대해 그 자신이 작업을 추진해 가는 과정에서 『일본근대화와 종교윤리』가 자극이 되었던 것을 인정하면서도 야스마루는 벨라가 이것들의 가치를 어프로치 할 때의 방법이 비역사적인 점을 지적하고 있다. 벨라는 '통속도덕'을 역사적 구축물로서가 아니라 마치 시간의 흐름을 초월해서 존재하는 규범인 것처럼 극히 단순하게 '전통적'이라 부르고 있다. 이와 같은 시각을 갖고 있었기 때문에 벨라는 '통속도덕'이 민중의 자기형성과 자기단련을 만들어간 구체적인 역사적 프로세스를 음미하는 것이 불가능했다. 결국 야스마루는 오늘날이라면 '전통의 창조'라 불리는 사태에 대해 언급하고 있다. 비역사적인 접근이기 때문에 전통적 가치로 간주되고 있었던 '통속도덕'이 사실은 근대의 산물이었던 것을 벨라는 꿰뚫어보지 못했다. 둘째로 적어도 『일본근대화와 종교윤리』를 보는 한 벨라가 주로 거론했던 것은 전통적인 사회윤리 속에서도 '자본주의적 발전'이라는 정의만을 부여한 '근대화' 과정의 촉진에 공헌한 것에 한정되어 있다(이 책, 28쪽). 전술한 바와 같이 이것은 야스마루가 근대화론의 정치학 일반에 대해 내던진 비판의 하나이기도 했다.

경제적 합리성의 문제와 일본자본주의의 균형에 대해 언급하는 한편, 야스마루는 벨라와는 대조적으로 새로운 민중의 주체성이 갖는 정치적 의미에 대해 맹렬한 관심을 품고 있었다. 야스마루는 우선 언뜻보면 자기형성적이며 자기단련적인 주체 — 추진력이라고 생각되는 것이 단순히 전통적이라고 말할 수 없는 것임과 동시에 그것이 권력이나 이권과는 무관한 형태로서 자연 발생한 것도 아닌 것을 강조했다. 벨라가 계급이라는 요인을 무시했던 것에 대해(이 책, 91쪽) 야스마루는 촌락의 지배 계층이나 호농이 새로운 '통속도덕'을 보급하는 과정에서 중심적인 역할을 담당했던 것을 지적하고 있다. '통속도덕'의 보급은 그들의 경제적 관심에 어울리는 것이기도 했다. 점차로 비대화해가는 촌락 내의 빈곤층에 대해서 자신들이 놓인 상황을 개선하기 위해서는 도덕적 그리고 주체적인 자기개선에 의존해야만 하는 — 충실, 근면, 검소, 성실 등 하지 않으면 안 되는 — 것이라 납득시키는 것으로 도쿠가와 후기의 촌락엘리트층은 가난한 사람들이 스스로 고생스런 생활의 상황을 초래하고 있는 요인이 사회시스템에 있음을 알아차리지 못하도록 능숙하게 방해하고 있었다. 이와 같이 빈곤을 개인의 부덕의 소치인 것처럼 설명하는 것으로 '통속도덕'이 '허위의식'으로서 작용하는 점도 있었다(이 책, 104쪽). 결국 자기 형성적이며 자기단련적인 주체를 결여하고 있었기 때문이 아니라 오히려 진정으로 그와 같은 '능동성과 주체성'이 있었기 때문에 근대일본의 빈곤층은 경제적 뿐만 아니라 도덕적으로도 주변화周邊化하게 되었던 것이다.

야스마루에 의하면, 민중이 새로운 주체성을 발현한 '통속도덕'이 이와 같은 보수적인 귀결을 초래하는 한편, 근본적이며 전체적 해방을 희구하는 현세비판으로 변용되어가는 것도 동시에 분명히 밝히고 있다. 나중에 이 책에 수록되는 1966년 초출의 논문에서(이 책, 134~212쪽) 야스마루는 공동 집필자인 히로타 마사키와 더불어 민간 미륵신앙에서 후지코, 마루야마교, 오모토교와 같은 민중종교에 이르는 도쿠가와시대와 메이지시대 일본의 요나오시世直し 사상의 계보를 추적하여 민중의 유토피아 사상의 전통이 새로운 민중의 주관성에 의해 변용할 때 그것이 내세적 유토피아를 기다리는 수동적인 자세가 아니라, 현세에서 사회주체에 대한 근본적인 비판이 향하게 되는 것임을 제시해 보였다. 공식적 이데올로기가 그들의 '사상주체'나 '책임주체'(이 책, 137쪽)를 부정하는 것에 대항해서 이러한 민중종교의 지도자들은 세계를 스스로의 방법으로 재확인했던 것이다. 메이지시대가 되자 그것은 근대화의 프로세스와 문명개화의 움직임에 대한 날카로운 비판을 생성시켜 갔다. 요컨대 야스마루와 히로타 두 사람은 이와 같은 민중적인 '요나오시' 사상이 토착의 전통 속에서 배양된 것임과 동시에 새로운 정치적 주체성에 기초한 혁명적인 사회비판이기도 했던 것을 명확히 한 것이었다.

이 '로컬' —개별의 역사적 맥락에 입각한 상황적인 것— 이며 그리고 근대적인 혁명사상의 전통이라는 야스마루의 테마는 그후 데구치 나오出口なお의 평전에 계승되어 간다. 데구치 나오는 가난하고 사회적으로 주변화된 위치에 있으면서 나중에 오모토교의 카리스마적 교조가 된 인물이었다. 보편적인 '역사적 의식형태론'에 정신을 빼앗겨 해석학적인 '생의 양식의 내재적 분석'을 전개하는 것에 충분히 주의를 하지 않았기 때문에 앞선 연구에서 민중적 지도자들의 의식을 충분히 이해하지 못했던 것은 아닐까 하는 반성에 기초하여(야스마루 요시오, 『出口なお』, 아사히 신문사, 1977년, 특히 255쪽) 야스마루는 새삼스레 데구치 나오의 계시와 신내림의 해독을 통해서 그 고유의 역사체험과 의식에 접근하려고 시도한다. 앞선 연구에서 스스로 제시한 민중의 '요나오시' 사상의 오랜 전통 속에 데구치 나오를 위치 지우면서 19세기 자본주의의 발전 속에서 데구치 나오가 주변화되고 있었던 것이 그녀의 날카로운 사회비판을 가능하게 했던 것이라고 야스마루는 논술했다. 데구치 나오는 일가의 경제적 파탄에 의한 사회적 소외를 시작으로 여성이라는 위치, 누더기나 쓰레기를 주어 생활을 지탱하는 나날에 고통 받았고, 메이지 초기의 20년간 주요 반대세력이었던 민권운동이 사실은 상업자본과 촌락경제의 엘리트층에 의해 선동된 운동에 지나지 않았다는 그녀 나름대로의 이해와 같은 것을 통해서 마침내 현세를 근저에서 거부하기에 이르렀다. 스스로 돕는 노력에 의해 자신이 놓인 상황을 개선하는 것이 불가능했던 그녀는 '통속도덕'의 경우 때때로 보수적으로도 움직일 수 있는 이데올로기를 원용하면서 자본주의 세계를 근저에서 비판하기 위한 기반으로 변용시켰던 것이었다.

데구치 나오는 이 세상은 '금은의 세계', '이기주의의 세계', '짐승의 세계'라고 했고, 그것은 가난한 자의 희생 위에 부자들이 이득을 취하고 있는 세계라 갈파하였다. 야스마루는 특히 이것이 근대화하는 일본사회의 총체적 비판임을 강조하고 있다. 데구치 나오의 '붓끝'에 의하면, 이 세상은 절대적인 악의 세계이며 대체로 삼천년 전에 '북동 쪽의 금신(艮의 金神)'이 세상에서 추방된 이래 수많은 악신들에 의해 지배되어 왔다. 여기서 특히 주목해 두고 싶은 것은 야스마루가 '원신도설原神道說'이라 부르는 이와 같은 종교관이 이세 신궁이나 천황가를 중심으로 한 신들의 국가적 체계, 나아가 문명과 근대국가의 정신을 철저하게 부정하는 것과 대등한 것이었기 때문에 후에 국가에 의한 오모토교의 박해를 초래하기에 이르렀다고 하는 점이다(전 게재서, 『데구치 나오』, 68~69쪽 및 196쪽).

오리엔탈리즘을 넘어서

이 책을 덮기에 즈음하여 야스마루의 초기 연구가 과연 어디까지 오리엔탈리즘을 넘는 것이 가능하게 해 주었을까를 되돌아보기로 하자. 1960년, 70년대에 걸쳐 야스마루를 비롯해 민중사의 동향 전반이 '민중'을 역사의 주체=추진력으로서 회복하고, 그것에 의해서 근대주의적 사회과학자가 품고 있었던 농민, 촌락공동체, 아시아에 대해 고전적 오리엔탈리스트의 편견을 멋지게 타파했던 것은 틀림없다. 그러면서도 근대부르주아 서양에 있었다고 여겨지고 있는 〈자발적이며 일원적인 주체〉와 상통하는 주체를 형성하는 것에 의해서만 참된 사회비판이 가능하다고 생각하는 근대주의자의 관점을 야스마루를 비롯한 사람들이 완전히 포기한 것은 아니었다. 야스마루와 그들은 또 근대화론이 전후 오리엔탈리즘의 변종의 하나이며, 그것이 일본의 정치·경제 엘리트와 손을 잡은 합중국의 이해관심과 어울리는 형태로서 '우리들'(자유주의적 서양)과 '그들'(일본)을 말끔하게 분리했다고 파악하고, 게다가 '그들'이 '우리들'을 필요로 하고, 마침내는 '그들'이 '우리들'과 같이 되는 것은 선택의 여지가 없다는, 그와 같은 패러다임을 간파하고 있었다. 그와 동시에 야스마루의 역사서술이 근대화론에 뒤지지 않는 목적론적이었던 것도 또한 사실이다. 〈자기형성적, 그리고 자기단련적〉 주체의 출현이라는 근대에 대항하는 서로 닮은 움직임이 약 2

세기에 걸쳐 일본의 각지에서 일어나고 있었다고 주장하는 야스마루의 논리는 근대화론자의 그것과 동일하게 〈발전〉과 〈낙후〉라는 논리에서 벗어나는 일은 없었다.

그럼에도 불구하고 여기서 고찰한 야스마루의 여러 연구는 적어도 다음의 두 가지 점에서 중요한 의미를 갖는 것은 아닐까? 첫째로 역사의 추진 주체를 표상하기 위해서는 일원적이며 자기충족적인 주체에 상동하는 것을 비서양이나 일본에서 추구하려고 한 야스마루의 방법에는 이미 가치를 찾을 수 없다 해도 야스마루는 그 한편에서 이 〈자기형성적·자기단련적〉인 주체가 근대의 지배도구이기도 했다고 하는 특징도 또한 지적하고 있다. 그리고 이 점은 지금도 여전히 고찰하기에 충분히 가치 있는 문제이다. 근대주의적인 사회과학자들이 계몽주의적인 방법으로 시민사회의 초월적인 주인공으로서 자율적이며 분열이 없는 주체를 무비판적으로 상정하고 있는 것을 되돌아보자. 이것에 대해서 야스마루는 보다 뉘앙스가 풍부한 양의兩儀적인 시각을 갖고 있었다. 이와 같은 주체성이 역사상 근대국민국가에 의해 편성되어 국가의 지배에 사람들 스스로가 적극적, 자기 성찰적, 의식적으로 참여하는 것을 재촉하는 도구로 재구성되어 간 것을 꿰뚫어보고 있었기 때문이다.

19세기 후반부터 오늘날에 이르기까지 근대국가가 어떻게 스스로를 적극적으로 주체화=종속화하고 규율화하는 대상으로서 민중을 재구축해 갔던가를 생각할 때, 야스마루에 의한 근대적 주체성의 미셸 푸코적 이해를 보다 깊이 연구하는 것이 진정 필요하다고 말할 수 있다. 또 이른바 '천황제'에 관한 비판적 연구의 다수가 천황제 권력의 형태에 대해 지금도 여전히 부정적이고며 제한적이며 억압적인 메커니즘의 작용으로서만 이것을 그리고 있음을 생각할 때, 근대천황제에 의해 〈능동적, 그리고 적극적〉 주체가 형성되어 온 것은 되풀이해서 강조돼야만 할 중요한 점이 아닐까 생각한다(이 민중의 주체성과 국가의 관계에 대해서는 야스마루의 『신들의 메이지유신』[이와나미서점, 1979년]을 비롯한 그 후의 논고에서도 고찰되고 있다. 졸저, 『천황의 페이전트』[일본방송대학출판협회, 1994년] 및 *Splendid Monarchy*[University of California Press, 1996]은 민중의 주체성에 관한 이와 같은 푸코적인 패러다임을 거론해서 일본의 국민국가와 '천황제' 권력의 메커니즘 분석을 행한 것이다).

마지막으로 한 가지 덧붙여 두자. 이 책이 쓰인 시기의 야스마루의 연구에는 궁극적으로 갖가지 역사현상을 목적론적인 내러티브로 서술하려고 하는 경향이 있음은 부정할 수 없다. 그러나 야스마루의 연구가 근대경험의 다양한 표상을 서술하는 방법을 시사해 주고 있다는 것도 사실이다. 야스마루가 데구치 나오의 언어를 진지하게 받아들이고, 자본주의의 횡포와 메이지 국가의 억압적인 정치에 대한 정당한 대응으로서 이해하려고 했다. '후데사키(筆끝)'라 불리는 데구치 나오의 언어는 자신의 말이 아니라 신들의 언어로서 그녀가 기록한 것이었지만 읽기와 쓰기를 배우고 있지 않았기 때문에 초기에는 그녀 자신도 무슨 일인가 이해가 불가능했다고 한다. 목소리를 내서 외치는 것을 그만두고, 이윽고 그 언어를 기록하기 시작했을 때 데구치 나오는 문법상의 규칙에 구애받지 않는 방언이나 지방특유의 말투를 사용하고, 또 한자로 숫자를 기록하는 것 외에는 거의 모두 가타카나片仮名라는 표준적인 표기법과는 크게 다른 방법으로 썼다. 이와 같이 형성된 데구치 나오의 사상은 서양적, 혹은 세속적인 의미에서 근대적이었다고는 말할 수 없을 것이다. 그러나 그것은 전근대적 혹은 봉건적이었다 할지라도, 또 단순히 '일본'적 혹은 '일본'판 근대였다고도 말할 수 없을 것이다. 단지 그것은 〈로컬〉적 지식 세계에서 구축된 근대세계의 비판과 상황파악의 전도였음에 틀림없다. 그리고 이 데구치 나오의 비판이 '자발적이며 단일적'인 주체가 없이는 있을 수 없었다고 결론짓지 않으면 안 되는 이유는 어디에도 없다.

실제로 복수의 아이덴티티를 통해서 복합적으로 변용할 수 있는 주체성을 갖고 있었던 것이 데구치 나오의 철저한 사회비판의 형성을 가능하게 했다고도 말할 수 있는 것이다. 예를 들어, 그녀는 반음과 반양이라는 일원적이 아닌 양성구유兩性具有(관습적으로 남성적이거나 여성적이라고 일컬어지는 특성의 결합에 기초한 정체성— 역자)적 인격을 가진 인간으로서 자기 자신을 이해하고 있었다. 데구치 나오는 자신이 '반쪽의 영혼을 여자로 변화'시킨 '변성 남자'인 것에 반하여 신자를 중심으로 오모토교의 조직을 통솔하고 있는 데구치 오니사부로出口王仁三郎가 '변성 여자'라고 설명하고 있다(『데구치 나오』, 136쪽). 또 그녀는 좀 전에 길에서 만난 한 명의 남자에 대해서도 언급하고 있다. 전혀 모르는 그 남자는 데구치 나오를 향해서 이와 같이 말했다고 한다. "그대의 눈은 남자의 눈이다. 당신은 여자가 되어 있다. 당신은 남자다. 진귀한 여자다. 당신은 일곱 명의 여자다(후략)"(『데구치 나오』, 80쪽).

『일본의 근대화와 민중사상』을 비롯하여 1960년대부터 70년대에 걸쳐서 야스마루 연구의 의의는 역사적으로 가치 있는 작업이라 말할 수 있으며, 전후의 역사서술과 역사사상에 크리티컬critical —결정적, 비판적, 위기적— 한 개입介入으로서 읽을 것을 우리들에게 압박한다. 그것은 또한 민중을 역사의 추진 주체로서 되찾으려는 민중사가들의 노력이 시작된 당시도 그리고 지금도 야스마루가 그렇게 해온 것처럼 역사를 쓴다는 작업에 부단한 성찰을 더하는 것이다. 그리하여 우리들의 역사와의 씨름을 동시대적이고 역사적인 계기와 직접 관련하도록 변화시켜 가는, 그러한 방법을 풍부하게 해주는 귀중한 역사서다.

[부기]

이 소론은 앞서 출판된 "Minshuushi as Critique of Orientalist Knowledges," positions 6:2(Fall 1998): 303~322를 토대로 작성된 것이다.

역자후기를 대신하여

　이 책은 은사 야스마루 요시오의 최초 단행본 저서를 번역한 것이다. 1974년에 간행된 저서는 1965년 발표한 「일본의 근대화와 민중사상」을 필두로 10년간 쌓아 올린 학문적 업적을 한 권의 책으로 엮은 연구서다. 그리고 그 마지막 제5장은 출간 직전인 1974년에 집필한 「민중봉기의 의식과정」이다. 이 책의 주제는 일본근대화와 민중사상과 민중봉기다. 그 주제를 구체화하기 위해 1부 「민중사상의 전개」와 2부 「민중투쟁의 사상」이라는 독창적인 민중사상론을 구상하였다. 여기서 민중사상이란 근면, 정직, 검약, 효행 등과 같이 민중들이 안정된 생활을 위해 규범화한 생활상의 통속도덕이며, 민중봉기란 체제 권력의 압제와 수탈에 대항하는 민중들이 체제 권력에 어진 정치의 시정을 요구하는 인정(仁政)이데올로기를 활용하며 전개한 생존권 확보를 위한 투쟁이다. 이와 같이 통속도덕의 민중사상과 농민잇키의 민중투쟁을 양대 골격으로 민중사상사를 구상하였는데, 그 대척점에 근세일본 막번제적 인정이데올로기는 물론 근대일본의 근대화정책과 천황제적 지배이데올로기가 있었다.

　요컨대 통속도덕이라는 민중의 생활사상이 근세일본의 막번제사회는 물론 메이지유신 이후 문명개화의 깃발 아래 추진된 근대화정책과 더불어 새롭게 창출된 천황제국가를 하부에서 지탱하였다고 평가했다. 그와 더불어 그 통속도덕의 실천을 통해 자기형성과 자기단련으로 무장한 주체적인 민중이 자신들의 생존권을 위협받는 역사적 전환기마다 압제와 수탈로 상징되는 체제 권력에 대항하여 나름대로 자신들의 의사표시를 행동으로 표현했다고 주장했다. 그와 같은 민중사상을 논증하기 위해 저자는 근세와 근대를 관통하면서 전개된 민중들의 생활사상과 농민잇키를 비롯한 민중투쟁을 역사학의 방법론을 활용하여 폭 넓게 검증하였다. 그리하여 민중사상과 민중운동은 일본 역사에서 뿌리 깊은 전통을 갖고 있었다는 결론을 도출했다. 적어도 18세기 전반기에 확립된 민중사상은 19세기 후반인 1880년대에는 민중 생활의 저변에까지 뿌리를 내렸으며, 그렇게 정착된 민중사상은 보덕사운동과 모범촌운동이라는 형태로 천황제국가의 지배이데올로기에 편입되면서 근대일본에서도 존속하게 된다.

한편 주요 주제에 근대적 경제시스템인 자본주의도 있었다. 1858년 미국과 수호통상조약을 체결한 이후 자본주의적 세계시스템에 본격 편입되면서 근세일본의 전통적 마을공동체는 해체되었다. 특히 일본자본주의의 원시적 축적과정과 맞물린 근대화정책이 본격화된 1877년경 농민잇키를 비롯한 민중투쟁의 역사는 종언을 고했다고 단정했다. 그 정도로 아쉬움은 컸다. 생전에 작성한 한국어판 서문에서 저자는 "〈통속도덕론〉을 제기한 제1장"은 "그 후에도 이 주제에 되돌아가지 않았다."고 했다. 그 위에 연구주제의 중심축이 민중운동, 자유민권운동, 민중종교, 국가신도 등 다방면으로 확산되어 갔음에도 불구하고 "제1장과 같은 시각을 전제로 역사를 그 전체성의 측면에서 재구성하려는 연구방침을 관철해 왔다"고 덧붙였다. 요컨대 민중운동을 종언시킨 역사적 요인을 규명하는 국가이데올로기에 관한 역사연구에 전념했음을 확인할 수 있는데, 그 배경에는 1960년 전후에 미국에서 발신한 자본주의론과 일본근대화론를 비판한 「일본의 근대화에 대한 제국주의적 역사관」이 있었다.

1차 번역 초고를 완성한 무렵 출판사로부터 〈한국어판 서문〉 원고를 접한 역자는 깊은 고민에 빠졌다. 저자인 은사조차 되돌아가지 않았다는 연구주제가 수록된 연구서를 번역하는 의미가 어디에 있을까? 그것도 민중 차원의 난해하기 그지없는 인용문으로 가득 찬 연구서를. 그런 반문 속에 10년의 세월이 흘렀다. 그러는 사이 은사 야스마루 요시오는 세상을 떠났다. 그것도 천명일것이다. 역사학계를 비롯한 일본 지식사회에서 〈야스마루 사상사(학)〉이라는 용어가 회자되기 시작한 직후 역사상의 인물로 산화하였다. 역자가 수학할 당시인 1990년대 은사 야스마루 요시오는 자신의 학문이 일본학계에서 비주류임을 강조하면서 후학 육성에 매진했다. 하지만 21세기 들어선 평생 쌓아 올린 연구성과를 재차 확인하는 자기와의 대화에 전념했다. 『현대일본사상론』(2004)과 『문명화의 경험』(2009)이 그 성과이며 『야스마루 요시오집』(2013)은 그 집대성이다. 그렇게 〈야스마루 사상사〉는 탄생했다.

전집 간행에 관여한 일본사상사연구자인 시마조노 스스무, 나리타 류이치, 와카오 마사키와 같은 전문가들과의 교류는 물론 기야수 아키라와 이소마에 준이치로와 같이 서양사상사 이론가들을 통해 자신의 학문과 사상을 재구성했다. 동시에 "현재 세계 각지에 곤란한 문제가 많이 있는데, 역사연구가가 그러한 문제에 접점을 갖지 못하면 연구로서 설득력을 갖지 못할 것"이라며 전후일본역사학에 대한 기우도 표명했다. 「전후역사학이라고 하는 경험」과 「전후일본의 역사가들」이라는 주제 아래 선학들이 전개한 학설의 의의를 재확인한 야스마루는 2015년에는 전후일본역사학의 황금기를 추앙하는 「역사학의 재생」이라는 미완성의 논고를 작성하기도 했다. 만년까지 왕성했던 그의 활동 가운데 개인적인 차원의 「회고와 자문回顧と自問」과 통사적 차원의 「전후지의 변모戦後知の変貌」가 있다. 여기에선 전자를 소개하는 것으로 역자후기에 갈음하고자 한다.

회고回顧와 자문自問

"당신은 무엇을 하는 사람입니까"라고 묻는다면 나는 우선 일본사상사 연구자라고 대답할 것이다. 일본사상사라고는 하지만 내가 어느 정도 구체적인 지식을 갖고 있는 것은 그중에서도 지극히 좁은 영역에 지나지 않기 때문에 이와 같은 명칭은 애당초 분에 넘치는 칭호다. 하지만 나는 자신의 소박한 연구를 일본사상사라는 학문 속에 놓고 의미부여를 해온 까닭에 이처럼 대답해도 무난하다고 생각한다. 이 자기규정에는 사상사를 토대로 일본사를 연구하는 역사연구자임을 덧붙일 수 있다. 사람의 정체성identity이라는 것이 사실은 매우 복잡한 것임을 모르는 바 아니지만 이 소론에서의 자기규정은 위와 같은 범위 내에 한정해두고 싶다. 이를 전제로 자신의 반평생을 가능한 한 솔직하게 회고 및 반성하고자 한다. 이런 종류의 회고와 반성에는 반드시 망각과 자기변호와 은폐 등이 따르게 마련이다. 어떤 것을 거론하고 생략할 것인가 주저하는 바도 적지 않다. 하지만 현재의 내가 어떻게 자신을 되돌아보고 있는가 하는 점도 이 책(『야스마루 사상사에 대한 대론—문명화·민중·양의성』)에서는 하나의 증언이 될 수 있을 것이다.

고교 시절까지의 나는 '인생이란 무엇인가', '사람은 무엇을 위해 사는가' 등을 막연하게 생각하던 소년이었다. 그때까지 문학이나 철학서적은 읽지 않았다. 인생에 대한 문제는 "대학에 들어가면 독서나 친구들과의 토론을 통해 천천히 생각하자, 장래의 일은 훨씬 나중에 결정해도 된다"고 생각했다. 그 무렵 내 평범한 지식으로는 그러한 문제를 다루는 학문은 철학이라 생각했다. 소박한 시골 청년이었던 나는 대학에 입학하여 그 시대 일본의 다양한 지적 동향에 강한 영향을 받았고, 인간의 삶의 방식을 사회 속에서 생각하는 방향으로 이끌려갔다. 마르크스주의와 학생운동, 실존주의,

전후일본의 계몽적 지식인 등으로부터 다양한 영향을 받았다. 그러나 대학 2학년 말 전공과정을 정할 때 주저하지 않고 일본사를 선택했다. 그때까지 철학지망생 같았던 나로서도 뜻밖의 선택이었으나 일본의 역사라는 현실적인 분야에서 인간의 삶의 방식에 대해 연구하고 싶었다.

하지만 이렇듯 막연한 문제의식만으로는 구체적인 연구를 할 수 없었다. 내가 전문과정의 학생이 되었을 무렵은 바로 '국민적 역사학운동'이 종언한 시기였는데 이 운동으로부터의 영향은 받지 않았다. 그 자리에 대신 등장한 것이 사회구성체론과 계급투쟁사를 결합시킨듯한 것이었는데 아라키 모리아키安良城盛昭가 당당하게 새로운 연구스타일을 제시하고 있었다. 내가 당면 주제로 정한 것은 일본근세사로 이 분야에서는 번정개혁藩政改革, 농민층 분해와 지주제, 농민잇키 등의 실증적 연구가 유력한 연구조류였다. 사상사를 하고 싶었지만 이와 같은 연구동향 속에서 사상사를 어떻게 연구해야 좋을지 전혀 갈피를 잡지 못했다. 사상사와 관련해서는 마루야마 마사오丸山眞男의 『일본정치사상사연구』만큼은 열심히 읽었다. 그 저서의 선명한 논리의 날카로움은 그 무렵의 나로서도 어느 정도는 이해한 것 같은 느낌이 들었지만, 어떻게 하면 이런 스타일의 연구를 할 수 있게 되는지는 전혀 알지 못했다. 본문의 서술은 어떻게든 그 논지를 추적할 수 있었다. 하지만 왜 이 저서가 헤겔의 『역사철학』에서의 중국의 역사적 정체성停滯性에 대한 장중한 기술의 인용으로 시작하여, 그것이 '도쿠가와 봉건사회'의 특징과 곧바로 중첩되어 가는 것인가와 같은, 이 저서의 논리구조를 지탱하는 전제적인 것이 그 당시의 나에게는 전혀 이해가 되지 않았던 것이다. 곤혹스러웠던 나는 졸업논문을 당시 유행 테마의 하나인 막부말기의 정치사에서 주제를 찾아 그것에 얼마간의 사상사적인 느낌을 가미하여 가름하였다.

대학원에 진학하고 나서도 마루야마 사상사에 대한 관심은 지속적으로 갖고 있었다. 「초국가주의 논리와 심리」 이하 파시즘 관련의 논고도 시야에 두고 그것과 『일본정치사상사연구』와의 관계를 따져보거나 마루야마와는 방법이 다른 근대유럽에 대한 사회사상사적 연구를 참고하기도 했다. 「일본의 근대화와 민중사상」(1965년, 동명의 저서, '1974년'의 제1장)이라는 논문을 쓰기 이전에 나는 「근세사상사의 도덕과 정치와 경제 −오규 소라이를 중심으로近代思想史における道德と政治と経済 −荻生徂徠を中心に」(1960년), 「근대적 사회관의 형성近代的社会観の形成」(1961년), 「근대사회에의 지향과 그 특질近代社会への志向とその特質」(1963년), 「가이호 세이료의 역사적 위치海保青稜の歴史的位置」(같은 해) 등을 발표했다. 이들은 치졸하기는 하지만 문제의식과 방법론적 모색을 사료분석과 결부시켜 쓴 것이다. 1965년 이후 위 논문들에 대해 입을 다물었고 다른 연구자가 언급하는 일도 거의 없었다. 하지만 이 논문들은 '생산력'이라는 관점을 중시하고 있다는 점, 근대적 여러 사상의 형성이 일방적 발전이라기보다는 내재적 모순을 품은 것이라는 점을 강조한 것이 특징이다. 이러한 발상을 「일본의 근대화와 민중사상」 이하 그 후의 논고에서 형태를 바꿔 활용했다.

다만 위의 논문들은 요컨대 연구자로서의 자기형성과 관련되는 것으로서만 내 마음 속에서 의미를 지니는 것에 지나지 않는다. 그 후에도 다양한 시행착오는 불가피하였으나 「일본의 근대화와 민중사상」을 자신만의 일본사상사연구의 출발점으로 삼았다. 그로부터 다양한 문제를 나름대로의 이치에 맞게 추적해 가는 것이 내가 나아갈 방향이 되었다. 일본의 근대화란 무엇이었던가라는 문제를 민중의 의식형성과 주체형성의 관점에서 파악하고자 한 이 주제는, 사람은 무엇을 위해 사는가라는 자기형성 초기부터 따라다니던 소박한 인생론풍의 문제와 자신이 당면한 과제 즉 일본사상사연구자이고자 하는 모색이 나의 내부에서 간신히 초점을 맞추기 시작했음을 의미하고 있었다. 그때 나는 이미 30세를 넘기고 있었다.

1. 근대화론과 민중사상사연구

전후일본의 역사학은 강좌파 마르크스주의를 중심으로 '마루야마사상사丸山思想史', 오쓰카 히사오大塚久雄의 비교경제사, 가와시마 다케요시川島武宜의 법사회학 등을 이론의 틀로 받아들이고 이용 가능한 수많은 사료들을 활용하여 새로운 역사상을 구성해 나아가려 했다. 이러한 학문적 조류 속에서 다양한 대립과 논쟁은 당연한 것이었다. 그럼에도 전쟁체험이라는 공통의 배경으로 말미암아 전후역사학은 젊은 연구자나 학생들에게 압도적인 영향력을 발휘하고 있었다. 하지만 내가 전문과정의 학생이 된 1955년은 이른바 '진무경기神武景氣(일본의 고도경제성장의 시작으로 1954년 12월에서 57년 6월까지 발생한 폭발적인 호경기에 대한 통칭 – 역자)'가 시작된 해로 간주될 만큼 일본자본주의는 새로운 단계로 진입하는 중이었다. 일본사회당과 자유민주당이 결성되어 55년 체제가 시작되었고, 일본공산당은 무장투쟁노선을 포기했다. 56년에는 스탈린 비판과 헝가리동란 등이 있었고 이스라엘군이 이집트를 침공하여 중동문제가 심각해졌다.

이런 상황 속에서 논단·저널리즘을 포함한 전후일본의 지적 상황을 조감해보면 마르크스주의의 지적 영향력이 약화되고 그 대신 시미즈 기타로清水幾太郎나 마루야마 마사오 등의 계몽주의적 지식인의 활동이 각광을 받고 있었다. 1955년은 국민적 역사학운동이 붕괴한 해이기도 해서 일본사를 전공하는 학생이 된 나에게 기존의 강좌파 마르크스주의를 부동의 전제처럼 계승하던 지적 조건은 이미 사라지고 없었다. 스탈린 비판이나 헝가리동란 등에 대해서는 마루야마나 후지다 쇼조藤田省三의 비평 쪽이 입을 다물기 일쑤인 마르크스주의자의 발언보다 훨씬 명쾌하고 설득력을 지닌 것처럼 보였다. 그러나 나는 마루야마학파가 되지도 않았으며 그 무렵 내가 굉장히 매력적이라 생각했던 브나로도v narod시대의 『사상의 과학思想の科学』운동에도 따라가지 않았다. 나는 한편으로 시미즈나 마루야마나 쓰루미 슌스케鶴見俊輔 등의 활동에 마음이 끌리면서도 또 다른 한편으로는 마르크스주의적인 역사학의 수법으로 그들을 상대화하여 비판하고 싶은 생각도 있었다. 일본사연구의 영역에만 한정하여 말하면 스탈린 비판 등의 일이 있기는 했어도 마르크스주의가 영향력을 상실한 것은 아니었다. 오히려 새로운 상황을 마르크스주의의 고전을 탐독함으로써 대응하려는 마르크스 다시읽기再読의 흐름이 강하게 형성되고 있었다. 나는 그런 움직임에도 마음이 끌렸다.

1960년의 안보투쟁은 전후일본의 학문과 사상의 커다란 분기점이었지만 나는 그것을 주로 경제성장 노선의 정착과 그 이론적 기초 제공으로서의 근대화론의 등장이라는 측면에서 이해했다. 전후일본의 그때까지의 학문이나 사상은 전쟁체험을 주체적인 모티브로 삼고 그 전쟁을 초래한 지배체제를 비판하는 작업으로 구성되어 있었다. 이에 대해 근대화론은 경제성장을 옹호하고 그로 말미암아 가능성이 높아진 사생활적 행복으로 사람들의 의식을 유도하려 했다. 그때 나는 "과연 이것은 천황제국가주의와는 전혀 이질적이고 새로운 지배이데올로기다. 이쪽이 전후의 계몽적 근대주의보다 훨씬 더 큰 설득력을 갖게 되는 것은 아닐까. 이러한 사태와 어떻게 마주하고 어떻게 자신의 연구를 구성해 나가야 좋을까"와 같은 문제의식을 막연하게 떠올리면서 그에 적합한 과제설정을 하지 못한 채 대학원생 시절을 보냈다.

1962년 나는 「일본의 근대화에 대한 제국주의적 역사관日本の近代化についての帝国主義的歴史観」[1]이라는 논문을 써서 근대화론 비판을 시도해 보았다. 근대화론은 그 무렵의 논단과 저널리즘에서 선명한 깃발을 들고 등장한 것으로 이 논문은 그러한 입장의 저작을 어림잡아 조망하고 논평한 것이다. 내용상으로는 그보다 조금 후에 발표된 와다 하루키和田春樹의 「현대적 '근대화'론의 논리와 사상現代的 <近代化>論の論理と思想」(『歴史学研究』 318호, 1968년)이나 긴바라 사몬金原左門의 『「일본근대화」론의 역사상「日本近代化」論の歴史像』(中央大学出版部, 1968)이 미국에서 근대화론이 등장한 지적 문맥을 구체적으로 설명하고 있다는 점에서 뛰어났다. 하지만 앞의 내 논문은 일본 역사학계에서 처음으로 정리된 형태의 근대화론 비판을 거론한 점, 또 근대화론의 등장을 마르크스주의 역사학에 대한 방법적 비판 차원에서 이해하고, 역사연구의 문제의식과 방법의 혁신이 필요하다고 주장한 점에서 나름대로의 특징이 있었다고 생각한다. 특히 후자의 측면은 근대화론 파악 방법의 문제로서 중요하고 더불어 내 연구방향을 규정하는 의미를 지닌 문제로 발전했다.

근대화론은 그 대표작의 하나인 로스토우Walt Whitman Rostow의 『경제성장의 제단계経済成長の諸段階』(木村健康 訳, ダイヤモンド社, 1965년)의 부제가 「하나의 비공산주의 선언一つの非共産主義宣言」인 데서도 알 수 있듯이 마르크스주의를 대신하여 근대세계사에 대한 포괄적인 설명을 수립하려 한 것이었다. 로스토우는 다섯 개의 성장단계를 설정하여 근대세계사를 설명하는데 그때 마르크스주의와의 가장 기본적인 차이는 '인간의 동기를 어떻게 볼 것

---

1 『新しい歴史学のために』 八一・八二号, 拙著 『<方法>としての思想史』(校倉書房, 1996年)에 수록.

인가'라는 점에 있다고 한다. 이러한 주장은 인간행동의 동기로서 경제적 이익이 필연적으로 지배적이라는 주장에 대한 비판이어서 로스토우의 마르크스주의 이해는 가장 철저한 경제결정론이라 할 수 있다. 이러한 마르크스주의에 대해 로스토우는 인간의 다양한 동기를 중시하고 그 동기가 행동을 결정한다면서 고정적이거나 필연적인 발전단계가 아닌 '선택의 틀'을 도출할 수 있다고 한다.[2]

다른 논자들도 '산업자본가의 창의와 노력'을 중시하거나 엘리트의 인식능력을 높이 평가하기도 하는데, 이것과는 대조적으로 민중에 대해서는 중립적이고 수동적 존재여서 '새로운 조직력을 갖고 있지 않다'고 보았다. 근대화론자들의 방법은 인간의 의식이나 주체적 측면의 역사적 역할을 실제로 의식되는 주관성에 입각하여 즉자적으로 파악하려 한 것이었으며, 게다가 마르크스주의에 대한 방법적 비판에 초점이 맞춰져 있었다. 근대화론이 경제성장과 거기에서 비롯되는 대중소비사회 및 서방사회의 민주주의체제를 옹호할 때, 오랜 지적 배경을 갖춘 인간의 주체적 영위에 대한 파악방식을 방법적 전제로서 강조하는 것이 나에게는 매우 통속적으로 보이는 한편 강한 인상을 주었다. 이에 대한 나 자신의 입장은 "인간이 의식하고 있는 것을 그 인간의 주관에 따라 그대로 인식하는 것이 아니라 그 주관은 특유의 역사적 형태를 띤 세계관이라 판단하고, 그 주관이 아직 충분히 파악하지 못한 세계관의 숨겨져 있는 의미까지 파악"할 필요가 있으며, "때문에 마르크스주의자는 인간의 의식문제를 허위의식이나 가능의식 Zugerechnetes Bewusstsein(L.·Goldmann)의 문제로 접근하는 것이다"라고 밝힌 바 있다.[3] 여기에는 인간의 의식문제를 사회와 역사에 규정된 의식형태로 파

2　W·W·ロストウ, 『経済成長の諸段階』(木村健康 訳), タイアモン社, 1961年, 199~200頁.

3　『<方法>としての思想史』, 237頁.

악하려는 나의 방법론적 틀이 제시되어 있다고 할 수 있다.

이렇게 나는 뜻밖에도 논적이었을 근대화론으로부터 시사를 얻어 인간의 의식 내지는 주관성 차원에서 비로소 근대화론의 문제를 재인식할 수 있게 되었다. 다만 엘리트의 인식능력이나 그들의 주관적 동기를 가지고 이 문제를 논하는 것은 역사의 표면적 양상을 슬쩍 건드리는 것에 지나지 않는다. 역사를 규정하고 있는 광범위한 사람들의 주관성이나 거의 자각되지 않은 삶의 방식에 대한 차원은 어떻게 파악할 수 있으며, 역사 속에서 어떤 역할을 하고 있는 것일까? 이러한 문제에 대한 답변이 앞의 논문 「일본의 근대화와 민중사상」이다. 이는 「일본의 근대화에 대한 제국주의적 역사관」의 말미에서 밝힌 문제의식과 방법에 기초하여 발표한 것에 해당한다. 두 논문의 발표에는 시간적으로 꽤 큰 차이가 있는데 역사연구로 구체화하는 데 나름의 준비가 필요했다. 그 후에도 나는 이 두 논문의 연장선상에서 이런저런 연구를 하게 되었다.

근대화론이 일본의 논단을 석권하기 시작한 바로 그 무렵에 벨라Robert Neely Bellah의 『일본근대화와 종교윤리日本近代化と宗教倫理 —日本近世宗教論 (Tokugawa Religion: the Values of Pre—industrial Japan)』(堀一郎 訳, 未來社, 1962년)가 과녁을 겨냥하듯이 등장을 했다. 이 저서는 이시다 바이간石田梅岩이나 니노미야 손토쿠二宮尊德의 사상을 중요한 소재로 삼아 일본 근대화의 윤리사상사적 배경을 논한 것이다. 벨라의 저서로부터 충격을 받은 나는 「일본의 근대화와 민중사상」에서 바이간과 손토쿠의 사상에 대한 재해석을 시도했다. 벨라는 탤컷 파슨스Talcott Parsons의 '행위논리'를 근거로 전통적 가치의 주도권 아래 근대=합리화가 초래되었다고 주장했다. 이 주장에 대해 나는, 바이간이나 손토쿠의 사상이 얼핏 전통적 가치를 옹호하고 있는 듯이 보이지만 실은 그러한 가치의 내면화 또는 주체화를 독자적으로 호소한 것이므로 근대사회 형성기 특유의 광범한 사람들의 주체형성을 읽어내야 한다고 주장했다.

나중에 '통속도덕'론이라는 명칭으로 알려지게 된 이 논문은 전통적 가치를 근대화와 결부시켜 옹호하는 것에 대한 비판이기도 하지만, '통속도덕'을 전근대적이라든가 봉건적인 것이라 하여 그 극복을 자명한 가치 전제로 삼으려는 전후일본의 계몽적 진보주의에 대한 비판이기도 했다. 나에게는 전후계몽이 일본의 현실에 대해 지나치게 초월적 관점을 취하고 있어 실태에 입각한 설득력이 충분하지 않다는 감각이 있었다. 그것은 마르크스주의 역사학에 대해서도 비슷했다. 나의 내부에는 자신의 출신에서 유래하는 농민적 리얼리즘과 같은 감수성이 쭉 따라다녀 진보주의적 담론에는 좀처럼 익숙해지지 못했다.

「일본의 근대화와 민중사상」에는 그러한 나의 기질이 어느 정도 표현되어 있다. 지금 다시 방법과 이론의 문제로 환언해 보면, 지배이데올로기와 생활사상은 서로 밀접하게 중첩된 것이기는 하나 양자는 방법론적으로 구별할 수 있는 것이다. 후자의 영역을 상대적으로 자립한 분석영역으로 추출해야 한다는 점, 그리고 그러한 차원에 입각함으로써 광의의 이데올로기 지배가 성립한다는 점에 좀 더 유의해야 한다는 의미가 될 것이다. 훨씬 나중에 나는 사회의식 전체를 ① 생활경험, ② 도덕적 보편화, ③ 세계관 내지 코스몰로지, ④ (협의의) 이데올로기 라는 네 개의 차원으로 구별할 수 있고 네 개의 차원을 결합한 전체가 광의의 이데올로기라 주장했다.[4] '통속도덕'의 생활사상으로서의 역사적 의의를 강조한 것도 그러한 발상과 연계되어 있었다. 그 당시의 문제의식에서 보면 '통속도덕'은 마루야마학파가 말하는

---

4 拙著, 『文明化の経験』, 13頁.

'부락공동체'와는 현저하게 달랐기 때문에 거기에서 전망할 수 있는 천황제론도 마루야마학파와는 다른 것이 될 터였다. 천황제에 대해 내가 구체적으로 언급한 것은 훨씬 나중의 일이지만 나는 이 논문을 작성함으로써 마루야마 사상사를 상대화하고 일본사상사연구자로서 자립하는 계기로 삼으려 한 셈이다.

또 민중의 생활의식이라는 테마에 이르면 야나기타 구니오柳田國男 이후의 민속학을 참조해야 하는데 민속학적 연구는 역사화가 불충분하고, 역사적으로 형성된 것으로서의 민중의식을 파악하는 방법을 갖고 있지 않다고 판단했다. 「일본의 근대화와 민중사상」을 쓴 단계에서 이러한 민속학비판은 덜 숙성된 것이었을지 모르지만 방향은 명료했다. 그 후 나의 연구에서 민속학의 성과를 어떻게 수용할 것인가의 문제는 상당히 중요한 의미를 갖게 되었다.

전통적 사유양식이나 가치의식이 어떻게 역사적인 것으로 계승되거나 재활성화되는가, 또 전통적이라 간주되기 쉬운 것도 실은 역사적으로 형성된 것은 아닐까, 나아가 분석대상으로서 일본인의 의식과 같은 일반적인 것을 조정措定해도 되는지의 여부, 일본이나 일본인을 내세워 버리는 그러한 조정 자체를 제거해야 하는지의 여부! 이러한 문제는 매우 어렵지만 나의 입장은 지나치게 일반화한 문화유형론적 파악 등은 역사학적으로 적절하지 않다고 본다. 역사의 표면적 양상에 드러나 있는 것을 보다 심층적으로 파악하려는 노력이 필요한데 그것은 역사학적 수법으로도 어느 정도 가능하다. 역사학은 각자의 노력 여하에 따라 그러한 역할을 다할 수 있다.

2. 민중운동사에 대한 관심

「일본의 근대화와 민중사상」을 자신의 출발점으로 삼은 이후, 나는 이러한 문제의식에서 근세에서 근대에 걸친 사상사를 더욱 상세하게 조사하고 이 논문에서 거론한 영역의 전문연구자가 되어볼까 하고 한동안 생각했다. 석문심학石門心學과 보덕사報德社 운동, 초망국학草莽國學과 노농老農, 지역의 식산흥업殖産興業의 동향이나 촌락부흥 등. 그러한 계보를 연구하면 근대화되어 가던 일본사회를 그 기저부에서 떠받친 보수적 기반이 명확해질 것이다. 더 나아가서는 천황제국가의 지배체제의 특질에 관해서도 언급할 수 있을 것이다. 게다가 이쪽 영역은 전후역사학에서는 가장 미진한 영역으로 보이기 때문에 역사연구자로서 자립할 수 있을지도 모른다. 그렇게 생각하고 보덕사 관계 문헌을 모으기 시작했는데, 이 연구 계획은 실제 문제로서는 일찌감치 좌절하고 말았다. 나의 민중사상사연구 하면 '통속도덕'론이라 여기는 경우가 많은데 그에 관한 전공논문은 「일본의 근대화와 민중사상」 한 편 뿐으로 나머지는 기껏해야 그 논지를 얼마간 보완한 「〈통속도덕〉의 행방」(『歷史科學』 155號, 1999년) 정도뿐이다. 하지만 '통속도덕'을 직접 언급하지 않은 경우에도 나는 대부분 이와 같은 파악방식을 전제로 논의 체계를 세워 왔다. 최근에는 생활사상이나 생활세계라는 표현으로 이러한 견해의 보편화를 도모하고 있다. 다만 최초의 저서 『일본의 근대화와 민중사상』(1974년) 제2장과 제3장에서는 개인적인 문제의식이 상당히 바뀌어 있었고, 같은 책 제2편에서는 농민잇키 등의 민중운동을 주제로 삼았다. 이러한 전환이 왜 생겨난 것일까, 또 그것이 연구자인 나에게 무엇을 가져다준 것인지를 명쾌하게 밝히기는 어렵다. 하지만 그것이 1960년대에서 70년대 초기에 걸쳐 전개된 사회상황의 격동, 특히 급진적인 학생운동이나 신좌익운동에 대한 내 나름의 은밀한 대응이었던 것은 확실하다.

일본사의 전문연구자로 자립했을 무렵, 농민잇키나 자유민권운동을 자신의 연구대상으로 삼고자 하는 마음은 없었다. 그러한 영역은 마르크스주의역사학의 성역 같은 것이어서 이미 많은 연구업적이 쌓여 있었고, 자신과 같은 비정치적인 인간에게는 어울리지 않다고 보았다. 그 대신 전후역사학의 주요관심대상으로부터 멀어진 영역에서 연구하자고 마음먹었다. 그런데 농민잇키나 오카게마이리お陰参り 등의 사료를 읽어나가면서 종래의 연구는 내 관심에 부응하지 않을 뿐 아니라 사료의 특징을 능숙하게 활용하고 있지 못하다고 생각했다. 내가 관심을 가졌던 것은 예컨대 농민잇키라는 운동을 가동시키는 농민의 의식과 그 의식과정, 또 그러한 과정에 조응하는 행동양식이나 조직형태 등이었다. 그것이 계급의식이라든가 계급투쟁과 같은 일반론으로는 처리할 수 없는 독자적인 특징이 있다는 사실을 조금 조사해보고도 알 수 있었다. 그리고 사료는 내가 관심을 갖고 있는 문제군에 대해서야말로 많은 것을 얘기해 주고 나아가 경제적 기초과정연구로는 해결할 수 없는 분석대상이 있다고 생각했다.

1960년대 말 이와나미서점에서 '일본사상대계'가 기획되어 『민중운동의 사상民衆運動の思想』과 『민중종교의 사상民衆宗教の思想』의 편자의 한 사람으로 참여하게 되었다. 농민잇키를 주요대상으로 하는 『민중운동의 사상』은 전혀 문외한의 영역이었으므로 이 분야의 석학 쇼지 기치노스케庄司吉之助와 하야시 모토이林基와의 공편 형태가 되었고 셋이서 수차례나 편집회의를 가졌다. 쇼지와 하야시는 차례차례 다양한 사료와 사실을 제시하는 통에 나는 오로지 듣기만 했다. 그런데 전체의 「해설」을 사상사적으로 정리한다고 하여 내가 쓰게 되었고, 그것이 사실상 이 방면 연구의 출발점이 되

었다. 『민중종교의 사상』은 이미 『오모토교 70년사大本七十年史』(오모토교大本
教: 세상을 바꾸고 재수립하여 미륵 세상의 실현을 주창— 역자)의 편찬으로 친분이 있는
무라카미 시게요시村上重良와의 공편이었는데 무라카미를 중심으로 추진되
어 마음이 편했다. 그 대신 마루야마교丸山敎와 관련된 굉장히 난해한 사료
와 씨름해야 했다. 이 또한 중요한 수련의 기회가 되었다고 생각한다. 그리
고 전혀 문외한인 채로 시작한 농민잇키의 사상사적 분석을 중심으로 『일
본의 근대화와 민중사상』의 제2편을 정리했다.

농민잇키의 사상사적 연구를 집필할 무렵에 후카야 가쓰미深谷克己의
「농민잇키의 사상百姓一揆の思想」[5]에서 커다란 시사점을 얻었고 이 논문에 대
한 동의·부동의를 실마리로 논문을 완성시켰는데 이것 외에 다른 전문가
의 연구는 거의 참조하지 않았다. 내 연구에 대응할 만한 연구를 그 무렵의
나로서는 발견하지 못했기 때문이다. 기묘한 일인지도 모르겠으나 『일본
의 근대화와 민중사상』제2편의 집필과 병행해서 당시 가장 열심히 읽고
있었던 것이 사르트르의 『변증법적 이성비판弁証法的理性批判』(竹内芳郎 訳, 人文
書院, I은 1962년 간행)이었다. 이 저서에 빈번하게 인용되는 '공포', '타자', '외
국인' 등의 개념(같은 책, I, 346-51쪽)은 농민잇키 연구의 중요한 용어가 되었
다. 내가 인용한 이러한 용어는 반드시 사르트르에게서만 유래한다고 할
수는 없지만, 얼마간 사르트르에 빠져 있었다고는 할 수 있다. 스탈린 비판
과 헝가리동란 이후의 사회주의 체제의 위기적 상황을 자기 자신의 사상적
과제로 받아들여 마르크스주의적 사회이론을 재구축하려고 고군분투하는
그의 모습에서 강한 인상을 받았다. 『변증법적 이성비판』은 지극히 어렵고
명료하지 않으며 표현도 충분하지 않았지만 그러한 특징도 당시의 나에게

---

5   深谷克己, 「百姓一揆の思想」『思想』五八四号, 『百姓一揆の歴史的構造』(1979年)に所
         収時「百姓一揆の意識構造」と 改題.

는 사르트르의 곤란한 과제에 어울린다는 생각마저 들었다. 또 이 저서에서는 르페브르Georges Lefebvre의 프랑스 혁명기의 민중운동연구가 중요한 소재로 이용되고 있었다. 르페브르의 연구 요점은 한동안 시간이 흐른 뒤 니노미야 히로유키二宮広之의 번역 『혁명적 군집革命的群集』(創文社, 1982년)으로 우리에게 익숙한 것이 되었다. 이상하게도 사르트르의 까다로운 저서를 매개로 르페브르를 접한 셈이다.

  나의 농민잇키론 기저의 문제의식은 평상시에는 막번제국가의 지배를 받아들이고 그 체제에 복종하고 있는 듯이 보이던 민중이 잇키라는 무력행사를 추진하기까지 어떤 의식과정과 조직과정이 있었던 것일까, 또 어떻게 하면 그러한 과정을 분석할 수 있을까와 같은 것이었다. 그것은 민중의 현실의식과 가능의식의 문제이며, 잇키를 지탱하는 정통성 원리와 지배이데올로기가 관련된 문제임과 동시에 민중운동의 주체 측이 요구하는 강제력의 문제이기도 했다. 예를 들어, 농민잇키와 관련된 강제력에 대해 살펴보자. 잇키는 기존질서에 대항하여 그 요구를 실현하려는 것이기 때문에 거기에는 어떤 강제력이 필요했을 것이다. 그 강제력의 극한형태는 살상행위일 것이다. 하지만 잇키에서는 실제문제로서의 현실적 살상행위는 적고 폭력이 위협적으로 이용되는 경우가 많았다. 잇키는 마을단위로 참여하는 것이 보통이며, 거기에는 공동체의 강제력이 작동하여 대부분 15세 이상에서 60세 미만까지의 모든 남자, 또는 한 가구당 한 명의 남성이 참여하도록 요구하였다. 또 사회개혁(요나오시: 世直し) 형태의 잇키에서는 호농豪農, 호상豪商의 재화나 가옥이 심하게 파괴되었는데 이러한 파괴는 살상과 약탈 등과는 확실히 구별되었다. 이렇듯 잇키를 지탱하는 강제력에는 다양한 차원이 있었고 그것은 잇키의 전통이나 정통성 의식의 문제와도 연결되어 있었다. 나는 종래의 잇키연구에서는 이러한 문제들을 주제화하는 시각이 전적으

로 결여되어 있었던 게 아닐까 생각하면서 자신이 지금 새로우면서도 매우 매력적인 연구대상 앞에 홀로 서 있다는 느낌을 받았다.

이러한 강제력이나 폭력을 생각하면서 학생운동과 신좌익운동에서의 폭력이나 정당성 및 규범의식 등을 명확하게 의식하고 있었다. 대중운동 은 결국 어떤 식으로든 강제력을 수반하기 마련이다. 반면 현실 사회운동 은 이런 문제에 대해 지극히 소박한 인식과 거친 감수성을 갖고 있을 뿐이 어서 농민잇키 쪽이 훨씬 세련되고 단련된 운동이 아니었을까 하는 생각도 해보았다.

또 1960년대부터 70년대에 걸쳐 세계 각지의 민중운동이나 민중운동에 대한 구체적인 연구가 넘쳐나게 되었는데 그러한 정보에도 마음이 끌렸다. 이 운동들은 전후역사학의 분석 틀로는 쉽게 파악하기 힘든 특징을 갖고 있어서 왠지 농민잇키나 오카게 마이리와 통할 것 같은 생각이 들었다.

해외 민중운동사연구 중 최초로 흥미를 갖게 된 것은 홉스봄Eric John Ernest Hobsbawm의 『소박한 반역자들素朴な反逆者たち ―思想の社会史』(水田洋 訳, 社会思想 社, 1989년, 원서는 1959년)로 이것은 원래 아오키 다모쓰青木保의 번역으로 『주오 코론中央公論』에 부분적으로 연재되어 애독한 바 있다. 아오키 번역에서 빠 진 부분을 읽고 싶었던 나는 마루젠丸善서점에서 원서를 구입하여 완독했 다. 이것이 내가 읽은 최초의 외국어 연구서다. 이 책의 주제라 할만한 '천년 왕국주의적 민중운동'은 사상사적으로는 일본의 미륵신앙과 관련지어 생 각할 수 있고 요나오시잇키 등과 닮아 있는 부분이 있다고 생각했다. 여기 서 천년왕국주의적 민중운동에 대해 나중에 알게 된 견해를 덧붙여 한마디 하자면 다음과 같다. 『소박한 반역자들』은 그 좀 전에 간행된 노먼 콘Norman Rufus Colin Cohn의 『천년왕국의 추구千年王国の追求』(江河徹 訳, 紀伊國屋書, 1978년, 원서 는 1957년)를 바탕으로 쓴 것이다. 홉스 봄은 이러한 사회운동이 전통사회에

서 근대사회로의 전환기에 특히 중요한 의미를 지닌다고 주장한다. 또 이것을 종교형태를 띤 원초적인 사회운동이자 근대적인 사회주의운동이나 농민운동으로 전환해 가는 과도적 존재로 파악한다. 홉스 봄은 처음에 그것이 기독교 전통 속에 있는 그리스도 재림설에 입각한 것으로 기독교권 특유의 현상으로 생각했지만 유사한 운동은 세계 각지에 존재하며 근대전환기의 여러 사회에서 중요한 의미를 갖고 있음을 알게 되었다. 불교의 미륵하생신앙彌勒下生信仰이나 이슬람교의 마흐디Mahdi(지도자) 신앙 등이 그 전형인데, 기독교, 불교, 이슬람교와 같은 세계종교를 결여하고 있는 경우에도 미국 원주민의 고스트 댄스나 남태평양 섬들의 카고 컬트cargo cult 등과 같은 다양한 운동이 존재한 사실이 밝혀졌다.

1960년부터 70년대 초기에 걸쳐서 세계 각지에서 다양한 민족운동이나 민중운동이 전개되어 구미선진국에 의한 세계지배를 위협하였는데, 현실사회의 이러한 상황이 민족운동이나 민중운동에 대한 뜨거운 관심을 불러일으키고 있었다. 홉스 봄의 연구에는 남유럽이나 남미의 사례가 주로 거론되어 있다. 그러나 동아시아에서도 태평천국에 대한 고지마 신지小島晋治의 연구, 스즈키 쥬세이鈴木中正의 『중국사의 혁명과 종교中国史における革命と宗教』(東京大学出版会, 1974년), 『천년왕국적 민중운동의 연구— 중국·동남아시아를 중심으로千年王国的民衆運動の研究—中国·東南アジアにおける』(東京大学出版会, 1982년), 조경달趙景達의 『이단의 민중반란異端の民衆反乱— 東学と甲午農民戦争』(岩波書店, 1998년)과 『조선민중운동의 전개朝鮮民衆運動の展開— 士の論理と救済思想』(岩波書店, 2002년) 등은 일본과의 비교사적 관심을 불러일으키는 역작이다.

일본의 경우 메이지유신을 경계로 먼저 지배체제를 재편함으로써 근대세계에 재빠르게 적응한 탓에 종교형태를 띤 민중운동이 사회체제를 뿌리부터 흔든 것은 아니었다. 하지만 요나오시잇키나 미륵신앙에는 천년왕국주의적 민중운동과 연결되는 성격이 있고 1920년대와 30년의 오모토교나 그 밖의 사례도 시야에 넣어 종교형태를 취한 민중운동의 역사적 의미에 대해 생각할 필요가 있다. 그리고 이렇게 생각해 보면 우리들은 민중운동의 비교사 연구를 통해 글로벌한 구조연관 속에서 세계사를 인식해야 한다는 과제에 직면하게 될 것이다. 물론 이러한 문제는 나의 능력을 훨씬 뛰어넘는 것이며, 연구자로서의 내 인생은 이러한 과제의 훨씬 이전 단계에서 끝나버린 것이지만 그럼에도 이러한 예감에는 나를 격려하는 힘도 있었다.

그런데 나는 「일본의 근대화에 대한 제국주의적 역사관」 이래 자신의 '야간부업'으로 지배이데올로기 비판을 계속했다. 60년대 말에서 70년대 초기에 걸쳐 비판의 주요대상을 새로운 국가주의의 대두에서 찾는 경향이 강해졌다. 근대화론은 새로운 지배이데올로기로서 60년대 초엽에 각광을 받던 것이긴 하지만 그것이 새로운 질서를 찾아 국가주의적 경향을 강화하려 한다는 것에 대한 위기의식을 그 무렵의 나는 느끼고 있었다. 60년대에는 급진적인 학생운동과 그 밖의 사회운동이 전개되었고 70년대 전반에는 많은 혁신적 지자체가 탄생했다. 하지만 당시 일본의 현실을 전체적으로 관찰하면, 전후 진보파의 담론을 비판하고 일본이라는 국가를 구조적인 단위로 한 현실주의와, 그러한 입장에서 내셔널리즘적인 총합적 강화를 꾀하는 방향으로 일본사회가 향하고 있었다. 「반동이데올로기의 현단계 ― 역사학을 중심으로反動イデオロギーの現段階― 歷史観を中心に」(1968년)나 「전후 이데올로기론戦後イデオロギー論」(1971년)은 그러한 이데올로기 비판이며 「일본 내셔널리즘의 전야― 국체론·문명·민중日本ナショナリズムの前夜―国体論・文明・民衆」(1975년)과 「천황제 하의 민중과 종교天皇制下の民衆と宗教」(1976년)는 그러한 문제의식에 입각해서 지배이데올로기와 민중의식과의 관련성을 역사연구

의 장에서 주제화하려 한 것이라 볼 수 있다.

1970년대 후반의 나의 저서 『일본 내셔널리즘의 전야』(1977년)와 『데구치 나오出口なお』(같은 해)와 『신들의 메이지 유신— 신불분리와 폐불훼석神々の明治維新—神仏分離と廃仏毀釈』(1979년)은 언뜻 별개의 대상을 다루고 있는 것처럼 보일지 모르지만 지배이데올로기와 민중의식이라는 주제를 역사적으로 접근했다는 점에서 오히려 공통점을 갖고 있다고 생각한다. 『일본 내셔널리즘의 전야』의 서두 부분에서 이 책은 국가, 종교, 민중이라는 세 개의 관심 대상에 대해 풀어놓은 것이라 밝혔는데 이 점은 다른 두 저서에도 해당된다. 민중의 존재양식과 그 의식을 매개로 지배에 대해 생각하거나 거꾸로 국가권력의 지배에 입각하여 민중에 대해 생각한다는 것은 사회과학에서의 당연한 방법적 전제일 것이다. 그런데 당시의 나는 종교와 우주론에 대한 역사적 접근을 통해 이러한 과제를 구체화할 수 있다고 생각했다.

구로다 도시오黒田俊雄는 전후일본의 마르크스주의 역사학이 생산양식론과 사회구성체론을 중심으로 움직였고 사상과 문화와 종교 등은 단순한 반영론에 의해 다루어진 것에 지나지 않는다고 했다. 또 그러한 경향을 '방법적 보수주의'라며 호되게 비판했는데 지금의 나로서도 매우 공감이 가는 견해다. 또 60년대 후반부터 70년대에 걸쳐 역사학계의 유력한 연구조류는 인민투쟁사연구였다. 사사키 준노스케佐々木潤之介의 호농·반半프롤레타리아론, 요나오시 상황론은 그러한 입장을 대표하는 장대한 역사이론이다. 하층 민중의 존재형태로부터 역사적 세계의 전체상을 동태적으로 파악하려고 하여 많은 연구자의 관심을 끌어들였다. 나는 젊을 시절부터 종교나 문화 차원의 독자성을 강조하는 연구실의 선배 구로다에게 친근감을 갖고 있었다. 같은 학부의 연장자이자 동료인 사사키로부터도 커다란 영향을 받았다. 그러나 현재의 내 입장에서 보면 구로다나 사사키는 민중의식의 독자성을 강조하고 있는 듯이 보이지만 실제로는 상당히 환원론적이며 역시 마르크스주의 역사학 정통파로서의 설명원리에 집착했던 것이 아닌가 생각된다.[6] 지배의 문제를 민중의 존재양식과 관련지어 파악하려는 것은 마르크스주의 역사학으로서는 당연한 방법적 입장이다. 구로다나 사사키는 그러한 방향에서 전후역사학을 전진시킨 것이다. 그러나 그러한 분석에 임해서는 민중의 생활과 생활사상을 그 독자성에서 추출하려는 궁리가 필요하다는 것이 「일본의 근대화와 민중사상」 이래의 내 입장이다. 나는 그러한 과제를 구체화하는 소재와 방법을 찾고 있었던 것이다.

3. 외부로부터의 빛과 역사적 세계의 재구성

1970년대 후반은 세 권의 책을 출판하여 하나의 매듭을 지은 상황에 1980년 재직 중이던 대학에서 안식년이 주어져 미국에 머물렀다. 체제한 곳은 캘리포니아대학 버클리 캠퍼스였다. 나를 초청한 사람은 어윈 샤이너 Irwin Scheiner 교수였다. 그 전부터 샤이너는 농민잇키나 요나오시잇키에 대한 연구를 하고 있었다. 그런 관계로 나는 한두 번 연구회에서 함께 한 적이 있는 샤이너에게 초청해줄 것을 의뢰했던 것이다. 사실 나는 오랫동안 자신에게도 유학의 기회가 올 것이라거나 내가 쓴 논문을 외국인 연구자가 읽을지도 모른다는 생각을 해 본 적이 없다. 애당초 연구자가 되려는 의지조차 확실하지 않았고 이른바 청년기의 모라토리엄의 연장선상에서 대학

---

6   拙著, 「黒田俊雄の中世宗教史研究— 顕密体制論と親鸞」(『戦後知の可能性 歴史·宗教·民衆』, 山川出版社, 2010年)と 拙著, 「佐々木潤之助さんの人と学問」佐々木潤之助, 『江戸時代論』(吉川弘文館, 2005年) 所収. 5. 拙著, 『近代天皇像の形成』, 岩波書店, 1992年.

원에 진학한 탓에 연구자로서의 인생설계가 형편없이 미숙했다. 대학에 막 입학했을 때에는 철학이란 독일어로 된 어려운 책을 읽는 것이라 생각하고 독일어 학습에 힘을 쏟아 『공산당선언』을 레클람 문고판Reclams Universal -Bibliothek으로 읽기도 했다. 하지만 학생운동과 일본의 현실문제에 대한 관심이 높아지자 어학공부는 1학년 여름방학이 끝날 무렵에는 이미 포기한 상태였다. 그러한 배경이 있었던지라 대학교수가 되고나서도 유학을 바라지 않았던 것이다. 나중에 사회운동사나 민중문화 관련 외국어문헌에 관심을 갖게 되면서 미국에 간 것이기 때문에 결과적으로 학생시절 어학공부를 포기한 것은 굉장히 큰 실수였다. 자신의 전문연구뿐 아니라 우리들의 지식이나 문화를 둘러싼 다양한 문제가 글로벌한 성격을 갖고 있다는 사실에 대한 인식이 나에게는 결여되어 있었던 것이다. 지적으로 매우 세련된 젊은 세대의 여성으로부터 "야스마루 선생님은 어째서 영어가 안 되시는 거죠"라는 질문을 받고 진땀을 흘린 적이 있는데 거기에는 이와 같은 사정이 있어서였다.

그런 탓에 나의 미국 체제는 전혀 준비가 안 된 상태로 시작되었다. 버클리에 도착한 직후에 샤이너는 에드워드 톰슨Edward Thompson의 『영국노동자 계급의 형성The Making of the English Working Class』을 주면서 이것은 좋은 책이니까 꼭 읽으라고 했다. 클리퍼드 기어츠Clifford James Geertz의 『문화의 해석The Interpretation of Cultures』에 대해서도 중요한 저서이므로 꼭 읽으라고 했다. 꼭 읽으라는 말은 들었지만 톰슨의 저서는 8백여 쪽의 두꺼운 책이었고 기어츠의 문장은 쉽지 않았다. 따라서 제대로 읽은 것은 아니지만 두 책 모두 지극히 신선하고 내 관심사에 상응하는 것이라 생각했다. 그 무렵 버클리 대학 내 서점은 물론 대학 앞의 커다란 서점에는 영미의 사회운동사 관련 서적, 아날학파의 영역서, 푸코Michel Foucault 등이 풍부하게 진열되어 있었다. 이때 나는 브로델Fernad Braudel과 엠마뉴엘 르루아 라뒤리Emmanuel Le Roy Ladurie 등의 작품을 영역서로 처음 읽었다. 미국 흑인사의 사회사적 연구 등도 풍부하여 일본의 역사학계와는 상당히 이질적인 상황을 용이하게 살펴볼 수 있었다. 샤이너는 나를 다양한 연구회나 파티 등에 데려가 주었다. 그러한 체험 속에서 예를 들어 프랑스혁명의 정치문화에 대한 린 헌트Lynn Avery Hunt의 흥미로운 보고를 들을 수 있었다. 혼자 철도여행을 하고 싶어 솔트레이크시티의 몰몬교 본부를 방문하기도 했다.

1996년에 또 한 번의 안식년의 기회를 얻어 미국으로 갔다. 그때는 캐롤 글럭Carol N. Gluck이 초청교수가 되어주었고 콜롬비아대학에 잠시 머물렀다. 콜롬비아대학은 할렘 흑인가 바로 근처에 위치하여 나는 흑인 거리를 걷기도 하고 에티오피아 요리를 처음 먹어보기도 했다. 글럭이 몇 권의 영어논문집을 주어 내 연구방향을 암시해 주었다. 또 그때 글럭이 지도하던 대학원생을 중심으로 내 논문의 몇 편인가를 모아 영어번역본을 만드는 계획도 결정되었다. 때로는 이요타니 도시오伊予谷登士翁, 나리타 류이치成田龍一 등 미국 사정에 밝은 일본인 연구자들과 함께 거의 환상적이다시피 아름다운 만추의 이타카Ithaca 소재 코넬대학을 방문하거나 미국 남부를 여행했다.

나의 외국체재는 이렇게 두 번뿐으로 그것도 매우 짧은 기간이었고 영어를 하지 못한 탓에 아주 사소한 경험에 불과하다. 그럼에도 나는 구미에서의 새로운 연구동향을 조금이나마 접할 수 있었고 미국 연구자들의 생활이나 그 사회의 실태에 대해서도 표면적이나마 견문할 수 있었다. 첫 번째 체재는 사회사적 연구가 성황을 이루던 시기, 두 번째는 역사학에 대한 인식론적 반성이나 페미니즘비평 시기와 맞물린 것이다. 불손한 표현이 될지 모르지만 미국이나 유럽의 새로운 연구동향을 접하기는 했어도 나는 그때까지 자신의 연구방향에 의문을 갖거나 그것을 바꿔야 한다고는 생각하지 않았다. 영어문헌으로 접한 새로운 연구동향은 매우 흥미롭고 자극적인 것이 많았다. 완전히 아전인수 격으로 말하면 그것들은 나에게 지금까지의 자신의 모색에 확신을 주고 격려하는 것처럼도 보였다. 장기간 체류하면서 현대역사학이나 현대사상에 대해 본격적으로 공부했다면 좋았을 것이라 생각하지만 그것은 필시 자신의 능력이나 부여된 조건을 넘어서는 것이다.

첫 번째 미국 체제에 즈음하여 나의 귀국 후 예정은 사사키 쥰노스케·이시이 스스무石井進 편 『신편 일본사연구 입문新編日本史研究入門』(東京大学出版会, 1982년)에 원고를 투고하는 것이었다. 「방법규정으로서의 사상사方法規定としての思想史」(1982년)가 그것인데 나는 거기에서 이로카와 다이키치色川大吉의 연구방법론에 대한 의의를 논하면서 새로운 연구방향을 개척했다는 적극적인 평가를 내렸다. 하지만 이 논문의 말미에서는 이로카와가 『역사의 방법歷史の方法』(大和書房, 1977년)에서 연구대상으로서의 민중과 일체화한 체험을 역사연구의 '원풍경'으로 논한 것을 거론하였다. 나 자신은 그러한 방향을 지향한 바 없고 연구대상에 대한 배려가 깊다면 더더욱 냉정한 입장에서 이해하고 해석해야 한다고 강조했다. 이 '이해·해석'이라는 용어는 미국 체제 중에 읽은 기어츠의 『문화의 해석』의 'Interpretation'을 그대로 가져온 것이었다. 그 후 얼마 지나지 않아 기어츠의 상징인류학적 해석학에 대한 인류학자들의 격렬한 비판에 대해서도 알았고, 나도 『네가라Negara: The Theatre State in Nineteenth Century Bali』의 왕권분석에 대해 비판적 언급을 한 적이 있다.[7] 그럼에도 기어츠의 글은 재미있고 잘 알려진 논문 「심층 놀이: 발

---

7   拙著, 『近代天皇制の形成』, 41~42頁.

리의 닭싸움에 관한 기록들Deep Play: Notes on the Balinese Cockfight」등은 나에게 강한 인상을 주었다. 미국 체재의 성과는 예컨대 이런 형태로 내 안에 수용되어 있었던 것이다.

민중운동에 대해 논할 경우 최소한 나는 민중의 행동양식이나 의식형태에 주목하고 또 민중운동을 종교와 관련시키는 것을 중시한다고 생각했는데 그것이 구미의 사회사적 연구에서는 오히려 일반적인 현상처럼 보였다. 전후역사학에서 농민잇키나 자유민권운동에 대한 연구는 가장 중핵적인 영역으로 간주되었는데 그 연구 스타일은 내가 지향하는 방향과는 현저히 달랐다. 그 때문이었는지 구미의 사회사적 연구동향을 유달리 즐거운 마음으로 접했던 것 같다. 일본에서도 70년대 말에서 80년대에 걸쳐 사회사연구는 커다란 주목을 끈 시대로 아미노 요시히코網野善彦나 아베 긴야阿部謹也의 저작이 많은 독자를 확보하고 있었다. 그 무렵 나의 주요관심사는 운동사에 있었기 때문에 영국의 마르크스주의적 사회운동연구나 프랑스 아날학파의 동향이 자신의 문제의식에 가깝다고 생각했다. 그러한 사정을 배경으로 귀국 후 시바타 미치오柴田三千雄, 치즈카 타다미千塚忠躬, 니노미야 히로유키二宮広之, 키야스 아키라喜安朗, 콘도 가즈히코近藤和彦 등과 교류할 수 있었다. 구미에서의 새로운 연구동향을 소개하는 한편 운동사나 사회사에서 신선한 연구 상황을 개척 중이던 연구자들이 나의 농민잇키론 등을 읽고 흥미를 가져준 것이 인연이 되어 교류가 이루어졌다.

일본사연구자로서 나는 특정한 실증영역에 자리를 잡지 않고, 또 자신의 견해가 선행연구와는 단절되기 일쑤였던 사정도 있어서 협의의 동업자들로부터 주목을 받거나 평가받는 일은 거의 없었던 것 같다. 다른 한편으로 외국사연구자나 인접 학문 영역의 연구자들과는 단속적이나마 다양한 교류가 있었던 까닭에 자신의 주제를 어느 정도 일반화할 기회가 있었던

편이라 생각한다. 그러한 기회를 더욱 적극적으로 활용할 수 있었다면 다양하고도 새로운 가능성을 개척해 갔을 터이지만 이제 와서 후회한들 소용없는 일이다.

외국사 연구자와의 교류는 위에 기술한 바와 같다. 민속학 쪽은 대학원생 시절부터 다카토리 마사오高取正男나 가와네 요시야스河音能平의 영향으로 야나기타 구니오의 저작 등을 읽게 되었다. 이윽고 후지신앙 관계 사료에 대해 가르침을 받은 것이 인연이 되어 미야타 노보루宮田登와 교류하게 되었다. 미야타의 민속학은 근세문헌을 널리 탐색한 역사민속학이라 해도 될 만큼 특징적인 데다 박식함과 독특한 문체, 다수의 저작을 통해 많은 가르침을 주었다. 그 외에도 호리 이치로堀一郎, 미야모토 쓰네이치宮本常一, 사쿠라이 도쿠타로桜井德太郎 등 석학들의 저작을 통해 얼마만큼 배울 수 있었다. 또 사회사의 시대는 구미든 일본이든 인류학의 시대라고도 할 수 있는데 역사연구와 인류학을 결부시키는 방향은 나의 관심과도 부합하여 야마구치 마사오山口昌男의 장대한 논의에 끌리고 있었다. 민중종교에 대한 관심은 학부시절부터 있었다. 이 방면에 대해 처음에는 주로 무라카미 시게요시村上重良의 저작에서 배웠고 나중에는 오모토교와 마루야마교 교단사 연구에 관여하였다. 그것이 내 지식의 중요한 원천 중 하나가 되었다. 게다가 이 분야에서는 시마조노 스스무島薗進로부터 가르침을 받을 기회가 많았고 시마조노 및 그 연구 그룹과의 관계는 현재까지 이어지고 있다.

이렇듯 나는 1970년대 말에서 80년대에 걸친 일본 내외의 다양한 지적 조류에 자극을 받고 있었던 셈이다. 그러나 그것 자체에는 조금도 특별할 것이 없다. 그도 그럴 것이 그 시대의 일본의 지식인으로는 매우 평범한 반응을 보였을 뿐이라 해도 과언이 아니기 때문이다. 나로서는 「일본근대화에 대한 제국주의적 역사관」과 「일본근대화와 민중사상」에서 출발한 자

신의 탐구를 확인하고 재정비하는 방향에서 다양한 지적 조류를 수용했던 것이라 생각한다. 1970년대에 네 권의 저서를 상재한 데 반해 80년대에는 단행본 저서가 한 권도 없다. 80년대 초에 우선 「방법과정으로서의 사상사」를 써서 자신의 방법에 대해 재검토함과 동시에 그러한 방법적 입장을 토대로 「곤민당의 의식과정困民党の意識過程」(1984년)을 집필했다. 이 두 논문은 별도의 기회에 집필한 것이지만 전자에서는 이로카와의 곤민당 연구를 방법적으로 재검토하고 후자에서는 이로카와 그룹이 모은 사료를 활용하여 이로카와 논문과 동일한 대상에 대해 새로운 방향에서 분석하고자 했다. 「곤민당의 의식과정」은 같은 시기에 곤민당 연구를 발전시키고 있던 쓰루마키 다카오鶴巻孝雄나 이나다 마사히로稲田雅洋의 연구와 닮아있지만 나는 거기에서의 분석시각을 확충하여 민권운동기의 전체상을 다시 파악하려 했다(「민중운동에서의 '근대'」(民衆運動における「近代」), 1989년). 70년대에는 나에게도 메이지유신을 전후한 일본사회의 전환을 완결된 전체사로 묘사하고자 하는 지향성이 있었고, 그것은 『일본내셔널리즘의 전야』 등에 잘 나타나 있다. 다만 아직 구체적으로 거론할 준비가 안 된 영역이 많았다. 그 후 미국 유학을 경험하고 구미에서의 사회사적 연구조류를 접한 것도 배경이 되어 80년대에 접어들어서는 새로운 전체사를 구상하고 싶은 생각이 들었다.

「곤민당의 의식과정」을 쓴 이후 80년대의 나는 '일본근대사상대계'의 간행에 맞춰 『종교와 국가宗教と国家』(1988년)와 『민중운동民衆運動』(1989년)의 편자의 한 사람으로 참여하여 사료수집과 해설 집필에 힘썼다. 이 두 권의 주제는 지금까지 추진해온 연구영역과는 상당히 떨어져 있는 분야여서 매우 곤혹스러울 때도 많았다. 미야치 마사토宮地正人, 사카모토 고레마루阪本是丸, 후카야 가쓰미深谷克己와 같은 해당 전문가들과 협력하면서 자기 나름의 특징을 살린 편찬과 해설을 지향하였다.

　『종교와 국가』는 그때 이후로 우수한 실증연구가 많이 나온 영역이다. 내 연구는 이미 과거사가 되어버렸을지도 모르지만 나는 국가제도사나 신도사상사의 연구에서는 반드시 보이지 않는 사상사적 전체상 속에 국가신도의 형성이라는 문제를 평가하려고 노력했다. 예를 들면, 신도국교화 정책에 대항한 크리스천농민이나 정토진종淨土眞宗 쪽의 동향, 또 소박한 민간신앙 차원에서의 반응도 나에게는 국가정책사나 신도사상가의 담론 못지 않게 중요한 문제라 생각되었다. 그리고 그러한 동향 속에서 보면 메이지유신 전후의 신도사와 종교사는 지극히 약동적이며 흥미로운 연구대상이라 생각했다. 이러한 문제들은 연구사적으로는 각기 독자적인 영구영역이라 여겨지기 일쑤지만 사실은 밀접하게 연결된 문제군으로 전체사적인 방법에 의해서만 평가와 의미부여가 가능하다는 것이 내 생각이다.

　『종교와 국가』의 주제는 사카모토를 비롯한 선행연구자들의 연구를 근거로 삼을 수 있었으며 내 스스로도『신들의 메이지유신』에서 어느 정도까지는 가늠해 본 문제였다. 이에 대해『민중사상』쪽은 메이지 초기의 신정부 반대 잇키 등 후카야가 담당한 부분이 과거에 내 연구영역과 어느 정도 관련이 있는 것 외에, 민권운동기에 대해서는 전혀 짐작을 할 수가 없었다. 게다가 내가 담당할 부분이 정해져 있어서 매우 곤혹스러웠는데 농민잇키에 대해서도 원래 아무것도 몰랐지 않았는가 하고 생각을 고쳐먹었다. 그리하여 그때까지의 연구사에는 그다지 얽매이지 않으면서 자유민권기의 여러 운동들을 민중운동으로 재정립하는 방향에서 집필하기로 했다. 이 시대 특유의 민중운동의 조직형태, 그 속으로 편성되어 가는 과정의 민중의식의 동태, 그것들과 지배권력과의 관련성 등은 실제로 집필에 임해보니 매우 흥미로운 것이었다. 그때까지의 연구에서 나는 그렇게 흥미로

운 문제를 거의 무시해왔던 것 같다. 곤민당 계열의 민중운동과 민권파를 구별한 것은 이로카와의 「곤민당과 자유당困民党と自由党」이 개척한 중요한 연구 성과다. 그것은 나중에 이나다 마사히로稲田雅洋나 쓰루마키 타카오鶴巻孝雄의 연구에서 계승·발전되었다. 나는 "곤민당적인 것에 연계되는 동향과 민권운동가로 간주되는 동향을 서로 교착시켜 더욱 역동적으로 다룰 수 있다. 그렇게 하기 위해서는 근세 후기부터의 다양한 민중운동을 포함시켜서 좀 더 큰 관점에서 파악할 필요가 있다"고 생각했다(「민중운동에서의 〈근대〉」, 1989년, 「메이지 10년대의 민중운동과 근대일본明治10年代の民衆運動と近代日本」, 1992년, 「민권운동의 계보民権運動の系譜」, 1993년).

그런데 1987년 무렵부터 쇼와천황昭和天皇의 병상악화 보도 속에 다양한 축제행사가 '자숙'하였다. 언뜻 보기에 '욕망자연주의'적 소비사회처럼 보이는 일본사회에 잠재하던 권위적 질서가 전경화했다. 그 당시 나 같은 사람에게는 그러한 느낌이 있었다. 그러한 상황으로 긴장감이 고조되는 가운데 1988년 9월 역사과학협의회 대회가 열려 나는 「근대천황상의 형성近代天皇像の形成」이라는 주제로 보고했다(『歴史評論』 465호에 게재). 메이지유신을 전후한 근대사회로의 전환기의 복잡한 대항 속에서 근대천황제 형성의 논리를 탐구하려 한 이 논고는 지배이데올로기와 민중의식이라 불러 마땅한 문제에 대해 내 나름대로 총괄할 작정이었다. 그리고 이 논문을 80년대에 집필한 논고들을 모아 논문집을 만들 때 제일 마지막장에 두어 오랫동안 근무한 대학을 정년퇴직하기 조금 전에 출판함으로써 자신의 일본사상사 연구의 매듭으로 삼으려 했다.

그렇지만 이 논문집의 목차안案에 대해서 이와나미서점 편집부에 다른 의견이 있었다. 그것은 "논문 「근대천황상의 형성」은 매수가 작기 때문에 답답하리만치 몸을 사리고 있으니, 좀 더 넓은 관점에서 한 권의 책으

로 묶어야 한다"는 내용이었던 모양이다. 나도 내심 그 의견에 끌려 편집부의 제안을 받아들여 같은 제목의 단행본으로 완성했다(1992년). 때문에 이 저서는 그때까지의 내 연구에 대한 정리라고도 할 수 있겠으나, 근대천황제의 형성과 민중의식의 동향이라는 측면에 초점을 맞췄기 때문에 보다 시야를 넓힌 정리는 다음으로 미루게 되었다. 『문명화의 경험文明化の経験』 (2007년)은 그 때 늦은 정리로 자신의 연구방법의 특징을 뽑아 「서론 과제와 방법」을 쓰고 약간 뒤죽박죽이긴 하지만 80년대에 쓴 논문들을 본론에 배치했다.

이 「서론 과제와 방법」은 상당히 추상적인 사상사연구의 방법론에서 시작하여 중간에 '통속도덕'론과 국민국가론을 배치하고 마지막으로 「자본주의적 세계시스템 대 민중의 생활세계」로 가름하는 모양새여서 너무 과장된 데다 논리전개도 치밀해 보이지 않을 수 있다. 그러나 나 자신으로서는 이 「서론」으로 연결되는 내 관점이나 생각은 이미 「일본근대화에 대한 제국주의적 역사관」과 「일본근대화와 민중사상」에 배태되어, 「방법규정으로서의 사상사」, 『〈방법〉으로서의 사상사』의 「머리말」, 『현대일본사상론』의 「Ⅱ 방법으로의 가교方法への架橋」 등에서 전개된 것이다. 복잡함과 중복을 우려하여 생략한 곳도 있고 또 조금씩 내용을 확충해 오기는 했다. 그러나 크게 변경된 내용이 없어서 오히려 별반 차이가 없다는 것이 본인의 느낌이다.

1990년 전후를 경계로 일본의 역사학계는 또 하나의 전기를 맞은 듯이 보였다. 근대역사학에 대한 인식론적인 비판, 국민국가(비판)론, 페미니즘과 여성사연구, 문화연구, 탈식민주의Postcolonialism 비평 등이 늦은 감은 있지만 나의 시야에도 들어왔다. 이러한 새로운 연구동향의 배경에는 전후세계의 시스템상의 위기가 있었고, 신자유주의를 중심으로 한 새로운 패권주의의 그림자가 따라다니고 있었다. 이러한 동향들로부터 영향을 받아 『현대 일본사상론』(2004)과 같은 저작을 간행했다. 나는 결국 "역사가는 자신들에 걸맞는 장인의 영역을 지켜내야 한다. 그렇게 함으로써 인접과학과도 협력할 수 있고, 현대일본의 문제 상황에 대해서도 그 나름의 문제제기가 가능하다"고 생각하기로 했다. 그것은 일본사상사연구자 혹은 일본사연구자로서 출발했을 때 이미 예감한 것이며, 반세기를 사이에 두고 재확인하는 것에 지나지 않는다고 할 수도 있다. 좀 더 깊이 들어가서 문제의식과 방법의 재검토가 필요하다고도 할 수 있지만, 지금은 그러한 음미도 자신의 사상사연구자로서의 자각을 심화시킴으로써 완수할 수밖에 없다고 생각한다. 지극히 추상적인 철학담론이나 즉물적인 사료중심주의와도 구별하고 사료에 입각한 탐구 속에서 방법이나 이론에 대해 지속적으로 사고하는 것이 역사연구자에게 어울리는 탐구 스타일이다. 그러한 의미에서의 탐구의 장인으로 남고 싶은 것이 내 염원이다.

4. 모색의 방향과 스타일

자신의 연구경력에 대한 이야기는 이상으로 끝내고 약간 일반화해서 연구의 특징에 대해 설명해 보도록 하겠다. 역사연구자로서 내 연구의 중심은 농민잇키, 국가신도, 자유민권운동 등에 관한 사료를 활용한 구체적인 기술記述에 있다. 그것이 역사연구로서 설득력을 획득한 기술로 충분한가의 여부는 학술평가에 맡겨야 한다고 본다. 그리고 "이러한 역사가의 일의 성격상, 역사가의 방법론에는 대상을 그 성격에 따라 새롭게 만들어 가는 측면이 있어 일반화한 기술에는 익숙해지지 않는" 측면이 있다. 이론이나 일반화한 설명은 필요하지만 그 경우 "초월적 사회이론이나 연구사적 지식에 의한 예단은 애초부터 반영하지 않도록 주의하여 이른바 방법적 무방법이라 할 만한 입장을 취함으로써 우선 소박한 실증성을 확보하도록 노력할" 필요가 있다.[8]

다만 그와 같이 생각한다 해도 우리들은 반드시 자기 나름의 사물에 대한 관점을 매개로 대상과 마주하게 마련이어서 무전제의 실증주의는 있을 수 없다. 단순한 실증주의는 오히려 자신의 입장에 대해 자각하고 있지 못하다는 뜻이며, 뒷구멍으로 흔해 빠진 통념을 밀수입하는 것이나 다름없다고 생각한다. 어떤 입장을 갖는다는 것과 대상에 입각한 실증성을 획득한다는 것과의 사이에는 불가피한 딜레마가 존재한다. 그것은 근원적으로는 우리들의 삶 자체에 뿌리박은 딜레마인데 이것은 오히려 풍부한 대상 파악을 가능하게 하는 것이다. 충분한 이론화의 능력도 준비도 되어 있지 않지만 좀 더 분절화된 언어로 사상사연구를 단서로 하는 역사연구의 특징에 대해 밝히도록 하겠다.

(1) 연구주체의 입장

나에게 일본사상사연구란 자신만의 인생론과 관련된 물음에서 비롯된 것이어서 연구주체로서의 자신의 삶의 방식에 대한 물음이 구체적인 연구활동의 기저에 있었음은 당연한 일이다. 사상사연구를 통해 자신의 삶의 의미를 묻는 일은 많은 사상사연구자들에게서 발견할 수 있는 경향인데, 이로카와 가노와 같은 민중사상연구자들에게 특히 현저하게 나타나는 지향성이다. 이러한 시각에서 보면 사상사연구란 자기 삶에 대해 매개된

---

8 『〈方法〉としての思想史』「はしがき」, 21頁, 23頁.

질문이라 해도 과언이 아니다. 매개된 질문이란 그 물음이 사상사연구라는 객관적인 대상성에 매개되어 있다는 말이다. 환언하면 어설픈 직접성을 우회하려는 전략이라고도 할 수 있을 것이다. 연구대상에 대해서도 사상의 현상적 측면에만 사로잡히지 않고 보다 깊은 동기나 무자각적 차원에 관심을 돌리게 된다. 나는 이러한 분석방법을 처음에는 마루야마 마사오의 사유양식론에서 배우고 칼 만하임의 전체적 이데올로기 개념을 채용함으로써 해결하려 했다. 만하임에 따르면, 이데올로기 개념은 부분적 이데올로기particular ideology와 전체적 이데올로기total ideology로 나뉜다. 후자에서는 그 논리형성이나 카테고리 장치까지를 주체의 사회적 '존재위치'와 관련지어 파악하고 무의식적인 차원도 중요한 분석대상으로 삼는다.[9] 만하임의 주장은 사상사적 연구대상에 대해 널리 인용되고 있다. 주의해야 할 점은 인간의 의식 내용이 일견 자유롭게 선택된 것처럼 보여도 실은 개인이 선택할 수 없는 내실內實을 갖고 있다는 것이다. 우리들은 그러한 상황을 냉정하게 대상화할 필요가 있다.

우리들이 자신의 의식이나 사상이라 생각하고 있는 것도 그저 표면적 양상일 따름이 아닌가 하는 의구심이 항상 나를 따라다녔다. 그러한 느낌이나 감각은 근대사회의 어느 정도 지적 자의식을 가진 인간에게는 불가피한 것이다. 우리가 그러한 불안이나 소외감을 갖지 않고 살기는 어렵다. 언젠가 내가 정신의학과 마르크스주의를 결부시켜 프랑크푸르트학파나 사르트르 등에게 매력을 느낀 것은 사회적인 것과 개인의 내면을 상호 매개적으로 분석하고 싶었기 때문이다. 『데구치 나오』에서는 에릭슨Erik Erikson의 정체성 이론을 원용하고, 『근대천황상의 형성』에서는 A. and M. 미슐리

9　拙著, 『現代日本思想論─歷史意識とイデオロギー』, 岩波書店, 2004年, 167頁.

히 부부Alexander & Margarete Mitscherlich의 『상실의 비애喪われた悲哀 ファシズムの精神構造』(林峻一郎 訳, 河出書房新社, 1972년)에서 단서를 구했던 것도 그러한 관심에서 비롯됐다. 미슐리히 부부가 말하는 '슬퍼하는 것의 불가능성'이라는 특징은 현대일본의 정신상황을 규정하는 데 그대로 들어맞는다고 해도 과언이 아니라 생각했다.

「일본의 근대화에 대한 제국주의적 역사관」에서 출발한 이래 단속적이나마 현대이데올로기 비판을 실행해 왔는데 그때마다 나는 왜 그러한 이데올로기가 나타나는 것일까, 거기에 어떤 필연성이 있고 의식구조의 특징이 있는가 등에 주의를 기울였다. 이데올로기 비판이 깊이를 획득하기 위해서는 이데올로기의 필연성이나 현실상황 속에서의 설득력에 대한 통찰이 필요하며, 그러한 과제는 또한 사상사연구의 방법론적 과제와도 연결되어 있는 것처럼 보였다. 자신의 입장을 자문한다 해도 그것은 매개되고 분절된 것이 아니면 안 된다. 이데올로기 비판이 표면적 양상에 머무른다면 그 설득력은 동료의식을 확인하는 데서 크게 벗어날 수 없다. 이에 대해 이데올로기 문제가 역사와 사회 속에 깊이 자리매김할 수 있다면 우리들의 현재 위치를 다시금 헤아려서 의식변혁의 가능성을 개척할 수 있을 것이다.

(2) 역사적 세계의 전체성

역사연구자는 스스로의 연구대상을 어떤 정합성을 갖춘 역사적 세계의 전체성으로서 조정措定하는 존재라고 생각한다. 이 전체성은 궁극적으로는 동서고금의 역사 전체이며 역사의 파악방식의 문제라고도 할 수 있다. 그런데 역사학이 방법적으로 조정하는 것은 근세일본사회라든가 근대일본사회와 같은 어느 정도 개념화된 역사적 세계를 가리킨다. 역사연구자는 각각의 연구대상과 연구목적에 따라 대상으로 삼은 역사적 세계를 임의로 재구성하고 조정해도 된다. 다만 해당 과제는 어느 대목에서든 근세일본이라든가 근대일본이라는 전체성에 대비해야 하며 나아가 그것은 그러한 전체성을 매개로 세계사 속에 자리매김 되어야만 할 것이다. 인류학과 사회학, 경제학과 민속학 등의 인접 과학들은 각자 고유한 짜임새로 전체성을 조정한다. 시대성이라는 전체성을 조정함으로써 유의미한 인식이 가능하다고 보는 공적기준을 선택한 자가 역사가라고 생각한다.[10]

우리들의 연구대상이 역사적 세계의 전체성이라는 말은 우리들이 그러한 전체성을 개괄적으로라도 미리 알고 있다거나, 아는 것이 가능하다는 의미가 아니다. 역사적 세계의 전체성은 이른바 역사학의 방법적 개념으로 우리들이 대상과 마주하는 규칙discipline과 같은 것이다. 이러한 규칙을 가짐으로써 우리들은 자신이 무엇을 알고 있고 무엇을 모르는지, 어디에 탐구의 초점을 두어야 새로운 인식의 가능성이 열릴지 등 자신의 연구 방향에서 짐작해 볼 수 있다. 우리들은 실증 가능한 사료분석을 자신이 이미 쥐고 있는 단조로운 통념과 결부시키는 경향에서 벗어나기 힘들다. 하지만 역사적 전체성이라는 개념을 조정해봄으로써 눈앞의 대상에 대한 대략적인 인식과 자신의 기성적 통념을 상대화하여 재검토할 실마리를 얻을 수 있다.

민중사상사연구는 근대화해가는 일본사회에 민중적 사상주체를 발견하려는 데서 출발했다. 이로카와色川, 가노鹿野, 히로타 마사키広田昌希 등은 이내 미나마타병, 여성, 오키나와, 군대, 차별 등으로 영역을 확대하고 이러한 분석대상에 거점을 둠으로써 근대일본 역사의 전체상을 재구성하려 했

---

10 『〈方法〉としての思想史』, 27~28頁.

다. 특정의 문제를 발굴하여 파악해 가다보면 거기에서 역사적 세계의 전체성이 다른 양상으로 보이는 것이다. 농민잇키와 국가신도, 그리고 민권운동 등을 다루어온 나로서는 이로카와 등과 같은 대담한 대상영역의 확대를 결여하고 있었다. 그러나 전후역사학의 주제로 여겨져 온 그러한 영역에서도 그것을 종심적縱深的구조로 파악함으로써 역사적 세계의 전체성을 재인식하는 일 또한 가능하지 않을까?

(3) 전체성·코스몰로지cosmology·민중

역사적 세계의 전체성 속에서는 일반적 또는 일상적으로는 구조적 질서가 우월하고 억압, 갈등, 카오스 등은 은폐된다. 그래서 이러한 질서 내지 시스템에 따라 분석하고 기술해 가면 현상추인적인 보수주의로 귀결되기 쉽다. 실증사학과 결부된 역사주의에는 이데올로기적 보수주의가 따라다니는 경우가 적지 않은데 그 원인의 어느 정도는 역사연구에 본래적인 이러한 특징에서 유래한다. 역사연구의 소재가 되는 사료는 대부분의 경우 질서나 제도 쪽에서 만들어낸 기록이라는 사정이 실증사학과 보수주의의 결합을 떠받치고 있다. 피터 L. 버거Peter Ludwig Berger와 토마스 루크만Thomas Luckmann이 지적하듯 "상징적 세계는 제도적 질서의 방어적인 구조에 궁극적인 정당성을 부여함으로써 개인을 궁극적인 공포로부터 지켜 준다[11]"고 한다면 사상이라는 것은 그러한 '상징적 세계'를 구성하는 다양한 시도에 다름 아니라고도 할 수 있으므로 사상사연구도 그러한 보수주의로부터 벗어날 수 없을 것이다.

또 역사적 세계의 전체성을 논리적으로 재구성해 보면 세계가 복잡한

11　P·L·ばーがー＝T·ルックマン, 『日常世界の構成ーアイデンティティと社会の弁証』(山口節郎 訳), 新曜社, 1977年, 173頁.

모순이나 갈등에 차있음을 알게 된다. 하지만 이러한 차원을 전경화하여 파악하기 위해서는 '코스몰로지=이데올로기 복합'(시마조노 스스무)의 세부나 주변이나 균열에 주목할 필요가 있다. 그러한 시점에 서면 신신하고 비판적인 분석을 가능케 할 실마리는 셀 수 없이 많아진다. 빅터 터너Victor W. Turner의 코뮤니타스communitas 이론을 차용하면 "코뮤니타스는 경계성 liminality에서 사회구조의 틈새를 통해 파고들고, 주변성marginality에서 구조의 선단부로 들어가며 열위성inferiority에서 구조의 아래로부터 밀고 들어온다. 그것은 거의 대부분의 지역에서 성스러운 것 내지 '신성한 것'이라 여겨지고 있다. 그리고 경계성, 주변성, 구조적 열위성은 신화, 상징, 철학체계, 예술작품이 빈번하게 발생하는 데 필요한 조건들[12]"이다. 이처럼 생각하면 사상사연구·민중사연구는 그러한 차원을 전경화한 분석과 역사를 역동적인 동태에서 파악할 수 있는 길을 개척하는 역할을 맡고 있다고 할 수 있을 것이다.

(4) 자본주의적 세계시스템과 민중의 생활세계

지금까지의 나의 역사연구의 주요과제는 메이지유신을 전후로 근대화해 가는 일본사회를 자본주의적 세계시스템에 포섭되어가는 국민국가의 하나의 유형으로 파악하는 것이었다. 근대천황제도 그러한 국민국가의 일본적 편성 원리를 표상하는 것이라고 보았다.[13] 따라서 그러한 존재로서의 국민국가 일본이 분석을 위한 기본단위로 조정될 수밖에 없다. 이 분석단위는 자본주의적 세계시스템의 존재를 전제로 하고 이 시스템을 내면화하려는 존재다. 19세기 중엽 이후 근·현대세계의 가장 대략적인 구조는

12　ヴィクタ·W·ターナー, 『儀礼の過程』(冨倉光男 訳), 思索社, 1976年.

13　『近代天皇制の形成』, 276~78頁.

'자본주의적 세계시스템 대 민중의 생활세계'로 파악할 수 있다. 국가와 가족을 포함하여 다양한 사회적 단위는 이러한 구조의 매개 고리로서 자리매김하는 존재라 생각한다.[14] 세계사적 파악의 중요성은 전후역사학에서 되풀이되었지만 그것은 원래 외교사나 전쟁사로 환원되는 문제가 아니다. 이러한 구조 전체가 생활세계의 심부에서 재차 파악되어야 한다. 하지만 전후역사학에는 생활세계라는 발상이 부족하고 민속학이나 사회학 등의 성과는 글로벌한 시스템을 전망하는 데까지는 미치지 못한 것처럼 보인다.

(5) 전후역사학과 세 개의 방법적 전제

'자본주의적 세계시스템 대 민중의 생활세계'라는 파악방식은 어떤 의미에서는 전후역사학의 과제의식을 계승하는 것이라 할 수 있을 것이다. 그러나 전후역사학에는 암묵적인 방법적 선입견이 있어서 그러한 과제의식을 정면으로 수용하지 못했던 것은 아닐까? 그래서 강좌파 마르크스주의를 중심으로 전후역사학의 방법적 전제를 아주 단순화시켜 내 입장과의 동이同異를 짚어보고자 한다. 강좌파 마르크스주의의 방법적 전제를 거칠게 요약하면 ①, 토대·상부구조론, ②, ①을 전제로 한 국민국가 단위의 비교사적 발전단계론, ③, ①과 ②에 근거한 보다 구체적인 역사과정으로서의 정치사에의 집약이 되지 않을까? 현재의 젊은 연구자 대부분은 이러한 방법적 전제와 거의 인연이 없을지 모르지만 그러나 이러한 방법적 전제를 던져두면 그것으로 새로운 곤란을 떠안는 모양새가 될 것이라 생각한다.

---

14 拙著, 『文明化の経験』(岩波書店, 2007年) 「序論 課題と方法」, 11~12頁, 27頁.

우선 ①에 대해서는, 나는 만하임의 이론을 참고하여 사회의식을 특정 계급과 결부시킨 전체적 이데올로기 개념으로 파악하려 한 것이기 때문에 토대에 규정된 존재로서 의식을 다룬 셈이다. 하지만 이 경우의 규정성이란 토대의 경제적 득실利害이 그 상부구조에 그대로 표상된다는 뜻은 아니다. 토대의 득실은 인간존재의 심층구조에 매개된 복잡한 내실內實로 표상되는 것이며, 토대의 경제적 이익과는 상반하는 의식형태가 출현하는 경우도 적지 않다. 또 그러한 사정으로 말미암아 상부구조가 토대를 '규정'해 버리는 현상도 결코 특별한 것이 아니다.

②에 대해서는, 국민국가를 규정하는 세계사의 구조를 더욱 전경화해야 한다는 사실이 지금에 와서는 자명하다고 생각한다. 적어도 19세기 이후 세계시스템의 구조 속에 모든 지역이 편성되어 버렸기 때문에 그러한 조건 하에서 각기 독자적 특징을 가진 국민국가와 국민사회가 형성된다. 국민국가와 국민사회는 자본주의적 세계시스템에 대응하기 위해 이른바 위로부터 인위적으로 구축된 것이기 때문에 그 내실은 다민족국가 내지 다문화사회가 될 수밖에 없다. 그것이 현대세계의 구조에 다름 아니다. 전후역사학은 '메이지유신은 절대주의 권력의 성립', '근대천황제는 절대주의 국가권력'이라는 식으로 일국단위의 발전단계론적 역사상을 거의 자명시하여 출발하였고 젊었을 때의 나도 그러한 인식틀을 따랐다. 하지만 나는 언제부터인가 그런 발전단계론적 보편주의 속에 근대일본을 파악하는 접근방식으로부터 떨어져 나오게 되었다. 근대천황제도 이른바 사회주의국가도 이슬람교를 정통이데올로기로 하는 국가도 자본주의시스템 내부에서의 각각의 유형으로 접근하는 입장으로 전환했다. 이러한 접근 방식은 근대화와 산업화와 민주주의화 등의 지표를 어떻게 조합하든지간에 결국은 어느 사회도 넓은 의미에서의 근대화 쪽으로 진화하거나 혹은 그렇게 해야 한다는

근대화론적 역사상과 대립한다.[15]

③에 대해서는, 역사연구가 정치권력이나 계급투쟁으로서 나타나는 정치문제에 초점을 맞추는 것에 대해서는 반드시 반대는 아니지만 나는 거기에서의 정치에 대한 파악 방법이 좀 더 복잡하게 매개된 심층적인 것이어야 한다고 생각한다. 표면적 양상은 정책이나 정국으로서 나타나더라도 그것은 훨씬 중심적인 사회구조와의 관계 속에서 그 특징을 파악할 수 있는 사회문화사적 정치사여야 하지 않을까.

마르크스주의 역사학을 중심에 두고 전후역사학에 대한 나의 입장을 재확인해 보면 매우 조잡하지만 위와 같이 정리할 수 있을 것 같다. 그리고 이러한 정리를 통해 내가 전후역사학을 어머니의 태반母胎처럼 계승했다고는 하지만 그 내실에서는 전후역사학과는 멀리 떨어진 지점에 서 있음을 실감한다.

나는 전후역사학에 대해서도 최근 역사학계의 대세나 다름없는 실증주의에 대해서도 비판적 입장을 취하고 싶지만 역사학이라는 학문을 완고하게 지켜내고 싶다고 지금까지 일관되게 밝혀왔다. 나의 역사학은 학계의 대세나 통념에서 보면 기묘하고 일탈적인 것일지도 모른다. 왜 그렇게 되어버렸는가에 대해서는 이 글에서 솔직하게 밝혔다고 생각한다. 하지만 자신의 일은 누구에게나 그다지 쉽게 이해되지 않는 것이며, 사실은 깊은 어둠일지도 모른다.

---

15 일본의 근대화 문제를 의식하면서 근대화론적 역사이론을 제시한 다음과 같은 저서를 들 수 있다. 富永健一, 『日本の近代化と社会変動—デュービンゲン講義』(講談社学術文庫, 1990年), 同 『近代化の理論—近代化における東洋と西洋』(同 1996年), 中村政則, 『経済発展と民主主義』(岩波書店, 1993年).

이상과 같은 「회고와 자문」은 2008년 8월 국제일본문화연구센터가 주관한 학술대회와 그 결과물로서 간행된 공동저서 『야스마루 사상사에 대한 대론對論—문명화·민중·양의성』(2010년)이 발표되었고, 2014년 간행된 전집 『야스마루 요시오집安丸良夫集』에도 수록된 육성논고이다. 이른바 야스마루 사상사학의 결정체다. 구체적인 내용에 관해서는 육성논고에 맡기고 한국인 연구자와 독자의 이해를 돕기 위해 덧붙이는 것이 허락된다면 다음과 같이 말하고 싶다. 「회고와 자문」에 의하면 〈야스마루 사상사학〉은 민중사상뿐만이 아니다. 민중사상은 장인정신에 투철하고자 매진한 결과로서 일본사상사연구의 토대를 다진 초석에 지나지 않았다. 그렇게 다진 초석 위에 야스마루 사상사학은 시공간을 초월한 학문과 사상이라 표현할 수 있을 정도로 폭넓게 펼쳐졌다. 민중사상의 핵심인 통속도덕과 농민잇키를 성립시킨 인정이데올로기의 연원을 거슬러 올라가면 동아시아 전통사상인 유교사상을 확인할 수 있다. 뿐만 아니라 그 민중사상을 체계화하여 확립하기 위해 활용된 서구사상(칼 만하임이나 사르트르, 홉스 봄과 클리포드 기어츠)은 물론 근대 아시아에서 전개된 민중운동에 관한 선행연구(중국의 태평천국의 난을 연구한 고지마 신지와 스즈키 쥬세이, 그리고 조선시대 동학농민전쟁을 연구한 재일조선인 조경달의 연구성과, 최근에는 인도의 서발턴 등)까지 다양한 학문적 연구 성과를 활용하였다. 나아가 야스마루 사상사학이 전후일본의 역사학, 즉 강좌파 마르크스주의 역사학을 모반(어머니의 태반)으로 해서 탄생하였고, 그런 태생으로 인해 21세기 현재에도 그런 성격을 간직하고 있다고까지 부언하였다. 한국 지식사회에 이 책을 발신하는 의의가 여기에 있다고 확신한다.

　마지막은 감사 글로 매듭짓고 싶다. 이번 번역작업은 논형출판사 소재두 대표와 2인3각의 동행을 한 결과로 맺어진 결실이다. 이 책에서 인용되고 활용된 다양한 사료들은 전문적인 지식인들에 의한 체계적인 자료가 아니다. 그저 보통사람들이 생활하면서 남긴 민중들의 목소리이며 행동거지에 관한 풍문을 모은 것이다. 스스로 지식인을 자처하며 근대적 계몽사상을 펼치는 연구자에게는 그저 무지몽매한 민중들의 넋두리에 지나지 않는 것이다. 하지만 그런 사료들을 활용하여 주체적인 민중사상을 창출해낸 것이 야스마루 사상사학이다. 이런 연구저서를 번역하여 한국인 독자에게 얼마만큼 다가갈 수 있을까? 번역을 시작한 이래의 원망願望이며 두려움이었다. 이 책의 출간은 편집부와 이용화 님의 헌신적인 참여로 가능했다. 그리고 근무처인 강원대학교 김헌영 총장과 인문대학 일본학과 동료 교수들에게도 감사드린다. 역자는 2016년 강원대학교 회계지원을 받아 수행한 해외파견 연구년인 2018년 1월에 번역서의 최종 초고를 완성했기 때문이다. 그리고 마침내 간행이 눈앞에 다가왔다. 천행인가, 아니면 주변에서 후원하고 성원해준 여러분들의 덕택인가, 그저 감사할 뿐이다.

2021년 01월 길일
춘천시 백령골 연구실에서
이희복

색인

(ㄱ)

가미시마 지로神島二郎 91, 138, 404

가쓰 가이슈勝海舟 95

가야바라 가잔茅原華山 107

가이호 세이료海保青陵 25

가츠라 다카시게桂誉重 340

가토 다카아키加藤高明 102

간노 하치로菅野八郎 82

고노에 모토히로近衛基熙 145

고노 히로나카河野広中 22

고타니 산시小谷三志 97

고헤 가세이河内五兵衛可正 29

구가 미노루陸実 102

구로즈미 무네타다黒住宗忠 27, 55,
    120, 292

기타무라 도코쿠北村透谷 22, 399,
    406

기타자와 한스케北沢伴助 229

『가와치노쿠니 다키하타 사콘유타 옹
    구사담河内國滝畑左近熊太翁旧
    事談』 338

『가와치야 가세이 구기河内屋可成旧記
    (옛기록)』 29~30

『게이쵸 견문집慶長見聞集』 140

『국민도덕개론国民道徳概論』 105

『근대일본의 정신구조近代日本の精神
    構造』 107, 138

(ㄴ)

나가이 도쿠자에몬永井徳左衛門 147

나이토 간지内藤莞爾 89

나카무라 게이우中村敬宇 22

나카무라 나오조中村直三 28, 35, 423

나카야마 미키中山ミキ 64, 65

나카자와 도니中沢道二 67

노무라 군기野村軍記 232, 261

니노미야 손토쿠二宮尊徳 28, 32~33,
    423, 443

니시다 덴코西田天香 79

『노호쿠 호레키 의민록濃北宝暦義民録』

245, 287

『논어』 247, 277, 304

『농민잇키 종합연표』 276

『니노미야옹 야화二宮翁夜話』 40, 104

(ㄷ)

다나카 규구田中丘隅 228

다나카 쇼조田中正造 271

다다 가스케多田嘉助 300

다루이 도키치樽井藤吉 82

다무라 마타키치田村又吉 101

다케코시 산사竹越三叉 106

데구치 나오出口ナオ 65

데지마 도안手嶋堵庵 59

도야 도시유키戸谷敏之 89

도쿠가와 이에야스德川家康 118

『대학』 245~246, 277

(ㅁ)

마루야마 마사오丸山真男 90

마스호 잔코增保残口 32

마에다 마사하루前田正治 43~44

모토오리 노리나가本居宣長 25, 246,
　　　277

무카와 츄베에務川忠兵衛 229

미야기 기미코宮城公子 120

미야모토 츠네이치宮本常一 70, 298,
　　　338~339, 459

미우라 메이스케三浦命助 361

미즈노 다다쿠니水野忠邦 235

(ㅂ)

『보덕기報德記』 79

(ㅅ)

사사키 쥰노스케佐々木潤之介 93, 379,
　　　453

사쿠마 쇼잔佐久間象山 25

스기다 센쥬로杉田仙十郎 120

시가 시게타카志賀重 102

시나가와 야지로品川彌二郎 102

시미즈 다테와키清水帯刀 246

시시노 나카바宍野半 174, 176

『신론新論』 247

(ㅇ)

아구이 요시미치安居院義道 20, 39,
　　　56, 60~61, 73

아사노 죠淺之烝 282

아오키 코지靑木虹二 215

야나기타 구니오柳田国男 46, 115,
　　126, 139, 142, 355, 415

야마가타 다이니山県大弍 315

야마오카 뎃슈山岡鉄船 102

야마자키 노부요시山崎延吉 99

오규 소라이荻生徂徠 25, 136

오카다 료이치로岡田良一郎 61

오카와 마코토小川誠 72

오쿠라 나가쓰네大蔵永常 32

오쿠리 료운小栗了雲 53

오하라 유가쿠大原幽学 28, 32, 166,
　　225, 423

와타나베 데이스케渡辺悌輔 255

요시무라 도라타로吉村寅太郎 47

우에노 에이신上野英信 108

우치무라 간조内村鑑三 129

이노우에 고와시井上毅 99

이노우에 데쓰지로井上哲次郎 105

이로카와 다이키치色川大吉 88, 149,
　　457

이시다 다케시石田雄 91

이시다 바이간石田梅岩 28, 30, 92,

423, 443

이시카와 기노스케石川紀之助 35

이시카와 리키노스케石川理紀之助
　　100

이케다 미쓰마사池田光政 32

이토 로쿠로베伊藤六郎兵衛 65, 160

이토 무쓰오伊藤睦男 165, 180, 210

이토 산교伊藤參行 149

이토 이헤에伊藤伊兵衛 151

이하라 사이가쿠井原西鶴 31

『일본근세촌법연구日本近世村法の研究』
　　43~44

『일본의 사상日本の思想』 22~25

(ㅈ)

지키교 미로쿠食行身祿 31, 126, 146

(ㅊ)

『죠닌코켄로쿠町人考見錄』 31

(ㅎ)

하니 고로羽仁五郎 138

호소이 헤이슈細井平州 67

호시나 마사유키保科正之 32

후루하시 데루노리古橋暉兒 97

후지다 쇼조藤田省三 91, 440

후카야 가쓰미深谷克己 214, 279,
        286, 293~294, 448

후카야 모리후사深谷盛房 148

후쿠자와 유키치福沢諭吉 106

후쿠즈미 마사에福住正兄 95

후타바테이 시메이二葉亭四迷 22

히라오 쟈이슈平尾在修 35, 49, 97,
        338

『후지도어전서不二道御傳書』 149

NIHON NO KINDAI-KA TO MINSHU-SHISO by Yoshio Yasumaru
Copyright © Yoshio Yasumaru 1974
All rights reserved.
First published in Japan by Aoki Shoten Co., Ltd., Tokyo.

This Korean edition published by arrangrment with Aoki Shoten Co., Ltd., Tokyo
in care of Tuttle-Mori Agency, Inc., Tokyo through Tony International, Seoul.

이 책의 한국어판 저작권은 토니 인터내셔널을 통해 Tuttle-Mori Agency, Inc.,
와의 독점계약으로 논형출판사에 있습니다.
저작권법에 의해 한국 내에서 보호를 받는 저작물이므로 무단 전재와 무단복제
를 금합니다.

일본근대화와 민중사상

초판 1쇄 인쇄 2021년 2월 15일
초판 1쇄 발행 2021년 2월 25일

지은이 야스마루 요시오
옮긴이 이희복
펴낸곳 논형
펴낸이 소재두
등록번호 제2003-000019호
등록일자 2003년 3월 5일
주소 서울시 영등포구 당산로 29길 5-1 502호
전화 02-887-3561
팩스 02-887-6690
ISBN 978-89-6357-432-2 94910
값 27,000원